# 《국조<sup>속</sup>오례의國朝<sup>續</sup>五禮儀》,
# 그 정치성을 읽다

박 수 정

지식산업사

**박수정**朴秀貞

조선시대사 전공으로 한국학중앙연구원 한국학대학원 한국사학 문학박사(2017) 학위
를 받았다. 한국고전번역원 편찬실에 근무(2003~2006)하였으며, 한국학중앙연구원 장
서각 근무 및 연구과제에 참여(2007~2017)하였다. 서울대학교 규장각한국학연구원 연
구원(2017~2018)과 한국학중앙연구원 한양도성 타임머신 구축 사업 연구원(2020~2022)
을 지냈으며, 현재 한국학중앙연구원 한국학정보화실 전임연구원(2021~현재)으로 활
동하고 있다. 주요 논저로는 《17세기 조선 로열패밀리의 결혼》 공저(2021), 《숙종과
영조의 일생의례》 공역(2017), 〈정조대 《국조오례통편》 편찬의 정치적 배경〉(2020),
〈영조대 《국조속오례의보》·《국조상례보편》의 편찬 배경과 편찬자들〉(2018), 〈영조대
《國朝續五禮儀》 편찬 과정과 편찬자들〉(2017), 《《국조오례의》 의례 시행과 개정 논의〉
(2017), 〈조선초기 儀禮 제정과 犧尊·象尊의 역사적 의미〉(2012) 등 다수가 있다.

《국조속오례의國朝續五禮儀》, 그 정치성을 읽다

초판 1쇄 인쇄    2024. 4. 23.
초판 1쇄 발행    2024. 5. 9.

지은이    박수정
펴낸이    김경희
펴낸곳    (주)지식산업사
본사  ●  10881, 경기도 파주시 광인사길 53(문발동)
전화 031 - 955 - 4226~7 팩스 031 - 955 - 4228
서울사무소  ●  03044, 서울시 종로구 자하문로6길 18 - 7
전화 02 - 734 - 1978, 1958 팩스 02 - 720 - 7900
영문문패  www.jisik.co.kr
전자우편  jsp@jisik.co.kr
등록번호  1 - 363
등록날짜  1969. 5. 8.

책값은 뒤표지에 있습니다.

이 책에 대한 문의는
지식산업사로 연락해 주시길 바랍니다.

# 영조대《국조속오례의》와 오례 화보

영조 어진(국립고궁박물관 소장)

### 《속오례의》의 편찬자들

왼쪽부터 이종성, 윤급, 이덕수, 윤양래. 출처는 《조선명신사십육인초상화첩》이며, 윤급 초상화의 출처는 《초상화 모음집(이칭: 名臣肖像畵帖)》

### 《속오례의보》의 편찬자들

왼쪽부터 조명리(《조선명신사십육인초상화첩》)와
신만(《선현영정첩》)의 초상화.

### 《상례보편》의 편찬자들

왼쪽부터 김재로, 이익정, 이철보(이상 1752년본), 신회, 김치인, 구윤명, 조명정, 홍낙성(이상 1758년본). 김재로, 조명정 영정
출처는 《선현영정첩》이고, 이익정, 김치인은 《조선명신사십육인초상화첩》, 이철보, 신회, 홍낙성은 《초상화 모음집》, 구윤명은
현화상》이다.

### 의례서 편찬 관련 인물들

왼쪽부터 송인명, 조문명·조현명 형제. 출처는 《조선명신사십육인초상화
첩》이다. *《조선명신사십육인초상화첩》과 《초상화 모음집》, 《명현화상》의
출처는 국립중앙박물관, 《선현영정첩》의 출처는 규장각한국학연구원이다.

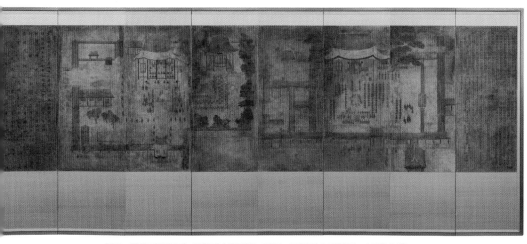

영조 을유기로연과 경현당수작연도 병풍. 국립민속박물관 소장(가례)

《국조속오례의》의 적전 그림과 관예도설(길례)

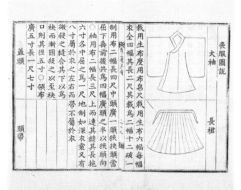

《국조속오례의》의 상복 그림과 설명(흉례)

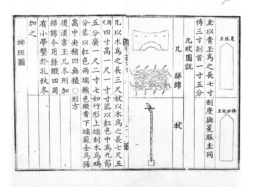

《국조속오례의》의 궤장 그림과 설명(가례)

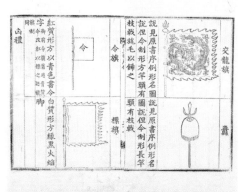

《국조속오례의》의 교룡기 그림과 설명(군례)

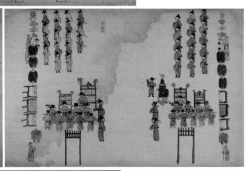

《대사례의궤》의 어사례도(군례)

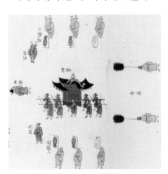

《인원왕후부묘도감의궤》(흉례)

정적 힘에 매료되었던 것일까? 어릴 적 꿈이 바뀌어 역사학도의 길을 걷게 되었고, 급기야 박사학위논문으로 정치적 분화에 근거한 의례사 연구를 시도하게 되었으니 '붕당정치'는 내게 더욱 의미 있는 용어가 되었다.

**2.**

나는 대학 졸업 후 민족문화추진회(이하 '민추'로 약칭, 현 한국고전번역원)에서 일과 공부를 병행하다가, 민추에서 운영하던 3년 국역연수 과정을 마치면서 곧바로 대학원에 진학하게 되었다. 입학 후에는 조선시대 사상사를 전공하신 권오영 선생님께 지도를 받게 되었다.

지도교수님께서는 故 성고 이성무 선생님(1937~2018)의 문하생들과 교류하며, 나와 같은 초학자들까지 성고 선생님의 제자 모임인 조선사회 연구회에 참석할 수 있도록 해 주셨다. 이를 계기로 나는 성고 선생님과 남강 정만조 선생님께서 창립과 운영에 크게 관여하셨던 조선시대사학회에서도 활동을 하며 적지 않은 은혜를 입었다. 당시 총무이사로 활동하시다가 나중에 회장까지 역임하신 지도교수님을 따라 몇 차례의 학술답사에 참여하기도 했고, 학회 소속의 선생님들로 구성된 한국학중앙연구원(이하 '한중연'으로 약칭)의 각종 학술회의나 장서각 강좌를 들을 수 있는 기회도 가졌다. 이렇게 국내 최고의 권위 있는 조선시대 연구자들과 맺을 수 있었던 인연과 혜택은 의례와 정치사의 만남을 소재로 지금의 글을 이뤄낸 자양분이 되었다.

연구 분야를 의례 방면으로 정하면서 처음에는 '제기祭器'를 소재로 학위논문을 써보겠다고 했다. 여기에는 학부 때 문화재학을 공부하면서 유물에 대해 가졌던 관심을 조선시대 의례와 연결시켜 보려는 의도가 깔려 있었다. 일단 제기를 소재로 하여 학술지 논문으로 게재는 하였으나, 박사학위논문으로 연결시키기에는 적절하지 않은 것 같아 고민과 갈등의 시간을 보내야 했다. 그러던 2015년 어느 날, 소논문 작성 때부터 도움을 주셨던 정해은 선생님께서 '의례서 편찬'으로 써보면 어떻겠냐고 권유를 하셨다. 이를 받아들여 지도교수님을 찾아뵈었더니 흔쾌히 허락하셨고, 이때부터 본격적으로 학위논문 작성을 시작하게 되었다.

　　지도를 받으면서 주제의 범위를 '영조 시대 오례서'로 축소하게 되었다. 그 과정에서 2012년에 수강했던 '장서각 아카데미'의 수업 내용을 참고하고, 2016년의 '장서각 왕실문화강좌'를 들으며, 오례서 편찬의 의미를 정치사의 흐름 안에서 찾는 작업을 진행하였다.

　　지도교수님께서는 실력이 부족한 제자를 받아들인 대가로 고생을 감당하셔야 했고, 남강 선생님께서는 인자하신 인품으로 후학 양성에 열정을 아끼지 않으신다는 소문대로 나에게까지 큰 은혜를 베풀어 주셨다. 이렇게 박사학위논문이 나왔다.

### 3.

　　솔벗 한국학총서(이하 '솔벗총서'로 약칭)를 알게 된 것은 내가 대학원에 입학하기 직전인 2006년 무렵이었다. 대학원에서 의례를 주제로 연구하겠다는 의지가 확고했던 나는, '국가제사'라는 제목에 이끌려 나희라 선생님의 《신라의 국가제사》(솔벗총서1)를 소장하게 되었다. 비록 대학원에서 전공한 조선시대와는 연구 시기가 다른 책이었지만, 이것이 내가 솔벗과 맺은 첫 인연이라 할 수 있다.

　　솔벗총서를 두 번째로 접한 것은 대학원 시절 책나눔 행사장에서였다. 그곳에서 집어 든 조성산 선생님의 《조선후기 낙론계 학풍의 형성과 전개》(솔벗총서9)는 주제와 논지의 방향이 나의 뜻과 맞아서인지 마치 행운처럼 여겨졌고 고마웠다. 나도 학위논문을 쓰면 꼭 여기서 책을 출판하고 싶다는 막연하고 가슴 설레는 희망을 품게 되었다.

　　이렇게 시작된 솔벗과의 인연은 2017년에 솔벗 장학금을 받는 데까지 이르게 되었다. 그저 감사하고 꿈만 같았다. 솔벗 심사 논고로 당시의 박사학위논문을 제대로 손보지 못한 채 그대로 넘겨야만 했지만, 다행히 2차 심사를 거쳐 출간의 영예가 주어지게 되었다. 이렇게 나의 오랜 바람이었던 솔벗 한국학총서로의 출간의 꿈을 이루는 데에는 숨은 공로자가 있었다. 애초의 거친 학위논문을 정성스럽게 가다듬어 준 은인이다. 서동신 선생의 열의와 성의에 앞으로 보답하리라.

　　나는 2020년부터 한중연의 인문정보학 전공 김현 교수님께서 주관하시는 '한양도성 타임머신'이라는 사업에 참여하게 되었다. 또 2021년부터는 한중연 한국학정보화실에서 전임연구원으로 일하며, 양창진 관장님께 디지털 인문학의 운용과 활용을 배울 수 있는 기회까지 얻었다. 이는 디지털을 절실하게 필요로 하게 된 시대에 중요한 경험이 되고 있다. 이번에 출간하는 이 책도 디지털 인문학을 위한 밑바탕으로 삼을 것이다.

**4.**

이제 남은 지면을 통해 소중한 분들께 감사 인사를 드리는 것으로 서문을 마무리할까 한다. 한중연에 입학하여 오랫동안 장서각에서 일할 기회를 주셨을 뿐만 아니라 늘 학문적 롤모델이 되어 주신 김학수 교수님과, 중요한 연구를 하고 있다며 따뜻한 말씀으로 힘을 실어 주신 이강한 교수님, 그리고 의례 분야에서 핵심을 놓치지 않도록 가르침을 주신 지두환 교수님, 이분들께서는 박사학위논문의 심사까지 맡아 주셨다. 그저 감사드릴 따름이다.

경륜 높으신 선생님들의 권유와 나의 희망이 적지 않았지만 공교로운 사정으로 말미암아 박사학위논문의 심사위원으로 모시지 못했던 김문식 교수님께는, 안타까움과 함께 귀한 논저를 통해서나마 배움의 기회를 주신 데 대해 감사의 마음을 표한다.

대학원 시절에는 역사학의 정구복·최진옥·신종원·심재우 교수님 외에, 고문헌학의 박병호 교수님, 민속학의 김일권 교수님 등 훌륭하신 분들로부터 가르침을 받았다. 이분들은 나에게 역사 속의 의례에 대한 관심과 학문적 열정을 고취시켜 주신 분들이다.

의례 방면으로 명성이 높으신 이영춘·임민혁·이욱 선생님과 이왕무 교수님, 그리고 당시 장서각에 계셨던 이완우 교수님, 심영환·박용만·윤진영 선생님께는 학위논문을 쓰는 과정에서는 물론 그 뒤에도 여러모로 도움을 받았다. 장서각에서 근무하던 시절에 당시 장서각 연구원으로 옆방의 연구실에 계셨던 이근호 교수님께서는, 이제 막 학술지에 처음 논문을 투고해 보려는 나에게 친절한 가르침을 주신 적이 있다. 그리고 의례와 사상사를 구분할 것도 없이 조선시대라 하면 손꼽히는 신병주·정재훈 교수님과의 인연도 소중하다. 학위 취득 후에는 서울대 규장각한국학연구원에서 1년 4개월 동안 일한 적이 있는데 그 당시, 지금은 대학의 강단으로 자리를 옮기신 강문식·오세현 교수님께도 자상한 배려를 받았다. 그리고 심승구 교수님, 최성환·김지영·김세은·이현진 선생님들의 의례와 정치·사상사에 관한 학문적 성과들이 나의 논문에 끼친 영향은 적지 않다.

어느 순간 인연의 끈이 닿아 있었던 이순구 선생님과 최연우 교수님께 받은 은혜도 잊지 않겠다. 학문의 여정에서 이정표 역할을 해 주셨던 정병모·이강근·강봉원·김창호 교수님, 양웅열·김준은·류명환 선생님과는 20년 넘게 지금까지 인연이 이어지고 있다. 이분들께 받은 배려와 응원은 지금도 학문의 길이 외롭고 힘들게 느껴질 때, 다시 박차를 가할 수 있는 원동력이다.

인문학 분야의 학술지원 사업과 출판업계에서 갖은 어려움을 호소하는 상황 속에서도 장학금으로 격려해 주시고 출판도 허락해 주신 솔벗재단 이온규 이사장님과 심사위원 선생님들, 그리고 지식산업사 김경희 대표님께도 경의를 담아 감사 인사를 올린다. 지식산업사 편집부의 김연주 선생님은 자신의 책을 출판하시는 것만큼이나 정성을 다해서 글을 검토하시고 의견을 주셨다. 고마운 마음을 오래 간직하고 싶다.

35년가량을 자동차 부품업계에 종사하시며 중소기업 발전에 일조하셨던 아버지는 IMF 구제금융의 쓰라린 여파를 겪으신 뒤 사업의 재기를 눈앞에 두고서 갑작스런 병환으로 유명을 달리하셨다. 언제나 묵묵히 지켜봐 주시고 지원해 주셨던 '딸바보 아빠'였지만, 정작 사위와 외손주를 생전에 보시지 못한 것이 안타깝기만 하다. 아버지 영전에 이 책을 바치며, 칠순·팔순이 넘으신 친정어머니와 시부모님께라도 효도할 수 있는 시간이 많았으면 좋겠다.

2024년 봄
청계산 아래 수신재에서
박수정 삼가 올림

# 차 례

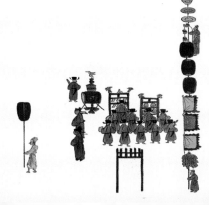

## 🌸일러두기

1. 이 책에 제시된 《국조오례의》·《국조속오례의》·《국조속오례의보》·《국조상례보편》 등 오
   례五禮와 관련된 원전의 원문과 번역문은 다음의 자료를 참고 활용하되, 필자의 견해를 반
   영하였다.
   · 규장각한국학연구원 편, 《국조오례의고이》(https://kyudb.snu.ac.kr/book/view.do?book_c
     d=GK00175_00).
   · 규장각한국학연구원 편, 《국조속오례의》(https://kyudb.snu.ac.kr/book/view.do?book_cd
     =GK01500_00).
   · 규장각한국학연구원 편, 《국조속오례의보》(https://kyudb.snu.ac.kr/book/view.do?book_c
     d=GK01270_00).
   · 국사편찬위원회 편, 《세종실록 오례》(https://sillok.history.go.kr/id/kda_200).
   · 법제처 편, 《국조오례의》 1~5, 법제처, 1981~1982.
   · 국립문화재연구소 편, 《(국역)국조상례보편》, 민속원, 2008.
2. 독자의 편의를 위해 필자의 박사학위논문 작성 이후에 나온 다음의 자료도 함께 소개한다.
   · 국사편찬위원회 편, 《조선시대법령자료》(https://db.history.go.kr/law).
   · 대한제국 사례소 지음, 임민혁·성영애·박지윤 옮김, 《국역 대한예전》 상·중·하, 민속원,
     2018.
3. 오례 관련 원전 외의 원문과 번역문은 다음의 자료를 참고 활용하되, 필자의 견해를 반영
   하였다.
   · 국사편찬위원회, 《조선왕조실록》(https://sillok.history.go.kr).
   · 국사편찬위원회, 《승정원일기》(https://sjw.history.go.kr).
   · 한국고전번역원, 《한국고전종합DB》(https://db.itkc.or.kr).
4. 독자에게 생소할 수 있는 한자어에는 괄호를 달아 의미를 덧붙였다. 뜻풀이를 위해 다음
   의 자료를 참고 활용하되, 필자의 견해를 반영하였다. 이 범위를 벗어난 경우에는 각주를
   달아 관련 정보를 제시하였다.
   · 국사편찬위원회, 《한국역사용어 시소러스》(http://thesaurus.history.go.kr).
   · 세종대왕기념사업회 한국고전용어사전편찬위원회 편, 《한국고전용어사전》 1~5, 세종대왕
     기념사업회, 2001.
   · 한국학중앙연구원, 《조선왕조실록 전문사전》(http://dh.aks.ac.kr/sillokwiki).
   · 단국대학교 부설 동양학연구소 편, 《한한대사전》 1~15, 단국대학교출판부, 1999~2008.
   · 단국대학교 동양학연구원, 《한국한자어사전》(https://hanja.dict.naver.com).
   · 국립국어원, 《표준국어대사전》(https://stdict.korean.go.kr).
   · 국립국어원, 《우리말샘》(https://opendict.korean.go.kr).
   · 오픈마인드인포테인먼트, 《디지털 한자사전 e-한자》(http://www.e-hanja.kr).
   · 국립민속박물관, 《한국민속대백과대사전》(https://folkency.nfm.go.kr).
   · 한국학중앙연구원, 《한국민족문화대백과사전》(https://encykorea.aks..go.kr).

# 제1장

## 논의에 앞서

## 1. 연구의 방향

　국가의례란 나라와 왕실을 운영하는 질서나 의식이다. 조선시대는 법과 예를 주축으로 하여 운영된 사회로서《경국대전經國大典》과《국조오례의國朝五禮儀》(이하 장·절 제목 외《오례의》로 약칭)가 조선시대의 법전과 예전을 대표하여 편찬되었다. 법전과 예전은 함께 다루어야 할 주제이지만 이 책에서는 의례만을 연구 대상으로 삼았다. 이와 같은 결정에는 조선시대가 법치사회인지 예치사회인지, 또는 법이 우선하는지 예가 우선하는지에 대한 논란의 문제가 작용하였다. 이 논란에 대한 고민을 덜기 위해 연구 범위를 좁혀 보았지만 그렇다고 해서 그 관계를 완전히 무시할 수는 없다. 여기에 시기 문제를 개입시켜 보면 영조 시대의 산물은《속대전續大典》과《속오례의續五禮儀》(《국조속오례의》의 약칭)이다. 이에 따라 이 책에서는 범위를 의례서 연구로 제한하여 영조 시대를 조명해 보았다.

　유교를 바탕으로 한 국가의례의 어원은 춘추전국시대에 의례를 기록하였던《예기》·《주례》·《의례》에서 찾는데, 삼례로 불리는 이들 의례서 가운데《주례》의 예제 부분이 강조되어 '오례의'라는 이름의 의례서가 조선시대 국가의례서의 자리를 차지해 왔다. 국가의례의 운영을 담당했던 '오례의'가 계속해서 같은 이름을 유지하더라도, 그리고 오례서에 담긴 의식 절차의 항목명이 같다고 하더라도 시간이 지나면서 그 시대의 사상과 이념이 반영된 의례서의 내용이 같을 수는 없다. 고려 말에 수용된 성리학이 조선화 과정을 거쳐 탄생한 이념의 결과물을《속오례의》로 보기도 하지만, 이것만으로는 영조 시대에 왜 《속오례의》가 만들어질 수밖에 없었는지, 성종대의 《오례의》 완성 이후 270년이나 지난 시점에 영조가 새삼 새로운 의례서를 만들어야 했던 이유가 무엇인지에 대한 해명은 이루어지지 않는다. 이 책에서는 그 이유를 찾기 위해 《속오례의》의 구성체제인 서례(序例: 의례를 실제로 행할 때 알아야 할 각종 규정)와 의주(儀註: 의례의 시행 절차)를 분석해 보았다. 특히 56개의 의주 하나하나에 대한 검토를 통해 당대 정치적 현안이 무엇인지를 파악해 보고 이에 따른 왕과 신하들의 의중까지 읽어 보고자 하였다.

## 2. 책의 조감도

이 책에서는 본론을 세 개의 장(2, 3, 4)으로 구성하였다. 먼저 제2장 '《국조속오례의》 편찬, 그 논란의 배경'에서는 1. 오례의의 시행, 2. 《오례의》 개정의 논란, 3. 《속오례의》 편찬의 배경으로 나누어 살폈다.

제1절에서는 16~17세기의 오례의와 주자가례 시행의 논란을 살펴보기 위해 세 가지 쟁점을 꼽아 보았다. 이 쟁점들은 제3~4장과의 연계성을 잘 드러낼 수 있는 데 주안점을 둔 것으로, 첫 번째로는 복제 문제를 다루었다. 복제 문제에서 나타난 의례의 충돌은 사림들이 주장해 오던 서인庶人들의 3년상제가 확립되고, 졸곡 후 관리들이 집무할 때의 차림이 흑립黑笠·백립白笠 문제에서 백모白帽·백대白帶로 정해지면서 주자가례의 실행으로 이어졌다. 두 번째로 다룬 것은 친영 의례이다. '명사봉영(命使奉迎: 사자를 보내 왕비나 왕세자빈을 맞이함)'이라 하여 신하가 왕비를 맞이해 오던 예가 사림들의 주장에 따라 국왕의 친영례로 실현된 것은 1517년(중종 12) 문정왕후를 맞이하였을 때이다. 중종대와

선조대의 시행을 거친 이 친영 의례는 영조대에 가서야 《속오례의》에
납비친영의納妃親迎儀라는 정식 의례로 실리게 된다. 세 번째로 다룬 천
릉遷陵 문제는 학문적·철학적 입장이 다른 훈구파와 사림파, 또는 훈구
파와 척신파 간의 갈등 안에서 살펴본 의례 논쟁이다. 16세기에 이루
어진 천릉에는 소릉昭陵과 희릉禧陵, 정릉靖陵이 있는데, 소릉 천릉은
사림들이 의리와 명분을 앞세워 요구해 온 일이 실현된 사례이다. 그리
고 희릉 천릉은 권신 김안로가 훈구세력인 정광필을 제거하려는 술수에
서 시작되었지만 결과적으로는 정권을 장악한 척신 김안로의 전횡을
중종이 처단했다는 데 의의를 가지는 사건이다. 정릉 천릉은 명종이 친
정체제의 구축을 통해 왕권 확립이라는 결과를 가져오게 하였다. 그리
고 훈척신과 사림파의 갈등구조를 17세기의 영릉寧陵 천릉에까지 확장
해 보면, 의례를 명목으로 한 정치적 대립을 확인할 수 있다. 영릉을
천릉한 뒤 척신인 김우명이 사림의 대신인 송시열을 배척하기 위해 신
릉新陵에 표석表石 세우는 일을 반대하였다. 복제나 친영례, 천릉문제에
서 《오례의》 의례 시행과 국가례에 대한 주자가례의 적용을 두고 벌어
진 각 당파의 입장 차이를 확인하였다.

　　제2절에서는 《오례의》 개정의 논란을 다루었다. 17세기 초반 침류대
시사 활동을 통한 진한고문파秦漢古文派와 당송고문파唐宋古文派의 인적
구분을 예학에도 적용해 보면 진한고문파는 남인 또는 서인의 소론으
로 연결되고, 당송고문파는 서인 또는 서인의 노론으로 연결되는 것을
알 수 있다. 남인과 서인의 대결 구도는 17세기 예송 문제라는 큰 정
치적 사건으로 이어지며, 노론과 소론은 서인에서 갈라져 나온 분파이
므로 이 책에서는 이 분열을 《오례의》의 개정 논의에서 찾아보았다. 서
인학계의 대표적 예학자인 김장생의 예학은 그의 아들 김집에게로 연
결되며 김집이 제기한 《오례의》의 개정논의가 발생한 시점은 인조 말

년으로, 서인 분열의 시초로 일컬어지는 한당漢黨과 산당山黨의 구분이 있었던 시기와 일치한다. 이를 빌미로 서인 내의 분열 조짐을 확인할 수 있다. 김집은《오례의》개정을 주장하고 이경석은《오례의》를 고수하였는데, 준론峻論 쪽의 덕망 있는 원로인 김상헌은《오례의》개정은 신중을 기해야 한다고 주장하였고 정태화는 이경석에 동조하는 입장을 보이며 서인 내의 준론峻論-완론緩論의 구분이 있을 때 완론 쪽에 서게 된다. 그러므로《오례의》개정에 대한 찬-반의 대립적 입장은 서인을 준론-완론으로 나눌 수 있는 구실이 되기도 한다. 이 분열은 다시 조선 후기 의례서 편찬에서 이루어지는 노론과 소론의 대립구도와 관련되므로《오례의》개정에서 다루어지는 학파·정파에 대한 논의는 조선 후기 의례 제정자들의 정치적 연원을 고려한 것이다.

제3절에서는《속오례의》편찬의 배경을《속오례의》편찬의 필요성이라는 측면에서 살펴보았다. 1474년(성종 5)에《오례의》가 편찬되고 그로부터 270년이 지난 1744년(영조 20)에《오례의》의 증보편에 해당하는《속오례의》의 편찬이 이루어지게 되었다. 겉으로 드러난《속오례의》편찬 이유는 시간의 흐름에 따라 시의에 맞지 않은 부분이 생겨났기 때문이다. 하지만《속오례의》의 실질적인 편찬 이유에는 분명 왕권강화의 측면에서 이해해 볼 수 있는 정치적 이유가 존재한다. 왕세자와 왕세손의 길례·가례 의절을 보완한《속오례의보》, 그리고 흉례편을 보완한《상례보편》도 영조의 왕위 정통성 문제가 해결된 시점에 진행된 왕권강화 작업이다.

제3장《국조속오례의》와 보완 의례서의 편찬에서는 1. 편찬의 과정, 2. 구성과 내용, 3. 보완 의례서의 편찬을 살펴보았다.

제1절의 편찬 과정에서는《속오례의》편찬의 발단과 전개를 다루었

다. 1)항 편찬의 발단은 《속오례의》를 편찬하라는 왕명이 내려진 1740
년(영조 16)의 기사에서부터 시작된다. 숙종 때 임금에 대한 신하의 복
제를 수의收議한 것이 《주례》 이후에 처음 있는 일이었는데 아직도 이
루어진 서적이 없으니 인출印出하여 반포해야 한다는 특진관 윤양래尹
陽來의 건의에 따른 것이었다. 이 기사에서 《속오례의》 편찬을 불러일
으킨 군신복제君臣服制 논의에 등장한 《주례》를 주목해 보았는데, 군신
복제에 《주례》의 사상적 의미가 작용하였는지에 대한 검토보다는 《주
례》를 이념으로 삼은 소론이 왕에게 선택되어 《속오례의》 편찬자로 구
성되었다는 점을 크게 부각시켜 보았다. 경종 연간에 발생한 임인옥사
를 소론 측의 무고로 판정한 사건인 경신처분은 《속오례의》 편찬 논의
가 대두되었던 1740년(영조 16)에 이루어진다. 이후 아무리 노론이 정
권의 주도권을 잡았다 하더라도 노론 일당만으로 정권이 형성되지는
않는다. 신임사辛壬事 처분에 관해서 소론에 의해 혐의를 벗고 그들의
동의를 얻고자 했던 왕의 입장에서는 소론세력을 정권에서 완전히 배
제시킬 수 없었다. 이에 따라서 노·소론을 주축으로 한 연합정권을 유
지하여 탕평책을 재정립하게 된 시점에 왕은 소론을 의례서 편찬자로
등용하기 위해 《주례》를 정치적 도구로 활용하였다.

　1)항에서 《주례》와 군신복제 논의, 편찬자 구성의 관계를 밝히는 데
할애하였다면 2)항 편찬의 전개에서는 《속오례의》의 일자별 편찬 작업
에 대한 세부 논의를 《조선왕조실록》(이하 실록으로 약칭)과 《승정원일
기》 기사를 근거로 하여 1744년(영조 20) 8월 27일의 완성에 이르는
시점까지 서술하였다.

　제2절의 구성과 내용에서는 《속오례의》의 길·가·빈·군·흉례의 내용
을 다루었다. 먼저, 《오례의》를 기준으로 삼아 《속오례의》 의주가 《오
례의》 의주의 어느 위치에 추가되는지를 명시하였다. 이뿐만 아니라

《오례의》의 전반적인 내용이 파악되어야 추가 또는 증보된 내용도 어떤 의미를 가지는지를 알 수 있으므로,《오례의》개별 항목의 정의·연원·개념·형성과 특징 등 사전적 내용을 서술하여 제4장에서《속오례의》의 의주 시행 시기를 논의하고 특징을 밝히기 위한 밑바탕으로 삼았다. 제4장에서는 이《오례의》내용을 기본으로 해서 증보된 내용만 다루었으므로 의례의 전체적인 맥락을 파악할 때 참고할 수 있는 절이 되도록 하였다.

제3절의 보완 의례서의 편찬에서는 왕세자와 왕세손의 길례·가례를 보완한《국조속오례의보》와 흉례를 보완한《국조상례보편》을 살펴보았다.《속오례의》에 이어 노론의 손에 의해 만들어진《속오례의보》와《상례보편》의 편찬 시기는 1740년(영조 16) 경신처분을 통해서 노론이 출사의 명분을 회복하고 왕위 정통성 시비가 끝난 뒤이면서 1749년(영조 25) 왕세자에게 대리청정을 맡긴 지 얼마 지나지 않은 무렵이다.《속오례의보》는 1751년(영조 27)에 편찬되었고, 두 차례의 편찬을 거치는《상례보편》의 처음 편찬 시기는 1752년, 그다음은 6년 뒤인 1758년(영조 34)이다. 의소세손이 1750년 8월 27일에 태어나 1752년(영조 28) 3월 4일 3세의 어린 나이로 요절하였고, 첫째 아들이었던 효장세자의 빈인 효순현빈이 1751년 11월 14일에 죽음으로써 영조가 흉례로 구성된 국가전례서의 편찬을 명하여 1752년 1월《상례수교》가 만들어졌다. 그로부터 6년 뒤인 1757년(영조 33) 2월 15일에 영조비 정성왕후 서씨 (66세), 3월 26일에 숙종비 인원왕후 김씨(71세)가 잇달아 승하하자 《속상례보편》을 만들고 이를 합쳐 1758년(영조 34)에《상례보편》을 만들었다.

제4장 의주의 시행 시기와 특징에서는 1.《속오례의》의 의주 시행 시

기, 2. 《속오례의보》와 《상례보편》의 의주 시행 시기, 3. '《속오례의》: 화려한 꽃인가, 위엄 서린 칼날인가'를 서술해 보았다.

제1절에서는 《속오례의》 길·가·빈·군·흉례를 성격별로 다시 분류하여 시행 시기를 살폈다. 《속오례의》는 의주명 부근이나 의주 끝부분에 연혁이 기록되어 있어 시행 시기를 확인할 수 있다. 그 연혁을 좇아 《속오례의》에 수록된 의주 56항목의 시행 시기를 하나씩 짚어 보면 영조 이전과 영조대에 처음 시행된 의례의 항목 수가 비슷한 비율을 보인다.

제2절의 《속오례의보》와 《상례보편》도 제1절과 같은 방식으로 검토하였다. 제1·2절에서는 의례서에 나오는 연혁의 시행 시기에 의거하여 실록과 《승정원일기》의 실제 시행 사례를 확인하는 작업을 거쳤다.

제3절에서는 제1·2절의 결과를 바탕으로 영조 이전과 영조대에 처음 시행된 의례에 의미를 부여해 보았다. 영조 이전에 시행된 의례는 선조先朝가 시행하였지만 의례서에 명문화되지 못한 경우도 있고, 시도는 하였지만 실제 의례 시행으로까지 연결되지 못한 경우도 있다. 이 의례들이 영조가 선왕의 뜻을 계승한 것으로서 '자식으로서 부모의 뜻을 잘 잇고, 하시던 일을 잘 발전시키는 것이란 뜻'의 계술繼述을 표방한 것이라고 한다면, 나머지 절반은 영조가 새롭게 시행한 의례이다. 《속오례의》 의주는 기존 의례의 개정이 아니라 《오례의》의 의주는 그대로 두고 새로운 의례를 증보한 것인데, 영조 자신이 처음 시행하는 의례라고 하면서도 반드시 선왕의 권위를 빌렸다. 영조가 계술하고자 했던 선왕의 권위에는 부왕 숙종이 자처하였던 '군사君師'의 지위도 있었다. 이 때문에 영조는 요순 이래로 자신이 처음 의례를 시행한다는 자부심을 드러내었다. 영조는 의례를 통해 왕의 정통성과 절대성을 내세우고 왕위의 정당성을 회복하고자 하였으며 궁극적으로는 왕실의 위상을 높이

고 국가중흥의 군주로 거듭나고자 하였다.

　의례서 편찬자들의 당색을 보면 《속오례의》는 소론, 《속오례의보》와 《상례보편》은 노론이다. 당시 노소 연합정책을 펴고 있던 영조에게 이 구성은 우연이 아니었다. 영조는 의례서에 자신의 정치적 의지를 반영하기 위해 노론과 소론, 어느 한쪽에도 소홀하지 않았다. 영조의 정책 구상 아래 만들어진 《속오례의》의 편찬자는 소론으로 구성되었고, 의주 항목에는 사림의리에서 연결되는 노론의 의리가 수용되었다.

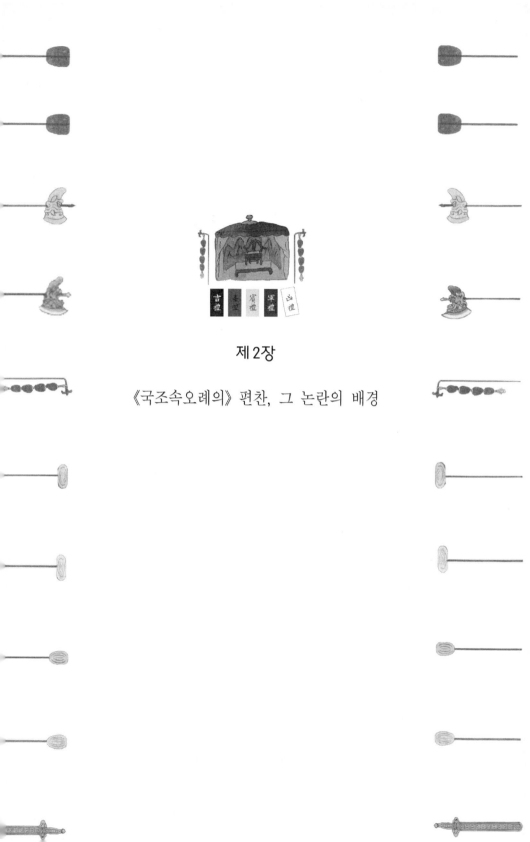

# 제 2장

## 《국조속오례의》 편찬, 그 논란의 배경

## 1. 오례의의 시행

제2장 1절은 16~17세기의 오례의와 주자가례 시행의 논란을 살펴보는 데 할애할 것이다. 이 논란은 본론이 되는 제3~4장과의 연계성을 잘 드러내는 데 중점을 두려고 한다. 이렇게 꼽아본 논쟁거리 가운데, (1) 복제 문제와 (2) 친영례 문제는 오랫동안 학계의 주목을 받아온 주제인 데다가, 특히 복제 문제만큼은 예송 문제로 이어지는 중요하고도 복잡한 문제여서 《속오례의》의 편찬에 유념하여 이와 관련 있는 내용 위주로 서술할 것이다. 그리고 (3) 천릉은 제4장에서 다시 다룰 것이지만, 훈척과 사림의 갈등 안에서 문제제기를 해 보려 한다.

《오례의》와 《경국대전》의 완성 이후 정계에 등장한 사림들은 이념적인 문제에 천착하며 조선을 성리학적 이상국가로 만들기 위해 매진하였다. 성종대의 김종직(金宗直, 1431~1492)-김굉필(金宏弼, 1454~1504)을 잇는 조광조(趙光祖, 1482~1519)[1] 등, 역사의 전면에 나타나기 시작한 사림들은 중종대에 대거 등용되어 훈구세력의 정치 풍토를 개신하는 역할을 맡았다. 이들은 주자성리학의 이해정도가 깊어감에 따라 예학의 탐구에 몰두하였다. 조선 중기는 명에 대한 제후국례를 명백히 하던 때로, 사림들은 《오례의》에 규정된 절차의 성실한 실행, 곧 주자가례의 완전한 적용을 위해 세부적 조항과 철학적 연구에 집중하였다.[2]

---

1 정만조, 〈朝鮮中期 儒學의 系譜와 朋黨政治의 展開(Ⅰ)〉, 《조선시대사학보》 17, 2001, 89~90쪽.
2 안희재, 〈朝鮮時代 國喪儀禮 研究〉, 국민대학교 박사학위논문, 2009, 148~152쪽.

중종반정(1506년, 연산군 12) 이후 주자성리학에 대한 이해와 함께 모든 의례는 《오례의》를 중심으로 준행되고 있었다. 이 과정에서 당시 사림들이 고례로 인식하고 있던 주자가례에 의한 의례시행이 논의되었다.[3] 《오례의》가 제후국의 위상을 갖춘 왕실의례라고 한다면, 사대부의 예는 주자가례의 적용을 받았다. 이렇게 조선시대 의례는 이원적 체제로 운영되고 있었다. 《오례의》의 왕조례 운영을 용납하지 못하는 사대부들은 의례논쟁을 일으키며 천하동례의 시행을 촉구하였다. 그 핵심에는 17세기 1·2차 예송으로 이어지는 복제 문제가 있었다. 복제 문제는 다시 ㉠ 서인庶人의 3년상 문제, ㉡ 1567년(선조 즉위) 명종상에서의 흑립·백립 문제, ㉢ 1575년 인순왕후(명종비 심씨)상과 ㉣ 1577년 인성왕후(인종비 박씨)상에서의 오사모·흑각대와 백의관대의 착용 문제[4]로 세분화해서 살펴볼 것이다. 한편 1517년(중종 12) 국왕의 친영례가 처음 시행되고, 1602년 인목왕후를 맞이할 때 친영과 묘현 논의가 이루어져 주자가례가 왕실례에 적용되고 있었다. 이 또한 의례논쟁의 쟁점 가운데 하나로 꼽을 수 있다. 다른 한편으로는 천릉 문제가 논쟁거리가 되기도 하였다. 16세기 천릉에는 1513년 소릉(昭陵: 문종비 현덕왕후릉)의 천릉, 1537년(중종 32) 희릉(禧陵: 중종 1계비 장경왕후릉) 천릉, 1562년 정릉(靖陵: 중종릉) 천릉이 있다.

여기서는 오례의와 주자가례 시행의 충돌을 위에서 제시한 세 가지 쟁점 위주로 검토해 보려 한다. 오례의 시행에 대해 사림들은 첫째, ① 복제 문제-㉠ 서인庶人의 3년상 문제를 거론하며 모든 계층에 전일한

---

3 국조오례의파와 고례파의 대립에 대해서는 다음 연구를 참고하였다. 고영진, 《조선중기 예학사상사》, 한길사, 1995, 45~64·259쪽; 이영춘, 〈영조대 법전과 예제의 재정비〉, 《영조의 국가정책과 정치이념》, 한국학중앙연구원출판부, 2012, 283~284쪽; 이범직, 〈조선전기의 오례와 가례〉, 《한국사연구》 71, 1990.

4 고영진, 앞의 책, 257~258쪽.

예제를 실시할 것을 주장한다. 이 문제 해결의 전거가 되는 《오례의》에
는 대부사서인례가 편제되어 있긴 했으나, 당시 서인의 상제는 《경국대
전》의 예전, 오복제에 '군인과 서인복은 백일복'이라고 한 것으로써 백
일상제를 규정하고 있었고, 군인은 원할 경우 3년상을 할 수 있게 하
였다(《경국대전》 권3, 禮典, 五服制). 이에 대하여 조광조 등의 사림은 주
자가례의 시행을 요구하였고,[5] 정광필(鄭光弼, 1462~1538)[6] 등 대신과
예조는 《오례의》를 중심으로 주자가례의 부분적 시행을 주장하였다. 전
면적 시행을 반대하는 쪽에서는 '3년상을 이유로 신역을 꺼리는 자들이
있는데, 이로 말미암아 발생하는 국정의 차질 문제'(《중종실록》 1512년
(중종 7) 3월 1일)와 '사대부와 서인의 예가 같지 않음'(《중종실록》 권
31, 1518년(중종 13) 1월 14일)을 반대 이유로 들었다. 결국 《오례의》를
기본으로 하되, 서인들은 원할 경우에만 3년상을 시행하게 하는 절충안
이 마련되었다(《중종실록》 1515년(중종 10) 9월 7일). 이 논의는 백관상
복의 형태규정, 단상제(短喪製: 삼년상의 기한을 줄여 한 해만 상복을 입
는 일)의 폐지 문제와도 관련을 가진다. 《속오례의》에서 백관복제가 부
자와 군신의 의리가 같아지는 형태로 규정되고,[7] 1752년(영조 28) 《상
례보편》에서 복제규정이 3년상제의 형태로 되면서[8] 단상제의 폐지는
곧 실질적인 3년상제의 조문화條文化라는 결과를 맞이하게 된다.

  ㉡ 흑립·백립 문제 역시 국상의 3년상제 확립과 궤를 같이하는 변화

---

5  고영진, 〈15·16世紀 朱子家禮의 施行과 그 意義〉, 《한국사론》 21, 서울대학교 국사학과,
   1989, 136쪽.

6  정광필은 기묘사림에 동의하지 않으면서도 가장 앞장서 그들을 구제했던, 매우 균형
   잡힌 시각을 가진 대신이었다. 김범, 《사화와 반정의 시대: 성종·연산군·중종대의 왕
   권과 정치》, 역사의아침, 2015, 214쪽.

7  《속오례의서례》 〈흉례〉, 상복도설의 최복. "百官具衰服絰帶杖屨 一如王世子衰服之制".

8  1752년(영조 28)에 장자를 위한 삼년상제를 회복하면서 세손에 대해서 기년복으
   로 정하고 《상례보편》에 수록하게 한 것. 《영조실록》 1752년(영조 28) 7월 24일.

이면서 주자성리학의 이해과정과 맞물려 해석된다. 주자성리학에서 조선성리학으로 정착됨과 함께 상제에서도 흑립이 백립으로 바뀌게 된다는 논리이다.[9] 흑립·백립 논의는 단순한 상복 문제(笠: 갓)가 아니었다. 16세기의 사림들은 3년상제의 실질적인 준수를 위해 졸곡 후 평상복에 흑립을 반대하고 백립제를 주장하였다.[10] 《오례의》에도 본래 졸곡 뒤에 평복에는 백립을 쓰는 것(《오례의》 흉례, 복제)으로 되어 있었지만, 선조대의 명종상제에 와서야 졸곡 뒤의 평복이 백립으로 복귀되었다(《석담일기》 상(《대동야승》 권14)).[11] 그리고 관리들이 집무할 때의 차림[시사복視事服: 민순-화담학파[12]·이이·박순-화담학파[13]·노수신[14]의 주장에 따른 백의·백관(백모·백대) vs. 권철權轍·홍섬洪暹[15] 등은 《오례의》대로 현관·소의·오대를 주장)이 백모·백대로 확립되는 것(《선조수정실록》 1575년(선조 8) 5월 1일)은 사림들의 주장이 받아들여진 것으로 이는 군신관계가 곧 부자관계라는 공식으로 이어진다.[16] 서경덕(徐敬德, 1489~1546)으로부터 시작되어 김집金集으로 이어지는 복제 개정논의(《花潭文集》 권2, 〈擬上仁宗大王論國朝大喪喪制不古之失疏〉; 《常變通攷》 권28, 〈國恤禮〉, 臣民儀)의 관

---

9  지두환, 〈朝鮮前期 黑笠·白笠 論議: 國喪의 3년상제 확립과정을 중심으로〉, 《부산사학》 16, 1989; 고영진, 앞의 책, 116~119쪽.

10  지두환, 위의 논문, 57쪽.

11  고영진, 앞의 책, 116쪽.

12  閔純(1519~1591)-서울·경기 서경덕 계. 정만조, 앞의 논문(2001), 96~97, 108쪽.

13  朴淳(1523~1589)-호남 서경덕 계. 정만조, 앞의 논문, 96~97쪽.

14  노수신은 白仁傑·柳希春·金鸞祥·閔起文·李元祿 등과 함께 명종초의 을사사화에 걸려 20여 년의 귀양살이 끝에 풀려나 서용된 乙巳遺直(정만조, 앞의 논문, 101쪽)이며 사림의 중망을 받는 원로임(위의 논문, 104쪽).

15  洪暹은 중종 연간에 벼슬에 나와 신진과 대비하여 흔히 구신이라고 불림. 신진사류의 영수인 이황을 山禽에 비기는 등 도학을 중요시하지 않았으며, 조종의 舊制는 다소 불편이 있더라도 지켜야 한다는 보수적 입장을 갖고 있었다. 정만조, 위의 논문(2001), 103쪽.

16  지두환, 앞의 논문(1989), 55쪽.

련성을 생각해 보면, 민순과 박순이 화담학파를 잇는 인물[17]로서 백의·
백관을 주장하게 되는 것은 우연의 일치가 아니다.[18] 이 논의는 결국
숙종대에 군신 간의 복제가 어버이에 대한 자식의 도리인 참최복과 동
일하게 되는 것으로 정해진다.

ⓒ 1575년(선조 8) 인순왕후(명종비 심씨沈氏)상과 ⓓ 1577년(선조 10)
인성왕후(인종비 박씨), ⓔ 1600년(선조 33) 의인왕후(선조비 박씨)상에
서의 오사모·흑각대와 백의관대의 착용 문제 또한 흑립·백립 논의와
별개의 일이 아니었으며 3년상제와 마찬가지 의의를 가지는 복제 문제
였다. 그렇다면 흑립·백립, 오사모·흑각대와 백의관대 등 상복의 흑백
논의가 3년상제의 확립과 무슨 상관이며, 조선 초의 태조국상에서부터
연산군대에 이르기까지 행해졌던 역월단상제易月短喪制의 시행이 왜 의
리명분을 거스르는 국상인지 알아봐야겠다. 중종대 사림들에 의해 졸곡
뒤에 백의·백모·백대를 갖추게 되는데 이것이 어떻게 주자가례에 입각
한 3년상제의 올바른 시행으로 이어지는지 살펴보자.

다음 언급은 비록 태종의 국상에서 이뤄진 조선 초기의 상제이지만,
세종이 역월易月 제도가 선왕의 법이 아니므로 25일 만에 복을 벗지
않고 3년복을 입겠다고 함으로써 단상제가 그릇된 제도임을 말해 준다.
이와 동시에 졸곡 뒤의 시사복 문제가 제기되면서 군신 간의 복제까지
거론되고 있다. 이로써 숙종대의 군신복제 논의는 태종 국상에서부터
이미 비롯되었음을 알 수 있다.

예조에서 〈날수로 달수를 바꾸는〉 역월 제도를 사용하자고 청하니, 임

---

17 정만조, 앞의 논문, 2001, 96~97쪽.
18 서경덕을 이은 민순과 박순이 화담학파로서 서인들과 의견을 같이하여 백의·백
   관을 주장한 점을 다음 연구(조성산, 《조선후기 낙론계 학풍의 형성과 전개》, 지
   식산업사, 2008, 34쪽)와 연결시켜 제2장 2절에서 논의함.

금이 말하기를, "역월 제도는 한나라·당나라 이하의 보통 임금이 하던 일이요, 선왕의 법은 아니다. 대비大妃의 초상에 예관이 부왕의 명령에 순종하여 역월 제도를 제정하여 사용하였으나, 내가 부왕께 두 번이나 청하여 산릉을 모신 뒤에 효복孝服을 벗었다. 이제 25일 만에 벗게 되면, 도리어 전번 초상만도 못하게 되는 것이다. 나는 최복衰服으로 3년을 지내려고 한다. 그러나 최복으로는 정사를 볼 수 없으므로, 졸곡 뒤에는 권도로 상복을 벗고 흰옷과 검은 사모·검은 각대로 정사를 볼 것이며, 상사에 관한 일이 있을 때에는 상복을 입고, 소상·대상·담제의 법도 일체 고례에 따를 것이다. 백관은 역월 제도에 의하여 복을 벗는 것도 가하다." 하였다.《세종실록》 1442년(세종 4) 5월 13일.

《오례의》에 의한 상장 절차는 크게 (1) 초종初終단계, (2) 빈전殯殿의식, (3) 발인發靷단계, (4) 혼전魂殿제사로 나눌 수 있다.[19] 세 번째 발인 단계의 마지막 절차인 반우返虞는 산릉에서 혼령이 깃든 우주虞主를 모시고 궁궐로 돌아오는 의식이다. 이렇게 궁궐 혼전에 모셔진 우주는 위의 네 번째 단계인 혼전제사에서 우제虞祭-졸곡(이때 우주가 연주練主로 바뀜, 초상으로부터 13개월이 되는 날)-상제(祥祭: 25개월이 되는 날)-담제(禪祭: 상제를 지낸 뒤 1개월을 사이에 둠)를 거친 뒤에 종묘에 부묘된다. 이러한 상례 전 과정이 주자가례에 따르면 27개월에 걸쳐 행해져야 하지만 조선 초기부터 날수로 달수를 바꾸는 역월 제도에 의해 27일 만에 행해지고 있었다. 이렇게 '한漢·당唐나라 이하의 보통 임금이 하던 일로서 선왕의 법은 아닌데'도 고려시대 백일상제의 유제 때문에 또는 종법을 거스르고 왕위에 오른 태종, 세조, 그리고 패역을 일삼았던 연산군에 의해 단상제가 시행되어 왔다.

혼전제사 가운데 졸곡은 무시곡無時哭을 마친다는 뜻으로 이로부터

---

19 제3장 2절에서 그 절차를 상세하게 다루겠다.

수시로 하던 곡을 멈추고 조석에만 곡을 하다가 연제練祭 뒤에 곡을 그친다.[20] 이 졸곡은 흉례인 상제에서 길제吉祭로 전환되는 시점이다.[21] 이때부터 임금과 관료들은 정사를 보게 되므로, 정사를 볼 때 입는 시사복과 평복이 문제가 되었쭉. 입笠은 평복에 쓰는 갓이고, 사모와 각대는 정사를 볼 때 착용하는 옷차림이다. 상복에서의 흑립·백립, 오사모·흑각대, 백의관대 논의는 졸곡 뒤 평복과 시사복(예복禮服, 공복公服) 때문에 나온 문제이다. 세종은 권도로서 졸곡 뒤부터는 흰옷과 검은 사모·검은 각대를 하고 정사를 볼 것이며, 단상제가 아닌 3년상을 지낼 것이므로 상을 마칠 때까지는 최복을 벗지 않겠다고 하였다.

단상제에 따르면 졸곡 뒤의 평복은 흑립을 써야 하지만, 16세기에 가서야 3년상제의 확립과 함께 백립제로 정해진다는 내용이 지금까지의 흑립·백립 논의이며, 시사복은 오사모·흑각대에서 백모·백대로 바뀌게 된다.

의정부·육조에서 계하기를, "태조의 초상에 대행 태상왕이 역월 제도에 의하여 복을 벗었으나, 궁중에서는 실로 3년의 상례를 행하였습니다. 그러므로 신들이 감히 이것을 계한 것인데, 이제 상지上旨를 듣고 보니 감히 다시 계하지 않겠나이다. 다만 신하와 자식은 같은 것인데, 전하만 최질衰経을 하고 신하들이 복을 벗는다는 것은 의에 어그러지는 것이니, 여러 신하들도 졸곡 뒤에 복을 벗게 하소서." 하니, 임금이 허락하였다. 《세종실록》 1442년(세종 4) 5월 13일.

이때 신하와 자식은 같은데 어찌 신하들만 역월제에 의해 〈12개월째

---

20 《역사용어사전》, 〈국가전례〉조, 서울대학교 역사연구소 편, 서울대학교출판문화원, 2015.
21 《禮記》 喪大記에 근거한 임민혁, 〈조선초기 《國朝五禮儀》 흉례의 구조와 의례적 성격〉, 《역사와실학》 50, 2013, 26쪽.

에 행해지는 졸곡제를 일로 계산하여 12일 만에〉 복을 벗겠냐며, 신하들도 졸곡 뒤 〈12개월째〉에 상복을 벗게 해야 한다는 군신 간 복제논의가 1442년(세종 4) 5월 13일에 처음 제기되었다. 역월제의 폐지와 관련한 논의가 중종대에 있었지만 1718년(숙종 44)에 비로소 폐지되어 삼년상제를 회복하였다. 이후 1720년(숙종 46)의 숙종국장에서 이를 시행하여 천고의 누를 씻었다고 하였으며, 영조의 첫째 아들인 효장세자의 예장에서 이 역월제가 완전히 사라졌다(《영조실록》 1728년(영조 4) 12월 15일). 이 군신 간 복제는 《속오례의》 편찬과의 관련성을 고려하여 다음 장에서 논의를 더 이어가기로 하겠다.

둘째, 친영례 또한 《오례의》 의례 시행에서 주자가례의 적용에 대한 논란[22]을 설명할 수 있는 사례이다. 《오례의》에 의거하여 왕세자는 친영례를 시행하고 있었지만, 왕은 '명사봉영命使奉迎'이라 하여 신하가 왕비를 맞이해 오고 있었다. 정광필 등의 의논은 친영의 예를 거행하면 성헌에 어그러진다고 했지만 사림들의 주장에 따라 결국 국왕의 친영례가 시행되기에 이른다. 1517년(중종 12) 3월 19일 문정왕후를 맞이할 때 친영의 예를 오례의주에 첨가해서 후세에 준행토록 전교하였다.

전교하였다. "정광필 등의 의논이, 그 친영하는 예를 거행한다면 자못 성헌成憲에 어그러진다고 했다. 대저 조종조의 예문을 거행해야 할 것이 있는데도 나로부터 시행하지 않는다면 선왕의 성헌을 무너뜨린다 할 수 있지만, 본래부터 거행하지 않은 정당한 예문을 나로부터 거행함이 어

---

22 친영은 납채·문명·납길·납징·청기·친영으로 이루어진 6례의 마지막 절차로 신랑이 신부집에서 신부를 맞아와 자신의 집에서 치르는 혼례의식이다. 《의례》·《예기》 등에 수록되어 '고례'로 통칭되는 이 혼인의례는, 송대에 《주자가례》에서 의혼·납채·납폐·친영이라는 4례로 간소화되었다. 조선을 건국한 사대부들은 성리학의 이념을 사회 각 부면에 적용하면서 혼인의례의 경우에도 《주자가례》에 따라 친영례를 시행하고자 하였다(《한국민족문화대백과사전》, 〈친영〉조).

찌 무너뜨리는 것이겠는가. 이제부터는 항구한 법으로 정하여 오례의주
五禮儀註에 첨가해서 실어, 후세에 준행토록 함이 가하다."《중종실록》 1517
년(중종 12) 3월 19일.

이렇게 왕명으로 친영 의주가 《오례의》에 기재되었으나 왕의 혼례인
납비의納妃儀 항목이 아니라 왕자의 혼례인 왕자혼례의王子婚禮儀 항목
에 들어가게 되므로 왕에 대한 친영의 규정이 실제로는 없었다.[23] 이
때문에 의인왕후 상을 마치고 1602년(선조 35) 6월 9일 선조가 계비
(인목왕후, 김제남의 딸)를 맞아들이는 대례의 절차를 의논할 때, 《오례
의》에 실려 있지 않다는 말이 나오게 된다.

　　예조에서 아뢰기를, "대례大禮의 기일이 멀지 않으니 거행해야 할 모든
　의주儀註를 미리 마련한 뒤에라야 군색하고 촉박하게 되는 걱정이 없게
　될 것입니다. 《오례의》에 구비되어 있는 것인 경우는 실로 그대로 따르
　기만 하면 되겠지만 친영親迎 등의 행사와 같이 《오례의》에 실려 있지
　않은 것은 관계되는 일이 크고 또 의거할 만한 전례도 없으므로 감히
　억측으로 단정할 수도 없습니다. 그중에서 의논해야 할 조목을 조목조
　목 뽑아내어 뒤에 기록하였습니다. 대신들과 의논하여 결정하는 것이
　어떻겠습니까?" 하니, 그대로 윤허하였다.《선조실록》 1602년(선조 35) 6월 9일.

중종대와 선조대의 시행을 거친 이 친영의례는 영조대에 가서야 《속
오례의》에 납비친영의納妃親迎儀라는 정식 의례로 실리게 된다.
셋째, 천릉 문제를 보자. 중종대에 일어난 정치적 사건인 기묘사화를
《오례의》를 고수하려는 세력과 고례를 추구하였던 조광조를 위시한 신
진사류 사이의 대결로 보기도 하므로[24] 국조오례파와 고례파의 대립구

---

23 고영진, 앞의 책, 194쪽.

도(27쪽 각주 3) 참조) 안에서 정광필－조광조, 정광필－김안로의 관계를
주목하려 한다. 사림파 조광조[25]와 권신세력 김안로(金安老, 1481~1537)[26]
가 훈구파인 정광필과 적대 관계에 있었다는 공통점을 빌미로 예학적
갈등을 파악해 보려는 것이다. 김안로의 등장은 희릉 천릉을 통해 살펴
볼 것이다.

　이 절에서 오례의와 주자가례 시행의 충돌로 꼽아본 몇 가지 쟁점
가운데, 16세기 천릉 문제만큼은 의례의 조문적 충돌이 아닌, 학문적·
철학적 입장이 다른 훈구파와 사림파, 또는 훈구파와 척신파의 대립이
라는 측면에서 다룰 필요가 있다. 16세기에 이루어진 천릉에는 소릉과
희릉, 정릉이 있는데, 소릉과 희릉 천릉이 그러한 경우이고, 희릉은 정
릉 천릉과 함께 왕권 확립으로도 설명되는 천릉이다. 소릉 천릉은 단종
의 어머니 현덕왕후를 세조가 왕위 찬탈과 함께 종묘에서 폐출시켰던
것을 중종이 복위시키면서 이루어진 천릉이다. 처음 능은 안산安山의
소릉이며 옮긴 능은 양주楊州의 현릉顯陵인데, 이 천릉은 사림들이 의리
와 명분을 앞세워 요구해 온 일로서 주자성리학을 적용하여 시행되었
다.[27] 그리고 희릉 천릉은 권신 김안로가 훈구세력인 정광필을 제거하
려는 술수에서 시작되었다(《중종실록》 1537년(중종 32) 4월 25일). 이 천
릉을 통해 중종이 정권을 장악한 김안로의 전횡을 처단하고, 정릉 천릉
은 명종이 친정체제의 구축을 통해 왕권 확립이라는 결과를 가져오게
하였으므로, 희릉과 정릉의 천릉은 왕이 추구한 국가중흥, 왕권확립의
관점[28]으로도 이해할 수 있다. 그런데 희릉 천릉의 시행의의를 왕권 확

---

24　고영진, 위의 책, 257~258쪽.

25　사림파 학맥：정몽주－길재－김숙자－김종직－김굉필·정여창－조광조. 정만조, 앞의 논문
　　(2001), 90쪽.

26　정만조, 앞의 논문(2001), 2001, 92쪽.

27　이현진, 〈조선전기 昭陵復位論의 추이와 그 의미〉, 《조선시대사학보》 23, 2002, 70쪽.

립으로 해석한다면, 왕실례와 사대부례의 충돌이라는 관점은 어떻게 적용해야 할까?

이 장과 절에서 화두로 삼은 주제이므로 해답을 찾아보고자 한다. 정광필 대 조광조의 충돌을 오례의를 고수하는 쪽과 오례의에 주자가례를 적용하려는 세력 간의 충돌[29]로 본다면, 희릉 천릉에서 나타나는 갈등도 이와 같은 구조에서 해석될 수 있는지 궁금하다. 희릉 천릉은 조광조 등의 신진사류들이 숙청된 기묘사화(1519, 중종 14)가 일어나고 한참 뒤(1537, 중종 32)에 이루어졌으므로 조광조와 같은 뜻을 지닌 사림과 훈구파의 갈등이라고 할 수 없다. 이는 훈척신 간의 다툼에서 시작되어 결과적으로 국왕 중종이 권신 김안로를 축출하게 된 사건에 불과하다. 그러므로 천릉이라는 의례를 빌미로 왕권과 신권의 다툼 또는 왕실과 사대부의 충돌로 이어지기는 하지만, 그렇다고 왕실례와 사대부례의 충돌로까지 볼 수 있는지는 조금 더 논의를 진행한 뒤 답을 구하려고 한다.

한편 영조대인 18세기에 이루어진 천릉인 장릉長陵의 경우는 희릉과 같이 총호사를 처단하려는 목적으로 옮겨졌지만 그 시행의의는 다르다. 장릉의 경우는 뒷날 역적으로 평가되는 김자점이 총호사였다는 이유 때문에 군신 간 합의로 천릉을 시행하였다.[30] 즉 장릉의 천릉은 역적처단이라는 의리명분을 바로 세운 일이다.

28 신재훈, 〈조선 전기 遷陵의 과정과 정치적 성격〉, 《조선시대사학보》 58, 2011, 59쪽.

29 정광필과 조광조의 대립을 국조오례파(한당례)와 고례파의 대립으로 본 다음 연구 성과에 착안하였다(고영진, 앞의 책, 258쪽). 조선중기 의례를 가례 중심의 '보편주의'와 왕조례 중심의 '분별주의' 예학으로 구분한 연구도 있다(이영춘, 〈第一次禮訟과 尹善道의 禮論〉, 《청계사학》 6, 한국정신문화연구원 청계사학회, 1989; 이영춘, 〈服制禮訟과 政局變動: 第二次禮訟을 中心으로〉, 《국사관논총》 22, 국사편찬위원회, 1991).

30 좌의정 李㙫, 故 判書 尹絳, 그의 아들 故 相臣 尹趾善, 그의 사위인 判府事 閔鎭遠, 예조판서 申思喆, 우의정 趙文命·좌참찬 徐命均·호조판서 金東弼·병조판서 金在魯·이조판서 宋寅明이 제안하였다. 《영조실록》 1731년(영조 7) 3월 16일.

또한 18세기의 온릉溫陵 복위는 16세기의 김정과 박상의 요구에서 비롯되어(《중종실록》 1515년(중종 10) 8월 8일) 조광조가 그들과 뜻을 함께하여 추진하려 했던 단경왕후 복위와 동일한 사건이며, 소릉 복위와도 이어져 있다. 1513년 소릉 천릉(《중종실록》 1513년(중종 8) 3월 12일)이 중종의 정계재편과 신진 사림[31]의 지속적 청원이 결실을 맺은 사건이자, 1519년(중종 14) 7월 21일 조광조의 단경왕후(온릉) 복위(《중종실록》 1519년(중종 14) 7월 21일) 요구의 발단이 되었다는 점[32]은 국조오례파와의 대결에서 고례파의 승리로 볼 수 있다.

장릉, 소릉, 온릉의 천릉을 의리명분이 바로 세워진 일, 주자성리학에 입각한 종묘정통론[33]으로 본다면 사림들은 희릉 천릉을 통해서 어떠한 주자가례적 시행을 의도했을까? 이 천릉 문제에서는 왕조례와 사대부례의 조문적인 대립은 나타나지 않는다. 광 중에 돌이 있는데도 그대로 능이 조성되었던 것을 문제 삼아 이루어진 천릉이지만 이는 처음 능을 조성할 당시(중종 10)의 총호사였던 정광필을 대상으로 김안로가 벌인 일이었다(《중종실록》 1537년(중종 32) 4월 25일). 이 대립을 훈구세력에 대한 사림파의 도전, 주자성리학을 이념으로 하는 사림들의 사상적·철학적 표출의 상징적 정치행위로 볼 수 있을까? 주자성리학의 이해정도가 깊어감에 따라 예학의 탐구에 몰두했던 사림들이 자신들과 이해를 달리하는 정적을 제거했다는 측면에서 이해해야 할까?

학계에서는 김안로를 훈구파로 보기도 하고 사림파로 보기도 한다.

---

31  생육신의 한 사람인 남효온(《성종실록》 1478년(성종 9) 4월 15일)과 김일손(《연산군일기》 1504년(연산군 10) 9월 30일)이 소릉복위를 주장하였다.

32  1513년 4월 21일 소릉의 천릉이 완결되었다. 이 사건은 중종의 정계재편과 신진사림의 지속적 청원이 결실을 맺은 사건이자 훗날 조광조의 단경왕후 복위 문제의 발단이 된 사건이다. 신재훈, 앞의 논문(2011), 53쪽.

33  이현진, 앞의 논문(2002), 70쪽, 72쪽.

하지만 그가 정광필과 정치적 대립관계에 있다고 해서 훈구파에 맞서
는 사림파라고는 할 수 없다. 다만 김안로의 시대를 중종 26년에서 32
년으로 잡고 있는데,[34] 이때 김안로가 삼사三司를 장악하여 정권을 운
영하였다는 점은 그냥 지나칠 수 없다. 이전에도 조광조 등 고례파가
삼사를 통해 활동하였다는 공통점이 있기 때문인데, 이들과 대립관계에
있는 정광필 등 국조오례파는 예조를 통해 활동하였다.[35]

  김안로의 아들인 연성위延城尉 김희金禧와 며느리인 효혜孝惠공주가
1531년(중종 26)에 죽었다(《중종실록》 1531년(중종 26) 4월 20일; 10월
10일). 효혜공주는 인종(1515~1545)의 친누이였는데 아들과 며느리가
죽은 그해부터 김안로는 삼사를 장악(중종 26~32)하여 정권을 전횡하
다가 희릉 천릉을 통해 오히려 중종에게 처단되었다. 예조와 삼사라는
각각의 기관을 매개로 국조오례파와 고례파의 대립, 또는 훈구파와 사
림파의 대립, 그리고 정광필과 조광조·김안로의 대립구도를 설정해 보
긴 하였지만, 훈구파와 사림파의 소속 기관은 이들의 대립을 설명할 수
있는 근거로 부족하고 김안로의 예학적 인식은 사료에 거론된 바가 없
어 조광조와의 학문적인 유대관계를 연결해서 생각할 수 없다. 그러므
로 권력을 장악하려 한 신하들 간, 또는 군신 간의 권력다툼으로 이해
할 수는 있지만 희릉 천릉을 사림파의 주자가례 실천, 또는 왕조례와
사대부례의 다툼으로 연결하기에는 무리가 따른다. 희릉 천릉만큼은 의
례와는 별도의 정치적 사건으로 보는 것이 합리적이다.

  오히려 지금까지 살펴본 16세기의 훈척신과 사림파의 대립구도는 17
세기 영릉 천릉에서 확인할 수 있다. 새 능에 표석을 세우는 일을 두
고 송시열의 의견에 반하는 김우명金佑明이 현종에게 아뢰는 내용이다.

---

34 김범, 앞의 책, 222쪽.
35 고영진, 앞의 책, 63쪽.

  영돈녕부사 김우명이 이어 품은 생각을 진달하기를, "… 신릉에 일단 표석을 설치하게 되면 각 능에도 모두 설치하지 않을 수 없습니다. 그 돌들을 마련하기 위해 공사를 벌이노라면 적지 않은 노력과 비용이 들 것입니다. 그런데 더구나 강도江都는 바로 보장保障이 되는 지역이니만큼 민폐를 더욱 염려하지 않을 수가 없습니다." … 또 아뢰기를, "국가의 능침陵寢에 표석이 없다 한들 어떤 사람이 모르겠습니까. 알 수 없게 된 뒤가 되어서는 표석이 있다 하더라도 무슨 도움이 되겠습니까? 그런데 이것을 송시열이 강정講定했기 때문에 아무도 감히 그 타당성을 의논하지 못하고 있는 것입니다. 제왕帝王의 덕업德業이 후세에까지 빛을 드리우게 되는 것은 표석이 있든 없든 본래 상관이 없습니다. 옛날 명나라 홍무洪武 초에 역대 제왕들의 35개 능을 거슬러 제사 올렸는데, 위로는 복희씨伏羲氏에게까지 미쳤습니다. 복희씨 때로부터 홍무 때까지는 연대가 얼마나 떨어져 있습니까. 그런데도 그 묘를 알아내었는데, 이것이 과연 그 곳에 비표碑表가 세워져 전해 내려왔기 때문이겠습니까?" 하였다.
《현종개수실록》 1673년(현종 14) 9월 9일.

  새 능에 표석을 설치하면 다른 능에도 모두 설치해야 하며, 그 돌을 마련하기 위해 노력과 비용을 들여야 하고, 국가의 보루가 되는 강화도의 백성에게 폐를 끼칠 수 없다는 것이 반대 이유였다. 하지만 김우명이 입비立碑를 반대한 실제 이유는 '산림山林의 중망重望을 지닌 대신이 강정講定한 일이기 때문에 아무도 감히 그 타당성을 의논하지 못하고 있는 것이며, 명나라의 경우만 보더라도 아무 문제가 되지 않았으므로 표석을 세울 필요가 없다'고 하여 사림의 대신인 송시열을 배척하는 데 있었다.
  16세기 희릉 천릉에서 살펴보려고 했던 훈척신과 사림파의 갈등구조를 17세기의 천릉 문제에까지 확장해 보려는 의도에서 영릉 천릉[36]까지 언급하였지만, 당대 정치사 문제, 인물 간의 관계를 충분히 파악한

후에 다루어야 할 문제이므로 여기서는 의례를 명목으로 한 정치적 대립이 있었다는 정도만 언급해 두고자 한다. 의례를 명목으로 하였지만 다른 천릉과 마찬가지로 조문의 문제는 아니며, 오례의와 주자가례의 적용에 관한 각 당파 간의 입장 차이를 염두에 둔 검토였다.

중종대의 소릉 천릉은 영조대의 온릉 복위로 이어지고 있다. 소릉·온릉·장릉이 주자성리학에 입각하여 의리명분이 바로 세워진 일이었다면 희릉·정릉은 왕권회복이라는 의의를 지닌다는 점으로 천릉 문제를 요약해 볼 수 있다. 그리고 영릉 천릉은 17세기의 정치적 분화를 예제적 차원에서 살펴볼 수 있는 소재이므로 16세기 천릉 문제와 함께 언급해 보았다.

중종대 3년상제와 친영 논의는 국가의 전 범위, 전 계층을 대상으로 오례를 적용하겠다는 사림의 의지가 반영된 논의였으며 여기에 주자성리학에 입각한 《오례의》의 완전한 실행이라는 명분이 자리하고 있었다.[37] 그리고 천릉을 통해서도 주자성리학의 적극적 실천이 시도되었음을 확인할 수 있다.


## 2. 《오례의》 개정의 논란

제2장 2절은 《오례의》의 개정 논란을 일으키는 의례자들의 정치적 성향을 파악하는 데 주력해 보려고 한다. 16세기 오례의와 주자가례

---

36 寧陵에 관해서는 다음 논문을 참고. 김충현, 〈孝宗 寧陵의 조성과 陵制의 변화〉, 한국학대학원 석사논문, 2012.
37 안희재, 앞의 논문, 97~99쪽.

시행의 논란은 17세기를 대표하는 정치적 사건인 예송논쟁에까지 영향을 끼쳤다. 예송논쟁이 남인과 서인의 예학적 대립으로 이루어졌으므로, 의례자들의 정치적 성향을 파악하는 일은 중요하게 다루어야 한다. 더욱이 서인이 다시 노·소론으로 분파되면서 이들은 18세기 의례제정을 담당하게 된다. 그러므로 학파·정파에 대한 논의는 앞으로 전개될 의례 제정자들의 정치적 연원을 고려한 것이다.

17세기는 16세기의 철학적 성과를 기초로 하여 본격적으로 예제 연구에 진입하는 시기이다. 인조대에 이르러 정권을 잡은 서인과 남인의 양대 학계에서는 적극적으로 예서를 편찬하였다. 당시의 예학자들은 대부분 주자가례를 기본으로 이를 재해석하거나 시의에 맞는 변례로써 예서를 편찬하여 조선예학 발전을 이끌었지만 서인과 남인의 예학적 이해는 달랐다.[38]

남인학계는 정구(鄭逑, 1543~1620), 서인학계는 사계 김장생(金長生, 1548~1631)을 대표적인 예학자로 꼽는다.[39] 예송논쟁의 시초가 되는 17세기 전반의 계운궁 복제 문제가 바로 이들의 대립으로 설명되는 대표적 사례이다.[40] 이때 서인학계의 대표적 예학자인 김장생의 예학은 그의 아들, 김집(金集, 1574~1656)에게로 연결되었으나, 김집이 〈고금상례이동의〉에서 제기한 《오례의》의 개정은 영조대 《속오례의》가 편찬될 때까지 이루어지지 않았다.[41]

---

38  정옥자, 〈17세기 사상계의 재편과 예론〉, 《한국문화》 10, 1989, 215~216쪽.

39  남인과 서인의 예학적 인식이 어떻게 달랐는지를 알기 위해서는 그들의 의례서를 검토할 필요가 있다. 다음 논문(정옥자, 위의 논문, 215~106쪽)에서 그 비교작업을 해놓았지만 이때의 예설은 家禮 위주의 의례서이며 왕조례에 관한 예설의 입장 차이는 예송논쟁에서 확인할 수 있다.

40  이영춘, 〈潛冶 朴知誠의 禮學과 元宗追崇論〉, 《청계사학》 7, 1990; 이현진, 〈7세기 전반 啓運宮 服制論: 金長生, 朴知誠의 禮論을 中心으로〉, 《한국사론》 49, 2003.

41  김장생의 학문과 경세사상에 대해서는 정재훈, 《조선시대의 학파와 사상》, 신구문화

오례의와 주자가례의 시행에 대한 논의는 17세기에 고례 이해의 심화와 함께 왕조례의 특수성을 강조하는 왕자례부동사서王者禮不同士庶와 사대부례의 일반화를 주장하는 천하동례天下同禮라는 입장 차이[42]를 보이며, 효종과 현종대의 1·2차 예송논쟁(1659년의 기해예송, 1674년의 갑인예송)으로 이어진다.

17세기는 임진전쟁과 병자호란을 겪은 뒤 국가의 재건을 위해 힘쓰던 때였다. 임진전쟁에서 입은 은의로 명에 대한 의리가 크게 부각되었고, 병자호란으로 중원에 두 개의 황제국이 출현하자 황제례에 대한 관념은 분열되었다. 이러한 시대적 배경이 예제에까지 큰 영향을 끼치게 된다. 이전까지는 국가 예전인 《오례의》를 기본으로 의례를 시행하였으나 양난 이후 세부적인 수정을 가하여 실행할 수밖에 없는 상황들이 발생한다.[43]

이때 야기되었던 인조의 사친(私親: 종실로서 임금의 자리에 오른 생가 어버이)인 계운궁의 상례 때의 복제 문제(1626, 인조 4),[44] 생부 정원대군의 추숭(원종추숭: 1632년) 문제 등은 모두 영조대 의례화 작업과 연관성을 지닌다. 이뿐만 아니라 조광조에서 비롯되어 송시열과 같은 서인들이 주장했던 의리와 명분에 어긋나는 일들 역시 영조가 《속오례

---

사, 2008; 안희재, 앞의 논문, 124~138쪽. 2장 2절의 〈효종대 오례의 개혁안 《고금상례이동의》〉 참고.

42 이성무, 〈17世紀의 禮論과 黨爭〉, 《朝鮮後期 黨爭의 綜合的 檢討》, 한국정신문화연구원, 1992.

43 선조국장에서는 광해군의 종법적 문제로 말미암아 명으로부터 승습을 인정하는 고명을 받지 못하자 대행의 시호도 함께 정해지지 않았다. 이로써 事大의 예인 賜祭儀를 시행하지 못하게 되었고, 여기에서 練祭의 題主 의식에서 변례가 발생하였다. 이에 앞서 광해군은 선조 승하 다음 날 바로 즉위함으로써 嗣位禮 또한 파행으로 이루어졌다. 안희재, 앞의 논문, 149~150쪽.

44 인조는 사친인 계운궁의 상례에서 천하부동례를 주장하였다. 사친에 대한 哀戚의 마음이 앞서 국가례를 무시하는 상황을 초래한 것이다. 인조는 결국 자최장기라는 형태로 타협하였다. 안희재, 앞의 논문, 150쪽.

의》에 반영한다. 의리와 명분에 어긋난 일들이란 사림-서인-노론의 주장으로 이어지는 주자가례에 어긋난 사건들로서, 이를 바로잡는 의식이 장릉복위의(단종복위), 온릉복위의(중종비 단경왕후 신씨의 복위), 천릉의(역적 김자점과 관련된 일 처리) 등이다.

조선은 전화를 극복하고 법제와 예제를 새롭게 재편하는 문화의 중흥시대를 맞이하게 된다. 당시 조선은 명이 멸망하고서 명나라의 유일한 계승국임을 자처하며 청나라와는 마찰을 피하기 위해 형식적으로만 관계를 유지하는 이중적 태도를 취하고 있었다. 하지만 숙종은 태도를 달리하여, 대명의리를 강조하며 왕권의 위상을 높이려는 국왕 주도적 의지[45]를 내세운다. 숙종 이후 강화된 왕권과 소중화의식은 국가제도 정비사업으로 나타나 법전과 예전의 편찬에도 영향을 미치기에 이른다.[46] 이때의 법제 제정(《전록통고典錄通考》)은 영조대의 《속대전》에 영향을 끼치고, 예제 제정(의궤 또는 등록)은 영조대의 예전인 《속오례의》와 《속오례의보》, 《상례보편》의 편찬으로 이어지게 된다.

이와 같은 시대적 배경을 바탕으로, 17세기 문학사에 대한 논의 가운데 '진한고문파秦漢古文派'와 '당송고문파唐宋古文派'의 구분[47]에 주목해 볼까 한다. 비록 동일한 학문은 아니지만 동시대의 학문이라는 관점만으로도 문학과 예학이 동일 범주로 다루어질 수 있음을 밝혀 보려 한다. 그리고 다음 연구들을 논증의 근거로 삼아 그 타당성과 신뢰성을 확보해 나갈 것이다. 기왕의 연구에 따르면 진한고문파에는 정두경(鄭

---

45  1704년(숙종 30) 대보단을 설치하여 대명의리를 강조한 것(정옥자, 〈大報壇 創設에 관한 연구〉, 《사학논총》(邊太燮博士華甲紀念), 1985; 한명기, 〈'再造之恩'과 조선후기 정치사: 임진왜란~정조대 시기를 중심으로〉, 《대동문화연구》 59, 성균관대학교 대동문화연구원, 2007, 192쪽)과 숙종의 재위 30년을 기념하는 칭경논의(이상식, 〈조선 肅宗代 君師父一體論의 전개와 왕권강화〉, 《한국사학보》 20, 2005, 167~173쪽)를 들 수 있다.

46  안희재, 앞의 논문, 153쪽.

47  오세현, 〈조선중기의 '斯文'과 文章 四大家〉, 서울대학교 박사논문, 2013, 191~192쪽.

斗卿, 1597~1673)을 필두로 이규보, 조경, 남구만, 최석정, 홍만종, 허견, 홍주세, 신만이 있고, 당송고문파에는 송시열(宋時烈, 1607~1689)과 김창협(金昌協, 1651~1708)을 필두로 이색, 이행, 박은, 박상이 있다.[48] 17세기 초반 침류대시사枕流臺詩社 활동[49]을 통한 인적 구성이지만 이 구성을 예학에 적용시켜 보면 16세기의 예학적 대립을 국조오례파와 고례파의 대립으로 바라본 연구(27쪽 각주 3) 참조)가 떠오른다. 17세기 문학을 진한고문파와 당송고문파로 나누었다면, 이러한 구분이 한당례漢唐禮에 근거한 국조오례파와 고례古禮에 근거한 주자가례파의 인적 구성면에서도 어느 정도 일치한다는 사실을 발견할 수 있기 때문이다.

이와 같은 논의를 위해 다음의 인물정보를 파악해 둘 필요가 있다. 진한고문파의 대표로는 정두경이 거론되고, 그 일원인 최석정(崔錫鼎, 1646~1715)은 《예기유편禮記類編》으로써 17세기 의례논쟁의 한 획을 그은 인물이다. 그리고 당송고문파의 송시열은 1·2차 예송논쟁을 이끈 중심인물이며, 역시 같은 파인 박상은 김정과 함께 온릉 복위를 주장하여 노론의 의리명분을 이어가던 인물 가운데 한 명이다. 여기에 남인의 대표적인 예학자로는 정구, 서인으로는 김장생이 손꼽힌다는 점을 고려하여 17세기의 침류대시사 활동을 통한 진한고문파와 당송고문파의 인적 구분을 예학에도 적용해 보면 진한고문파는 남인 또는 서인의 소론으로 연결되고, 당송고문파는 서인 또는 서인의 노론으로 연결된다는 추정이 가능하다.

이러한 관계를 입증하기 위해 앞 절에서 거론한 16세기 흑립과 백립 논의를 상기시켜 볼 필요가 있다. 그러면 서경덕을 이어 민순과 박순이

---

48 조성산, 앞의 책, 222~223쪽.
49 고영진, 〈16세기 후반~17세기 전반 서울 枕流臺學士의 활동과 그 의의〉,《서울학연구》3, 서울시립대학교 서울학연구소, 1994.

〈자료 1〉 김재로는 노론의 영수로서 영조 재위 기간에 송인명·조현명 등과 함께 완론 탕평을 주도했다. 《국조속오례의보》 편찬자 가운데 한 명인 청풍 김씨 김상로의 종형제이다. 1741년 이덕수가 수정 중인 《오례의》《속오례의》를 일컬음의 이름을 《증보오례의》로 할 것을 제안하기도 하였다. 영정 출처는 《선현영정첩》이다.

화담학파로서 서인들과 의견을 같이하여 백의·백관을 주장하였던 사실이 다음 의견과 연결되는 것을 발견할 수 있다. 화담학파의 학풍을 공유하였던 서울·경기 지역의 서인과 남인들 사이에 일정한 학문적 공감대가 형성되어 있었다.[50] 즉 화담학파와 서인이 예학적 의견을 함께할 수 있었던 이유를 '학풍을 공유하면서 가졌던 학문적 공감대'에서 찾을 수 있다.

이로써 화담학파와 서인 간의 공감대 형성은 백의·백관 주장에서 확인하였지만 화담학파와 남인 간, 특히 남인의 대표 예학자인 정구와의 관계는 과연 어떠할까? 정치적으로 서인, 학문적으로 기호학파인 이정구李廷龜[51]의 교유망을 통해 이 문제를 풀어볼까 한다. 이정구와 화담학

50 조성산, 앞의 책, 34쪽.

51 김학수, 〈月沙 李廷龜(1564-1635)의 학문적 계통과 사림에서의 역할〉, 《한국인물사연구》 16, 한국인물사연구회, 2011, 96쪽; 한강 정구와 월사 이정구(1564~1635)와의 관계는 김학수, 같은 논문, 102쪽과 다음 논문을 참고. 김학수, 〈'寒岡(鄭逑)神道碑銘'의 改定論議와 그 의미〉, 《조선시대사학보》 42, 2007; 오세현, 〈月沙 李廷龜(1564~1635)의

파의 관계는 주로 서경덕의 고제高弟였던 민순의 문인들을 중심으로 이루어졌다.[52] 또한 진한고문파의 대표격인 정두경은 이항복李恒福(5대손 이종성은 《속오례의》의 편찬자임)의 문인이면서 이정구의 문인이기도 하다. 이정구의 교유망이 남인 영남학파로까지 확대되어 정구의 문인이 이정구에게 글을 청탁하는 일까지 있었다.[53] 즉 이정구가 맺고 있는 인연이 화담학파의 고제인 민순의 문인들, 남인의 대표 예학자인 정구, 진한고문파의 대표격인 정두경에까지 미치므로 진한고문학파와 남인의 관계가 연결되어 있음을 알 수 있다.

이와 같은 인적 구성을 추적하는 이유는, 문학에서 분류한 진한고문파와 당송고문파가 예학에서도 진한례와 당송례의 구분으로 적용될지도 모른다는 기대감 때문이다. 여기에는 《오례의》가 진한례, 주자가례가 당송례라는 구분으로까지 이어질 것이라는 추측이 포함되어 있다. 이 문제는 앞으로의 예학적 연구를 통해 논증해야 하지만 지금까지의 검토를 통해 다음과 같은 사실만큼은 명백해졌다. 서경덕의 〈의상인종대왕론국조대상상제불고지실소擬上仁宗大王論國朝大喪喪制不古之失疏〉에서 비롯된 복제 논의가 김장생의 아들인 김집의 〈고금상례이동의古今喪禮異同議〉로 이어졌고, 민순에 의해 화담학파의 맥이 유지되었다. 그리고 17세기 남인의 대표 예학자인 정구는 화담학파와 친밀한 관계를 맺고 있는 이정구와도 인연이 있었기에 이정구를 가교 역할로 하는 화담학파, 남인, 서인의 교류양상은 앞으로 전개될 예학자들의 정치적·학적 연원이다.

文翰活動과 學統 意識〉, 《한국사론》 51, 2005.

52 신병주, 《남명학파와 화담학파 연구》, 일지사, 2000, 238쪽.

53 김학수, 앞의 논문(2011), 104·118쪽.

〈자료 2〉 조관빈. 노론4대신 가운데 한 명
인 조태채의 아들이다. 〈어제속오례의서〉를
작성한 윤급, 그리고 윤봉조, 홍계희 등과
함께 소론에 준엄한 당론을 내던 준론에
속한다(68쪽 제3장의 각주 19 참고). 초상
화 출처는 《조선명신사십육인초상화첩》이다.

요컨대 17세기 초 침류대시사 활동을 통해 화담학파의 학풍을 공유
하였던 남인과 서인들 사이에 학문적 공감대가 형성되어 있었고 이 활
동을 통한 진한고문파(정두경), 당송고문파(송시열·김창협)가 각각 남인
(정구), 서인(김장생·김집)의 대표 예학자들과 연결되고 있다. 그 가운
데 진한고문파와 남인의 교류는 이정구라는 인물을 통해 간접적으로나
마 확인할 수 있다. 이 관계가 서인의 노·소론 분기로까지 이어진다는
점을 밝히기 위해서는 서인 내의 분열까지 파악되어야 할 것으로 보인
다. 그러므로 다음과 같은 연구 성과를 참고하여 이 논의를 더 진행해
보자. 여기에는 《오례의》의 개정논의가 개입되어 있어 조선 후기 의례
서 편찬과도 긴밀한 관련성이 있음을 강조해 본다.

서인 내의 대립이라고 한다면 한당漢黨·산당山黨, 공의公義·사의私義,
완론緩論·준론峻論, 노론老論·소론少論의 대립을 들 수 있다.54 이는 남

---

54 인조 말년 무렵 서인 내의 분파로 原黨(당주:원두표)·洛黨(당주:김자점)·산당·한당을
들고 있으며(정만조, 〈17세기 중반 漢黨의 정치활동과 國政運營論〉, 《한국문화》 23,

〈자료 3〉 남유용은 1752년 의소세손의 장례 준비를 위해 수고한 관료로서, 김재로, 이익정, 홍상한, 조관빈, 홍낙성 등과 함께 영조로부터 상을 받았다. 원손(훗날 정조)의 나이 6세가 되는 1757년(영조 33)에는 종2품의 관직인 원손사부에 임명되었다. 이때 《속오례의보》의 '왕세손여사부상견의'가 시행되었다. 초상화 출처는 《조선명신사십육인초상화첩》이다.

인과 서인의 다툼인 예송논쟁과는 무관해 보이는 사안이다. 하지만 서인 안에서도 예학적 의견을 달리하는 양상을 보인다면 서인 내의 분열 또한 예송논쟁과 함께 다뤄야 한다. 조선 후기 의례서 편찬과 관련하여 이루어지는 노·소론의 대립구도를 이해하기 위해서라도 그 연원이 되는 서인 내의 대립을 더 살펴보지 않을 수 없다.

또 숙종 말년의 노론 준론 내의 갈등을 일컫는 화당花黨(이의현)과 낙당駱黨(민진원, 이관명, 조관빈)이 있는데, 화당이 동당東黨(이천보, 남유용, 민백상, 이문원, 김이소), 낙당이 남당南黨(조영순, 조태채, 조관빈, 조겸빈, 홍계희, 홍경해, 김상로, 김재로)으로 연결되는 것[55]은 《속오례의》

1999), 현종 5년에 일어난 서인 내부의 갈등인 공의·사의 논쟁을 통해 완론·준론이란 정치세력을 구분하는 명목이 생겨났다. 숙종대에 분립하는 노론·소론의 선구를 여기서 찾을 수 있다(정만조, 〈朝鮮 顯宗朝의 私義·公義 論爭〉, 《한국학논총》 14, 국민대학교 한국학연구소, 1992a, 88쪽; 정만조, 〈17世紀 中葉 山林勢力(山黨)의 國政運營論〉, 《한국사학논총》(擇窩許善道先生停年紀念), 일조각, 1992b).

55 최성환, 〈영조대 후반의 탕평정국과 노론 청론의 분화〉, 《역사와 현실》 53, 한국역사연구회, 2004, 47쪽.

완성 이후의 의례서 편찬과 관련을 가지므로 정치적 인물 구성을 유념해 두려고 한다.

현종대의 정치사에 관한 연구는 주로 예송문제를 둘러싼 서인·남인 사이의 정치적 대결구도를 중심으로 진행되어 왔지만, 한편에서는 서인 내의 분열 또한 간과할 수 없는 문제로 확대되고 있었다. 서인 내의 한당·산당의 대립은 1664년(현종 5)의 공의·사의론으로 이어져, 후일 숙종 때 명분 위주의 노론과 현실 중시의 소론이 분립하게 된 인적 요소와 이념적 근거가 되었다.[56] 이 책에서는 이를 서인 내부의 의례 논란과 연관 지어 생각해 보려 한다. 서인과 남인은 물론이고, 더 나아가 같은 서인 내에서도 《오례의》 개정에 대한 인식의 차이가 있었기 때문이다.[57]

남인과 서인 간의 예서에 대한 차이는 정구의 《가례집람보주》·《오선생예설분류》와 김장생의 《의례문해》·《가례집람》의 대비로 설명된 바 있고,[58] 이경석과 김집의 의례 논란이 흉례편의 항목 분석을 통해 이루어졌다.[59] 그러므로 여기서는 김집의 개혁 논의 위주로 살펴보려 한다. 이경석이 《오례의》를 고수하고자 하는 논리를 펴고, 1649년(효종 즉위) 6월 24일 영돈녕부사인 김상헌(金尙憲, 1570~1652, 80세)과 영의정 정태화(鄭太和, 1602~1673, 정광필의 5대손)[60]가 김집의 예제를 모두 받아

---

56 이때 공의(서필원, 김시진)·사의(김만균, 민유중, 홍명하, 남구만, 송시열)는 한당·산당, 완론(이경휘, 윤형성, 유상운, 박세당, 조원기, 박증휘, 오시수, 윤심, 이단상이 구성원이고 이경석, 정태화, 허적이 동조함)·준론(趙楷, 尹搢, 홍처대, 원만석, 이규령, 맹조서, 조성보, 장선징, 남이성, 민정중, 송준길, 이우석, 김수항, 이민서)이라는 정치집단을 지칭하는 명목이 될 정도로 조정을 분쟁 속에 몰아넣었던 논란이다. 정만조, 앞의 논문(1992a), 65~89쪽.

57 안희재, 앞의 논문, 132~135쪽.

58 정옥자, 앞의 논문(1989), 215쪽.

59 안희재, 앞의 논문, 135쪽.

60 정태화는 김상헌의 외가 쪽 5촌 조카이다. 지두환, 《청음 김상헌》, 역사문화, 2016, 39쪽.

들이기보다는 명백한 것만 따라 행할 것을 헌의한 적이 있다. 이를 두고 왕조례의 전적인 변화 요구가 시기적으로 너무 앞서 있어 붕당 내의 전반적인 공감을 얻지 못한 것으로 보는 견해가 있는데,[61] 필자는 《오례의》 개정에 대한 찬반을 통해 서인 내의 분열의 조짐을 찾아보고자 한다. 서인 가운데에서도 준론 쪽의 덕망 있는 원로(《효종실록》 1649년(효종 즉위) 5월 14일)로 여겨지는 김상헌이 《오례의》 개정을 반대하고 있어서 《오례의》 개정에 대한 찬-반의 대립적 입장을 준론-완론의 구분에 대입하기에는 섣부른 감이 있지만, 다음과 같은 사료분석을 통해 설득력을 갖추고자 한다.

김집의 《오례의》 개정 논의가 있었던 1649년(효종 즉위)은 한당과 산당의 구분이 있던 인조 말년과 시기가 일치한다. 그러므로 이때의 정치적 사건을 통해 서인 내의 분열을 논하는 것은 시기적으로는 무리가 없을 것 같다. 효종은 인조 국상으로 분문(奔問: 달려 가서 문안이나 위문 드림)차 상경한 김상헌을 계속 조정에 머물게 하였다.[62] 이때 김상헌은 김집의 〈고금상례이동의〉를 논의하는 자리에 참석하는데, 《오례의》에 수정을 가한 김집의 예론에 대하여 "명백하여 따라야 할 것만 골라 행하고 그 나머지는 여러 유신儒臣이 다 모여 깊이 강론하여 자세히 처리하기를 기다려 후회를 남기지 않는 것이 마땅할 것 같습니다." 하여 《오례의》 개정은 신중을 기해야 한다는 취지로 의견을 말하였다. 이어 우의정 정태화는 이경석이 김집의 《오례의》 개정을 10항목으로 요약하여 올린 책자에 대하여, "여섯 절목 정도는 크게 변경하는 것도 아니니 예관으로 하여금 이로써 품의하여 결정케 하여도 무방할 것 같습니다." 하여 이경석 의견을 대부분 지지해 주고 있다. 즉 이경

---

61 안희재, 앞의 논문, 135쪽.
62 정만조, 앞의 논문(1999), 114쪽.

석은 김집의 《오례의》 수정에 대하여 효종의 명에 따라 하는 수 없이 논의를 하면서(《효종실록》 1649년(효종 즉위) 5월 14일) 김집의 의론에 동의하거나 반대하는 의견을 내었는데, 이에 정태화가 이경석의 의견에 대부분 동의한 것이다. 이경석은 처음부터 《오례의》 개정에 부정적이었던 데다가, 두 사람은 완론과 준론으로 나뉠 때 완론 쪽에 서게 된다.[63] 이 정도의 정황만으로는 서인 내의 분열을 논하기에 부족한 면이 있지만, 그 분열의 조짐이 《오례의》 개정에 대한 것이기에 김집의 개혁 논의는 의례 연구의 변화를 읽을 수 있는 중요한 단서이다.

인조 말년부터 서인 내의 분파로서 한당(김육金堉, 신만申曼)·산당(김집, 송시열, 송준길)이 일컬어지고 있으며, 1664년(현종 5)의 공의·사의론을 통해 완론·준론이란 정치세력을 구분하는 명목이 생겨났다(《현종실록》 1664년(현종 5) 윤6월 12일).[64] 그리고 1673년(현종 14), 효종 천릉의 표석表石문제를 두고 송시열과 김우명이 벌이는 다툼(《현종개수실록》 1673년(현종 14) 9월 9일)은 산당·한당에서 사류·척신의 대응관계[65]로 연결된다. 이 정치적 사건들은 다음 의례 문제와 밀접한 관련을 가지며 전개되고 있었다. 계운궁의 상례 때의 복제 문제(1626년, 인조 4), 원종추숭 문제(1632년)에서 비롯된 1659년의 기해예송과 1674년의 갑인예송은 17세기의 가장 큰 정치 사안이자 의례논쟁이었다. 두 차례의 예송논쟁은 남인과 서인의 철학적·예학적 대립구도로 설명되지만 그사이 서인 내에서도 분열은 시작되고 있었다. 이 분열은 《오례의》의 개정논의에 대한 찬반에서도 확인되며, 곧 남인과 서인의 예송논쟁으로 직결된다.[66] 이미 1차 예송인 복제논의에서 원두표와 김좌명이 허목의

---

63　정만조, 앞의 논문(1992a), 83쪽.
64　사관의 설명을 근거로 한 정만조, 앞의 논문(1992a), 77쪽.
65　정만조, 앞의 논문(1999), 127쪽.
66　서인 내에서 서필원을 필두로, 김시진, 박세당, 이경석, 정태화, 이경휘, 이경억, 조원

3년설을 지지하여 서인 내에서도 의견을 달리하는 모습을 보이고 있었던 것[67]이다.

1·2차 예송을 겪으며 왕조례는 심각한 훼손을 입었다. 왕조례의 훼손이란 《오례의》에 명시되지 않은 왕실의 복제가 사대부의 예제 적용을 받을 수밖에 없었던 상황을 일컫는다. 예제의 조문적 한계로 말미암아 왕조례가 실추되는 상황[68]을 경험한 영조는 왕권강화를 지상 최대의 과제로 삼고 그 방어적 형태의 의례서를 편찬해야만 했다. 이와 같은 배경 아래 탄생한 것이 《속오례의》이다.

예송 문제(*남인과 서인의 대립*)와 함께 진행되었던 서인 내의 분열은 노·소론으로 나누어져 영조대의 《속오례의》 편찬에까지 영향을 끼쳤다. 그러므로 정치적 분파에 대한 이해는 앞으로 《속오례의》 편찬 과정에서 나타나는 왕의 왕조례 회복이나 정통성 확립에 대한 신하들 사이의 반응을 밝히기 위해 필요하다. 17세기 초반 침류대시사 활동을 통해 이루어진 진한고문파와 당송고문파의 인물들은 인조반정 이후 남인과 서인으로 각기 변모해 갔다.[69] 서인 내에서는 다시 소론과 노론으로 나누어져, 이들이 곧 18세기 영조대의 국정운영과 예학사상을 담당하게 된다. 이 인물들의 정치·문학·예학적 검토는 조선 후기 의례서의 편찬

---

기 등이 완론에 속하던 인물임. 그리고 현종 9년, 우의정에 임명된 송시열이 泰安設倉을 추진하였을 때, 형조판서이던 서필원이 정면으로 반대하였고, 정태화, 김좌명이 미온적인 태도를 보이면서 송시열이 결국 정계의 일선에 물러난 것(《현종실록》 1669년(현종 10) 2월 6일)을 두고, 완론에 속하던 인물들이 산림계를 비판하며 그 정치활동을 견제하는 움직임으로 보는 견해(정만조, 앞의 논문(1992a), 87쪽)가 있음.

67 《현종개수실록》 1660년(효종 1) 4월 18일을 근거로 한 정만조, 앞의 논문(1992a), 87쪽.

68 《오례의》의 조문의 한계란 1·2차 예송문제에서 왕에 대하여 장자복을 입을 것인가, 차자복을 입을 것인가에 대한 조문에 관한 것인데, 이 조문에 대한 규정이 《오례의》에 없다는 점을 한계로 지적한 것이다. 이 때문에 주자가례의 적용을 받아 왕실례도 사대부례와 동일하게 할 것인가, 왕실례의 특수성을 내세울 것인가에 대한 논쟁이 일어난 것이다.

69 조성산, 앞의 책, 34쪽.

자들을 이해할 수 있는 연원이다. 그럼, 지금까지의 검토를 바탕으로 군신 간, 그리고 남인과 노소론 간의 정치적 이해관계나 예학사상이 어떻게 전개되는지 살펴보자.

## 3. 《속오례의》 편찬의 배경

우리나라 국가 예제는 고려시대 《고금상정례》로 정비되어 《고려사》 〈예지〉를 거쳐, 조선 초기의 《세종실록》 〈오례〉로 만들어졌다. 그로부터 약 20년 뒤에 《오례의》(1474년, 성종 5)라는 의례서가 편찬되기에 이른다. 하지만 약 3세기 동안 예제의 전형으로서 확고부동한 위치를 차지하고 있던 《오례의》에도 변화의 요구가 일어나지 않을 수 없었던 것 같다. 270년이 지난 1744년(영조 20)에 《오례의》의 후속편 편찬이 이루어진 것이다.

표면상으로는 "오랜 시간을 경과하는 동안 예가 퇴이頹夷하여 제도로서 아름답지 못한 것, 속되어서 준행할 수 없는 것, 시대에 맞지 않는 것 등이 있으므로 다시 다듬고 손질하여 만들었다."라고 하였다. 《속오례의》의 어제서御製序에서 그 내용을 확인할 수 있다.

우리나라의 문헌은 영묘(英廟: 세종) 이후에 찬연히 갖추어졌다. 《오례의》와 《경국대전》은 성조(聖祖: 성종)께서 명하여 편찬한 것이다. 금과옥조가 여기에 상세히 갖추어져 있으나, 다만 세대가 오래되어 고례古禮가 퇴이한 것은 제도가 아름답지 않아서가 아니라, 말세의 풍속이 준행하지 않음이다. 지금 만약 여러 신하들을 면칙하려면 이것을 버리고 무엇

을 먼저 하겠는가? 비록 그렇다 하더라도 그 가운데 혹 고금이 같지
않은 것, 명목에 차이가 있는 것이 있으니 … 종백(宗伯: 예조판서)의 신
하에게 자료를 모아 책을 만들게 하고 이름을 《속오례의》라 하였으니,
이는 구문舊文을 존중하는 뜻이다. … 위位에 올라 예를 행하고, 선대의
뜻을 이어받아 사업을 잘 발전시켜 나가는 것은 임금의 도리로서 큰 일
인데, 지금의 찬집이 마침 《속대전》을 부집裒輯한 날을 만났으니 이 또
한 어찌 우연이겠는가?《속오례의》〈御製續五禮儀序〉.

서문序文에서 확인할 수 있듯이 《속오례의》는 영조의 명으로 신하들
이 1744년(영조 20)에 《오례의》 속편으로 만들어진 의례서이다. 《오례
의》의 속집이 이렇게 오랜 뒤에 만들어진 이유를 찾아보면 다음과 같
은 몇 가지 의견이 있다. "이미 주대에 기초된 오례의 구조는 중국 역
사에서 계속적으로 보존 발전되는 양상으로 나타나지 않는다. 《주례》를
복원한 한대漢代에도 오례의 구조체계는 강조되지 않았다."[70]고 하는 것
이 그중 하나이다. 중국 역사에서 보인 이와 같은 현상이 우리나라에도
똑같이 재현되어 《오례의》의 완성 뒤에도 별다른 변화 없이 후기까지
지속되었다. 사실, 이것만으로는 그 이유가 충분하지 않다. 그렇게 된
사정을 좀 더 신중하게 고찰해 봐야 하지만, 중국과 우리나라에 공통적
으로 나타나는 특징인 것만은 분명하다.

또 《오례의》가 완벽했거나 국가 의례의 시행에 문제가 없어서 후속
보완서들이 없었던 것이 아니라 이를 대신할 수 있는 의궤가 있었기
때문이라는 의견도 있다. 국가 의례는 《오례의》를 기본으로 했지만 실
제 집행에는 선행 의례 때 작성되었던 의궤들을 참고하는 경우가 많았
는데, 모든 의궤의 앞부분에는 해당 의례와 관련된 국왕의 전교와 도감

---

70 이범직, 《韓國中世禮思想硏究》, 일조각, 1996, 282쪽.

의 계사 등이 수록되었기 때문에 이것이 수교집 역할을 했다고 보는 것이다.[71]

재위 초반기 왕권을 다지는 데 주력하여 마침내 경신처분庚申處分을 통해 자신의 왕위 정통성 시비를 종결짓고[72] 《속오례의》의 편찬을 시작한 영조는 같은 시기에 《속대전》, 《여지도서》와 《동국문헌비고》를 함께 편찬했다. 이에 미루어 영조가 국가 통치에 필요한 모든 자료들을 정비해 놓겠다는 의도 아래 《속오례의》를 편찬했다거나,[73] 왕세자와 왕세손의 의절을 보완하는 의미가 있다고 보는 것이 기존 연구에서 말하는 《속오례의》 편찬 의의이다. 하지만 이와는 달리 국가의례의 재정비가 아니라 정치적 성격 때문에 《속오례의》가 편찬되었다는 의견이 제시되었다. 그 근거로 등록과 의궤에 수록된 새로운 의절들이 있음에도 《속오례의》는 이러한 의주들을 종합하여 정리하지 않고 제한된 의주만을 수록했다는 점을 들었다. 그렇기 때문에 영조 시대에 시행했거나 새로 마련할 필요가 있는 의주만이 전례서에 수록되었다고 말하고 있다.[74]

그럼 국가의례의 재정비가 아니라 정치적 문제 때문이라고 한다면, 이 정치적 문제는 왕권 강화와 연결될 것이다. 왕세자와 왕세손 의절의 보완이라는 것도 영조의 왕위 정통성 문제가 해결되는 시점에 진행된 왕권 강화의 작업이다. 《속오례의》가 그동안 나온 수많은 등록과 의궤의 자료가 정리되어 반영된 의례서가 아니라고 한다면, 《오례의》 외에 증보된 《속오례의》의 의절이 무엇인지 더욱 궁금하다. 그동안 등록과

---

71 이영춘, 앞의 논문(2012), 261쪽.

72 정만조, 〈영조대의 정국추이와 탕평책〉, 《영조의 국가정책과 정치이념》, 한국학중앙연구원, 2012b.

73 이영춘, 앞의 논문(2012), 261쪽.

74 임민혁, 〈영·정조대 문예중흥기의 학술과 사상〉(이현진의 〈정조대 국가전례서의 편찬과 그 성격〉을 읽고), 한국문화심층연구 공동연구과제 연구결과 학술발표회 토론문, 한국학중앙연구원, 2011.11.26.

의궤에 반영되었던 수많은 의절을 대표하거나 상징이 될 만한 의절을 선택하여 실었을 것이기 때문이다.

《속오례의》가 완성된 5년 뒤인 1749년(영조 25), 이제 15세가 된 세자(사도세자, 1735~1762)에게 대리를 맡길 정도로(《영조실록》 1749년(영조 25) 정월 23일) 정국운영에 자신을 갖게 된 영조는 그동안 정국안정과 왕권 확립에 주력하느라 미루다시피 해온 통치체제·재정·민생 문제 해결에 본격적으로 나서게 된다.[75] 그때 영조의 나이, 56세였다.

이후에 만들어지는 《속오례의보》는 국가체제 정비를 위한 의례작업일까? 만약 그렇다면 《오례의》의 대대적인 정비가 이뤄져야 하는데 《속오례의》의 1/4밖에 되지 않는 적은 분량으로 봤을 때 국가정비 사업은 아니다. 등록이나 의궤가 의례를 실행할 때 필요한 보고서 겸 지침서라면 이 실행의 기본 틀을 제시해 주는 상징적 의례서가 《오례의》이며, 이 의례서의 속편과 보편으로서 만들어진 책이 《속오례의》와 《속오례의보》이다. 이 의례서들의 체제정비는 정조대 《오례통편》이라는 종합작업으로 이루어지는데, 이 종합 의례서가 만들어지기 위한 사전작업이 영조대에 시작되었다. 영조가 후대에 만들어질 《오례통편》을 염두에 두고 만든 것은 아니지만, 조선 후기 국가체제 정비의 일환으로 의례서 편찬사업은 이미 진행되고 있었다.

---

75 정만조, 앞의 논문(2012b), 67쪽.

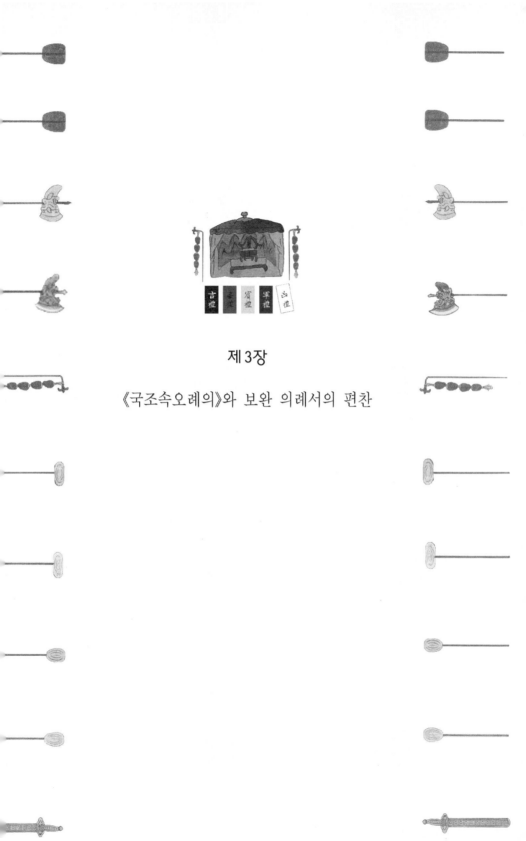

제 3장

《국조속오례의》와 보완 의례서의 편찬

## 1. 편찬의 과정

### 1) 편찬의 발단

《속오례의》 편찬 배경으로서 정치적 성격을 제기하였지만 편찬 과정의 검토는 역사적 배경과 가벼운 의문에서부터 출발해 보기로 한다. 1740년(영조 16)은 왕의 나이 47세, 후일 사도세자가 되는 왕세자의 나이 6세 되는 시점이다. 세자와 세손이 태어나고 죽는 때가 의례서 편찬 시기와 맞물리므로 이들에 대한 왕의 애정과 관심이 《속오례의》와 《속오례의보》의 편찬으로 이어졌다고 본다. 하지만 단순히 왕실가족의 탄생과 죽음 때문에 국가의례서를 만들었다고 하기에는 당시 정치적 현안의 심각성을 무시할 수 없다. 편찬 과정 역시 영조가 처한 정치적 상황 안에서 왕실 의례가 어떻게 만들어지는지를 이해해 볼까 한다.

《속오례의》의 편찬이 거론되는 1740년은 "영조대 중반기의 노론탕평"[1]으로 표현되는 시기로 영조에게 절박했던 정치적 문제들이 하나씩 해결되어 가고 있었다. 왕위 정통성에 대한 시비를 없애는 것과 노·소론 모두를 국왕의 충성스런 신하로 만드는 것이 최대 국정 관심사였던[2] 영조는 이때 경신처분을 단행하였다. 이를 통해서 노론이 출사의 명분을 회복하게 되며, 다음 해인 1741년(영조 17)에는 남인·소론계 대신들의 주도로 임인년(경종 2, 1722)의 옥안[3]을 불태우고 국시를 정하

---

1  정만조, 〈영조대의 정국추이와 탕평책〉, 《영조의 국가정책과 정치이념》, 한국학중앙연구원, 2012b.

2  김백철, 《조선후기 영조의 탕평정치: 《속대전》의 편찬과 백성의 재인식》, 태학사, 2010, 24쪽.

3  壬寅獄案: 三手逆案, 三手之案이라고도 한다. 삼수역안에서 三手는 삼급수라고도 한다.

였다. 마침내 소론과 남인에 의한 영조의 혐의 사실 소각은 왕위 정통성 시비가 종료됨을 의미하였다.[4] 여기서 노론이 출사의 명분을 회복하게 된 시점이 눈길을 끈다. 1740년은 바로 《속오례의》의 편찬이 제기된 시점이었던 것이다.

재위 초반 소론탕평으로 정국을 운영해 오다가 경신처분 뒤에는 노론탕평의 정국을 운영하려 하면서 영조는 《속오례의》의 편찬자들을 소론으로 구성하였다. 그리고 영조는 노·소론을 등용하는 명분으로 《주례》를 활용하였을 뿐만 아니라 소론들은 노론과의 정치적 싸움에 《주례》를 명분으로 내세웠다. 이 책에서는 영조가 왜 《속오례의》의 편찬자들을 소론으로 구성하였고, 《주례》가 어떻게 군신 간 그리고 신하들 간에 정치적 명분으로 활용되었는지를 밝혀 보려고 한다.

이 작업은 《속오례의》 편찬 과정을 통해 진행할 것이지만 우선 오례의 순서를 확인해 보겠다. 《고려사》〈예지〉의 오례 순서는 《주례》의 오례 순서를 따랐다. 《주례》의 길·흉·빈·군·가례, 《고려사》〈예지〉의 길·흉·군·빈·가례와는 다르게 조선 전 시기의 오례서는 길·가·빈·군·흉례로 되어 있다. 이러한 순서는 《통전》에 있는 〈대당개원례〉, 《송사》〈예지〉와 같다. 이는 조선시대의 오례가 당송의 제도를 많이 참작했음을 의미한다. 이와 같은 오례 순서에 대해서는 곧 다시 언급하기로 하고 다음과 같은 학계의 의견에 주목해 보자.

---

1722년 노론 측이 세 가지 수단(삼급수)을 이용해 경종을 시해하려 하였다는 목호룡의 고변이 계기가 되어 獄事가 시작되었다. 이를 임인옥사라 하는데 이 옥사가 전개되면서 왕세제였던 연잉군의 관련설이 거론되었다. 삼수옥안은 이 옥사의 진행 과정을 기록한 문서이다. 1741년(영조 17) 辛酉大訓으로 삼수옥안이 소각되면서, 삼급수는 소론 측에 의한 誣告로 판정되었다(정만조, 〈英祖代 私親追崇의 정치적 의미〉, 《숙빈최씨자료집》 3, 한국학중앙연구원 장서각, 2010, 25쪽; 《조선왕조실록사전》, 〈三手逆案〉조, 이근호 집필).

4 정만조, 〈英祖代 中半의 政局과 蕩平策의 再定立: 小論蕩平에서 老論蕩平으로의 轉換〉, 《역사학보》 111, 역사학회, 1986a, 91, 102~109쪽.

'서인계 학자들은 《주례》에 대해 별다른 관심을 기울이지 않고 있었다.'[5]고 한 것에 대해 다음과 같은 반론도 있다.

조선시대 사상사 연구에서, 마치 주자성리학을 계승한 이들은 《주례》를 이단서로 보아야만 하는 것처럼 이해되었다. 특히 순정성리학을 주장했다고 이해되어 온 노론계는 주자를 선호하는 만큼 《주례》를 부정해야 한다는 선입견이 형성되어 나갔다. 그러나 사마광·주희·노론의 《주례》 부정이라는 세 가지 전제 가운데 어느 하나도 사료에 부합하거나 혹은 강유위康有爲나 제임스 류가 주장한 바 없는 사실들이다. *김백철, 《조선후기 영조의 탕평정치: 《속대전》의 편찬과 백성의 재인식》, 태학사, 2010, 56쪽.*

요컨대 서인계 학자들이나 순정성리학을 주장했던 노론계에서 《주례》를 이단서로 보아야만 하는 것처럼 인식하고 있는 것은 조선시대 사상사 연구자들의 선입견이라는 지적이다. 그러면서 사마광이나 주자, 노론이 《주례》를 부정한 사실이 없는데도 그렇게 된 것은 청말 금고문 논쟁의 잘못된 해석[6]을 받아들인 것에 근거를 두고 있다고 하였다.

혹, 논리의 타당성이 인정된다 하더라도 위의 논리를 편 연구자 역시 곧 이어 "노론 김재로가 《주례》 진강[7]을 반대한 이유가 《주례》라는

---

5 정호훈, 〈17세기 체제개혁론의 전개와 《주례》〉, 《한국실학연구》 10, 한국실학학회, 2005, 168쪽.

6 캉유웨이가 "청말 금고문논쟁 이전에 《주례》를 이단서로 인식한 적이 없다."라고 주장하였는데도 그의 저서와 무관하게 20세기 초 중국 경학사는 《주례》를 부정적으로 인식하게 되었다. 그리고 청말에 편찬된 최초 중국경학사 연구서적인 皮錫瑞의 《經學歷史》도 금문학의 입장에서 기술되면서 이후 《주례》에 대한 부정적 인식이 싹트게 되었다. 또한 제임스 류의 연구를 국내에서 수용하면서 자의적으로 잘못 해석하였다. 김백철, 앞의 책, 55~56쪽.

7 1741년(영조 17) 6월 22일 《주례》를 경연과목으로 채택할 것인가를 놓고 논란이 시작되었다. 영조 17년 2월 19일 좌의정 송인명이 《주례》를 진강할 것을 청하여 논란이 벌어진 것인데, 이 논의는 영조 18년 10월 12일 본격적으로 진행되었고, 영조 20년

경서에 대한 반대가 아니라 '《주례》를 정치명분에 이용하고자 한 소론 송인명8 등의 탕평대신'에 대한 반대"9라고 하여, 그 당시 《주례》가 정치적 명분으로 활용되었음을 주장하고 있다.

이에 필자는 위의 논의 가운데 《주례》의 정치명분 활용이라는 관점만을 가져와 《속오례의》의 편찬과 연관 지어 생각해 보려고 한다. 이를 위해 《속오례의》가 처음 거론된 1740년(영조 16, 47세) 6월 3일의 기사부터 다시 확인해 보기로 한다.

특진관 윤양래가 아뢰기를, "숙묘肅廟(숙종) 때에 임금과 신하의 복제를 수의收議한 것은 《주례》 이후에 처음 있는 일이었는데 아직도 이루어진 서적이 없으니, 인출印出히여 반포해야 히겠습니다." 히니, 임금께서 "대신과 유신에게 물어서 첨입하여 《속오례의》를 만드는 것이 옳겠다." 하였다.《영조실록》 1740년(영조 16) 6월 3일.

선정전 조강 때, '복제' 제정과 관련된 논의에서 《속오례의》의 편찬이 발의되었다. '숙종조의 군신복제'에 관한 내용을 의논하는 자리였는데 조현명趙顯命, 윤양래尹陽來, 김성응金聖應, 이익정李益炡, 홍성보洪聖輔, 신사건申思建, 남태제南泰齊, 권혁權爀, 이제담李齊聃, 안치택安致宅, 권서동權瑞東, 이인호李仁好가 참석하였다(《승정원일기》 1740년(영조 16) 6월 3일). 이때 윤양래(1673~1751)는 복제와 관련하여 서적을 편찬할

---

11월 4일에는 영조가 송인명의 의견을 받아들여 영조 20년 11월 7일부터 주강에서 《주례》 강론이 시작되었다. 지두환, 〈朝鮮後期 英祖代 經筵科目의 變遷: 朝鮮性理學 확립과 관련하여〉, 《진단학보》 81, 1996.

8 송인명과 김재로는 《속오례의》 편찬 논의에도 참여한다. 송인명이 아뢰기를, "흉례의 한 항목이라도 지금 의정할 수 있는 자가 없으므로 이와 같이 미루어지고 있습니다." 라고 하였고, 영조는 이 자리에서 이덕수와 유수원을 불러들이라 명하여 《속오례의》 완성을 재촉한다. 《승정원일기》 1743년(영조 19) 11월 14일.

9 김백철, 앞의 책, 70쪽.

〈자료 4〉 조현명은 영조 중반기 송인명과 함께 탕평의 주역이었다. 효순현빈의 아버지인 조문명은 조현명의 형이다. 효순현빈은 영조의 장남인 효장세자의 빈이다. 그녀의 죽음으로 인해 《국조상례보편》(1752년본)이 만들어졌다는 점은 풍양 조씨 집안 인물들의 정치활동을 주목할 필요가 있음을 시사한다. 초상화 출처는 《초상화 모음집》이다.

것을 건의하였다. 이 건의는 1년이 지난 1741년(영조 17) 5월 1일이 되어서야 영조의 명에 의해 《속오례의》의 편찬이 본격적으로 진행된다 (《승정원일기》 1741년(영조 17) 5월 1일; 《영조실록》 1741년(영조 17) 5월 1일). 이 책에서는 《속오례의》 편찬이 처음 거론된 시기와[10] 숙종 때 군신 간의 복제논의가 '《주례》 이후 처음 있는 일'이었다는 두 가지 사안에 주목해 보고자 한다.

먼저 찬술 시기를 보면 《속오례의》는 세자의 나이 10세 되는 1744년(영조 20)에 완성되었고, 이어서 편찬되는 《속오례의보》의 편찬 시기는 1751년(영조 27), 두 차례의 편찬을 거치는 《상례보편》의 처음 편찬 시기는 1752년(영조 28)이다. 의소세손이 1750년 8월 27일에 태어나 (《영조실록》 1750년(영조 26) 8월 27일) 1752년(영조 28) 3월 4일 세 살

---

10 1740년(영조 16) 6월 3일 이후 아무런 편찬 논의가 없다가 1년이나 지나서 편찬이 다시 진행된 것은 의아스러운 점이다. 특별한 이유가 있어서 편찬을 미루었던 것이라면 그 이유를 찾아야 한다. 또는 착간에 의해 1년 전 기사에 들어갔을 가능성도 있으므로 신중한 검토가 필요하다.

의 어린 나이에 요절하였다. 이렇게 세자의 입학·관례·혼례,[11] 세손의 탄생과 죽음이라는 왕실행사가 의례서로 편찬된 것이지만, 이들이 나라의 근본이 되는 왕위계승자들이라는 점에서 편찬 이유에 정치성을 고려해 보지 않을 수 없다.

그리고 그다음 사안은 《주례》가 영조시대에 가지는 의미를 찾기 위해 쟁점으로 꼽아본 것이다. 숙종대에 '군신 간 복제논의'의 근거가 된다는 점에서 그 중요성이 커 보이기 때문이다. 그럼 숙종대의 군신 간 복제논의가 무엇인지부터 알아보자. 임금과 신하 간의 상복이 아버지와 자식 간의 상복과 같지 않다고 하여 개정할 것을 요구하는 이 논의는 중종국장에서부터 출발한다.

1714년(숙종 40) 9월 24일 군신의 참최복에 대한 의논에서 소론 윤지완尹趾完과 노론 권상하權尙夏는 인조국장에서 제기된 김집의 차자箚子가 당시 대신들의 반대로 시행되지 못하였음을 거론하며 천자로부터 서인에 이르기까지 상사喪事의 예가 같다는 주자설에 의거하여 군신상복을 바꾸는 데 뜻을 같이하였고, 숙종도 이를 받아들였다. 숙종이 주자의 군신상복 제도를 거행하게 하였지만 제도화하지는 못하였다.

영중추부사領中樞府事 윤지완은 의논하기를, "… 옛날 우리 인조仁祖의 대상大喪 때 문경공文敬公 김집이 또한 이로써 차자를 올렸는데, 위에서 여러 신하에게 순문詢問하신 바 의논하는 자가 매우 어렵게 여김이 많았으므로 일이 드디어 중지되었습니다. …" 행대사헌行大司憲 권상하는 의논하기를, "… 아들이 아비에게 신하가 임금에게 그 상사喪事에 대한 예는 다름이 없었으니, 이는 만세에 이르도록 통행通行되어 변역하지 않는 제도입니다. 주공周公이 앞에서 저술하고 주자朱子는 뒤에 의논했으니

---

11  1742년(영조 18)에 사도세자의 입학례가 있었고, 1743년(영조 19)에 관례, 1744년(영조 20)에 혼례가 있었다.

일성日星과 같이 분명하여 의심할 것이 없습니다. … 기해년(1659년, 효
종 10) 성조(聖祖: 효종)의 상사喪事 때에 신의 스승 문정공 송준길·문정
공 송시열이 주자의 설에 의하여 군신君臣이 함께 최복衰服을 입기로 청
하였는데, 그 당시의 대신으로 극력 배척하는 자가 있어 드디어 시행되
지 못하였습니다. …"하니, 임금이 전교하기를, "이 일은 주자의 정론定
論이 있어 원래 의심할 것이 없으니, 단연코 시행함이 옳다."하였다. 당
초에 임금이 경연經筵에 나아가 옥당玉堂의 여러 신하와 더불어 강론하
다가 군신복제장君臣服制章에 이르러 드디어 개연히 느낀 바가 있어 옛
전례典禮를 회복하고자 하여 여러 대신에게 수의收議하였는데, 이에 이르
러 비로소 거행하도록 명하였다.《숙종실록》 1714년(숙종 40) 9월 24일.

숙종이 1720년에 승하하자 예조는 군신의 상복을 부자의 상복과 같
은 참최복으로 정하였다. 이렇게 군신의 부자의리에 의한 상복은 숙종
국장에서 처음으로 시행되었다. 서경덕의 상소로부터 시작된 복제의 개
정은(《花潭文集》 권2, 〈擬上仁宗大王論國朝大喪喪制不古之失疏〉) 숙종대에 비로
소 군신 간의 복제를 어버이에 대한 자식의 도리인 참최복과 동일하게
제정하게 되었다(《숙종실록》 1720년(숙종 46) 6월 8일).

서경덕의 〈소疏〉란 중종국장의 잘못된 점을 지적하며 올린 〈의소擬
疏〉(《花潭文集》 권2, 〈擬上仁宗大王論國朝大喪喪制不古之失疏〉; 《常變通攷》 권28,
〈國恤禮〉, 臣民儀)를 말하는데, 백관 상복 개정의 시초이다. 이 가운데에
는 《오례의》에서 규정한 관원의 최복을 의상형衣裳型[12]의 최복으로 바로
잡고자 하는 다음과 같은 내용이 포함되어 있다. "군주와 아버지의 상
은 하늘의 법도이고 땅의 의리이니, 만고에 걸쳐 바뀌지 않는 것입니

---

12 權近이 말하기를 "내가 전에 《周易》, 繫辭에 있는 글을 보니, '黃帝와 요·순이 衣裳을
드리우고 있었으되 천하가 잘 다스려졌으니, 대개 乾坤의 뜻을 취한 것이다.' 하였는데,
예전 선비들의 말이 '웃옷과 아래옷으로 하늘과 땅을 본받은 것이다.' 하였다."《東文
選》 권91, 序, 送潘行人使還詩序 文奎.

다. 성인이 상의하상上衣下裳과 최衰·적適·부負·임袵의 도수度數를 제정하여 애끊는 슬픔과 참담한 모습을 부쳐 둔 것은 모두 깊은 뜻이 있습니다. 이제 단지 장포長布만을 사용하니, 서인의 상복 규정과 같은 점이 있습니다." 하였다. 또한 "졸곡을 지내고 군주와 신하가 모두 검은 관을 쓰고(전하는 현면玄冕을 쓰고 오대烏帶를 두르고, 신하들은 오모烏帽를 쓰고 오대를 두름) 일을 보는 것은 상례喪禮로 자처하지 않는 것입니다." 하여 졸곡 후 시사복으로 검은 관을 쓰고 검은 띠를 두르는 것이 잘못되었음을 지적하고 있다.

서경덕·김집에 의해 제기된 부자의리에 의한 백관상복百官喪服이 처음 시행되었다. 이렇게 주자설에 의거한 군신상복 제도(군신의 참최복 시행)는 《오례의》의 관점에서 보면 변례에 속한다고 할 수 있지만, 숙종국장에서 처음으로 시행되어 예학사상 중요한 의미를 시사한다. 하지만 아직 서적으로 반포되지는 않았다. 이를 영조가 재위 16년인 1740년에 《속오례의》로 만들게 한 것이다(《영조실록》 1740년(영조 16) 6월 3일). 처음 《속오례의》를 편찬할 것을 명하고 그로부터 1년 뒤 다시 《속오례의》를 찬술하도록 명하자, 이덕수는 이날 의묘·문소전·영성단을 뺄 것을 건의한다(《영조실록》 1741년(영조 17) 6월 5일).

《주례》의 정치명분 활용이라는 관점으로 다시 돌아가서, 이제 이 내용이 《주례》와 무슨 관련이 있는지를 찾아보려고 한다. 《속오례의》의 편찬을 불러일으킨 군신복제 논의에는 왕자례부동사서에서 천하동례로의 전환이라는 의미가 부여되어 있다.[13]

13 1741년(영조 17) 6월 5일 같은 날 군신상복 布帽의 後垂를 布角으로 정하고, 왕자의 旁系喪에 대한 碁服도 규정하고 있다. 이렇게 실제 의례의 개정은 시작되었고 그 결과 오례의 전반에 걸친 정비가 시행되었다. 《속오례의》와 《상례보편》에 수록된 군신복제가 《오례의》와 차별되는 점은, 신하의 상복에도 천하동례의 입장이 반영된다는 것이다. 안희재, 〈朝鮮時代 國喪儀禮 硏究〉, 국민대학교 박사논문, 2009.

그렇다면 이런 의미를 가지고 있는 군신복제의 제정이 왜 '《주례》 이후에 처음 있는 일'이라는 표현과 함께 등장했을까? 이 《주례》는 의례 제정을 논의하기 위한 것으로 크게 의미를 부여하지 않은 언급일지도 모른다. 그렇다면 그다지 중요하지 않은 논의일지도 모르지만 가볍게 넘기기에는 '왜 하필 《주례》를 언급했을까?'라는 의문이 사라지지 않는다. 《주례》가 가지는 사상적 의미에서부터 문제 해결의 실마리를 찾아보자.

송대에 들어와 심성론의 심화와 함께 '存天理 滅人欲'이 정치이념으로 확립되면서, 삼례 가운데 《주례》에 대한 관심이 줄어들었다. 반면 변법을 주장하던 왕안석 같은 사공론자事功論者에게 《주례》는 개혁의 전범으로 중시되었다.[14]

이것이 조선에서 받아들인 《주례》의 사상적 위치이다. 하지만 《주례》가 군신복제에 천하동례라는 의미를 부여하는 데 사상적 뒷받침이 되었는지는 모르겠다. 다만 군신복제 논의와 함께 언급이 되었다는 이유만으로 《주례》와 관련된 다음 논의를 전개해 보려고 한다. 여기에는 당시 정치현안을 설명할 수 있는 단서가 있다. 그렇게 판단한 근거가 무엇인지 지금부터 살펴보겠다.

숙종국장에서 처음 실행된 군신복제는 아직 의례서에 명문화되지 못했다. 주나라라는 고대의 이상국가를 만들겠다고 기치를 내건[15] 영조가 재위 16년에 그것을 서적으로 간행하자는 윤양래의 건의에 따라 《속오

---

14  蕭公權, 《中國政治思想史》, 서울대학교출판부, 1998, 92쪽, 759쪽; 정만조, 〈聾庵의 생애와 정치개혁론〉, 《농암 유수원 연구》, 실시학사, 2014, 79쪽.
15  《속오례의》 편찬의 목적은 〈어제서문〉에 그 내용이 잘 드러나 있는데, 영조는 《속오례의》의 편찬 업적에 대해 "삼대의 고례를 회복하고 한당의 잘못된 제도를 바로잡은 것"이라 평하였다.

례의》를 만들도록 하였다(《영조실록》 1730년(영조 6) 6월 3일). 영조는 이를 의례서에 반영하기 위해 《주례》를 이념으로 삼은 소론을 편찬자로 구성하여 《속오례의》를 만들도록 하였다. 이 연구에서는 《주례》가 실질적으로 가지고 있는 이념이나 경학사적 위치는 크게 의미를 부여하지 않으려 한다. 그리고 사마광이나 주자, 노론이 《주례》를 거부해야 하는 것처럼 인식된 것이 설사 청나라 때의 금고문 논쟁을 잘못 해석한 것이라 하더라도, 이것이 조선시대에서 작용하는 《주례》의 역할과는 크게 상관이 없어 보인다. 왜냐하면 영조가 선택한 편찬자들이지만 의례서의 내용에 그들의 이념이 반영될 수 있는 문제가 아니기 때문이다.

앞서 언급했다시피 《고려사》 〈예지〉의 오례순서가 《주례》를 따랐던 것과는 달리 조선시대는 '길-가-빈-군-흉'의 순서였다. 적어도 순서에서 고려시대와는 전혀 다른 오례체제를 유지해 왔던 조선시대에 《주례》가 다시 부각된 것이다.[16] 영조는 요순의 뒤를 잇는 이상군주를 자부하며 《주례》 이후 아무도 하지 않은 친행의례 등을 시행하면서 이를 제도화한다.[17]

영조에게 《주례》가 가지는 의미는 특별해 보인다. 정말 그 사상과 이념이 특별해서가 아니라 이를 정치적 수단으로 이용하였다는 데 그 의미를 부여해 보려고 한다. 이를 입증하기 위해 법전과 예전 편찬자들의 당색을 살펴볼 것이다. 소론과 노론을 함께 등용하는 탕평정치를 펴고 있던 영조는 《속오례의》의 편찬을 《주례》를 주장하는 소론들의 손에 맡겼다.

---

16  1741년(영조 17) 6월 22일 《주례》를 경연과목으로 채택할 것인가를 놓고 시작된 논란 등을 각주 152)에서 언급하였음.

17  영조 43년의 친경의, 친잠의 및 다음 해의 양로연의 시행, 그리고 조경묘 건립은 영조 후반기, 왕실의례나 그동안 이룩해 놓은 체제정비를 제도화하는 사업이었다. 정만조, 〈영조시대의 이해방향: 繼述과 변화〉, 《영조와 영조시대》, 한국학중앙연구원 장서각 왕실문화강좌, 2016, 16쪽.

《속오례의》의 의주 권말卷末에 기록되어 있는 편찬자는 다음과 같다.


郎廳通善郎行弘文館修撰知製敎兼經筵檢討官春秋館記事官臣 尹光紹

正憲大夫禮曹判書兼知經筵事同知成均館事藝文館提學世子左副賓客臣 李宗城

奉敎增修堂上資憲大夫吏曹判書兼知經筵事弘文館大提學藝文館大提學知春秋館

成均館事世子左賓客臣 李德壽


《속오례의》의 편찬자는 〈어제속오례의서御製續五禮儀序〉[18]를 작성한 윤
급(尹汲: 1697~1770, 노론 준론)[19]을 포함하여 〈진국조속오례의전進國朝
續五禮儀箋〉을 지어 바친 이종성(李宗城: 1692~1759)[20] 외, 윤광소(尹光紹:
1708~1786, 소론 준론),[21] 이덕수(李德壽: 1673~1744)[22]로 명단이 확보되
었다. 다만 공식적 명단에는 드러나지 않지만 윤양래(尹陽來: 1673~1751)
와 유수원(柳壽垣: 1694~1755)[23]이라는 인물에 대해서도 검토할 필요가

---

18 《속오례의서례》의 〈御製續五禮儀序〉는 甲子(1744년, 영조20) 仲春(2월) 辛未(23일)
   에 예조참의 尹汲이 임금의 하교를 받들어 쓴 것이다. 같은 해(乾隆九年) 8월에
   예조판서 이종성 등이 〈進國朝續五禮儀箋〉을 지어 올렸다.
19 尹汲(1697~1770)은 조관빈·윤봉조, 그리고 홍계희와 함께 소론에 준엄한 당론을 내
   던 峻論에 속한다(정만조, 〈澹窩 洪啓禧의 정치적 生涯〉, 《仁荷史學》 10, 인하역사학
   회, 2003, 644쪽); 1561년생 尹汲의 딸이 효종비 명성왕후의 조모이다. 즉 명성왕후의
   아버지 김우명의 어머니(정경부인, 1575~1659)는 파평인이고, 1697년생 윤급은 해평
   인이다.
20 李宗城(1692~1759): 李恒福의 5대손. 할아버지는 이세필, 아버지 이태좌는 이광좌와
   6촌 재종형제 간이다. 이태좌는 이광좌와 함께 영조 초기 좌의정에 올라 소론정권을
   이끌었다.
21 尹光紹(1708~1786): 尹舜擧의 현손이며 소론산림 윤증의 종증손.
22 李德壽(1673~1744): 아버지는 참판 李徵明이며 박세당·김창흡의 문인이다.
23 柳壽垣(1694~1755): 영조는 예조판서 李宗城에게 《속오례의》를 찬수하도록 명하고
   직접 서문을 지어 내렸다. 처음에 임금이 《오례의》에 이정하고 증보할 데가 많다는 이
   유로 우참찬 李德壽, 전 장령 柳壽垣에게 그 일을 관장하게 했었는데, 이때에 이르러
   이덕수가 卒했기 때문에 다시 李宗城에게 명한 것이다. 이종성이 유수원을 체차하고
   尹光紹로 대신하게 할 것을 아뢰었다. 《영조실록》 1744년(영조 20) 7월 8일.

있다. 왜냐하면 이들은 《속오례의》를 편찬하자고 처음 제안했거나, 능
력 있는 실무자로 추천받아 실제로 편찬에 참여했다가 사정에 의해 빠
진 인물들이기 때문이다. 그런데 유수원이 《속오례의》에 참여한 기간에
대해서는 명확하지가 않다. 다음 편찬과정을 통해 추정해 볼 뿐이다.

1740년(영조 16)[24] 6월, 조강朝講에서 특진관 윤양래의 건의에 의해《오
례의》를 수정토록 명함으로써 《속오례의》의 편찬이 시작된다. 다음 해 6
월에는 그 이름이 《속오례의》로 결정되었고, 찬집청의 책임자로 우참찬
이덕수를 임명하고, 1743년(영조 19)에 실무자로 장령 유수원을 임명했
다.[25] 작업은 영조 20년에 대체로 마무리되었다. 그해 7월에 이덕수가
죽자 예조판서 이종성에게 최종 교정 책임을 맡겼고, 실무자는 유수원
에서 윤광소로 교체했다. 이렇게 하여 그해 8월에 《속오례의》가 완성되
었다.《영조실록》 1744년(영조 20) 8월 27일.

이로 볼 때, 유수원이 실무자로 참여한 기간은 《속오례의》가 완성되
는 1744년(영조 20)까지 1년 정도로 추정된다.[26] 위 명단을 토대로

---

24  1740년(영조 16)은 이광좌가 사망한 해이다. 그의 후계자 집단으로는 이종성, 박문수,
    윤순, 이석표, 이종적, 윤광소 등이 있었다. 이들은 이종성을 따르는 소론계 정파로 뭉
    쳐서 명맥을 유지하였는데, 이후 영조 탕평을 주도한 '탕평당' 계열 인물들의 비리와
    권력 남용을 공격하면서 준론을 표방하는 독자적인 정파를 유지할 수 있었다. 영조의
    탕평 정치 후반기에는 완론 탕평을 주도했던 김재로, 조현명 같은 대신들이 물러나고,
    정우량, 김상로, 홍봉한 같은 '외척당'에 대항하는 노론계 이천보와 유척기, 소론계 이
    종성의 '청류당' 등 정파가 새롭게 형성되었다. 박광용, 〈이광좌의 정치 노선을 이은
    이종성〉, 《영조 시대를 만든 사람들》, 한국학중앙연구원출판부, 2014, 39쪽.
25  《영조실록》 1741년(영조 17) 6월 5일 기사에 장령 유수원은 등장하지 않음. 1742년
    (영조 18), 유수원을 필선의 관직을 제수한다는 기사가 있을 뿐, 편찬낭청으로 임명되
    는 것은 1743년(영조 19)임.
26  유수원이 어머니의 병을 핑계로 끝내 거절하여, 《속오례의》 편찬에 참여하지 않았다
    는 견해(정만조, 앞의 논문, 2014)가 있지만 참여기간에 대한 명확한 기록이 찾아지지
    않는다. 거론만 되고 실무는 맡지 않았을 가능성도 있다. 만약 그렇다 하더라도 영조가
    참여시키려 한 것만으로도 의미가 있다고 생각한다.

《속오례의》 편찬자들의 면면을 보면, 정치적 성향은 대부분 소론이다. 윤급은 노론이지만 그는 당시 예조참의로서 서문을 지을 수 있는 직분에 있었고, 《속오례의》 편찬을 처음 제안했던 윤양래도 당색이 노론이지만 소론 이광좌와 친우親友 관계에 있었다(《영조실록》 1년 5월 16일). 한편 《속오례의》의 편찬낭청으로 참여하였던 유수원은 집안이 소론 준론27으로서 당색으로서는 특별할 것이 없지만, 영조의 의중을 파악하는 데 도움이 되는 인물이므로 그의 행적을 더 좇아보려고 한다. 유수원은 1741년(영조 17) 임금의 명으로 입시한 자리에서 〈관제서승도설〉을 지어 바쳤는데, 영조가 인재를 얻었다며 기뻐하였다. 그런데 이 〈관제서승도설〉은 《주례》에 이념적 기반을 둔 관제개혁안이다. 여기서의 《주례》가 《속오례의》와 직접적인 관련을 가지는지는 아직 검토하지 못하였지만, 그보다 《속대전》과 《속오례의》의 편찬자가 가지고 있는 사상적 이념에 주목해 보려고 한다. 물론 편찬자로 참여하는 개인의 사상이나 이념이 관찬 의례서에 적용되지 않는다. 다만 영조는 《주례》에 기반을 둔 관제개혁안에 매우 높은 관심과 흥미를 가졌으며, 그러한 안을 제시한 유수원을 《속대전》과 《속오례의》의 편찬자로 참여시켰다는 점을 부각해 보려는 것이다. 영조가 편찬자들을 구성하는 데 신하들이 가지고 있는 《주례》의 이념 여부가 선택 기준이 되었다. 어차피 《속대전》과 《속오례의》는 임금의 명으로 만들어지는 관찬서이기 때문에 왕은 신하들이 자신의 뜻을 반영해 주기를 바라며 편찬자를 구성하였을 것으로 본다. 이제 의주 분석을 통해 이를 입증해야 하는 일이 남아 있다.

  위에서 살펴본 바와 같이 유수원은 《주례》에 이념 기반을 둔 관제개혁안을 제시하여 임금의 인정을 받으면서 이덕수와 더불어 《속대전》의

---

27 정만조, 앞의 논문(2012b), 51쪽. 이하 유수원에 대한 연구 성과는 정만조, 앞의 논문(2014), 86~90쪽을 참고함.

편찬자로 참여하였다. 여기에는 최석정[28]과 유수원 집안의 인연이 영향을 끼쳤다. 1706년(숙종 32) 최석정이 《경국대전》을 수정·증보한 《전록통고》를 편찬했던 것이 유수원이 국조전고國朝典故에 상당한 지식을 갖추는 데 영향을 준 것이다. 이러한 인연을 바탕으로 유수원은 영조 19년에 시작된 《속대전》 편찬에 문랑으로 차출되었다.[29]

숙종은 법리에 관한 수교의 정비 사업에서 시작하여 1698년(숙종 24) 《수교집록》으로, 그리고 다시 숙종 32년 《전록통고》의 편찬으로 법제 정비를 갖추었다. 《전록통고》는 당대 모든 법제를 하나의 체계 속에 포괄하는 종합법전인데, 새로운 법제 제정이라는 의미보다는 이미 시행하고 있던 법을 《경국대전》의 체제 안에 포함하는 편찬이었다.[30] 이 《전록통고》는 영조대 《속대전》의 편찬에 많은 영향을 주었고, 정조대의 《대전통편》으로 이어지게 된다.

숙종대 성리학적 질서체제의 정비가 영·정조대 문화부흥기로 연결되는 실체를 숙종·영조·정조 등 삼왕의 법전편찬 사업[31]에서 확인할 수 있다. 법전 편찬은 예제 편찬과도 밀접한 연관성을 지닌다. 《전록통고》는 영의정 최석정을 필두로 좌의정 이세백李世白,[32] 우의정 신완申琓 등

28 1710년(숙종 36) 소론인 최석정의 《예기유편》을 둘러싼 노·소론 대립뿐 아니라 회니시비에서 병신처분에 이르는, 1699년(숙종 25)에서 1716년(숙종 42)의 18년 동안에 걸친 사건에 관하여서는 4장 1절, 가례 의주의 시행 시기 가운데 책보의례에서 자세히 다룰 것임.

29 정만조, 위의 논문(2014), 86~90쪽.

30 김백철, 〈조선후기 영조대 법전정비와 《속대전》의 편찬〉, 《역사와 현실》 68, 2008b, 194쪽.

31 김백철, 〈朝鮮後期 肅宗代 國法체계와 《典錄通考》의 편찬〉, 《규장각》 32, 2008a, 97~100쪽.

32 李世白: 《오례통편》의 편찬자인 柳義養의 재종대고모가 李宜顯(김창협의 문인)의 부인인데, 이의현의 아버지가 이세백이고, 이세백의 어머니가 김상헌의 아들 김광찬의 딸이다. 한편 이세백의 종조부 이후산은 그의 딸이 성호 이익의 아버지인 이하진의 첫째 부인이다. 이후산·이후연 집안은 서인계 명문인 용인 이씨 집안이며, 후연의 자손은 노론의 핵심 세력이 된다(정만조, 〈朝鮮後期 延安李氏 三陟公派의 근거

당대 삼정승이 편찬에 관여하였다. 삼정승이 모두 관여한 것은 《전록통고》가 중요한 법제로서 기획되었음을 의미한다.[33]

이에 필자는 위 《전록통고》의 편찬에 참여한 인물 가운데, 최석정이라는 인물과 그와 관련을 맺고 있는 주변 인물을 더 알아보려고 한다.[34] 그는 유수원뿐만 아니라 뒷날 《속오례의》의 편찬자로 이름이 오르는 이종성의 집안과도 각별한 사이였다. 집안끼리 혼인 관계로 맺어져 있을 뿐만 아니라[35] 최석정은 이종성의 할아버지인 이세필(李世弼, 1642~1718)과 소론학계[36]에서 이름을 나란히 하며 교유하는 사이였고, 이종성의 아버지인 이태좌(李台佐, 1660~1739)는 희빈 장씨의 사사에 적극 반대하다가 파직된 최석정을 신구하다가 삭탈관직되어 유배된 적이 있

---

지 확산과 坡州정착〉, 《한국학논총》 35, 2011b 참고).

33 《전록통고》는 《수교집록》(숙종 24)이 완성된 3년 후인 숙종 27년 가을부터 시작되어 숙종 32년에 완성되었다. 이후 1년 동안의 교정 뒤에 간행되었다. 김백철, 앞의 논문(2008a), 77쪽.

34 최석정은 기존 연구(정만조, 앞의 논문, 2014, 90쪽)에서 주목하고 있는 인물이다.

35 《속오례의》의 편찬자인 이종성 집안은 최석정 집안과 혼인 관계로 맺어져 있다. 이세필의 막내아들, 李景佐(1680~1696)는 최석정의 사위였으나, 17세의 이른 나이에 죽고 만다(《明齋遺稿》권32, 〈跋文〉; 《慶州李氏大同譜》권2, 1978, 66쪽. 李世弼-李台佐 참고).

〈표 1〉《국조속오례의》 편찬자 경주 이씨 이종성의 가계도

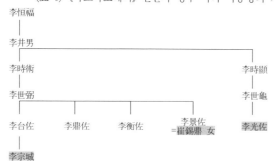

36 이경룡, 〈朝鮮 中期 '格物物格' 論辨과 霞谷의 《大學》 二王融會的 '實學'〉, 《양명학》 20, 한국양명학회, 2008; 김윤경, 〈조선후기 소론학계의 知覺논변〉, 《양명학》 38, 2014, 190쪽, 221쪽.

다(《숙종실록》 1701년(숙종 27) 10월 6일, 10월 9일). 최석정이 관여한 《전록통고》가 《속대전》 편찬에 큰 영향을 끼친 데다 영조대의 법전과 예전으로서 짝을 이루는 《속대전》과 《속오례의》의 편찬자들끼리도 긴밀한 관계로 맺어져 있다.

　1737년(영조 13) 탕평을 주도하던 조현명을 비롯해 이종성, 박문수, 윤순 등의 천거로 유수원이 영조대에 주목을 받게 된다. 이때 그의 저서인 《우서迂書》가 영조에게 소개되는데 이 자리에서 이종성은 유수원을 가리켜 역대 제도에 대한 국조전장國朝典章의 연혁 등을 명료하게 알고 있는 인물로 평가하였다.[37] 이종성뿐만 아니라《속대전》의 편찬자였던 이덕수, 유수원이 그대로 《속오례의》 편찬에도 참여한다는 사실은 당시 탕평정치를 이해할 수 있는 중요한 인적 정보로 보인다.

　경종 연간에 발생한 임인옥사를 소론 측의 무고로 판정한 사건으로 정의되는 경신처분과 신유대훈 이후 아무리 노론이 주도권을 잡았다 하더라도 노론 일당만으로 정권이 형성되지는 않는다. 신임사 처분에 관해 소론에 의해 혐의를 벗고, 그들의 동의를 얻고자 했던 왕의 입장에서는 소론세력을 완전히 배제시킬 수 없었다. 이에 따라서 노·소론을 주축으로 한 연합정권을 유지하여 노론탕평이란 이름으로 탕평책을 재정립하게 된다.[38]

　《속오례의》 편찬자의 위치를 가늠하는 데 도움이 된 위의 연구에 따르면 유수원은 임금에게까지 그 경륜과 재주를 인정받고서도 노론의 견제로 《속오례의》의 편찬을 담당하는 낭청 등으로 전전하다가 벼슬이 끝났다. 하지만 필자는 오히려 유수원이 낭청으로 채용된 것에 주목하

---

37　조현명의 형인 조문명의 당색은 완소. 정만조, 앞의 논문(2014), 37쪽; 유수원에 대해서는 같은 논문, 86~90쪽과 《승정원일기》 1737년(영조 13) 10월 24일에 근거한 이근호, 〈영조대 탕평파의 국정운영론 연구〉, 국민대학교 박사논문, 2001, 187쪽 참고.

38　정만조, 앞의 논문(1986a), 87쪽, 91쪽.

면서 이 연구를 참고하였다. 비록 종6품인 낭청자리에 임명되고 당국자
의 필요에 의해 잠깐 관직에 등용되었지만,[39] 그 자리는 편찬 업무의
실무직이었으므로 중용된 것이나 다름없다.

 이때 특별한 의미를 가지고 편찬자들이 구성된 것이 아니라 당시 관
료들의 업무로서 의례서 편찬에 참여한 것은 당연하지 않느냐는 반문
이 생길 수 있다. 하지만 당시 노론에게 주도권이 넘어갔다는 점을 고
려하면 그런 상황에서도 영조가 편찬자라는 명분으로 소론에게 정계의
지위를 보장해 준 것으로 봐야 한다.

 또 소론 중에서도 최고의 지위를 누리고 있던 핵심 인물들이 편찬자
명단에 올랐으므로 영조가 이 의례서 편찬자 구성에 얼마나 심혈을 기
울였는지를 알 수 있다. 이렇게 중요하게 생각한 의례서 편찬에 영조가
유수원을 낭청으로라도 참여시켰던 것은, 그의 정책 근거였던 《주례》가
소론 등용의 명분이었기 때문이다.

 영조는 자신의 정책 구성 안에서 《주례》를 노·소론의 등용 수단으로
삼아 왕권을 확고히 하기 위한 조치를 마련해 나갔다. 《속오례의》 편찬
자들이 소론이었던 것에 반해 이 의례서 뒤에 등장하는 《속오례의보》
와 《상례보편》은 노론들로 구성되었다. 그러므로 의례서 편찬자들은 탕
평정책의 일환에서 빚어진 인적 구성이다.

### 2) 편찬의 전개

 1741년(영조 17) 5월 1일 신시申時, 자정전資政殿, 석강夕講에 입시한
자리에서 영조는 옛날에는 기형璣衡의 일을 전적으로 고故 최석정에게

---

39 정만조, 앞의 논문(2014), 66~67쪽, 155쪽.

맡겼지만, 지금 전대제학 이덕수李德壽가 차분하게 일을 잘하니 개정작업을 맡겨《오례의》에 나오는 명칭이 영조 당시와 다른 것에 대해 수정하도록 하였다. 지사 민응수閔應洙, 특진관 김약로金若魯, 참찬관 조명리趙明履, 시독관 홍상한洪象漢, 검토관 정준일鄭俊一, 가주서 이숙李塾, 기주관 이윤향李胤沆, 기사관 이홍직李弘稷 등이 참석하였는데, 민응수와 수정 방법에 대한 구체적인 의논이 오갔다(《승정원일기》 1741년(영조 17) 5월 1일; 《영조실록》 1741년(영조 17) 5월 1일).

이덕수는 명을 받아 《오례의》의 수정작업에 착수하였다. 성종대 이후 영조대에 이르는 동안 궁전이나 교량 이름이 바뀐 것에 대해 《오례의》에 반영하여 고치는 일(《영조실록》 1741년(영조 17) 5월 1일)과 같은 것이었다. 6월 5일 이덕수는 의묘儀廟, 문소전文昭殿, 영성단靈星壇과 같이 영조 당시의 시점에 이미 폐지된 의례임에도 불구하고 《오례의》에 올라 있는 경우 이를 삭제할 것을 제안하였고, 아울러 군신의 복제에 대해 기록하는 방법에 대한 몇 가지 내용을 건의하였다. 이덕수의 건의에 대해 영조는 "예전에 있었던 것을 지금 없애는 경우에는 주를 달아 처리하는 것이 좋겠다."라고 하였다.

책명을 결정하는 문제 또한 간단하지 않았다. 1740년(영조 16) 6월 3일 영조는 《오례의》의 속편으로 삼게 함이 가하다고 하였고, 1741년 6월 5일에는 이덕수가 수정 중인 《오례의》의 이름을 영의정 김재로(金在魯, 1682~1759)가 《증보오례의增補五禮儀》로 할 것을 제안하였지만 영조는 《속오례의續五禮儀》로 하라고 하였고, 1744년(영조 20) 7월 8일에는 이종성이 제안한 《속오례의》를 대신에게 물어 그대로 확정하였다(《승정원일기》 1740년(영조 16) 6월 3일; 1744년(영조 20) 7월 8일; 《영조실록》 1741년(영조 17) 6월 5일).

《속오례의》를 찬술撰述하도록 명하였다. 이보다 먼저 임금이 지사 이덕수에게 명하여 《오례의》를 수정하도록 하였었는데, 이때에 이르러 이덕수가 아뢰기를, "의묘·문소전·영성단이 지금은 없으니 이것은 빼는 것이 마땅합니다." 하니 임금이 말하기를, "옛날에 있었던 것을 지금 없앨 경우 주註를 다는 것이 적당하다." 하고 이어서 하교(下敎: 윗사람이 아랫사람에게 가르침을 베풂)하기를, "군신의 복제는 바로 역대의 제도를 한결같이 새롭게 한 것인데, 포모布帽를 가지고 말하면 후수後垂가 있으나 지금은 포각布角으로 하니 그 규례가 어떠한가?" 하니 이덕수가 아뢰기를, "포모의 후수는 대신이 진달한 것으로 말미암아 포각으로 정했는데, 사대부의 연거복燕居服(평상복)은 처음에는 마대麻帶로 하다가 뒤에는 포대布帶로 하였으니, 당연히 어느 해에 했다는 것을 주로 달았어야 하나, 분명한 증거로 근거할 만한 것이 없습니다." 하였는데, 시독관 신사건申思建이 아뢰기를, "그 당시 고故 찬선贊善 이희조李喜朝의 상소로 말미암아 마대를 포대로 변경했던 것입니다." 하였다. 이덕수가 아뢰기를, "대저 기복朞服은 원래 기재된 바가 없으니, 이것은 대체로 왕자王者는 방계旁系의 기복을 단절했었기 때문에 애당초 편입하지 않았던 것입니다." 하니 임금이 말하기를, "왕자가 방계의 기복을 단절한다는 방旁 자는 바로 국척國戚을 가리키는 것이다. 무술년(1718 숙종 44년)과 무신년(1728 영조 4년)의 복제服制에 이르러서는 비록 기복이라고 하더라도 바로 국가의 전례典禮이므로 결단코 빠뜨릴 수 없으니, 마땅히 무술년과 무신년의 의주儀註를 가지고 기록하여 넣어야 할 것이다." 하였다. 영의정 김재로가 아뢰기를, "《증보오례의》라고 책 이름을 하는 것이 옳겠습니까?" 하니, 임금이 말하기를, "마땅히 《속오례의》로 책 이름을 해야 할 것이다." 하였다. 《영조실록》 1741년(영조 17) 6월 5일.

1741년(영조 17) 6월 9일 진시辰時, 주강晝講 입시入侍때, 지사 이덕수, 특진관 이보혁李普赫, 참찬관 민정閔珽, 시독관 신사건, 시독관 남태제, 가주서 이기덕李基德, 기사관 전명조全命肇, 기주관 강봉휴姜鳳休, 종신 원양군경原陽君㷡, 무신 심봉양沈鳳陽이 참석하였다. 이덕수가 《오례의》 수정의 명을 받고 거의 다 이수釐修하였으나 그 가운데 세 건은 품정稟定하지 않을 수 없다며 아뢰는 내용이 있다. 의묘, 문소전, 영성단은 지금 없으니 그대로 두어야 하는가를 영조에게 아뢰니, 옛날에는 있었지만 지금 없어진 것은 그 아래 주를 다는 것이 옳다고 한다든가, 군신복제는 날을 달로 바꾸어 《오례의》에 실려 있는데 구본舊本이 아닌 신건新件으로 덧붙여 기록하려 한다는 등의 문답이 오갔다(《승정원일기》 1741년(영조 17) 6월 9일). 7월 27일 상참(常參: 중앙 조정 6품 이상의 관원들이 매일 아침 왕에게 문안 인사를 올리는 행사)과 조참朝參에 대해 《오례의》와 본원 고사故事를 상고相考하여 아뢰라는 전교傳敎가 있었다. 어유룡魚有龍[40]이 명을 받고 아뢰기를, '《오례의》를 살펴 절목을 마련하였는데 본원 고사 및 《전록통고》에는 매월 초5일, 11일, 21일, 25일로 나누어 정해서 행하였다'고 하였다(《승정원일기》 1741년(영조 17) 7월 27일).

1743년(영조 19) 4월 20일에 다음과 같은 하교가 있었다. "친경親耕 때 청우靑牛는 푸른 색으로 염색한 무명을 입히고 있다. 그런데 종묘에 청개靑盖·홍개紅盖란 것이 있으니, 이른바 청개란 곧 흑개黑盖이다. 《오례의》의 청우조條는 흑우黑牛로 주註를 달아 넣는 것이 옳다." 하였다 (《영조실록》 1743년(영조 19) 4월 20일).

상참과 조참에 대한 절목, 또는 의식에 필요한 옷의 색깔에 대한 주석과 같은 자잘한 부분까지 신경 쓰고 있었지만, 《오례의》의 개정작업은 순조롭게 진행되지 못하였던 듯, 2년 뒤인 1743년 11월 14일 영조는 유수원을 낭청으로 차하하여 수정작업을 서둘렀다. 이날 송인명이

---

40 魚有龍(1678~1764): 경종의 장인인 魚有龜의 재종제이다. 대간으로 있으면서 왕세제 책봉을 반대하는 소론파의 처벌을 주장하였고, 또한 세제대리청정을 반대하는 趙泰耉 등을 탄핵하여 朴致遠·李重協과 함께 노론파의 3대 대간으로 불렸다.

〈자료 5〉 홍상한은 예조참판으로서 《속오
례의》 편찬에 참여하였다. 사도세자의 장인
이자 혜경궁의 친정아버지인 홍봉한과는
사촌 관계이다. 아들 홍낙성은 1758년본
《상례보편》 편찬자이다. 초상화 출처는 《초
상화 모음집》이다.

아뢰기를, "흉례의 한 항목이라도 지금 의정할 수 있는 자가 없으므로
이와 같이 미루어지고 있습니다."라고 하는 데에서 편찬의 지연 상황을
확인할 수 있다. 그리고 오례의는 시왕지제時王之制로 다루어지고 있는
사안이면서 흉례의 복제는 《속오례의》에서도 주된 내용이었다(《승정원
일기》 1743년(영조 19) 11월 14일). 이처럼 영조는 《속오례의》 편찬 업
무를 본래 이덕수에게 맡겼으나, 2년이 지나도록 아직 작업이 이루어지
지 않음을 개탄하며, 당시 직명도 없이 과천果川에 내려가 있는 71세의
이덕수를 다시 불러들이고, 50세인 유수원을 중간에 투입하여 편찬 마
무리작업을 재촉하기에 이른다.

1743년(영조 19) 11월 23일 좌빈객左賓客 이덕수가 오례의 수정작업
진행상황을 아뢰었다. 전문교량殿門橋梁은 모두 지금 이름으로 주를 달
고, 구일식救日食의 경우에는 성교聖敎에 따라 본장本章 아래에 주를 상
세하게 달며, 친림서계의親臨誓戒儀·전알의展謁儀, 중궁전묘현의中宮殿廟見
儀·대사의大射儀 및 복제 등을 새롭게 정한다는 내용이다(《승정원일기》

1743년(영조 19) 11월 23일). 1744년(영조 20) 1월 19일에는 영조가 진연診筵에서 승지 홍상한(洪象漢, 1701~1769, 홍봉한과 사촌)에게 명을 내리기를, "의문儀文은 예禮에 있어 중요한 것인데 《오례의》를 지금 바로잡아 고치고 있으니, 중궁中宮·빈궁嬪宮의 묘현의廟見儀 가운데 잘못된 것도 고치게 하라."라고 하였다(《영조실록》 1744년(영조 20) 1월 19일; 《승정원일기》 1744년(영조 20) 1월 19일).

이해 7월 8일에 이덕수가 72세의 나이로 죽자 그 업무는 예조판서 이종성(소론)[41]에게로 넘어간다. 그리고 유수원의 업무는 윤광소(尹光紹, 소론이었던 윤증의 종증손)가 대신하게 된다(《영조실록》 1744년(영조 20) 7월 8일). 이때 유수원(소론 준론이었던 유봉휘가 종숙부, 집안이 급소)[42]은 벼슬에 나온 지 30년 만에 임금 앞에서 자신이 지은 《우서》로써 경륜을 펼칠 수 있었던 기회를 잃고 실망하여 노모의 병환을 구실로 벼슬에 나오려 하지 않았던 것으로 보는 연구가 있으며,[43] 이런 이유 때문인지 윤광소가 낭청을 대신하였다. 오랜 기간 《오례의》를 수정하는 작업을 진척시켜 왔던 이덕수가 《속오례의》의 완성을 보지 못한 채 생을 마감하였고 그 마무리는 이종성에게서 이루어지게 되었다.

1744년(영조 20) 7월 25일 《속오례의》의 초안이 만들어졌다. 〈범례〉의 작성을 비롯하여, 의주 하나하나의 수록 여부에 대한 영조와 신하의 문답이 이날 오후 신시申時에 흥정당興政堂에서 이루어진다. 오례의증수당상 이종성, 낭청 윤광소, 명릉참봉 윤동섬尹東暹, 찬집청당상 서종옥徐宗玉·김약로金若魯·김상성金尙星[44]·이일제李日躋, 좌부승지 남태량南泰良, 기사관 이극록李克祿, 기주관 김홍택金弘澤, 기사관 이영조李永祚 등 제

---

41 정만조, 〈歸鹿 趙顯命 硏究: 그의 蕩平論을 中心으로〉, 《한국학논총》 8, 986b, 148쪽.

42 정만조, 앞의 논문(2012b), 51쪽.

43 정만조, 앞의 논문(2014), 144쪽.

44 金尙星(1703~1755)은 《상례보편》의 편찬자이기도 함.

신諸臣이 참석한 자리였다(《승정원일기》 1744년(영조 20) 7월 25일). 이 때 《속오례의》의 초본, 중초본, 범례의 완성, 의주 각 항목에 대한 문답 내용 등이 상세하게 이루어진다. 대보단의례大報壇儀禮를 예로 들어보면 이 의주의 수록에 관하여 다음과 같은 논의가 이루어진다.

> 영조가 "대보단의례 역시 실으려 하는가?" 하니, 이종성이 "숙종 때에는 군신복제로써 군신의 대의大義를 바르게 하였고, 대보단으로써 천하의 대의大義를 밝혔는데, 일이 어려운 점이 있어 아직 정하지 못하였습니다." 하니, 윤광소가 "마땅히 실어야 합니다." 하였고, 영조가 "만약 《오례의》에 실으면 역시 '모황제某皇帝'를 칭해야 하는가?" 하니 이종성이 "당연히 기록해야 할 것 같습니다." 하였다. 영조는 "일이 끝내 어떻게 되겠는가? 누락된다면 심하게 흠이 되겠는가?" 하니, 이종성이 "옛말에 번거롭게 하는 것이 두렵고 거리낌이 많다고 하였으니, 누락됨이 있다 하더라도 이 역시 어찌 방해가 되겠습니까?" 하였다. 영조가 이르기를, "《보감寶鑑》에 이미 수록되었으니 이는 빼는 것이 좋겠다." 하였다.《승정원일기》 1744년(영조 20) 7월 25일.

이 의주에서 보듯이 위의 《속오례의》 편찬 논의에서 노소 간이나 군신 간의 첨예한 의견 차이나 갈등, 예론적 의견 등을 읽어 내기는 쉽지 않다. 신하들이 숙종대 이후의 사례를 정리하여 보고하면 왕은 그것이 이미 《오례의》에 있는가를 확인하는 정도이다. 이렇게 의주의 수록 여부는 거의 영조의 의도대로 결정되고 있는 상황이다.

8월 4일 인시寅時에는 흥정당에서 예방승지禮房承旨와 유신儒臣이 함께 입시하였다. 좌승지左承旨 조명리, 수찬修撰 윤광소, 가주서假注書 임위任瑋, 기사관記事官 이영조·남태회南泰會가 《속오례의》의 진행상황을 아뢴다. 이날 역시, 의주 세부 항목에 대한 보고와 영조의 지시가 이어진다. 윤광소가 "온릉복위溫陵復位와 장릉복위의莊陵復位儀처럼 의절을 있는 그대로 사용하는 것도 있고, 친향선농親享先農과 향선농享先農은 한 글자도 다르지 않은데 의주에 주를 달아 표시함으로써 번잡함을 없앨까요?" 하니, 상이 "그렇게 하라"고 하고, "왕세자교학상견례王世子敎學相見禮 역시 상시상견례常時相見禮와 다르지 않은데 역시 주를 달고 없애 버릴까요?" 하니, 상이 "그렇게 하라."와 같은 내용이다(《승정원일기》 1744년(영조 20) 8월 4일).

그리고 이날, 종묘를 배알할 때 대전·중궁전의 배위(拜位: 절을 하는 자리), 배례에 대해 예조에서 예조판서 민응수, 좌의정 송인명, 전 사과司果 윤봉구尹鳳九, 전 군수 박필부朴弼傅 등 여러 신하들의 의논과 품신을 가지고 영조의 재가裁可를 청하였다. 영조가 말하기를, "배위와 동쪽·서쪽으로 서로 향하는 것은 《오례의》에서 이미 〈개원례開元禮〉에 따랐는데, 유신 윤봉구·박필부가 헌의한 것 또한 그러하니, 동쪽·서쪽으로 서로 향하는 것을 옛날 그대로 하라. 왕비와 세자빈의 배위는 모두 계단 아래에 설치하되, 왕비의 길은 서쪽에서 동쪽으로 향하게 하고 세자빈의 길은 서쪽에서 북쪽으로 향하게 하라. 대전과 동궁의 입위立位도 또한 정하庭下에 의하여 본래대로 판위版位를 설치하도록 하라. 협배俠拜에 대해서는 주문공의 《가례》를 가지고 문의하였던 것인데, 황조의 전례와 우리나라 조정의 구전舊典에는 모두 협배의 예가 없었던 것이니, 왕조에서는 마땅히 왕조의 예제를 따라야 한다. 협배의 예는 그대로 두도록 하라." 하였다(《영조실록》 1744년(영조 20) 8월 4일).

8월 14일 영조가 유신 윤광소를 불러 만나서 《속오례의》의 의장 식례式例에 대해 물었다. 윤광소가 말하기를, "옛날에 대가大駕·법가法駕·소가小駕의 의장儀仗이 있었는데, 각기 스스로 같지 아니하였습니다. 그러나 지금은 의장고儀仗庫에서 두 등급으로 나누어 만들어서 단지 대가·소가의 의장만을 사용할 뿐입니다. 법가의 의장은 처음부터 사용하

지 아니하였는데, 이것은 모두 잘못 전통을 계승한 데에서 그렇게 되었
을 것입니다만, 책의 서례에서는 그 잘못된 예를 기록할 수가 없을 것
입니다.”하니 영조가 말하기를, “《오례의》에 식례를 정한 것을 가지고 준
행하도록 하라.”하였다(《영조실록》 1744년(영조 20) 8월 14일).

8월 19일 영조가 대신과 찬집청(纂集廳: 영조 20년에 《속대전》을 편찬
하기 위해 설치한 관아)의 당상관을 소견하고 순장殉葬, 국휼(國恤: 국
상), 대향大享 등에 관해 하교하기를, “… 의조儀曹로 하여금 국장과 예
장에서 특별히 순장을 없애도록 하라.”하였다. 또 하교하기를, “국휼 3
년 뒤에 《오례의》에서는 으레 결채(結綵: 색실·색종이 등을 다리·문 위에
걸어 장식하는 것)와 가요歌謠 등의 예가 있고, 대향 뒤에는 음복연飮福
宴이 있는데, 성조聖祖께서 특별히 명하여 이것을 없애게 하였으니, 아!
훌륭하시었도다. 그런데 해당 조에서 오히려 고례를 근거로 하여 이것
을 여쭈어 아뢰었으니, 근래의 전례에 의하여 거행하지 말도록 하라.
비록 예사 비답(批答: 상소에 대하여 임금이 내리는 답)을 내렸다 하지
만, 그 혹시라도 떠벌리려고 하는 임금이 있어 옛날의 기록을 잘못 인
용하여 범연히 그대로 따른다면, 아! 우리 성조와 성고聖考께서 추모하
면서 차마 거행하지 않았던 훌륭한 효도가 장차 억제되고 시행되지 못
할 것이니, 이후로는 그것을 의조로 하여금 교지를 받들게 한 것으로써
성헌을 만들고 으레 품하지는 말라.”하였다(《영조실록》 1744년(영조 20)
8월 19일).

마침내 《속오례의》가 완성되었다. 1744년(영조 20) 8월 27일 이종성
과 윤광소가 《속오례의》를 바치니, 임금이 소견하고 선온(宣醞: 임금이
신하에게 술을 내려 줌)하였으며 또 술과 안주를 찬집청에 내려 주었다
(《영조실록》 1744년(영조 20) 8월 27일). 영조가 직접 서문을 지어 내렸
던 것은 7월 8일의 일이었다(《영조실록》 1744년(영조 20) 7월 8일). 《속

오례의》편찬의 목적은 〈어제서문〉에 그 내용이 잘 드러나 있는데, 영
조는《속오례의》의 편찬 업적에 대해 "삼대三代의 고례를 회복하고, 한
당漢唐의 잘못된 제도를 바로잡은 것"이라 평하였다.

1744년(영조 20) 12월 1일 "《속대전》·《속오례의》와 《대훈大訓》이 모
두 완성되었으니 내 나이가 비록 늙었다고 하더라도 나의 일은 끝난
것이다."(《영조실록》 1744년(영조 20), 12월 1일)[45]라고 하여 대대적인
편찬 사업의 마무리가 이루어졌음을 알 수 있다. 송인명은 이와 같은
영조의 감회에 다음과 같은 경계의 말을 올린다. "저희가 비국의 자리
를 외람되게 차지한 지 거의 20년이 되었습니다. 근력은 비록 쇠약하
더라도 지력은 점점 커지니, 나이 어린 때와는 분명히 다릅니다. 금일
에 나이가 비록 높으시지만 예지睿智가 더욱 높아지고 성학聖學이 더욱
높아지니, 이것은 바로 군신 상하가 급급하게 일을 할 수가 있는 때입
니다. 바로 지금《속대전》과《속오례의》를 찬집하여 완성한 것 또한 전
하께서 대도大道를 후세에 남겨 주고 먼 후일을 경영하시려는 뜻입니
다. '능히 일을 이미 마쳤다.'고 하교하시지 마시고 더욱더 권면하소서."
하니, 임금이 이를 받아들였다(《영조실록》 1744년(영조 20), 12월 25일).

## 2. 구성과 내용

《속오례의》는《오례의》와 마찬가지로 〈서례〉와 〈의주〉로 구성되어
있다. 그리고《속오례의》는 〈서례〉 한 권, 〈의주〉 다섯 권뿐만 아니라

---

45 정만조, 앞의 논문(2012b), 68쪽.

〈고이考異〉한 권이 있다(《속오례의》, 전箋). 서례는 본 행사를 기록한 의주의 내용을 실행에 옮길 때 필요한 제반 사항에 대한 규정이다. 개별 의례의 세부 내용을 이해하기 위해서는 의주의 내용은 물론 서례에 기록된 각종 규정 내용을 참고해야 한다. 그리고 《속오례의》에는 《오례의》의 변화와 연혁을 밝힌 고이가 별도로 있다.(*〈서례〉와 〈고이〉 항목 비교는 378쪽 〈〈부록〉〉에 제시함)

서례와 고이는 필요에 따라 함께 서술하기로 하고 이 절에서는 의주를 위주로 살펴보려고 한다. 《속오례의》의 의주는 모두 56항으로 구성되어 있다.[46] 그럼 길·가·빈·군·흉례의 내용을 차례로 살펴보기에 앞서, 《주례》를 통해 오례의 원형을 확인해 보면 〈대종백大宗伯〉에서 '길례로써 나라의 귀신을 제사하고, 흉례로써 나라의 상사를 슬퍼하고, 빈례로써 다른 나라들과 친히 하고, 군례로써 나라들을 화동和同하며, 가례로써 만백성을 친히 한다.'(《周禮》, 春官, 大宗伯)라고 하였다.


1) 길례


길례는 상례와 장례 등의 흉례를 제외한 모든 제사 의식이다.[47] 제사

---

46        〈표 2〉 《국조오례의》와 《국조속오례의》 의주 항목 수 비교

| 《국조오례의》 | | 《국조속오례의》 | |
|---|---|---|---|
| 길례 | 56항 | 길례 | 22항 |
| 가례 | 50항 | 가례 | 20항 |
| 빈례 | 6항 | 빈례 | × |
| 군례 | 7항 | 군례 | 3항 |
| 흉례 | 91항 | 흉례 | 11항 |
| 210항 | | 56항 | |

47 길례에 대한 규정과 내용은 《세종오례》, 《오례의》, 《속오례의》, 《대한예전》, 《춘관통고》, 《대전회통》 등 법전류와 《종묘의궤》, 《사직서의궤》 등 의궤류에 근거한다.

는 대상에 따라 명칭을 달리 하였다. 《오례의》에서 천신天神에게 지내
는 제사를 사祀, 지기地祇에게 지내는 제사를 제祭, 인귀人鬼에게 지내
는 제사를 향享, 문선왕文宣王인 공자에게 지내는 제사를 석전釋奠이라
하였다(《오례의서례》, 길례, 변사).

　길례는 크게 대사大祀·중사中祀·소사小祀로 구분된다. 《고려사》〈예지〉
에는 대사로 원구圓丘·방택方澤·사직社稷·태묘太廟·별묘別廟·제릉諸陵·경
령전(景靈殿: 고려시대 역대 임금들의 초상을 보관하던 전각)을 들었다. 그
러나 《오례의》에 오면 원구·방택·경령전은 제외되고 별묘나 제릉은 중
사나 소사가 된다. 고려의 경우는 사직 이하 모든 제례에 돼지를 희생
으로 썼다(《고려사》〈예지〉). 이와는 달리 조선에서는 소·양·돼지를 바
치는데 친제親祭와 섭사(攝事: 섭행攝行. 일을 대신 행함), 대·중·소사의
등급에 따라 희생이 달랐다(《세종실록》 권128, 〈오례·길례서례〉, 생뢰).

　《오례의서례》에 규정되어 있는 대사는 사직·종묘·영녕전에 지내는
제사이다. 중사는 풍운뇌우·악해독·선농·선잠·우사·문선왕·역대 시조가
제사 대상이다. 소사는 영성·노인성·마조·명산대천·사한·선목·마사·마
보·마제·영제·포제·칠사·독제·여제이다. 그리고 사직·종묘·풍운뇌우·
악해독·명산대천·우사에 지내는 기우제[祈告], 속제(俗祭: 속절제. 속절에
지내는 제사)로 지내는 문소전·진전·의묘·산릉, 주현州縣의 사직·문선
왕·포제·여제·영제가 제사 분류에 포함된다(《오례의서례》〈길례〉, 변사).
《속오례의서례》에 따르면 대사에 기곡사직의祈穀社稷儀(섭행인 경우는 소
사小祀), 소사에는 계성사啓聖祠, 관왕묘關王廟, 선무사宣武祠, 속제에 영
희전, 장녕전, 세자묘(순회묘·소현묘·민회묘·효장묘)가 포함된다(《속오례
의서례》〈길례〉, 변사).

　한편 1704년(숙종 30)에 만들어진 대보단大報壇은 임진전쟁 때 원군
을 보낸 명나라 신종神宗의 은혜를 기리기 위해 창덕궁 금원禁苑의 서

쪽 요금문曜金門 밖 옛날 별대영別隊營의 터 옆에 설치하였다(《숙종실록》 1704년(숙종 30) 12월 21일). 처음에는 신종의 위패만 존치하여 제사지 내고, 1749년(영조 25) 3월 14일에 명나라 태조와 명나라 마지막 임금 인 의종毅宗까지 합사合祀하였다(《영조실록》 1749년(영조 25) 3월 14일). 그리고 후대의 《고종실록》에 따르면 대보단은 대사의 대상에 분류되는 데도(《고종실록》 고종 33년(1896) 8월 14일 양력 대한 건양建陽 1년) 《속 오례의》에는 실리지 않는다. 그리고 관학 학생으로 절의가 있었던 4현 을 모시는 사현사四賢祠도 후대에 소사에 들어가지만(《고종실록》 고종 33년(1896) 8월 14일 양력 대한 건양 1년), 이 또한 《속오례의》에는 실 리지 않는다. 이 외에 단종에게 충절을 바친 신하들을 기리기 위해 영 월의 장릉莊陵에 배식단配食壇이 설치되는 것은 1791년(정조 15)의 일 이고(《정조실록》 1791년(정조 15) 2월 21일), 《세종오례》에서 중사에 포 함되었던 성황城隍[48]이 소사로 분류되는 것은 《고종실록》 1896년(고종 33) 8월 14일의 대사, 중사, 소사에 관한 별단에서 확인된다.

길례라는 제사 의식은 그 대상을 (1) 사직, (2) 종묘, (3) 궁宮·전殿, (4) 능침陵寢, (5) 묘廟로 분류해 볼 수 있다. 첫째, 사직은 국가의 상징 으로, '사社'는 토지신을, '직稷'은 곡신穀神을 의미한다. 농본 시대에는 토지와 곡식이 민생의 기본이었으므로 군주가 국가를 세우면 먼저 사 직단을 마련해 토지신과 곡신에게 제사를 지냈다. 사직에 제사지내는 의식으로는 봄·가을과 납일에 지내는 춘추급납제사직의春秋及臘祭社稷儀, 왕이 직접 이 제사에 참여하지 못하고 대신이 대행할 경우의 춘추급납 제사직섭사의春秋及臘祭社稷攝事儀, 사직에 기원을 드리거나 보고를 올리

---

48 中祀: 風雲雷雨와 嶽海瀆, 先農·先蠶·雩祀와 文宣王·朝鮮 檀君·後朝鮮 始祖 箕子·高麗 始祖이다. 《세종실록》 권128, 〈오례·길례 서례〉, 변사.

는 기고사직의祈告社稷儀, 지방에서 사직에 봄가을로 제사 지내는 주현
춘추사직의州縣春秋社稷儀, 지방에서 중요한 기원이나 보고를 사직에 고
하는 주현기고사직의州縣祈告社稷儀 등을 들 수 있다.

《세종오례》의 의주에는 친제사직親祭社稷, 제사직섭사祭社稷攝事, 기고
사직祈告社稷(보사부報祀附), 주현제사직州縣祭社稷, 《오례의》에는 춘추급
납제사직의, 춘추급납제사직섭사의, 기고사직의, 주현춘추제사직의州縣春
秋祭社稷儀가 있다. 조선 후기의 《속오례의서례》에는 풍년을 비는 기곡
사직의祈穀社稷儀가 대사로 첨가되고,[49] 정조대에는 섭사의도 소사에서
대사로 승격된다.[50]

조선 후기 의례서의 길례항목에서 중요하게 다루어야 할 항목으로
'기곡사직의'를 손꼽을 수 있다. 왜냐하면 《속오례의서례》 길례의 변사
에 명시된 몇 개 안 되는 의식 가운데 대사에 포함된 것은 기곡사직의
뿐이다. '기곡사직'에 대한 실록기사를 살펴보자. 1653년(효종 4) 2월 13
일 영중추부사 이경여李敬興가 적전친경籍田親耕에 관하여 올린 차자箚子
는 다음과 같다.

근본을 힘써 농사를 권면하는 것이야말로 왕자王者의 대정大政입니다.
그래서 천자天子가 맹춘孟春에 기곡제祈穀祭를 지내는 것이 월령月令에 나
타나 있고, 주선왕周宣王이 즉위하여 적전에서 친경하지 않자 괵공虢公이
극구 간쟁했으니, 옛사람들이 이 일을 얼마나 중히 여겼는지를 알 수가
있습니다. … 만약 성충聖衷으로 결단하시어 전에 해오던 습관을 크게 변
혁시켜 장고(掌故: 국가의 전고·고사·관례, 또는 전장·제도를 관장하는 관명
또는 그 일)를 답습하지 않고 전공田功을 힘써 구휼溝洫에 진력하는 한편

---

49 《속오례의서례》〈길례〉, 변사에 따르면 대사에 祈穀社稷儀(섭행인 경우는 小祀)가
   포함됨.
50 예조에서 祈穀을 攝行하는 祭儀를 大祀로 높이는 것이 마땅한지를 大臣에게 의논하게
   하였다. 《정조실록》 1787년(정조 11) 12월 30일.

직접 몸소 발을 걷고 쟁기를 잡으면서 성심으로 곡식이 잘되기를 기원함으로써 위로 하늘의 뜻을 감동시키고 아래로 백성들의 마음을 용동시켜 모두 농사에 전념하게 하는 동시에 번거롭고 말단적인 절문은 일체 없애 버린다면, 조정에서 근본을 중히 여기고 겉치레를 숭상하지 않는다는 뜻을 집집마다 가르쳐 주지 않더라도 사람들의 감동을 불러일으킬 수 있게 될 것입니다. 이것은 오직 전하께서 자신의 마음에 반성하여 진퇴進退하는 데 달려 있을 뿐입니다.《효종실록》 1653년(효종 4) 2월 13일.

이처럼 기곡제는 천자가 맹춘에 지낸 제사이고(《禮記》, 月令의 孟春之月) 주나라 선왕이 즉위하여 적전에서 친경하지 않자 괵공이 극구 간쟁할 정도로 곡식을 중하게 여겼다. 1695년(숙종 21) 11월 22일 숙종은 기곡에 대해 비망기(備忘記: 임금이 명령을 적어 승지에게 전하던 문서)를 내렸다.

비망기를 내리기를, "내가 《예기》를 상고하건대 '맹춘의 원일에 상제上帝께 기곡祈穀하였다.'고 하였다. 농사는 나라의 근본이 되고, 맹춘은 한 해의 첫머리이니, 이달의 상재(上辛: 음력 정월의 첫 번째 드는 신일)에 기곡하는 것이 어찌 우연한 것이겠는가? 아! 올해의 팔로八路의 큰 흉년은 실로 전사前史에 드문 것으로서 진구賑救하는 곡식은 모으기 어렵고 굶어 죽은 시체가 서로 잇달았으니, 내가 크게 두려워하는 것은 바로 내년 농사의 풍흉으로서 이 동쪽 땅의 억만생령億萬生靈의 사생死生이 판가름 나는 데에 있다. 백성이 한 사람도 살아남음이 없다면, 국가가 어찌 홀로 존재함을 얻겠는가? 이것이 내가 옛 제도를 본떠 백성을 위하여 몸소 사직에 나아가 성경誠敬을 다하여 기곡하려는 것이다. 그 예관禮官으로 하여금 대신大臣에게 의논하여 거행케 하라." 하니, 대신이 또한 이의가 없었다.《숙종실록》 1695년(숙종 21) 11월 22일.

1696년(숙종 22) 1월 4일 임금이 사직단에서 기곡제를 거행하고 묘시에 환궁하였다. 그리고 1701년(숙종 27) 1월 3일 임금이 몸소 사직에서 기곡제를 행하였다(《숙종실록》 1696년(숙종 22) 1월 4일; 1701년 (숙종 27) 1월 3일). 그런데 다음과 같이 시일에 대한 논란이 있다. 곡식을 비는 제사를 정월 첫 신일에 지내도록 하명하는 1793년(정조 17) 12월 7일 기사(㉠, ㉡, ㉢)(《정조실록》 1793년(정조 17) 12월 7일)를 살펴보자.

㉠ 예조판서 민종현이 아뢰기를, "내년(1794, 정조 18)은 입춘이 초나흘이고 곡식이 잘되기를 비는 첫 신일辛日은 초사흘에 들었습니다. 《예기》 월령月令에는 원일元日의 곡식을 비는 의식을, 동쪽 교외에서 봄을 맞이하는 의식을 행한 뒤에 하게 되어 있습니다. 그러니 신일에 곡식을 비는 의식을 아마도 입춘의 뒤에 해야 할 듯합니다." 하니, 내각과 홍문관(弘文館: 조선시대 궁궐 서적을 관장하고 경연을 맡아 왕의 고문을 담당하던 관서)에 명하여 널리 상고하게 하고 이어서 대신과 문임(文任: 임금의 교문이나 대외적인 문서를 맡아보던 벼슬)으로 하여금 의논을 올리게 하여 본조本曹에서 이를 하나로 만들어 품처하도록 하였다.

연이은 다음 기사내용에서는 우리나라에서 곡식을 비는 의식이 처음 시행된 시기에 대한 정보도 얻을 수 있지만, 여기서는 제사 시일 논의에 중점을 두려고 한다.

㉡ 규장각에서 아뢰기를, "신들이 삼가 상고해 보건대 우리나라의 곡식을 비는 의식은 숙종 계해년(1683, 숙종 9)에 대신 김수흥金壽興의 차청箚請에 따라 처음으로 시행하였고, 22년(1696, 숙종 22) 정월 첫 신일辛日에 또 친향례親享禮를 거행하였습니다. 《속오례의》의 시일조時日條에는 '정월 첫 신일에 곡식을 빌고 사직에 제사를 지낸다.'고 하였습니다. 그런데 그 시기에 있어 단지 새해의 가장 첫 신일만을 취하고 입춘의

선후를 따지지 않은 것은 그 취사하는 데에 필시 근거한 바가 있었을 터인데 지금은 상고할 수가 없습니다. …"

《속오례의》의 시일時日에 '정월 첫 신일辛日에 곡식을 빌고 사직에 제사를 지낸다.'고 한 것에 대해 원일의 시기가 단지 새해의 가장 첫 신일만을 취하고 입춘의 선후를 따지지 않은 것이 논의가 되었다. 여기에 대한 정조의 비답은 원일의 뜻을 강정(講定: 강론하여 결정함)하는데, 정월의 첫 신일이라고 해석한 것은 고증할 수도 없고, 신명이 굽어 살피는 것이 입춘의 앞에 하느냐 뒤에 하느냐에 달려 있지 않으니 정월 첫 신일을 현재 사용하는 예에 따라서 행하라고 하였다.

ⓒ 비답하기를, "경經(《예기》 월령)에 이르기를 '천자가 원일에 곡식이 잘되기를 빈다.' 하였으니, 우선 원일의 뜻을 강정한 다음에 비로소 첫 신일에 대한 의논을 전개할 수 있고 입춘의 앞이냐 뒤냐에 대해서도 변석할 수 있을 것이다. 대저 원일을 정월의 첫 신일이라고 해석한 것은 정현鄭玄의 주에서 시작되었지만, 해석한 것이 그리 분명하지 못하니 입춘의 전인지 후인지를 어디에서 고증하겠는가. 정현은 한漢나라 사람이므로 옛 시대와 그다지 멀지 않은데도 오히려 분명하게 말하지 못하였으니, 오조지吳操之·진팽년陳彭年의 무리들이 억측으로 한 의논 따위야 진실로 있으나 없으나 별 문제가 되지 않는다. … 옛 경서를 상고해 보면 이미 명확한 증거가 없으나 통상적인 의리로 구하여 보면 분명한 증거가 있다. 더구나 제후의 예는 천자와 다르기에 사社에는 제사를 지내되 하늘에는 제사를 지내지 않는다. … 신명이 굽어살펴서 자손들에게 경사를 끼쳐 주는 것은 나의 정성과 공경에 달려 있는 것이지 어찌 입춘의 앞에 하느냐 뒤에 하느냐에 달렸겠는가. 곡식을 비는 제사를 정월 첫 신일로 쓰는 것은 현재 사용하는 예에 따라서 행하라." 하였다.

위 기사에서 시일 논의를 검토해 보았다. 이를 통해 다음과 같은 사실도 확인할 수 있다. '제후의 예는 천자와 다르기에 사社에는 제사를 지내되 하늘에는 제사를 지내지 않는다'고 하면서도 우리나라의 곡식을 비는 의식은 숙종 계해년(1683, 숙종 9)에 대신 김수홍의 건의에 따라 처음으로 시행하였고, 1696년(숙종 22) 정월 첫 신일에 친향례를 거행하였다. 더욱이 이 의례는《속오례의서례》의 변사조에 포함되고 있기에 천자가 행할 수 있는 의례를 영조대에 정식 의례로 법제화시켰다는 점은 조선 후기 제사에서 큰 변화라 할 수 있다.

토지신과 곡식신을 모시고 국가의 안녕과 농사의 풍성함을 기원하는 제사(《한국세시풍속사전》, 〈사직대제社稷大祭〉조)라는 의미에서 사직제에 포함(《한국민족문화대백과사전》, 〈길례吉禮〉조)시킬 수 있는 다음과 같은 제사도 있다. 특정한 산이나 강의 신을 토지신으로 신봉하거나 곡식의 신을 농사신으로 믿고, 이들에 대한 제사도 따로 행하였다. 예를 들면 삼각산에 제사지내는 의식인 제삼각산의祭三角山儀(《세종오례》-제삼각산〔한강의부漢江儀附〕, 《오례의》), 남산〔木覓〕에 제사지내는 의식인 제목멱의祭木覓儀(《세종오례》, 《오례의》), 한강에 제사지내는 의식인 제한강의祭漢江儀(《세종오례》, 《오례의》), 지방의 명산대천에 제사지내는 의식인 제주현명산대천의祭州縣名山大川儀(《오례의》) 등이 있다. 농사신에게 드리는 제사로는 직신稷神 외에 신농씨神農氏에게 드리는 제사인 향선농의享先農儀와 향선농섭사享先農攝事(《세종오례》, 《오례의》)가 있으며, 양잠을 처음 시작했다고 하는 황제黃帝의 원비元妃 서릉씨西陵氏에게 드리는 향선잠의享先蠶儀(《세종오례》, 《오례의》), 친향선농기우의親享先農祈雨儀(*《속오례의》) 등이 있다. 그 밖에 풍우의 순조로움을 비는 사풍운뇌우의祀風雲雷雨儀(《세종오례》-사풍운뇌우산천성황, 《오례의》), 가뭄에 비가 오도록 비는 제사로서 우사의雩祀儀(《세종오례》, 《오례의》, *《속오례의》-친향우사단기우의), 제

악해독의祭嶽海瀆儀(《세종오례》, 《오례의》, *《속오례의》- 친제악해독기우의),
시한북교망기악해독급제산천時旱北郊望祈嶽海瀆及諸山川(《세종오례》, 《오례의》),
시한취기악해독급제산천의時旱就祈嶽海瀆及諸山川儀(《세종오례》, 《오례의》) 등
이 있다.

둘째, 종묘는 역대 왕과 왕후의 신위를 모신 사당이다. 이 종묘에는
태조의 신위를 중심으로 역대 왕과 왕후의 신위가 소昭·목穆으로 배열
되어 있고, 태조 이전의 목조穆祖·익조翼祖·도조度祖·환조桓祖의 4대를
추존해 역시 왕으로 모셨다. 종묘의 서쪽에 영녕전을 세우고 거기에 추
존한 왕들의 위패를 모시고 함께 제사를 드렸다. 종묘에 드리는 제사는
체禘·협祫이라 하여, 천자는 5년에 한 번 체제禘祭를, 제후는 3년에 한
번 협제祫祭를 지냈다.51 친협종묘親祫宗廟와 협향종묘섭사祫享宗廟攝事는
《세종오례》에만 있다가 《오례의》에서부터는 없어진 의례이다.

그리고 매년 4계절과 납일에 지내는 사시급납향종묘의四時及臘享宗廟
儀(《세종오례》- 사시급납친향종묘, 《오례의》), 종묘에 기원과 보고〔祈告〕를
드리는 기고종묘의祈告宗廟儀(《세종오례》- 祈告宗廟〔보사부報祀附〕, 《오례의》),
4계절과 납일에 왕 대신 섭사로 제사지내는 사시급납향종묘섭사의四時
及臘享宗廟攝事儀(《세종오례》- 사시급납향종묘섭사, 《오례의》), 명절이나 초
하루·보름에 종묘에 드리는 제사 의식인 속절급삭망향종묘의俗節及朔望
享宗廟儀(《세종오례》- 삭망향종묘〔세시동歲時同〕, 《오례의》), 새로 나온 곡식
이나 물건을 바치고 지내는 천신종묘의薦新宗廟儀(《세종오례》- 천신종묘〔수
수천금도蒐狩薦禽圖〕, 《오례의》)가 있다.

---

51 《春秋左氏傳》, 襄公 20년; 《禮緯》; 《册府元龜》 권580, 6954쪽; 《통전》 권50, 협체(下);
《禮記》, 王制; 《魏書》, 禮志, 2755쪽; 《세종실록》 권129, 오례, 길례 의식, 친협 종묘의,
시일조. "3년에 한 번 祫祭하는데, 孟冬의 달〔月〕로써 한다."; 禘祭는 天子의 일이며 諸
侯가 하는 것이 아닙니다. 《성종실록》 1485년(성종 16) 윤4월 2일.

그런데 1421년(세종 3) 목조(穆祖: 조선 태조 이성계의 고조부)를 조천(祧遷: 제사를 지내는 대의 수가 다 되어서, 종묘 본전 안의 위패를 영녕전으로 옮겨 모시던 일)하면서 영녕전을 세우고 매년 봄·가을로 제사지내게 되니, 3년에 한 번 조천한 조상을 모두 모시고 지내는 협제를 지낼 필요가 없어졌다(《세종실록》 1421년(세종 3) 4월 26일; 《세조실록》 1464년(세조 10) 6월 15일; 《중종실록》 1536년(중종 31) 7월 27일). 그래서 고려시대에는 없던 춘추향영녕전의春秋享永寧殿儀가 《세종오례》에 처음 생겨 《오례의》에서 정식 제사가 되었다.

요컨대 《세종오례》 〈길례의주吉禮儀註〉의 종묘 의례는 친협종묘親祫宗廟, 협향종묘섭사祫享宗廟攝事, 사시급납친향종묘四時及臘親享宗廟, 사시급납향종묘섭사四時及臘享宗廟攝事, 삭망향종묘朔望享宗廟〔세시농歲時同〕, 기고종묘祈告宗廟〔보사부報祀附〕, 천신종묘薦新宗廟〔귀수천금도蒐狩薦禽圖〕, 제중류祭中霤이고, 《오례의》에는 사시급납향종묘의四時及臘享宗廟儀, 사시급납향종묘섭사의四時及臘享宗廟攝事儀, 속절급삭망향종묘의俗節及朔望享宗廟儀, 기고종묘의祈告宗廟儀, 천신종묘의薦新宗廟儀, 제중류의祭中霤儀, 춘추향영녕전의春秋享永寧殿儀가 있다(《세종오례》, 《오례의》).

그리고 조선 후기 숙종대에는 묘현의廟見儀라 하여 가례를 올린 뒤에 왕비와 왕세자빈이 종묘와 영녕전을 배알하는 의식이 행해졌다. 숙종비 인현왕후와 당시 세자빈은 여성으로서 처음 종묘에 알현하였다. 이에 따라 왕세자·왕세제·왕세손, 그리고 왕세자빈·왕세제빈·왕세손빈이 종묘와 영녕전에 배알하는 의식이 생기는데 《속오례의》의 의주인 춘추알종묘영녕전의春秋謁宗廟永寧殿儀, 왕세자알종묘영녕전의王世子謁宗廟永寧殿儀, 왕비알종묘영녕전의王妃謁宗廟永寧殿儀, 왕세자빈알종묘영녕전의王世子嬪謁宗廟永寧殿儀가 그것이다.

셋째, 궁궐이나 전殿을 짓고 왕의 사친私親의 위패나 왕의 영정을 모시고 제사를 지내기도 하였다. 임금의 사친을 모신 육상궁毓祥宮(《속오례의》-배육상묘의拜毓祥廟儀), 영조의 둘째 아들인 사도세자와 그의 비 헌경왕후를 모신 경모궁景慕宮, 태조의 영정을 모신 경기전慶基殿, 역대 왕의 영정을 모신 선원전璿源殿(《오례의》-진전眞殿으로서 속제俗祭에 해당), 숙종의 영정을 모신 장녕전長寧殿(《속오례의》-어진봉안장녕전의御眞奉安長寧殿儀), 태조·세조·원종의 초상을 모신 영희전永禧殿(《속오례의》-작헌영희전의酌獻永禧殿儀, 친향영희전의親享永禧殿儀, 친향영희전시왕세자아헌의親享永禧殿時王世子亞獻儀, 향영희전왕세자섭사의享永禧殿王世子攝事儀) 등이다.

조선 전기에는 문소전이라는 원묘(原廟: 종묘의 정묘가 있는 뒤에 다시 이중으로 세우는 묘)를 만들어 국왕의 가묘家廟 같은 형태로 태조와 직계 4대를 제사 지냈다.[52] 이외에 연은전延恩殿이라 하여 성종 아버지 덕종을 모시고 지내는 사당이 있었다. 그러나 이는 2중묘라는 혐의가 있어 중종대부터 폐지가 주장되다가(《중종실록》 1516년(중종 11) 5월 27일; 1519년(중종 14) 6월 7일; 《명종실록》 1547년(명종 2) 5월 27일; 《선조수정실록》 1569년(선조 2) 1월 1일) 임진전쟁에 불탄 뒤 폐지되었다. 《오례의》에 문소전에 제사를 지내는 의식인 사시급속절양문소전의四時及俗節享文昭殿儀, 사시급속절양문서전섭사의四時及俗節享文昭殿攝事儀, 문소전기신의文昭殿忌晨儀, 삭망향문소전의朔望享文昭殿儀, 친향의묘의親享懿廟儀, 사시급속절향의묘섭사의四時及俗節享懿廟攝事儀, 삭망향의묘의朔望享懿廟儀가 있다.

넷째, 능침陵寢이다. 왕이나 왕후의 무덤인 능침에 제사를 지내거나 참배하는 의식이 있었다. 《오례의》〈길례의주〉에는 왕이 능침을 참배하

---

52 지두환, 《朝鮮前期 儀禮研究: 性理學 正統論을 中心으로》, 서울대출판부, 1996, 86쪽.

는 의식인 배릉의拜陵儀, 4계절과 명절·초하루·보름에 능침에 제사를
지내는 사시급속절삭망향제릉의四時及俗節朔望享諸陵儀〔선고사유이환안동先
告事由移還安同〕가 있는데, 《속오례의》에는 행릉의幸陵儀가 실리고 《오례
통편》〈길례의주〉에는 왕세자가 능침을 참배하는 의식인 배릉시왕세자
수가아헌의拜陵時王世子隨駕亞獻儀〔增〕, 제삿날 새벽에 왕이 제사를 지내
는 기신향릉의忌晨享陵儀〔增〕, 정조가 사친부모의 무덤을 참배하는 현릉
원 의식인 배현릉원의拜顯隆園儀〔增〕, 배현릉원시왕세자아헌의拜顯隆園時王
世子亞獻儀〔增〕, 기신향현릉원의忌晨享顯隆園儀〔增〕, 속절향현릉원의俗節享顯
隆園儀〔增〕가 실린다. 왕세자가 능에 참배하는 의식(왕세자배릉의)은 《세
종실록》 기사(《세종실록》 1443년(세종 25) 9월 11일)에는 보이지만 의례
서(《세종오례》·《오례의》·《속오례의》·《오례통편》)에는 따로 실리시 않는나.

다섯째, 묘廟는 문선왕묘文宣王廟 또는 문묘라 하여 공자를 위시해 유
교에서 사표가 되는 사람들의 위패를 모신 곳이다. 우리나라의 문묘는
대성전大成殿과 동서의 양무兩廡로 구성되어 있다. 대성전에는 공자를
비롯한 5성聖 10철哲·송조宋朝 6현賢과 우리나라의 18현의 위패를 봉안
하였다. 5성 10철의 위판이 만들어진 것은 1593년(선조 26) 12월 13일
이고, 송조 6현을 문묘 대성전 안에 숭배한 것은 1714년(숙종 40) 8월
9일이다. 우리나라의 18현 가운데 문창후文昌侯 최치원, 문성공文成公
안향, 홍유후弘儒侯 설총은 조선 건국 이전부터 문묘에서 배향되어 왔
다. 최치원의 다음 자리에 문충공文忠公 정몽주를 종사한 것은 1517년
중종 12) 9월 17일이고, 문경공文敬公 김굉필, 문헌공文獻公 정여창, 문
정공文正公 조광조, 문원공文元公 이언적, 문순공文純公 이황 등 다섯 현
신을 문묘의 동무東廡와 서무西廡에 종사하기로 한 것은 1610년(광해
2) 9월 4일이고, 1682년(숙종 8) 5월 20일 문성공文成公 이이·문간공文
簡公 성혼을 종사하고, 1717년(숙종 43) 2월 29일 문원공文元公 김장생

을 문묘에 배향하라는 명이 있었다. 1756년(영조 32) 2월 14일에 문정공文正公 송시열, 문정공文正公 송준길을 문묘에 종향하고, 1764년(영조 40) 5월 15일에는 문순공文純公 박세채를 문묘에 종향하라는 하교가 있었다. 문정공文正公 김인후의 문묘 종향에 따라 그 위차를 옮기는 문제를 논의한 것은 정조 때이다. 문열공文烈公 조헌과 문경공文敬公 김집의 문묘배향은 영·정조 때부터 유생들이 끊임없이 요청하여 고종대에 가서야 이루어졌다(《선조실록》 1593년(선조 26) 12월 13일; 《숙종실록》 1714년(숙종 40) 8월 9일; 《태종실록》 1409년(태종 9) 3월 19일; 《중종실록》 1517년(중종 12) 9월 17일; 《광해군일기》〔정초본〕1610년(광해 2) 9월 5일; 《숙종실록》 1682년(숙종 8) 5월 20일; 1717년(숙종 43) 2월 29일; 《영조실록》 1756년(영조 32) 2월 15일; 1764년(영조 40) 5월 15일; 《정조실록》 1796년(정조 20) 11월 6일; 《고종실록》 1883년(고종 20) 11월 20일).

문묘에 대한 제사 의식으로는 봄·가을로 제사를 지내는 춘추석전문선왕의春秋釋奠文宣王儀, 초하루와 보름에 제사를 지내는 문선왕삭망전의文宣王朔望奠儀 등이 있다. 《세종오례》에는 시학작헌문선왕視學酌獻文宣王, 왕세자석전문선왕王世子釋奠文宣王, 유사석전문선왕有司釋奠文宣王, 주현석전문선왕州縣釋奠文宣王, 《오례의》에는 향문선왕시학의享文宣王視學儀, 작헌문선왕시학의酌獻文宣王視學儀, 왕세자작헌문선왕입학의王世子酌獻文宣王入學儀, 왕세자석전문선왕의王世子釋奠文宣王儀, 유사석전문선왕의有司釋奠文宣王儀, 문선왕삭망전의文宣王朔望奠儀(*《속오례의》에는 문선왕삭망전의〔금파今罷〕), 문선왕산고사유급이환안제의文宣王先告事由及移還安祭儀, 주현석전문선왕의州縣釋奠文宣王儀, 주현문선왕선고사유급이환안제의州縣文宣王先告事由及移還安祭儀가 있다. 《속오례의보》에는 작헌문선왕문무시취시왕세자입참의酌獻文宣王文武試取時王世子入參儀, 왕세손작헌문선왕입학의王世孫酌獻文宣王入學儀, 왕세손석전문선왕의王世孫釋奠文宣王儀가 실려 있다. 《속오례의》에서는 문선왕삭망전의를 시행하지 않고〔금파今罷〕, 《속오례의보》에는 문선왕과 관련된 왕세자와 왕세손 의례가 세 개나 증가한다.

《속오례의서례》의 소사에 계성사啓聖祠, 관왕묘關王廟, 선무사宣武祠가 포함되고, 숙종대에 계성사와 사현사 제사가 행해졌다. 계성사는 중국의 5성의 아버지를 모시기 위하여 지은 사당으로 1701년(숙종 27) 4월 23일에 준공되었다. 제국공齊國公 숙량흘(叔梁紇: 공자의 아버지)을 주향主享의 위치에, 곡부후曲阜侯 안무요(顔無繇: 안자의 아버지)와 사수후泗水侯 공리(孔鯉: 자사의 아버지)를 동쪽에 배향하고, 내무후萊蕪侯 증점(曾點: 증자의 아버지)과 주국공邾國公 맹손씨(孟孫氏: 맹자의 아버지)를 서쪽에 배향하도록 안치하였다.[53]

관왕묘는 관우關羽를 신앙하기 위하여 건립된 묘당이다. 선조 때에 명나라 군사가 관왕묘를 건립하였고, 숙종 때에 국왕이 관왕묘에 거능하여 배례를 행하는 것이 정해졌다. 관성묘關聖廟로도 불리는 것은 1923년에 남묘를 개칭한 것이다(《선조실록》 1598년(선조 31) 4월 25일; 《숙종실록》 1711년(숙종 37) 6월 25일; 《동아일보》, 〈남묘유지사를 재단법인으로〉, 1923년 7월 5일자).

선무사는 임진전쟁 때 군사를 거느리고 와서 우리나라를 도운 명나라 병부상서兵部尙書 형개邢玠와 경리조선군무도찰원우첨도어사經理朝鮮軍務都察院右僉都御史 양호楊鎬를 제향한 사당이다. 1598년(선조 31) 창건하여 처음에는 형개의 위패만을 봉안하였다가 1604년(선조 37) 양호를 추배하였다. 영조는 1734년(영조 10) 3월 6일 황단(皇壇: 대보단)에서 친제親祭하고 택일하여 양경리楊經理와 형군문邢軍門의 사당에 제사 지

---

53  1574년(선조 7) 趙憲을 質正官으로 중국에 보내어 규모와 제도를 조사시킨 다음 (宣祖七年甲戌, 質正官趙憲朝京師還), 1699년(숙종 25) 예조판서 金構와 대사헌 洪受瀗을 시켜 성균관의 대성전 서북쪽에 터를 잡고 건축을 시작하여 2년 뒤인 1701년에 완공하였다(肅宗二十五年己卯, 將建啓聖祠. 命禮曹判書金構,大司成洪受瀗, 相地于泮水堂之西北. 越三年辛巳, 啓聖祠成).《太學志》卷13, 附編, 啓聖祠;《숙종실록》 1701년(숙종 27) 4월 23일.

내게 할 것을 명하였다. 창건 당시 선조 어필의 '재조번방再造藩邦'이라는 현판을 걸었으며, 영조는 어필로 '수은해동垂恩海東'이라는 현판을 써 걸게 하였다(《갑진만록甲辰漫錄》; 《신증동국여지승람新增東國輿地勝覽》 권2, 비고편; 《선조수정실록》 1604년(선조 37) 7월 1일; 《선조실록》 1599년(선조 32) 10월 5일; 《영조실록》 1734년(영조 10) 3월 6일; 1746년(영조 22) 윤3월 14일).

사현사四賢祠는 중국 진晉나라의 태학생 동양董養, 당나라의 태학생 하번何蕃, 송나라의 태학생 진동陳東·구양철歐陽澈을 모신 사당이다. 1683년(숙종 9) 하번·진동·구양철의 사당을 세우라는 전교가 있었으나 미루다 거행하지 못하였다. 숙종은 당나라와 송나라의 태학생이었던 세 사람의 사우祠宇를 세워 태학생들의 사기를 격려할 것을 명하였지만, 경종 즉위년이 되어서야 반촌泮村에 세워지게 되었다. 1725년(영조 1) 4월 11일 예조참의 김조택金祖澤은 숙종이 계해년(1683, 숙종 9)에 특별히 내린 비망기를 상고하여 사현사를 창설하게 된 연혁을 밝히고 있다. 이에 따르면 숙종이 하번·진동·구양철의 사당을 성균관 곁에 세울 것을 명하였고, 김수흥이 같이 제사 지낼 수 있는 사람으로 동양 1인을 상고해 내어 사현사를 창설하게 된 것이다(《숙종실록》 1702년(숙종 28) 8월 19일; 부록, 숙종대왕 묘지문(誌文); 《경종실록》 1720년(경종 즉위) 9월 2일; 《영조실록》 1725년(영조 1) 4월 11일). 그러나 그때, 계성묘啓聖廟의 역사役事가 있어서(1701년, 숙종 27년 4월 23일에 준공) 가을을 기다려 창설하라는 전교가 있었는데 국가에 일이 많아서 역사를 폐지하여 사현이 향사되지 못하였다. 성명成命이 폐각되지 않게 해야 한다고 상소하니, 영조가 "태학太學의 옆에 사당을 세우라고 하신 선조先朝(숙종)의 성명이 이미 있었는데 아직도 시행하지 못하였으니, 마음이 심히 슬프다. 함께 제사지낼 만한 사람54을 대신과 유신儒臣에게 물어본 뒤에 예조로 하여금 선조先朝의 하교에 의하여 거행하도록 하겠다."

하였다. 영조는 특별히 충의를 세우고 정절을 표창하는 방도를 생각하여 이와 같은 신원(伸冤: 가슴에 맺힌 원한을 풀어버림)과 증직贈職의 명을 내리고, 일체로 사제賜祭하여 구천九泉에 있는 혼령을 위로하려는 것이었다. 1764년(영조 40) 영조는 '사현사四賢祠'라는 어필로 사액하였다. 사현사는 절의節義를 권장하는 뜻을 보이기 위해 세운 사당이다(《영조실록》 1725년(영조 1) 4월 11일; 1764년(영조 40) 12월 2일; 1725년(영조 1) 3월 26일). '충의와 정절 표창'은 영조의 《속오례의》 편찬의의와 관련하여 더 생각해 볼 수 있는 부분이 있으므로 제4장 3절에서 다시 논의해 보기로 한다.

《속오례의》 길례를 조선 전기 주자성리학에서 조선 후기 조선성리학으로의 변화로 보는 연구에서는 그 근거를 종묘에서 문소전(文昭殿: 조선 태조와 그 비인 신의 왕후의 위패를 모신 사당)이 2중묘라 하여 없어진 것을 들었다.[55] 이처럼 종묘를 왕실 가묘로 정립한 것, 또는 혼례 뒤에 왕비나 세자빈이 종묘에서 묘현례를 하게 된 것을 조선성리학의 정립에 따른 것으로 보았다. 그리고 사직대제(《세종오례》- 친제사직親祭社稷, 제사직섭사祭社稷攝事, 기고사직祈告社稷(보사부報祀附), 주현제사직州縣祭社稷, 《오례의》- 춘추급납제사직의春秋及臘祭社稷儀, 춘추급납제사직섭사의春秋及臘祭社稷攝事儀, 기고사직의祈告社稷儀, 주현춘추제사직의州縣春秋祭社稷儀)에 천자만이 행하던 사직기곡제(《속오례의서례》- 기곡사직의祈穀社稷儀)가 중요한 대사로 추가되는 변화를 보인 것, 이와 더불어 사전社典에서 가장 높은 곳의 대체大體를 취한 대보단의 예(《숙종실록》 1704년(숙종 30) 12월 16

---

54　尹志述: 1715년(숙종 41), 俞棨의 저서인 《家禮源流》의 서문을 쓴 노론의 權尙夏가 소론의 柳奎 등 800여 명의 상소로 삭직되자 성균관의 유생으로서 《가례원류》 시비의 전말을 논하여 권상하의 伸救를 상소하였다. 윤지술·任敞·李義淵을 가리켜 辛壬의 三布衣라고 불렀다. 1725년(영조 1) 노론이 집권하자 신원되고, 1802년(순조 2) 사현사에 제향되었다.

55　지두환, 앞의 책(1996), 86~99, 107쪽.

임)는 조선중화의식을 표명한 것이며, 계성사와 사현사에 제사하면서
학행일치를 추구하게 된 것 역시 심학화心學化된 조선성리학의 반영으
로 본다(《조선왕조실록사전》, 〈길례〉조). 하지만 기곡사직의가 《속오례의
서례》의 대사에 포함되고 소사에 계성사, 관왕묘, 선무사가 포함되지만,
대보단과 사현사는 《속오례의》에 별도로 기재되지 않는다.

《속오례의》의 〈길례의주〉는 (1) 종묘와 영녕전 의례, (2) 장녕전長寧殿
의례, (3) 사친추숭 의례, (4) 기우 의례, (5) 친림서계親臨誓戒와 전향축
傳香祝 의례, (6) 종묘이봉宗廟移奉 의례, (7) 영희전 의례, (8) 행릉幸陵
의례, (9) 친경의親耕儀와 관예觀刈·노주勞酒 의례로 구분하여 제4장에서
자세히 살펴보기로 하겠다.


### 2) 가례

오례 가운데 아름다움, 또는 경사스러움을 나타내는 의례는 가례嘉禮
이다. 공가公家, 곧 왕가王家의 길례는 관례冠禮나 혼례婚禮를 뜻할 뿐만
아니라 각종 하례賀禮 및 연례宴禮의식 등, 다양한 의례를 포함하고 있
다. 우선 《오례의》 〈가례의주〉는 50항목이고, 《속오례의》 〈가례의주〉
는 20항목인데, 항목의 나열만으로는 변화를 한눈에 파악할 수 없
다. 《속오례의》의 의주는 《오례의》와는 별도로 새롭게 만들어진 의례
여서 비교 대상이 없기 때문이다. 하지만 표를 제시하여 《오례의》
의 어느 지점에 새로운 의례가 추가되는지 쉽게 파악할 수 있도록
하였다.[56]

---

56 《오례의》 〈가례의주〉 50항목과 《속오례의》 〈가례의주〉 20항목 비교표는 《부록》에 첨
   부함.

《오례의》와《속오례의》에 기록된 가례는 왕을 비롯한 왕세자, 왕세손
의 (1) 혼례·(2) 관례 의식, (3) 조정의 여러 가지 정치적 의식, (4) 대
왕대비·왕대비·대비 등에 존호를 올리는 의식, (5) 왕비·세자빈·왕세
자·왕세제·왕세손 등을 책봉하는 의식, (6) 각종 하례 및 연례 의식, (7)
양로의養老儀, (8) 황제와 사신 관련 의식, (9) 왕세자입궐의王世子入闕儀
로 나눌 수 있다(《조선왕조실록사전》,〈가례〉조).《속오례의》의 가례 내
용 파악을 위해 이 분류에 따라《오례의》를 포함하는 가례의 내용 및
특징을 개괄해 보려고 한다.

(1) 혼례 의식에는 왕비, 왕세자빈, 왕세손빈을 맞이하는 의식과 왕자의
혼례, 왕녀의 하가, 종친·문무관 1품 이하의 혼례 등이 있다.《오례의》
에는 납비의納妃儀, 왕세자납빈의王世子納嬪儀, 왕자혼례의王子昏禮儀, 왕
녀하가의王女下嫁儀, 종친문무관일품이하혼례의宗親文武官一品以下昏禮儀가 있
다. 납비의의 혼례는 납채(納采: 신랑 집에서 신부 집에 혼인을 구하는 의
례), 납징(納徵: 신랑 집에서 신부 집으로 예물을 보내어 혼인의 약속이 성
립했다는 것을 증거하는 의식), 고기(告期: 혼인날을 정하여 알림), 책비
(册妃: 대궐에서 왕비를 책봉하는 의식인 책비의와 별궁에서 왕비로 책봉받
는 비수책의로 진행됨), 명사봉영命使奉迎, 동뢰(同牢: 신랑 신부가 서로 절
하고 음식과 술잔을 나누는 의식)라는 육례六禮의 절차를 밟았다.《속오
례의》에는 납비친영의納妃親迎儀,《속오례의보》에는 왕세손납빈의王世孫
納嬪儀가 혼례 의식에 포함된다.

(2) 관례는 성인成人이 되는 큰 예이며, 성인의 도리를 책임지우는 일이
다. 또는 성인의 도를 일깨우려는 것, 성인의 도리를 이루도록 하는 것
이다.《예기》관의冠義에서는 예의 시작이며[禮之始也] 가례의 중한 것
[嘉之重者也]이라고 하였다(《중종실록》1518년(중종 13) 1월 6일; 1516년

(중종 11) 11월 18일; 《세조실록》 1456년(세조 2) 3월 28일; 《성종실록》 1477년(성종 8) 11월 26일; 《예기》 관의). 그리고 《예기》 혼의昏義에서는 '예는 관례에서 시작하여, 혼례에 근본을 두고, 상례와 제례에서 엄중하며, 조빙朝聘에서 존중하며, 향사鄕射로 화목하게 하니 이것이 예의 대체이다.'라고 하여, 관례가 예의 시작이라는 점이 강조되고 있다.

대부大夫와 사서인士庶人의 경우에는 20세에 행하는 것이 통례였으나 (《세종실록》 1450년(세종 32), 윤1월 4일; 《沙溪全書》 卷26, 家禮輯覽, 冠禮 : 《예기》 관의의 주), 천자나 제후의 경우에는 12세에 행하였다(《성종실록》 1486년(성종 17) 2월 26일). 그러나 사관례士冠禮나 왕공의 관례가 다 같이 후대로 내려오면서 그 연령이 일정하지 않고(《중종실록》 1516년(중종 11) 11월 18일; 《星湖全集》 卷24, 〈書〉, 〈答安百順 鼎福 問目 丁卯 (1747, 영조23)〉; 《성종실록》 1487년(성종 18) 2월 29일), 성종대에는 왕세자의 입학과 관련하여 관례의 나이가 논의되기도 하였다(《성종실록》 1486년(성종 17) 2월 19일; 2월 26일; 2월 27일; 3월 8일; 10월 21일; 《중종실록》 1522년(중종 17) 7월 22일; 이경석李景奭은 '관례를 치르기 전에 책봉하는 예는 고전古典과 국제國制에 뚜렷이 증거가 있지만 어린 나이에 관례를 거행하는 것은 고례古例에 위배된다'고 하였다. 《현종실록》 1666년(현종 7) 3월 9일; 세자의 입학과 관례 실시 시기에 대해 의논하다. 《영조실록》 1726년(영조 2) 12월 6일). 나이에 관한 논란은 입학과 관례의 관계에서뿐만 아니라 책례(《중종실록》 1520년(중종 15) 2월 1일; 《인조실록》 1623년(인조 1) 3월 28일; 1624년(인조 2) 8월 12일; 12월 1일; 1648년(인조 26) 7월 21일), 관례, 가례(혼례)의 선후 문제[57]에서도 발생한다. 이들 문제는 왕위계승과도 관련을 가지고 있다.[58] 관례는 국본

---

57  冠禮와 嘉禮를 册禮와 일시에 병행하는 것이 매우 좋겠다. 《정조실록》 1800년(정조 24) 1월 1일; 順懷世子의 冠禮·入學·嘉禮를 일시에 함께 거행하였다. 《선조실록》 1597년(선조 30) 6월 2일.

國本에 관계된 일로, 세자의 책봉冊封 전에 거행해야 하는 일이었다(《인조실록》 1623년(인조 1) 4월 1일). 그리고 관례는 혼례를 치르기에 앞서 행하는 의식으로 인식되고 있지만(《중종실록》 1516년(중종 11) 11월 18일) 천자와 제후는 계사繼嗣가 더욱 중하기 때문에 관혼의 예가 보통 사람들과 같지 않다. 그래서 천자와 제후가 열다섯 살에 관례한다는 것은 장가드는 것을 반드시 관례보다 먼저 한 것인데, 나라에는 오랫동안 저이(儲貳: 왕세자를 달리 이르는 말)가 없어서는 안 되기 때문에 임금이 일찍 계체를 가지려고 하는 것이었다(《성종실록》 1487년(성종 18) 2월 29일; 《정종실록》 1400년(정종 2) 2월 4일).

관례에는 삼가례三加禮라 하여 세 차례에 걸쳐 옷을 갈아입는 의식이 있다. 왕세자의 경우에는 초가初加에서 곤룡포袞龍袍를 입고 익선관(翼善冠: 조선시대 왕과 왕세자가 평상복으로 정무를 볼 때 머리에 쓰던 관)을 쓰게 되며, 재가再加에서는 익선관과 곤룡포를 벗고 집무복인 원유관(遠遊冠: 왕과 왕세자가 조복으로 착용하던 관모)과 강사포(絳紗袍: 왕이나 왕세자, 왕세손의 원유관복을 대표하는 붉은색 상의)를 입으며, 삼가三加에서는 다시 원유관과 강사포를 벗고 종묘제사나 큰 의례를 지낼 때 입는 면류관冕旒冠과 면복冕服을 입는다(《영조실록》 1761년(영조 37) 3월 18일; 《순조실록》 1819년(순조 19) 3월 20일).

관례 의식으로는 《오례의》의 왕세자관의王世子冠儀, 문무관관의文武官冠儀, 《속오례의보》의 왕세손관의王世孫冠儀[59]가 있고, 서례序例에 《세종오례》의 관면冠冕, 《오례의》의 관복도설冠服圖說, 《속오례의보서례》의 왕세자원유관복도설王世子遠遊冠服圖說, 왕세자관례전책복제도王世子冠禮前幘

___

58 조선의 왕세자나 왕세손의 관례는 성인이 되는 의식에 더하여 국본을 정하는 일이다. 그것은 국왕의 후계구도와 맞물려 있다. 권오영, 〈조선 왕실 冠禮의 역사적 추이와 그 의미〉, 《조선 왕실의 가례》 1, 한국학중앙연구원, 2008, 53쪽.

59 관례에 관해서는 권오영, 앞의 논문(2008) 참고.

服制度가 있다. 《속오례의》에는 왕세자를 위한 관례 의식이 따로 없다
가 《속오례의보》에서 복식 규정이 새로 만들어진다.

(3) 가례는 왕을 중심으로 한 여러 정치적 의식으로 나누어 살펴볼 수
있다. 《오례의》에는 한 달에 네 번 중앙에 있는 문무백관이 정전正殿에
모여 임금에게 문안을 드리고 정사를 아뢰던 조참의朝參儀(《세종오례》의
오일조참의五日朝參儀),60 의정議政을 비롯한 중신重臣과 시종관侍從官이 매
일 편전(便殿: 임금이 항상 거처하면서 정사를 보던 집무 공간)에서 임금
에게 정사政事를 아뢰던 상참조계의常參朝啓儀가 있다. 《속오례의》에는
왕세자수조참의王世子受朝參儀, 《속오례의서례》에는 인정문조참지도仁政門
朝參之圖, 《속오례의보》에는 왕세자청정후정지백관하의王世子聽政後正至百
官賀儀[생신하동生辰賀同], 왕세자청정후수상참의王世子聽政後受常參儀, 〈가례
고이〉에는 상참조계의常參朝啓儀가 있다.

경연經筵은 왕과 신하가 마주하여 학문을 닦고 강론하는 자리이므로
정치적 의식에 포함시킬 수 있다. 《오례의》에는 교서를 반강하는 교서
반강의敎書頒降儀와 문과전시의文科殿試儀, 무과전시의武科殿試儀, 문무과
방방의文武科放榜儀, 생원진사방방의生員進士放榜儀, 왕세자의 경우 왕세자
가 사부·빈객과 상견하는 왕세자여사부빈객상견의王世子與師傅賓客相見儀,
서연에서 진강하는 서연회강의書筵會講儀가 있고, 《속오례의》에는 왕자
군사부상견의王子君師傅相見儀, 《속오례의보》에는 왕세손여사부상견의王世
孫與師傅相見儀, 왕세손서연회강의王世孫書筵會講儀가 있다. 《속오례의보서
례》에는 왕세자서연복제도王世子書筵服制度, 왕세손강서복제도王世孫講書服
制度가 있다.

서연書筵과 관련하여 후계자의 교육과 관련된 의례를 추가로 거론해

---

60  五日朝參儀: 매달 초5일, 11일, 21일, 25일의 조참의.

볼 수 있다. 《오례의》의 왕세자입학의王世子入學儀, 《속오례의》의 왕세자
지수훈서의王世子祗受訓書儀, 《속오례의보》의 왕세손입학의王世孫入學儀가
고려되어야 한다.

한편, 사신과 외관이 전문(箋文: 신년·탄일 등 기념일에 신하가 임금에
게 올리던 사륙변려체의 글)을 올리며 배례하는 사신급외관배전의使臣及
外官拜箋儀, 사신과 외관이 임금께서 선지(宣旨: 임금의 명령을 널리 선포
함)를 내리심을 받는 사신습외관수선노의使臣及外官受宣勞儀, 사신과 외
관이 궐내에서 내린 향을 맞이하는 사신급외관영내향의使臣及外官迎內香
儀, 사신과 외관이 교서를 맞이하는 사신급외관영교서의使臣及外官迎教書
儀가 있다. 사신과 외관 관련 의례는 《세종오례》와 《오례의》에서만 보
인다.

(4) 존호를 드리는 의식은 왕·대왕대비·왕비·왕대비에게 존호와 책보를
올리는 의식이다. 이와 관련된 의식으로 상존호책보의上尊號冊寶儀, 대왕
대비상존호책보의大王大妃上尊號冊寶儀, 왕비상존호책보의王妃上尊號冊寶儀,
왕대비책보친전의王大妃冊寶親傳儀가 있는데, 모두 《속오례의》에서 새롭
게 등장한 의례이다.

(5) 책봉 의식은 왕세자·왕세손·왕세자빈 등을 책봉하는 의식이다. 왕
비를 책봉하는 책비의冊妃儀, 왕세자를 책봉하는 책왕세자의冊王世子儀,
왕세자빈을 책봉하는 책왕세자빈의冊王世子嬪儀가 있다. 이 의례는 모두
《세종오례》와 《오례의》에 실려 있다. 《속오례의》에는 이와 관련된 의주
가 없다가 《속오례의보》에서 책왕세손의冊王世孫儀, 책왕세손빈의冊王世
孫嬪儀가 만들어졌다. 세자의 책봉은 왕위계승과 관련하여 (2)에서 살
펴본 관례와도 관련을 가진다.

(6) 각종 하례와 연례 의례가 있다. 하례는 왕과 왕비에 대한 정월 초
하루, 동지 및 탄신일에 드리는 하례, 대왕대비 및 왕세자에 드리는 하
례 의식이 있다. 하례의 종류로는 정지왕세자백관조하의正至王世子百官朝
賀儀, 정지왕세자빈조하의正至王世子嬪朝賀儀, 정지백관조하의正至百官朝賀
儀〔탄일하부誕日賀附〕(《세종오례》에만 있음)가 있고, 회례는 정지회의正至會
儀, 중궁정지명부조하의中宮正至命婦朝賀儀, 중궁정지회명부의中宮正至會命
婦儀, 중궁정지왕세자조하의中宮正至王世子朝賀儀, 중궁정지왕세자빈조하中
宮正至王世子嬪朝賀儀, 중궁정지백관조하의中宮正至百官朝賀儀, 정지백관하왕
세자의正至百官賀王世子儀 등이 있다. 그리고 매달 초하루와 보름에 왕세
자와 백관이 하례하는 삭망왕세자백관조하의朔望王世子百官朝賀儀, 정월·
동지·탄일에 사신과 외관이 멀리서 하례하는 사신급외관정지탄일요하
의使臣及外官正至誕日遙賀儀, 초하루·보름에 사신과 외관이 멀리서 하례하
는 사신급외관삭망요하의使臣及外官朔望遙賀儀가 있다. 이들은 《세종오례》
와 《오례의》에 모두 보이는 의례이다. 다만 정지백관조하의正至百官朝賀
儀는 《세종오례》에만 있고 《오례의》부터는 없다. 연례로는 《속오례의》
에 진연의進宴儀, 왕비진연의王妃進宴儀, 대왕대비진연의大王大妃進宴儀, 삼
전진연의三殿進宴儀, 어연의御宴儀, 《속오례의보》에 정지백관하왕세손의正
至百官賀王世孫儀〔생신하동生辰賀同〕가 있다. 《속오례의보서례》에는 왕세자
빈연제도王世子嬪輦制度, 왕세손연제도王世孫輦制度, 왕세손의장王世孫儀仗,
왕세손빈연제도王世孫嬪輦制度, 왕세손빈의장王世孫嬪儀仗 등이 있다.

(7) 양로의養老儀에 대해 살펴보자. 세종대에 양로연을 행하였는데, 이때
양로연의養老宴儀가 만들어진다(《세종실록》 1432년(세종 14) 1월 7일; 8
월 21일; 1448년(세종 30) 8월 23일). 양로연의 의식으로 《오례의》에는
국가·왕실에서 행하는 양로연의, 중궁양로의가 있다. 그리고 개성부급

주현양로의開城府及州縣養老儀와 같이 향촌 교화라는 기능을 가지면서 신분보다는 연령이나 덕행을 중시하는 특징을 가지는 향음주의鄕飮酒儀와 향사의鄕射儀도 있다(《성호사설星湖僿說》 권8, 인사문人事門, 학교불상벌學校不尙罰). 향음주의의 주요 목적은 장유의 순서를 바르게 하는 것이며, 향사의는 활쏘기를 통해 덕행을 관찰하는 것이다(《예기》 사의射義). 《속오례의》에는 어첩(御帖: 임금의 생년월일·입사 연월일·어명·아호를 기록한 입사첩)을 기사耆社에 봉안하는 의식인 어첩봉안기사의御帖奉安耆社儀와 기로연에 친림하는 의식인 친림기로연의親臨耆老宴儀, 영수각靈壽閣에 어첩을 친제親題하는 의식인 영수각어첩친제의靈壽閣御帖親題儀가 있다.

《세종오례》에는 《고려사》〈예지〉의 가례에 있던 중동팔관회의仲冬八關會儀(《고려사》 권69 〈지志〉23 〔예11〕. "嘉禮雜儀, 仲冬八關會儀")가 빠지고 향음주의, 향사의가 들어간다(《세종실록》 권133, 〈오례·가례의식〉, 향음주의; 〈오례·군례의식〉, 향사의). 이것은 조선의 국가 운영의 이념이 불교 대신 성리학으로 바뀌었기 때문이다.

개성부급주현양로의開城府及州縣養老儀, 향음주의, 향사의는 향례로서 국가의 향촌에 대한 지배의 틀이 완성되었음을 보여 주는 의례이다. 15세기 말 성종대부터 성리학적 소양을 바탕으로 한 사림들이 중앙정계에 진출하면서 향촌사회를 성리학적 질서로 재편하려고 하였다. 향음주례·향사례는 1479년(성종 10)부터 국가적인 차원에서 그 시행에 대해 논의하는 데까지 이르렀다. 1512년(중종 7) 11월, 윤은필尹殷弼은 향음주례가 《오례의》에도 상세히 기재되어 있고 부모에게 효도하고 이웃 간에 화목하게 하는 것으로 단순히 술만 마시는 것이 아니므로 반드시 시행할 것을 청하였고, 손중돈은 향사례의 시행을 주장하였다(《중종실록》 1512년(중종 7) 11월 22일; 11월 23일). 16세기 말에 오면 조선의 학자들은 주자의 향례에 대한 학문적 이해를 심화시킴으로써 조선의 현실을 반영하는 방식으로 향례를 예학의 독자적 분야로 마련하였다. 이에 따라 사림은 향촌 지배와 운영에 더욱 적극적인 모습을 보이게 되었다.[61]

(8) 황제와 사신 관련 의식은《오례의》에 정월·동지 및 성절(聖節: 성인이나 임금이 태어난 날을 경축하는 명절)에 황제의 궁궐을 바라보고 행례하는 정지급성절망궐행례의正至及聖節望闕行禮儀, 황태자의 천추절(탄신일)에 궁궐을 바라보고 행례하는 황태자천추절망궁행례의皇太子千秋節望宮行禮儀, 조서(詔書: 조선에서 접수한 대중국 관계 외교문서 가운데 최고 단계의 황제문서로, 황제의 정사 원칙 및 치세의 대강과 강령을 담은 문서)를 맞이하는 영조서의迎詔書儀, 칙서(勅書: 중국의 황제문서 가운데 하나이며, 자문과 함께 많이 접수한 외교문서)를 맞이하는 영칙서의迎勅書儀, 표문(表文: 중국에 보내는 사대문서로 황제에게 올리는 글)을 배송拜送하는 배표의拜表儀가 있다(《오례의》〈가례의주〉).

(9) 그 밖에 왕세자입궐의王世子入闕儀가 있는데 이 의례는《속오례의》에만 보인다. 인조가 효종을 책봉하여 왕세자로 삼았을 때(을유년, 1645, 인조 23), 그리고 경종이 영조를 책봉하여 왕세제로 삼았을 때 이 의례가 행해졌다(《속오례의》〈가례의주〉).

이를 바탕으로《오례의》이후 새롭게 증보된 의례의 의미에 대해서는 《속오례의》의 의주 시행 시기와 함께 제4장에서 검토해 보려고 한다.

---

61 高英津, 〈조선 중기 鄕禮에 대한 인식의 변화〉,《國史館論叢》81, 국사편찬위원회, 1998, 27쪽.

3) 빈례

빈례賓禮는 주왕周王이 제후와의 만남을 통해 친방국親邦國(《주례周禮》, 춘관春官, 대종백大宗伯)하려는 의식에서 그 개념을 찾을 수 있다. 당唐나라에서는 그것이 중국 내부에서 황제와의 관계가 아니라 그 주변국과의 국제적인 외교관계를 의미하는 것으로 바뀌었다.[62] 고려의 빈례 또한 외국 사신을 접대하는 예를 그 내용으로 하고 있다.[63] 그리고 조선의 경우, 사대교린적 국제 정치질서의 관행 속에서 왕실의 위상을 밝히는 내용으로 구성된다. 중국에 대해서는 사대의 입장이고 일본과 여진에 대해서는 교린적 위상을 강조하는 내용이다.[64]

《고려사》〈예지〉의 빈례는 영북조조사의迎北朝詔使儀, 영북조기복고칙사의迎北朝起復告勅使儀, 영대명조사의迎大明詔使儀, 영대명사로사의迎大明賜勞使儀, 영대명무조칙사의迎大明無詔勅使儀 등 5개 항목으로 구성되어 있고, 《세종오례》 빈례는 연조정사의宴朝廷使儀, 왕세자연조정사의王世子宴朝廷使儀, 종친연조정사의宗親宴朝廷使儀, 수인국서폐의受隣國書幣儀, 연인국사의宴隣國使儀, 예조연인국사의禮曹宴隣國使儀 등 6개 항목으로 구성되어 《오례의》에서 그대로 유지된다. 이 의주를 살펴보면 고려가 중국과의 관계에 국한되고 있는 것에 반하여 조선의 《오례의》는 사대교린의 면모를 보인다. 《오례의》의 총 6개 항목 가운데 3개는 중국 명나라와의 관계이고, 다른 3개는 인국隣國(여진·일본·유구)과의 관계이기 때문이다. 《오례의》의 의주는 조선 후기 오례의에 그대로 유지된다. 《세종

---

62 이범직, 〈高麗史 禮志〈軍禮·賓禮〉의 검토〉, 《명지사론》 1, 명지사학회, 1983, 68쪽.
63 《조선왕조실록사전》, 〈빈례〉조, 지두환 집필. 빈례에 대한 규정과 내용은 《세종오례》, 《오례의》, 《속오례의》, 《대한예전》, 《춘관통고》, 《대전회통》 등 법전류와 《종묘의궤》, 《사직서의궤》 등 의궤류에 근거한다.
64 이범직, 《韓國中世禮思想研究》, 일조각, 1996, 404쪽.

오례》와 《오례의》의 빈례 의주에 변화가 없는 것은 사대교린의 명분이 왕조 초기 이래로 변동이 없는 것으로 해석되기도 하는데,[65] 영조대의 《속오례의》에 빈례항목이 만들어지지 않는 것은 대청의식과 관련하여 생각해 볼 수 있다.

연조정사의宴朝廷使儀란 국왕이 중국 조정의 사신을 맞아 연회를 베푸는 의식이다. 왕세자 및 종친 또는 의정부·육조六曹에서도 베풀며, 이때는 영접도감迎接都監에서 주로 담당하여 의례를 행하였다. 왕세자가 조정의 사신을 대접하는 왕세자연조정사의王世子宴朝廷使儀와 종친이 조정의 사신을 대접하는 종친연조정사의宗親宴朝廷使儀가 있다. 수인국서폐의受隣國書幣儀란 일본이나 유구국琉球國 등 이웃한 나라와 사대교린을 위해 사신을 보내어 서계(書契: 조선과 일본 사이에 오고간 외교문서)와 폐물幣物을 주고받는 의례이다. 《오례의》에 규정되어 있는 수인국서폐의는 일반적으로 여러 섬의 왜인倭人이나 야인野人의 추장酋長이 직접 조공하거나, 사인이 서폐를 바치면 백관의 조현朝見에 따라 평상시와 같이 한다. 사자使者가 국경에 이르면 사자를 보내어 영접하고 위로하며, 근교近郊에 이르면 또 사자를 보내어 위로하고 연회를 베푼다. 연인국사의宴隣國使儀란 일본이나 유구국 등의 인국 외교사신 등에 대하여 연회를 베푸는 의식이고, 예조연인국사의란 예조에서 이웃나라의 사신을 대접하는 의식이다.

그리고 빈례항목은 다른 오례에 견주어 그 개수가 눈에 띄게 적은 것이 특징이라 할 수 있는데, 《오례의》의 의주는 조선 후기 오례의에 그대로 유지된다. 《오례의서례》의 빈례는 집사관執事官, 준작도설尊爵圖說, 악기도설樂器圖說 3개 항목뿐인데, 정조대 《오례통편》에는 영칙서의迎勅書儀(첨입차添入次)가 추가되면서 4개 항목이라는 점만 다를 뿐이다.

---

65 이범직, 위의 책, 395, 398쪽.

조선 전기 태종대에 이르면 교린국 사신에 대한 접대 규정들이 정비되기 시작하다가, 세종대 이후로 교린국 사신의 위차 규정이 《오례의》에 나타나고 있다. 반면에 조선 후기에 청나라가 들어서면서 청의 사신을 대접하기는 하지만, 이들을 북사北使라고 폄하하여 기록하였다. 또한 정묘·병자호란에 가족을 잃은 산림의 경우 청나라 사신이 오면 벼슬을 사직하여 이들에 대한 접대를 피하기도 하였다(《孝宗實錄》 1649년(효종 즉위) 10월 2일; 《숙종실록》 1710년(숙종 36) 9월 12일).

명과 청이 교체되면서 중국 사신에 대한 접대가 변할 뿐만 아니라 교린국에 대한 접대도 변하였다. 중국 사신의 접대를 영접도감에서 주관하면서 《영접도감의궤迎接都監儀軌》가 작성되었는데 이러한 의궤가 인조대 이후로는 작성되지 않는다. 인조대부터는 직사 관련 등록 기록이 의궤를 대신하였으며, 외교 관련 기록은 정조대에 《동문휘고同文彙考》 편찬으로 이어졌다. 조선은 후기에 청과 형식적인 외교관계를 유지하였지만 반청 의식과 조선중화사상에 입각한 외교의례를 시행하였다. 이 때문에 17세기 후반~18세기에 영접도감은 다른 도감에 견주어 많이 설치되었지만[66] 《속오례의》에는 빈례항목을 두지 않았던 것으로 본다.

### 4) 군례

군례軍禮에 대하여 《오례의》 서문은 '국가의 방비 때문에 군례가 있게 되었다.'고 규정하고 있다. 이 의례의 근원은 《주례》의 육예六藝(예禮·악樂·사射·어禦·서書·수數)의 하나인 사射의 의식에서 찾을 수 있다

---

[66] 17세기 후반~18세기에 도감의 설치는 자중되고 왕실의 중요 사안들을 처리하는 기구로서 위상을 정립해 갔다. 이때 영접도감은 다른 도감에 견주어 많이 설치되었다. 나영훈, 〈조선시대 都監의 성립과 변천〉, 한국학대학원 박사논문, 2017, 191쪽.

(《주례》, 〈지관사도〉(下) 〈보씨〉). 《예기》 사의射儀에서는 '활 쏘는 의식
은 덕을 기르는 데 목적이 있다'고 하여 살상의 의도가 없음을 보여
주고 있다. 그리고 《주례》에서는 대내적 질서유지를 위해서 군의 위엄
을 필요로 하였으나,[67] 후대에는 국제 질서에서 국가의 보존과 영토의
확장, 수비나 방어를 위해 군대 의식과 예절이 요구되었다.[68]

고려의 군례 항목으로는 견장출정의遣將出征儀, 사환의師還儀, 구일월
식의救日月食儀, 계동대나의季冬大儺儀로 구성되어 있으며 강무(講武: 왕
이 신하와 백성을 모아놓고 함께 실시하던 사냥의식을 겸한 군사훈련)·수
전狩田·사례射禮 의례는 없었다. 그러다가 조선 태종대에 강무 등의 의
례를 마련하였으며, 취각령(吹角令: 변란이나 정변 등 긴급한 사변이 있을
때 나팔[角]을 불어 한성에 있는 관원이나 군사를 대궐 앞에 모이게 한 제
도)과 같이 긴급 사태가 생겼을 때 명령 전달을 연습하는 항목이나 대
사례 등을 보강했다. 하지만 《세종오례》에 있는 취각령이 《오례의》에는
없고, 《세종오례》와 《오례의》에는 군의 출정에 관한 사항(견장출정의,
사환의)은 모두 빠진다. 조선 초기 세종대와 세조 연간에 북방지역에서
군사작전과 같은 대외적 군사행위가 있었는데도 위와 같은 항목이 빠
진 것은, 그 당시 군사력을 대외적으로 과시하는 것이 국익 차원에서
불리하다고 판단한 조치였다.[69]

《오례의》에는 의례적인 면만을 구현하는 사의, 대열의, 강무의와 함
께 구일식의, 계동대나의와 지방주현에까지 유교이념을 확대하려는 목

---

67 《周禮》, 大宗伯에서는 군례를 ①大師之禮, ②大均之禮, ③大田之禮, ④大役之禮, ⑤大封
之禮의 다섯 가지로 규정하고 있다. 이것을 정현의 주에서 '大師之禮 用衆也, 大均之禮
恤衆也, 大田之禮 簡衆也, 大役之禮 任衆也, 大封之禮 合衆也'로 해석하고 있다.

68 《晉書》 권21(644년) 〈志〉11, 禮下, "군은 외국과 화합하고 국내를 안녕케 함으로써 천
하를 지키는 것이다."에 근거한 이범직, 앞의 책, 161쪽; 《조선왕조실록사전》, 〈군례〉조,
지두환 집필.

69 이범직, 위의 책, 404~405쪽.

적의 향사의가 있을 뿐이다.[70] 즉 사우사단의射于射壇儀, 관사우사단의觀射于射壇儀, 대열의大閱儀, 강무의講武儀, 구일식의救日食儀, 계동대나의季冬大儺儀, 향사의鄕射儀로 구성되어 있다. 《속오례의》에는 대사의大射儀, 선로포의宣露布儀, 친림구일식의親臨救日食儀 세 항목이 실린다. 이 변화를 표로 제시해 보면 다음과 같다.

〈표 3〉 군례 의주 항목 비교

| 《고려사》〈예지〉 | 《세종실록오례》 | 《국조오례의》 卷之六 〈軍禮〉 | 《국조속오례의》 〈軍禮〉 | 《국조오례통편》 卷之十四 〈軍禮〉 |
|---|---|---|---|---|
| 遣將出征儀 | | | | |
| 師還儀 | | | | |
| | 射于射壇儀 | 射于射壇儀 | | 射于射壇儀〔原〕 |
| | 觀射于射壇儀 | 觀射于射壇儀 | | 觀射于射壇儀〔原〕 |
| | | | 1大射儀 | 大射儀〔續〕 |
| | | | | 燕射儀〔增〕 |
| | 大閱儀 | 大閱儀 | | 大閱儀〔原〕 |
| | 講武儀 | 講武儀 | | 講武儀〔原〕 |
| | 吹角令 | | | |
| | | | | 城操儀〔增〕 |
| 救日月食儀 | 救日食儀 | 救日食儀 | 〈軍禮考異〉[71] | 救日食儀〔原〕 |
| | | | 3親臨救日食儀 | 親臨救日食儀〔續〕 |
| | | | | 救月食儀〔增〕 |
| | | | 2宣露布儀 | 宣露布儀〔續〕 |
| 季冬大儺儀 | 季冬大儺儀 | 季冬大儺儀 | 【季冬大儺儀】今罷 | 季冬大儺儀〔原〕 |
| | 鄕射儀 | 鄕射儀 | 《군례고이》: 2항》 | 鄕射儀〔原〕 |

군례는 (1) 적을 죽이고 귀나 목을 잘라 임금에게 바치는 헌괵獻馘과 전쟁의 승리를 알리기 위하여 베나 비단에 글씨를 써서 매다는 노포露布 의식, (2) 대사(大射: 왕이 신하들과 함께 시행하는 활쏘기 의례)[72], (3)

---

70 이범직, 위의 책, 395쪽.

71 〈軍禮考異〉【救日食儀】今儀註梢異〔詳見續儀軍禮〕 ○侍臣各具素服今用淺淡服殿下具素服今用黲袍〔後凡言素服者皆倣此〕

72 http://dh.aks.ac.kr/sillokwiki/index.php/대사례(大射禮)

군대의 규모·실정과 병마 등을 검열하는 대열大閱과 무술을 조련하는
강무講武, (4) 구일식救日食과 구월식救月食, (5) 액을 쫓는 대나, (6) 향사
의鄕射儀 여섯 가지로 분류하여 그 특징을 살펴볼 수 있다.

### (1) 헌괵과 노포

노포의露布儀는 전쟁에서 승리하고 개선한 장수가 적의 머리나 귀를
임금에게 바치고, 승전 사실을 기록한 노포를 세워 널리 알리는 의식이
다. 《속오례의서례》의 노포도설에 따르면 후위後魏(북위: 386~534)가
전쟁에서 이기고 천하에 알리고자 이 사실을 비단[帛]고 기록하여 높은
장대에 매어 게시한 것을 노포라고 하였다. 그리고 고서古書에 '노포라
고 하는 것은 판자에 기록한 글을 봉하지 않고 모두 보고 들어 알도록
선포하는 것'이라고 하였으며, 비단을 사용하여[聯幅糊褙紙: 폭을 이어 붙
여서 종이로 배접한다.] 노포문을 써서 높은 장대에 매어[장대의 길이는
4척] 게시하는데, 상하에 판축을 사용한 것은 노판露板의 뜻을 나타낸
것이며, 붉은 실로써 두루 묶었다(《속오례의서례》〈군례〉, 노포도설).

《속오례의》에서는 이 의례를 북위에서부터 언급하고 있지만, 《시경詩
經》에서 헌괵의 기원을 찾기도 하고(《시경》, 노송魯頌, 반수泮水), 한나라
때부터 노포가 첩서의 별명으로 쓰인 기록도 보인다.[73] 《속오례의》 기
록에 따르면, 조선시대에는 1624년(인조 2) 2월에 이괄李适을 토역討逆
한 다음 공주의 행재소(行在所: 왕이 궁궐을 떠나 도성 내외를 행행할 때
잠시 휴식하거나 식사를 하기 위해 임시로 머물던 곳)에서 이 의례를 처

---

73 《封氏見聞記》 권4, 노포에 근거한 신진혜, 〈英祖代 凱旋 儀禮의 整備와 그 意義: 《國朝
續五禮義》 宣露布·獻馘 儀禮를 중심으로〉, 《泰東古典硏究》 34, 한림대학교 태동고전연구
소, 2015, 11쪽.

음으로 시행하였고, 1728년(영조 4) 이인좌李麟佐 등을 토역하였을 때도
이 의례가 행해졌다. 이때의 의식을 1744년(영조 20)《속오례의》에 정
식 의례로서 등재할 때는〈개원례開元禮〉와《대명집례大明集禮》의 선로
포헌부의宣露布獻俘儀를 참고하였다(《속오례의》〈군례〉, 선로포의).

### (Z) 대사

《오례의》의 사우사단의射于射壇儀는 왕이 백관들과 사단射壇에서 친히
활을 쏘는 의식이다. 집사관執事官은 협률랑(協律郎: 나라의 제사나 잔치
때에 음악의 진행을 맡았던 관리)〔장악원관掌樂院官〕· 집고執鼓〔훈련원정訓鍊
院正〕· 취시관取矢官〔훈련원부정訓鍊院副正〕· 획자獲者〔훈련원관訓鍊院官, 곧 습전
관拾箭官〕로 한다(《오례의서례》〈군례〉, 집사관). 왕은 익선관과 곤룡포를
입고 사단에 올라 풍악에 맞추어 4개의 화살(乘矢)을 쏜다. 뒤이어 시
사관이 짝을 지어 차례로 활을 쏜다. 과녁에 맞히는 사람은 이름을 적
어 포상하고 빗나간 사람에게는 벌주를 준다(《세종실록》권133,〈오례·
군례 의식〉, 사우사단의;《오례의》〈군례〉, 사우사단의).
《오례의》의 관사우사단의觀射于射壇儀는 왕이 익선관과 곤룡포를 입고
사장射場에 이르러 종친과 백관의 활 쏘는 모습을 참관하는 의식이다
(《세종실록》권133,〈오례·군례 의식〉, 사우사단의;《오례의》〈군례〉, 사우
사단의). 집사관은 협률랑〔장악원관〕· 집고〔훈련원판관〕· 취시관〔훈련원관〕·
획자〔훈련원관, 곧 습전관〕· 취시자〔훈련원참군〕로 한다(《오례의서례》〈군
례〉, 집사관). 이 의례는 사우사단의와 마찬가지로《고려사》〈예지〉에는
없고,《세종오례》와《오례의》에 보인다.
《속오례의》의 대사의는 왕과 시사관(侍射官: 임금이 활을 쏠 때 곁에서
시종하는 벼슬아치)이 활 쏘는 의식으로서,《오례의》의 사우사단의에 의
거하여 만들어졌다(《속오례의》〈군례〉, 대사의). ‘대사大射’에 관한 기록

을 찾아보면, 1402년(태종 2) 6월 5일 예조에서 의례 상정소제조와 의논하여 악조樂調 10곡을 올렸는데, 대사大射할 때에는 녹명鹿鳴(《시경》 대아의 곡명)을 노래한다(《태종실록》 1402년(태종 2) 6월 5일). 1417년(태종 17) 1월 27일에는 예조판서 맹사성孟思誠이 대사례에 관한 글과 그림을 올렸는데, 태종이 "옛 예문禮文에 구애될 것 없이 내가 옛것을 참작하고 지금 것에 준거하여 이를 함이 마땅하다."라고 하였다(《태종실록》 1417년(태종 17) 1월 27일).

1456년(세조 2) 3월 28일 집현전 직제학 양성지梁誠之가 24사事를 가지고 조목을 기록하여 바쳤는데, 그 가운데 하나가 춘추春秋의 대사大射이다. 이에 따르면 3월 3일과 9월 9일에 하늘에 절하고 버드나무를 쏘는 것은 금나라 사람이 요나라의 풍속을 이어 받은 것으로 중원의 제도는 아니지만 번국藩國의 성대한 일로서, 우리나라는 삼국시대부터 교천郊天(천신天神에게 제사지냄)과 향제饗帝(선왕先王께 합제合祭함)를 하지 않음이 없었다. 왕이 요遼·금金의 고사故事를 모방하여 친히 교외에 거둥하여 대사례를 행하고, 해마다 상례로 삼게 한다면 무위武威를 크게 떨치고 사기도 증가하여 일국일대一國一代의 풍속을 이루게 될 것이라고 하였다(《세조실록》 1456년(세조 2) 3월 28일). 성종이 "예전에도 임금이 친사親射함이 있었는가?" 하고 물었을 때, 임사홍이 "한漢·위魏·남북조南北朝와 송宋나라의 인군이 많이 친사하였습니다."라고 답하여 (《성종실록》 1477년(성종 8) 7월 21일), 활 쏘는 일이 다만 요遼·금金의 고사만은 아님을 알 수 있다.

위에서 언급한 세조 때 양성지가 올린 글은 '우리나라에서도 삼국시대부터 고려에 이르기까지 천신과 상제께 지내는 제사가 행해져 왔으니 교외에서 대사례를 행하자'는 내용이었다. 그리고 다음과 같이 왕이 대향례大饗禮와 대사례大射禮에서 출입할 때에는 왕하王夏를 연주한다는

세종 때의 기록(㉠)이 있고, 향례(饗禮: 손님을 청하는 향응하는 의식 또
는 예의)를 시행하면서 대사례를 겸행하게 되면 음악을 쓰는 것도 근거
가 있을 것이라는 성종대 홍귀달洪貴達의 차자(箚子: 일정한 격식을 갖추
지 않고 사실만을 간략히 적어 올리던 상소문)(㉡)가 있으므로 교외에서
하늘에 지내는 제사와 대사례는 함께 행해진 의례이다.

㉠ 총제總制 정초鄭招가 아뢰기를, "출입악出入樂에 있어 《주례》의 악사
樂師 교악의敎樂儀에 '거닐[行] 때에는 사하肆夏를 연주하고 총총걸음[趨]
일 때는 채제采薺를 연주한다.' 하고 … 진씨陳氏는 '왕이 대향례와 대사
례에서 출입할 때에는 왕하王夏를 연주하며, 이런 경우가 아니면 출행할
때에 사하만을 연주할 뿐이다.' 하였습니다."《세종실록》 1430년(세종 12) 10
월 4일.

㉡ 지금 향례만 시행하면서도 음악을 쓰는 것은 아마도 근거가 없는
듯합니다. 만약 대사례를 겸행하면서 인하여 향례를 시행하게 되면 음
악을 쓰는 것도 근거가 있는 것이 되지 않겠습니까?《성종실록》 1492년(성
종 23) 7월 21일.

대향례뿐만 아니라 석전釋奠을 친행한 뒤에도 대사례를 행하였다. 성
종대에는 '조종조祖宗朝의 시학(視學: 임금이 임석하거나 벼슬아치를 보내
국학에서 시험을 치르는 것을 말함)은 반드시 선비를 뽑았음'을 근거로
하여 석전을 행하고 나서 명륜당明倫堂에 나아가 유생을 시험한 뒤 대
사례를 행하였고, 중종대에도 시학하고 취사取士하였으며 "시학과 대사
례는 모두 성대한 일이니, 아울러 거행하는 것은 진실로 전례가 있
다."(《성종실록》 1477년(성종 8) 7월 21일; 8월 3일; 《중종실록》 1523년
(중종 18) 3월 20일; 1534년(중종 29) 윤2월 6일)고 하였다.
  '옛말[古語]'에도 제사가 있을 때에는 미리 교외에서 활을 쏘며, 그 동

정동靜과 과녁 맞추는 것을 보아 집사執事를 기용한다고 하였으니, 그 일을 중히 여겨 임금 이하로부터 쏘지 않는 이가 없었다'(《성종실록》 1477년(성종 8) 7월 21일)라고 하였으므로, 제사(교천郊天과 향제)가 있을 때 교외에 활 쏘는 의식을 통해 집사자를 기용하였으며, 석전을 행하고 유생을 시험하여 인재를 뽑을 때 대사례를 함께 행하였다.

성종대의 기록에 따르면, 대사大射는 예부터 성조聖朝에서 이미 시행했던 것으로 사선성祀先聖·양삼로養三老·시학視學 의례와 함께 반궁(泮宮: 반수, 곧 반달 모양의 연못이 앞에 있는 제후국의 학궁을 가리킨다)에서 행해진 대례大禮였다. 그리고 영조 〈지문誌文〉에 '영조는 구전舊典을 수명修明하여 이를테면 시학視學·대사大射의 예와 친경親耕·친잠親蠶의 의 등을 모두 강행하시어 질서에 볼만한 것이 있었다.'고 하였고, '대사례를 친경례에 의거해 세 차례 습의(習儀: 의식을 미리 익힘)하도록 명하였다'는 기록이 있다. 그러므로 이 대사례는 진실로 제왕의 성대한 일이므로 주선동정(周旋動靜: 두루 돌아다님 및 움직이거나 가만히 있음. 즉 활동과 거동)으로써 그 덕행을 관찰하는 일이며(《성종실록》 1492년(성종 23) 7월 21일; 1477년(성종 8) 7월 21일; 《영조실록》 부록, 영조대왕 묘지문(지문誌文); 1743년(영조 19) 3월 28일), 교외에서의 제사뿐만 아니라 석전례, 시학례, 친경례 등과도 관련이 있는 의례이다. 그리고 무엇보다 《오례의》의 사우사단의와 《속오례의》의 대사례에서 "장위仗衛를 사단의 동서에 배열하되 모두 '시학의'와 같이 한다."라고 하였으므로 그 관련성을 무시할 수 없다.

1477년(성종 8) 8월 3일의 대사례는 석전을 행하고 유생을 시험한 뒤에 행해졌다. 하지만 차례에서 반드시 시학 후에 대사례를 행해야 한다는 원칙이 있었던 것은 아니었다. 이미 7월 21일에 "만약 사례射禮를 행한다면 그 선후의 차서를 미리 강구하지 않을 수가 없습니다." 하여 순서가 정해져 있지 않았음을 알 수 있다. 더욱이 '제사가 있을 때에는 미리 교외에서 활을 쏜다'고 하여 이 경우는 대사례를 먼저 행하였지만, 중종대에는 알성(謁聖: 임금이 성균관 문묘의 공자 신위에 참배하던 일)한 뒤에 대사례를 거행하기도 하였다. 1534년(중종 29) 6월 11일에 제반 업무를 준비하도록 전교하고, 8월 16일에 왕이 성균관에서 알성하고 곧이어 대사례大射禮宴을 행하였다(《성종실록》 1477년(성종 8) 8월 3일; 7월 21일; 《중종실록》 1534년(중종 29) 6월 11일; 8월 16일).

위와 같은 대사례가 이루어지기까지 많은 논의를 거쳐야만 했다. 성종대에는 대례에 대사례가 빠졌음을 아뢰는 홍귀달洪貴達의 차자가 있었고, 중종대에는 소세양蘇世讓이 취인取人과 시학은 않더라도 대사례를 행하면 사기가 반드시 진작될 것이라 아뢰었으며, 동지사同知事 남곤南袞은 '삼대三代 이전에 활 쏘는 것을 중히 여긴 것은 그 덕을 보기 위한 것이었는데, 후세에는 이것을 놀이로 여기고 있으니, 반드시 먼저 덕을 보는 유의(遺意: 고인이 생전에 다 이루지 못하고 남은 뜻)를 세운 뒤에 시행해야 한다.'고 아뢰었다. 1517년(중종 12) 8월 25일에는 시학하는 날에 대사례를 거행하는 것을 의논하여 아뢰게 하였다. 1523년(중종 18) 3월 20일 시학視學하고 취사(取士: 문무 양반을 채용하기 위한 과거시험)하는 것에 대해 뜻대로 하게 하였다. 1534년(중종 29) 윤2월 6일 가을 시학 때에 대사례를 행하는 것에 대해 삼공에게 의논하도록 전교하였다(《성종실록》 1492년(성종 23) 7월 21일; 《중종실록》 1514년(중종 9) 2월 7일; 1517년(중종 12) 8월 25일; 1523년(중종 18) 3월 20일; 1534년(중종 29) 윤2월 6일). 이러한 논의 끝에 그해 8월 16일 대사례가 치러진 것이다.

영조는 1743년(영조 19) 윤4월 7일 하련대(下輦臺: 성균관에 위치하며, 국왕의 가마를 임시로 보관하거나 국왕이 과거를 시행하면서 임시로 거처하던 장소로 활용되었다)에 거둥하여 대사례를 거행하였으며, 1764년(영조

40) 2월 8일 영조가 기신耆臣과 함께 건명문建明門에 나아가 충량과에
친림하고 이어 대사례를 행하였다. 이때 네 개 가운데, 두 개의 화살을
맞히고 웅후74(熊侯: 왕이 활을 쏠 때 쓰던, 곰의 머리가 그려진 과녁)는
거두어 육일각六一閣에 보관하게 하고, 쏘았던 활과 화살을 기신 판부
사 유척기兪拓基에게 주어 돌아가서 영수각靈壽閣에 보관하라고 하였다.
다시 미후(麋侯: 종친 이하 문무관의 활쏘기 목표물로 사용한, 천에 사슴의
머리를 그린 과녁)를 설치하고 기신에게 쏘라고 명하여 맞힌 사람은 활
하나를 상으로 주고 맞히지 못한 사람은 벌로 풍선豊鱓(만배滿杯)을 들
게 하였으며 음례飮禮를 의식대로 거행하였다(《영조실록》 1743년(영조
19) 윤4월 7일; 1764년(영조 40) 2월 8일).

연사의(燕射儀: 연회의 흥취를 돋우기 위해 베풀었던 활쏘는 의식)는 정
조 때 행해진 의례이다. 불운정拂雲亭의 90보 앞에 곰·범·사슴·꿩 등
각각 다른 동물을 그린 9개의 과녁판을 걸고, 맞추는 과녁에 따라 북
치는 횟수와 깃발을 다르게 해서 구분하여 알리고, 맞추지 못하면 징을
쳐서 신호한다. 성주成周 때의 제도에 천자, 제후의 활쏘기가 세 가지
가 있었는데, 택궁澤宮에서의 활쏘기를 대사大射라 하고 교외에서의 활
쏘기를 빈사賓射라 하고 연침燕寢에서의 활쏘기를 연사燕射라고 하였다.
이 세 가지의 활쏘기는 모두가 덕행을 관찰하고 예양禮讓을 익히기 위
한 것이었다. 우리나라에서는 택궁과 연침에서 행해진 활쏘기를 모두
대사大射라고 하였고, 또한 그 의문儀文에서도 대부분 후세의 것을 인습
한 것이 많아 꼭 모두 성주 때의 제도에 맞는 것은 아니었다. 이 때문
에 정조가 1779년(정조 3)에 각신(閣臣: 규장각 관원)에게 명하여《의례
儀禮》및《대례戴禮》를 널리 고찰해 보고 짐작해서 가감하여 한 번 강

---

74 熊侯·麋侯와 熊帿·麋帿 :《영조실록》에서만 '帿'로 표현됨.《세종실록》과《오례의》·《속
오례의》와 나머지 실록에서는 '侯'.

행하게 했었는데, 다시 연사례를 치르고자 하여 1783년(정조 7) 12월 10일 춘당대(春塘臺: 궁궐 후원 안에 있는 석대)에서 습의習儀를 행하였다(《정조실록》 1779년(정조 3) 9월 25일;1783년(정조 7) 12월 10일).

　친림시사의親臨試射儀는 전시殿試나 정시庭試에 왕이 직접 나아가서 활 쏘는 모습을 참관하고 문사와 무사를 선발하던 의식이다. 1651년(효종 2) 10월 25일 효종이 하교하여 무신의 삭시사(朔試射: 매월 초하루에 당하의 문관과 일반 무관의 궁술을 시험하던 일)와 무과武科에서 시취할 때 유엽전柳葉箭을 쓰게 하였고, 1652년(효종 3) 5월 19일에는 병조에 명하여 무사武士를 시사(試射: 활쏘기 시험)할 때 유엽전(柳葉箭: 무과시험에서 사용하던 화살로, 화살촉이 버들잎처럼 생김)을 사용하도록 하고, 중일中日 습사할 때는 철전鐵箭을 사용하도록 하여 정식으로 삼았다. 1542년(중종 37) 3월 15일 임금이 정시를 보이고 시사를 열어 인재를 격려하려는 일에 대해, 아름다운 일이기는 하지만 흉년에 여러 날 시험을 보여서 무사들이 양식을 싸들고 모여들게 하는 것은 마땅치 못하다는 신하들의 건의에 따라 중종이 따로 규칙을 정하여 회시會試와 복시覆試를 보여 인재를 고무하려던 계획을 취소하는 일도 있었다. 하지만 이 친림 시사는 숙종 때도 행해졌고, 영조 때도 활발하게 이루어졌다. 1698년(숙종 24) 10월 1일 숙종은 몸소 후원에 나아가 금군禁軍을 시사하고, 이어 등급을 나누어 시상하였다. 1733년(영조 9) 7월 22일 영조는 내시사內試射에 친림하여 특별히 권무勸武 별군직別軍職 김성응金聖應을 전시殿試에 직부直赴시킬 것을 명하였다. 김성응은 청풍부원군淸風府院君 김우명의 증손이고 판서判書 김석연金錫衍의 손자이다. 특별히 권무군관勸武軍官에 추천되었는데 이에 이르러 등과한 것이다. 1739년(영조 15) 2월 12일 영조는 무사武士를 시사하고 친림하여 상을 주었다. 1740년(영조 16) 9월 20일 영조는 춘당대에 나아가 시사하였

는데, 거둥(후릉厚陵에 능행)이 있은 뒤 수가(隨駕: 임금을 모시고 따라다
님)했던 군교軍校들을 위열慰悅하기 위한 것이었다. 다음 날, 영조가 다
시 춘당대에 나아갔는데 이는 전날의 시사가 끝나지 않았기 때문이었
다. 같은 해 9월 24일 영조는 춘당대에 나아가 시사한 군병들에게 상
을 반하(頒下: 임금의 명령이나 법령을 내려서 널리 알림)하였다. 1747년
(영조 23) 2월 20일 향군鄕軍으로 상번(上番: 지방의 군인이 일정한 기간
동안 서울로 번을 돌기 위하여 올라감)[75]한 가운데 무신년(1728, 영조 4)
에 출전했던 사람을 임금이 특별히 불러, 시사에 친히 나아갔다. 이에
따라 군사들에게 음식을 대접하니, 더러 눈물을 흘리는 자도 있었다.
1760년(영조 36) 5월 12일 서북도 변방의 무사를 병조판서로 하여금
시취試取케 하는데 친림관무재親臨觀武才 및 시사 때의 부료 군관(付料軍
官: 총융청에 딸린 하급 군관)은 초시를 면제하였다. 1765년(영조 41, 을
유년) 3월 27일 영조가 장차 태학太學에 나아가 알성례謁聖禮를 행하려
고 할 때 먼저 선원전璿源殿에 나아갔다가 지나는 길에 어의궁(於義宮:
인조의 잠저)에 들렀다. 이때 왕세손이 따라갔었는데, 훈련원訓鍊院에서
시사하는 데에 친림한 것은, 을유년(1645, 인조 23)이 효종이 세자위를
계승하던 해여서 효종이 태어난 구궁舊宮에 임하여 감동이 일었기 때문
이었다. 이에 대해 응교 김로진金魯鎭이 차자를 올렸다. 영조는 하교하
기를, "남돈 유무南頓遺武를 어찌 〈친림하지 않고〉 시관試官에게 붙이겠
는가? 지금 이 명령(훈련원의 시사에 친림하겠다는 명령)은 바로 추모하
는 데서 나온 것인데, 차자를 올리는 것은 이미 뜻밖이다. '무사를 먼
저 하였다(先武)'는 두 글자를 어찌 감히 진술하였는가? 진실로 괴이한
일이다." 하고, 삼사三司의 여러 관원을 체직(遞職: 벼슬을 갈아냄)시켰다.
다음 해 8월 10일 영조는 소령원昭寧園에 나아가 예식을 행하고 정자각

---

75 단국대학교 동양학연구원, 《한국한자어사전》 '上番' 가운데 3번째 의미.

(丁字閣: 조선시대 왕릉에 설치한 조영물의 하나로, 홍살문 안, 봉문 아래 제사를 지내기 위해 용마루를 '정'자 모양으로 지은 집)에 나아가 작헌례 酌獻禮를 행하고, 예를 마치자 전교하여 부모의 무덤이 있는 양주楊州 (소령원이 지금은 파주에 있지만 당시는 양주에 속함)와 고양高陽(명릉:숙종과 인현·인원왕후 무덤) 백성의 그해 전조田租를 반으로 감하게 해 주었다. 또 훈국訓局·어영청御營廳·용호영龍虎營 군사에게 29일에 모화관慕華館에 친림하여 시사한다는 명이 있었다(《효종실록》 1651년(효종 2) 10월 25일; 1652년(효종 3) 5월 19일; 《중종실록》 1542년(중종 37) 3월 15일; 《숙종실록》 1698년(숙종 24) 10월 1일; 《영조실록》 1733년(영조 9) 7월 22일; 1739년(영조 15) 2월 12일; 1740년(영조 16) 8월 30일; 8월 29일; 9월 20일; 9월 21일; 9월 24일; 1747년(영조 23) 2월 20일; 1760년(영조 36) 5월 12일; 1765년(영조 41) 3월 27일; 1766년(영조 42) 8월 10일). 이로 보아 친림시사는 중요한 의식과 함께 으레 행해졌던 행사이다.

친림시사는 영조대 후반기에 보이는 중일청中日廳 시사와 삭시사가 있다. 우선 중일中日이란 매월 자子·오午·묘卯·유酉일을 말하는 것으로, 이날에 선전관宣傳官·무겸武兼·부장部將·수문장守門將·금군禁軍·호위군관 扈衛軍官·충익위忠翊衛·무예포수武藝砲手·살수殺手·기대장旗隊長·숙위기사 宿衛騎士·포수砲手 등을 습사習射 또는 습포習砲로 시취試取한다. 이것이 중일시中日試이다(《한국고전용어사전》, 〈중일시〉조). 실록에는 1766년(영조 42) 10월 18일에 '중일청 시사'가 처음 등장하지만 '중일시사'는 성종 때부터 기록이 나온다. 1489년(성종 20) 2월 15일 병조에서 군졸의 재주를 시험하는 절목을 정하여 보고한 바에 따르면, 중일시사는 성종 20년 이전부터, 중일에 입직군사入直軍士를 도총부당상都摠府堂上이 각소 各所 위장衛將과 함께 활쏘기를 연습시키는 것이 전례인 것을 알 수 있다. 1766년(영조 42) 10월 18일 영조는 중일청에 나아가 시사하였고, 1767년(영조 43) 5월 14일 중일청에 나아가 서북西北 부료 군관을 시사하였다. 같은 해 5월 20일 중일청에 나아가 어가御駕를 따르는 군병을 시사하고 시상하였다. 1768년(영조 44) 5월 17일 중일청에 나아가 어가를 수행하는 병사에게 활쏘기를 시험하였다. 1769년(영조 45) 2월 9일 숭정전崇政殿에서 선비들에게 시험을 보이고 이어서 중일청에 나아가 친림하여 시사하였는데, 과차科次하여 입시하니 홍낙임洪樂任 등 3인을 뽑았다. 1769년 9월 10일 숭정전 월대月臺에 나아가 친림하여 유생들에게 정시庭試를 시험 보였는데, 왕세손이 시좌(侍坐: 임금 옆에서 모시고 앉음)하였다. 이어서 중일청에 나아가 무과에 친림하였다. 11월 18일 중일청에 나아가 육상궁毓祥宮에 동가(動駕: 임금이 탄 수레가 대궐 밖으로 나감)하였을 때 호위한 장교와 군병 및 인경궁仁慶宮 옛터의 무사들을 불러 시사하였다. 1770년(영조 46) 4월 26일 중일청에 나아가 나이 61세인 무사들에게 시사하여 최해수崔海壽 등 25인을 선발하였다. 같은 해 7월 12일 중일청에 나아가 무사들에게 시사를 거행하였는데, 왕세손도 나아가 모시고 앉은 자리였다. 9월 25일 중일청에 나아가 입직한 내삼청 금군禁軍들에게 시사하고 상품을 내려 주었다(《성종실록》 1489년(성종 20) 2월 15일; 《영조실록》 1766년(영조 42) 10월 18일; 1767년 (영조 43) 5월 14일; 5월 20일; 1768년(영조 44) 5월 17일; 1769년(영조 45) 2월 9일; 9월 10일; 11월 18일; 1770년(영조 46) 4월 26일; 7월 12일; 9월 25일). 1771년(영조 47) 4월 16일 노인 등을 불러 음식을 내려 주는 데 친림하였다가 진시辰時에 궁궐로 돌아와 융무당(隆武堂: 경덕궁의 융복전 동쪽에 있는 內苑 別堂이며 觀射臺가 있다.)에 나아가 당하관인 무신武臣을 시사하였다. 6월 9일 중일청 시사試射에 친림하였다(《영조실록》 1771년(영조 47년) 4월 16일; 6월 9일). 1773년(영조 49) 10월 18일 경봉각(敬奉閣: 명나라의 조칙을 봉안하기 위해 1769년(영조 45) 경희궁에 건립한 건물)에 나아가서 전배례(展拜禮: 임금이 궁궐, 종묘, 문묘, 능침에 참배함)를 행하고 이어 중일청에 나아가서 무과전시武科殿試를 행하였다. 1774년(영조 50) 4월 13일 중일청에 나아가 양서兩西와 기전圻甸(경기) 사이의 직로直路에 사는 사람을 시취試取하니, 이는 대개 임진년에 선조[宣廟]가 의주를 가고 오던 길이라 추모하는 뜻에서 나왔다. 문과에 이과李果 등 3인을 뽑고 무과에는 7인을 뽑았는데, 모두 급제를 내리라고 명하였다. 6월 11일 중일청에 나아가 활쏘기 시험을 행하였고, 7월 7일 경봉각에 나아가 사배四拜하고 중일청에 나아가 무사들을 시사하였다. 1775년(영조 51) 4월 18일 중일청에 나아가 서북 지방의 무사에게 시사를 행하였고, 9월 3일 숭정전 동월대에 나아가 문과의 전시殿試를 설행하고 중일청에 나아가 무과의 전시를 설행하였다(《영조실록》 1773년(영조 49) 10월 18일; 1774년(영조 50) 4월 13일; 6월 11일; 《1774년(영조 50) 7월 7일; 1775년(영조 51) 4월 18일; 9월 3일).

지금까지의 검토에 따르면 교열(敎閱: 교련과 열병. 열병의식 및 군사 훈련 검열 제도)하는 것은 위급함을 대비하는 뜻이다(《성종실록》 1489년(성종 20) 2월 15일). 인재양성, 양로의례에 시사하고, 효종이 세자위를 계승하던 해에 효종이 태어난 구궁舊宮에 임하여 감동하여 시사하고, 육상궁에 동가하였을 때 호위한 장교와 군병 및 인경궁仁慶宮 옛터의 무사들을 불러 시사하고, 서북 부료 군관을 시사하였다.

친림융무당문신삭시사의親臨隆武堂文臣朔試射儀는 매월 초하루에 융무당에서 열리는 문신의 시사 의식이다. 이는 무예 단련이 아니라 문신들의 덕행을 살펴보기 위한 것이다. 1766년(영조 42) 9월 20일 영조가 친림하여 문신의 삭시사를 건명문建明門에서 행하였다. 12년 전인 1744년(영조 30) 5월 17일에 당상 무신의 삭시사에 친림하려다 비가 내려 그만둔 적이 있었다. 그때 영조가 연생문延生門에 나아가 무신들에게 하유하기를, "군중軍中에서는 신信을 주로 삼으므로 위문후魏文侯와 우인虞人이 회렵(會獵: 여러 사람이 모여서 사냥함)한 고사에 따라 스스로 정지하였으니, 쾌청하기를 기다리라." 하였다. 1768년(영조 44) 7월 20일 영조는 융무당에 나아가 문신의 삭시사를 행하고 겸하여 종신宗臣의 시사를 행하였고, 1773년(영조 49) 7월 20일 융무당에 나아가 문신의 삭시사를 행하였다(《영조실록》 1766년(영조 42) 9월 20일; 1754년(영조 30) 5월 17일; 1768년(영조 44) 7월 20일; 1773년(영조 49) 7월 20일).

친림연융대시사의親臨鍊戎臺試射儀는 왕과 백관이 모두 융복과 우립(羽笠: 새의 깃을 꽂아 장식한 갓)을 갖추고 연륭대에 나아가서 무예를 익히던 의식이다. 1506년(연산 12) 연산군이 장의문藏義門 밖 조지서造紙署 터에 탕춘대蕩春臺를 만들었다. 1754년(영조 30) 9월 2일 영조가 "공자가 '반드시 이름을 바른다.' 하였는데, 탕춘대의 이름은 바르지 않다. 이미 경영京營을 설치하고는 때때로 나아가기도 하니, 바로잡지 않을 수 없다." 하며, 연륭대로 고치도록 하였다. '이미 경영을 설치했다'는 것은 1747년(영조 23) 9월 30일 탕춘대는 도성의 요충지이므로 총융청을 특별히 옮겨 세우도록 하고, 한漢나라 문제文帝가 세류(細柳: 가지가 가는 버드나무)에 임했던 뜻을 본받아 무사試士에 친림할 것을 특별히 명한 것이다. 10월 1일 영조는 탕춘대에 거둥하여 총융청의 장교와 군병들이 총 쏘는 것을 몸소 시험하고, 각각 차등이 있게 시상하였다. 부로父老를 불러 백성들의 질고를 묻고서 각각 쌀을 한 말씩 지급하였다. 병조판서 정우량鄭羽良에게 어제시御製詩를 베껴서 계판揭板하라고 명하였다. 환궁할 때 육상묘(毓祥廟: 선조의 아버지인 덕흥대원군의 사당)에 두루 배알하였다. 1760년(영조 36) 4월 16일 춘당대에서 준천당상과 낭청에게 시사를 행하여 가자하였다(《연산군일기》 1506(연산 12) 1월 27일; 《영조실록》 1754년(영조 30) 9월 2일; 1747년(영조 23) 9월 30일; 10월 1일; 1760년(영조 36) 4월 16일).

(3) 대열과 강무

대열의大閱儀는 임금이 친히 군사들의 전투훈련 상태를 점검하는 의식이다. 열병閱兵(열무閱武)에 대한 의미를 찾아보면 성종이 병조에 내리는 전지에, "군졸은 나라의 조아爪牙(손톱과 어금니)인지라 모름지기 가르친 바탕이 있어야 창졸倉卒에 쓸 수 있으므로, 군사를 교열敎閱하는 것은 국가의 위급함을 대비하는 뜻이다."(《성종실록》 1489년(성종 20) 2월 15일)라고 하였다.

이 의식은 1426년(세종 8) 살곶이[箭串]에서 시행된 대열의[76]를 시작으로 숙종대까지 행해진 수많은 사례를 확인할 수 있다.[77] 1743년(영조 19) 8월 20일에는 영조가 정릉(貞陵: 태조의 계비 신덕왕후의 능)에 나아가 작헌례를 행하고, 돌아오는 길에 사리평沙里坪에서 열무하였다. 영조는 이곳에서 부총관 윤광신尹光莘의 용력을 시험하기 위하여 훈국의 진영 안에 돌입하여 영전(令箭: 군령을 전달할 때 쓰는 화살)을 뽑아오게 하였다(《영조실록》 1743년(영조 19) 8월 20일).

친림춘당대호궤의親臨春堂臺犒饋儀는 춘당대의 열병을 참관한 다음에 군사를 위로하던 의식이고, 친림호궤의는 왕이 직접 군사들을 위로하던 의식으로서 춘당대 호궤의보다 훨씬 장엄하다. 1636년(인조 14) 12월 24일 군사 4백여 명을 보내어 출전(정묘호란)하게 하였는데, 출발에 앞서 상이 몸소 나아가 호궤하였다(親臨犒饋). 1637년(인조 15) 윤4월 6

76 《春官通考》(下), 성균관대학교 대동문화연구원, 1975, 285쪽.

77 위의 책, 286쪽; 《세조실록》 1464년(세조 10) 7월 22일; 《예종실록》 1469년(예종 1) 2월 15일; 《예종실록》 1469년(예종 1) 8월 25일; 《성종실록》 1471년(성종 2) 4월 16일; 1489년(성종 20) 9월 28일; 《중종실록》 1534년(중종 29) 9월 25일; 1536년(중종 31) 11월 2일; 《인조실록》 권7, 1624년(인조 2) 9월 19일; 1629년(인조 7) 8월 1일; 《효종실록》 1654년(효종 5) 3월 4일; 《숙종실록》 1679년(숙종 5) 9월 11일; 1691년(숙종 17) 2월 26일; 1692년(숙종 18) 2월 27일.

일 병조가 성첩(城堞: 성 위에 낮게 쌓은 담)을 지킨 장사를 왕이 친히
호궤(犒饋: 군사들에게 음식을 베풀어 위로함)할 일에 대해 아뢰는데 그
절차가 상세하였다. 1762년(영조 38) 1월 2일 영조는 경현문景賢門에
나아가 궐내의 신구번新舊番 금군 및 군병을 호궤하는 데에 친림하였다.
1778년(정조 2) 9월 3일 정조는 세마대洗馬臺에서 오영(五領: 서울에 있
던 다섯 곳의 친군영)의 장수와 군사들에게 호궤하였는데 융복(戎服: 의
례용 군복)을 입고 여를 타고 협양문協陽門 밖으로 나아가 돈화문敦化門
을 경유하여 숭례문崇禮門으로 나아가 영접하는 곳에 도착하였다(《인조
실록》 1636년(인조 14) 12월 24일; 1637년(인조 15) 윤4월 6일; 《영조실
록》 1762년(영조 38) 1월 2일; 《정조실록》 1778년(정조 2) 9월 3일).

강무의講武儀는 수렵을 통하여 무예를 단련하고 잡은 짐승을 종묘에
제사하며, 백관에게 잔치를 베푸는 의식이다. 대군 이하 종친과 백관은
임금을 따라서 사냥한다. 그러나 잔혹한 사냥과 남획을 금한다. 수렵이
끝나면 잔치를 열고 종사 관원을 위로하였다. 1396년(태조 5) 11월 30
일 의흥삼군부義興三軍府에서 역대 강무 제도를 참고하여 시행할 것을
아뢰었다. 그 상소 내용에서 이 의례 시행의 근거를 찾을 수 있다.

　　의흥삼군부(義興三軍府: 조선 초기에 의흥 친군을 통할하던 군관부)에서 상
소하였다. "삼가 역대의 강무 제도를 상고하옵건대, 주(成周)나라 시대에
는 봄과 여름에는 군막軍幕에서 군병을 훈련하고, 가을과 겨울에는 군사
를 크게 사열査閱했다 하오니, 사철 언제나 교련하므로 그 익히는 것이
정精하였고, 안팎으로 다 가르치므로 그 쓰기가 이로웠으니, 이것이 주
나라가 나라 지키는 도리를 얻은 것입니다. 서한 때에는 〈임금이〉 융로
戎輅에 올라서 쇠뇌〔弩〕를 잡고 비단을 가지고 무관武官에게 주어서 손
(孫: 손무孫武)·오(吳: 오기吳起)의 법을 익히고, 싸우고 진치는 제도를 익
혔는데, 오영五營의 군사들을 모아서 팔진법八陣法을 시켰으니, 이것이

경사京師에서 강무하는 것인데 승법乘法이라고 이름한 것입니다. 여러 고을(郡)에서 군수郡守와 도위都尉가 있어서 도시都試의 성적을 매기므로, 모든 수레 타고 말 타는 재관才官과 누선樓船이 모두 익히게 하니, 이것은 고을이나 나라에서 강무하는 것으로서 도시都試라고 이름한 것입니다. … 엎드려 바라옵건대 안팎에 강무 일을 명령하시어 편안할 때에도 위태함을 잊지 않으시는 계책을 보이시어, 그 강무의 제도와 드물게 하고 자주 하는 절목은 시대와 사세事勢가 다르오니, 옛날 제도에다가 더하기도 하고 덜기도 하여 사냥하여 강무하는 그림(수수강무도蒐狩講武圖)을 만들어서, 서울에서는 사철의 끝 달에 강무하여 짐승을 잡아서 종묘와 사직에 제물로 올리며, 외방에서는 봄·가을 양철에 강무하여 짐승을 잡아서 그 지방의 귀신에게 제사 지내게 하면, 무사武事가 익숙해지고 신과 사람이 화和할 것입니다. 강무할 때를 당해서는 어가가 친히 거둥하시는 것과 대리로 행하는 의식이며, 외방 관원들이 감독하고 성적을 매기는 법을 예관禮官으로 하여금 상정하여 아뢰게 하소서." 하니, 임금이 그대로 따랐다.《태종실록》1396년(태조 5) 11월 30일.

1412년(태종 12) 2월 7일 태종이 사냥하는 법은 제왕이 중하게 여기는 것이므로 강무의를 상정詳定하도록 하였다. 1431년(세종 13) 10월 30일 상정소제조 황희·맹사성·허조·정초 등이, "한漢나라 영제靈帝의 중평中平 연간에 하늘의 기운을 바라보고 길흉을 점치는 사람들이 모두 말하기를, '서울에 큰 병란兵亂이 있어서 두 궁궐에서 피를 흘릴 것입니다.' 하니, 대장군 하진何進이 황제에게 말하여 크게 군사를 내어 평락관平樂觀 아래에서 강무하고, 황제가 몸소 갑옷을 입었으니 이는 곧 위압하는 술책이었습니다." 하였다. 세종은 말하기를, "강무 때 임금과 신하가 모두 갑옷을 입는 것은 매우 떳떳치 못한 일이므로, 지금부터는 당나라 제도에 의거하여 나는 편복(便服: 평상시에 입는 옷)을 입고, 동반東班과 서반西班은 시복을 입도록 하여 의주에 기록하라." 하였다(《태종실록》 1412년(태종 12) 2월 7일; 《세종실록》 1431년(세종 13) 10월 30일).

성조의城操儀는 정조 때 행해진 군사훈련이다. 적의 습격에 대비하여 수비와 공격을 익히는 실전 훈련이다. 행전行殿 앞에서 분열分列(열병식 閱兵式과 분열식分列式이 있음)을 마친 뒤, 각 부대는 우두머리의 지휘에 따라 매복하고 성문을 닫는다. 매복한 병사가 대포와 횃불로 적의 내침을 알리면 왕은 적을 물리칠 것을 명한다. 적이 갑자기 나타나면 천아 성天鵝聲(군사를 급히 모으기 위하여 불던 나발)을 불어 신호하고, 이어서 적을 격퇴시킨다. 적을 격퇴한 다음 성문을 열고 복병을 철수시킨다 (《정조실록》 1795년(정조 19) 2월 9일). 야조의夜操儀는 성조의 의식과 같지만 밤에 이루어진다. 밤에 이루어지므로 불빛을 신호로 한다. 1779 년(정조 3) 8월 3일 정조가 남한산성南漢山城에 행행하여 백성과 군대의 상태를 살피면서, 성조城操의 방법에 대해 묻고 사조私操·정조正操의 방법에 대해 물으니, 이에 서명응徐命膺이 답하였다(《정조실록》 1779년 (정조 3) 8월 3일). 8월 9일 정조는 남한산성에 있었는데 서장대西將臺 에 나아가 성조를 행하였다. 이때 선대왕先大王(영조)이 경술년(1730, 영조 6년) 행행 때에 서장대에 들르셨음을 회상하며 말하기를, "우리 숙종[肅祖]·영조[英考]께서 효종[孝廟]의 지사志事를 뒤따르고 중화中華의 멸망을 개탄하여 모든 계술하는 도리를 극진히 하지 않으신 것이 없으니, 이것은 후사後嗣가 본받을 것이라 할 수 있을 것이다." 하였다. 성조 의 예가 끝나자 여輿를 타고 서장대를 나가 서성西城에 이르러 주필(駐 蹕: 임금이 나들이하는 도중에 거가를 잠시 멈추고 머무르거나 무는 일)하 여 성 안팎을 둘러보았다(《정조실록》 1779년(정조 3) 8월 9일). 1795년 (정조 19) 2월 9일 병조와 장용영壯勇營에서 화성華城의 성조 및 야조夜 操에 관한 규정을 가지고 아뢰었다(《정조실록》 1795년(정조 19) 2월 9일).

용주도섭의龍舟渡涉儀는 배를 이용하여 강을 건너는 의식이다. 왕이 선창에 이르러 용주龍舟(임금이 타는 배)에 오르면, 오방기五方旗를 세우고(點五方旗) 모든 장수의 배는 사방에서 호위를 맡아서 강을 건너갔다가 다시 돌아온다.[78] 하지만 용주를 이용하여 강을 건너는 것은 불편한 점이 많아 새로 배다리 제도를 만들었다. 1790년(정조 14) 7월 1일 정조가 한강을 건너기에 편한 배다리에 관한 《주교지남舟橋指南》을 직접 만들었다(《정조실록》 1790년(정조 14) 7월 1일).

### (4) 구일식과 구월식

구일식의는 일식日食이 있을 때 이변이라 하여, 임금이 각사各司의 당상관과 낭관(郎官: 각 관아의 당하관을 이르는 말. 주로 육조의 정랑·좌랑이나 그 밖의 실무를 담당하는 6품의 관원을 이름)을 거느리고 기도를 드리던 일이다. 고려시대에도 행해졌다(《고려사》 〈예지〉, 구일월식의). 해가 다시 완전한 모양으로 나타날 때까지 월대에서 기도한다. 《세종오례》와 《오례의》에 따르면, ① 전하의 욕위(褥位: 요를 깔아 만들어 놓은 임금의 자리)를 근정전(《속오례의》: 인정전) 계상(階上: 섬돌이나 층계의 위)에 남향하여 설치하고 북 3개, 휘 3개, 병기 3개를 벌여 놓는다. ② 일식이 시작되기 5각刻 전에 병조는 제위諸衛를 거느리고 군사를 배열하고, 시신들이 각각 소복素服(《속오례의》: 천담복)을 입고 모두 근정전(《속오례의》: 인정전) 문밖에 나아간다. ③ 3각 전에 모든 호위하는 관원 및 사금(司禁: 나라에 큰 의식이 있을 때 섬돌 위나 대궐의 뜰에 여러 가지 의장을 벌여 세우던 관원)은 각각 기복을 갖추고 합문 밖으로 나아가 대기하고, 전하는 소복(《속오례의》: 익선관·참포黲袍·오서대烏犀帶·백피화白皮靴)을 갖추고 사정전(《속오례의》: 창덕궁 내전)에 나아간다. ④ 1

---

78 《春官通考》(下), 298쪽; 이 의례의 실행을 1779년(정조 3) 8월 3일의 실록기사에서 확인할 수 있다. 《정조실록》 1779년(정조 3) 8월 3일.

각 전에 전하는 여를 타고 나와 욕위에 이르러 해를 향하여 앉는다. 관상감에서 일식을 알리면 관리는 향불을 피우고 북을 치다가 일식이 끝나면 멈춘다(《세종실록》 권133, 오례, 군례 의식, 구일식의).

1429년(세종 11) 8월, 세종은 근정전에서 구일식의를 행하였고, 다음 해 8월 1일에도 일식이 있었는데 세종이 소복 차림으로 근정전 월대의 악차(幄次: 임금이나 세자가 거둥할 때 임시 거처로 마련한 장막으로 임금이나 세자가 쉬던 곳)로 나와 일식을 구하니, 시신侍臣들도 소복을 하고 시위하였다. 1432년(세종 14) 1월 1일 세종은 소복차림으로 근정전 영외楹外의 섬돌 위에 나아가서 예대로 구식救食하였으나 마침내 일식하지 않았다. 1433년(세종 15) 7월 20일 예조에서 일식을 구하는 의주를 아뢰었다. 1435년(세종 17) 11월 1일 일식이 있어 세종은 소복차림으로 근정전 층계 위에 나가서 일식을 구하기를 의식대로 하였다. 1447년(세종 29) 8월에 일식이 있었으나 구름에 가려 보이지 않았다(《세종실록》 1429년(세종 11) 8월 1일(을해); 1430년(세종 12) 8월 1일; 1432년(세종 14) 1월 1일; 1433년(세종 15) 7월 20일; 1435년(세종 17) 11월 1일; 1447년(세종 29) 8월 1일). 성종대까지는 소복을 입고 행하다가(《세종오례》, 《오례의》) 후기에는 시신侍臣은 각각 천담복(淺淡服: 연제 후 담제까지 입는 아주 옅은 옥색의 상복)을 갖추어 입고, 전하는 익선관·참포·오서대·백피화를 갖추어 입는다(《속오례의》, 《춘관통고》[79]). 친림구일식의親臨救日食儀(《속오례의》)는 일식의(《오례의》)보다 더 자세하고 정성껏 행하였다.

구월식의는 구일식의와 비슷하다. 다만 의식을 진행하는 데 일식에는 북을 쳐서 양기陽氣를 돕고, 월식月食에는 종鍾을 쳐서 음기陰氣를 도왔다. 1471년(성종 2) 6월 30일 관상감제조가 건의하기를, "《이전등록吏典

---

[79] 《春官通考》(下), 301쪽.

謄錄》안에 일식·월식을 기술하는 자는 산직에 붙이지 못하게 한 까닭으로 항상 군직軍職으로 서용하였으니, 이제 상정할 때에 체아(遞兒: 현직을 떠난 관리의 신분과 생활을 일시적 또는 일정기간 동안 보장해 주기 위해서 설정한 벼슬)를 혁제革除함은 미편未便합니다. 청컨대 전례에 의하여 체아를 주어 한결같이 서용하소서.”하니, 그대로 따랐다(《성종실록》 1470년(성종 1) 1월 11일; 1471년(성종 2) 6월 30일). 1475년(성종 6) 9월 1일 관상감에 일식을 구하는 의식의 시행을 명하였다.

관상감에서 아뢰기를, “이제 구일식한 전례를 상고하니, 세종대왕은 하교하기를, ‘하늘이 흐려 보이지 않으면 구식救食하지 말라.’하였고, 세조대왕은 하교하기를, ‘비록 하늘이 흐려 보이지 않더라도 마땅히 구식하게 하라.’하였는데, 오늘의 밀운(密雲: 두껍게 낀 구름)은 어떻게 처리하겠습니까?”하니, 임금이 승정원 승지 등에게 물으니, 논의가 결정되지 못하였다. 임금이 이미 소복을 하고 내전에 나아가, 먼저 일식하는 형상을 보고, 빨리 구식하기를 명하였다.《성종실록》 1475년(성종 6) 9월 1일.

위 《성종실록》에서는 임금이 소복을 하고 내전(경복궁 강녕전)에 나아간다고 하였는데, 이는 내전에서 나와 근정전으로 가는 것이다. 《세종오례》와 《오례의》에는 모두 경복궁 정전인 근정전에 임금이 일식을 보는 자리를 마련하였고, 《속오례의》에는 창덕궁의 정전인 인정전에 자리를 마련하였다. 그리고 《세종오례》와 《오례의》에는 임금이 편전인 사정전에서 나오고, 《속오례의》에서는 내전에서 나온다고 하였는데, 이 내전은 창덕궁의 내전이다. 《오례의》에 따르면 경복궁의 정전과 편전인 근정전과 사정전에서 이 의식이 치러졌다면, 《속오례의》에서는 창덕궁의 정전과 편전에서 이 의식이 이뤄졌을 것으로 보인다. 즉 임금이 자리로 나아가기 위해 《오례의》 경우처럼 편전에서 나왔다면, 《속오례의》

에서 표현한 내전이란 창덕궁의 내전에 해당하는 희정당과 대조전 가운데, 후기에 편전의 역할을 했던 희정당을 가리키는 것으로 추측된다. 하지만 성종 때, 내전(이때는 경복궁 강녕전)에 나아간다는 기록도 있으므로 희정당으로 단정할 수만은 없다. 그러므로 《오례의》의 사정전에 대응하는 《속오례의》의 전각을 찾기보다, 기록 그대로 희정당과 대조전을 아우르는 내전으로 이해하면 될 것 같다. 1482년(성종 13) 9월 17일 일식과 월식을 맞추는 관상감 관원에게 상을 내린다고 승정원에 전교하였다(《성종실록》 1482년(성종 13) 9월 17일).

1751년(영조 27) 5월 1일 일식이 있었다. 영조는 명정전明政殿(창경궁의 정전)에 나아가 구식하였다. 1769년(영조 45) 5월 1일 숭정전崇政殿(경희궁의 정전) 월대에 나아가 친히 구식을 행하였다. 일찍이 임술년(1742, 영조 18)에 일식하였을 때 영조는 친히 구식하였는데, 이때에 이르러 또 이를 행한 것이었다. 관상감제조 남태제南泰齊·일관日官 안국빈安國賓은 모두 나이 70세가 넘었는데, 영조는 기이하게 여겨 특별히 호피虎皮와 궁자弓子를 내려 주었다. 1775년(영조 51) 8월 1일 일식이 있었다. 영조는 자정전資政殿(경희궁 편전)에 나아가서 구일식하는 의식을 행하려고 하다가 상신相臣의 만류로 그만두었다(《영조실록》 1751년(영조 27) 5월 1일; 1769년(영조 45) 5월 1일; 1775년(영조 51) 8월 1일). 이들 기사에 따르면 일식 때, 구식하는 의식은 대부분 궁궐의 정전에서 이뤄졌다.

한편 월식의는 고려시대를 비롯하여 조선 초기부터 시행된 의례이다. 1422년(세종 4) 1월 16일 세종은 내전에서 월식을 구하였다. 1682년(숙종 8) 1월 15일 밤 5경更에는 구월식의를 베풀었으나, 월식하지 않았다. 1743년(영조 19) 4월 15일 개기월식皆旣月食이 있었다. 1743년 9월 11일 "이달 17일에 월식이 지하에서 있었는데, 예조의 진계(陳啓:

신하가 임금에게 서면으로, 또는 구두로 사리를 가려가며 상주하는 것)로 말미암아 구식하지 않고 다만 재계齋戒만 행하였다." 1744년(영조 20) 9월 16일 월식이 있었다. 영관상감사領觀象監事 김재로의 건의에 따라 섭행하게 하고 금군에게 명하여 구례에 의해 회자回咨를 중국의 봉황성鳳凰城에 전하게 하였다. 1748년(영조 24) 1월 16일 월식이 있었다. 달이 헌원성(軒轅星: 28수 가운데 성수에 속하는 별자리) 남쪽에 있는 작은 별을 범하였다. 1750년(영조 26) 11월 9일 관상감에서 15일의 월식을 남산에 올라가 자세히 보게 하자고 아뢰니 윤허하였다. 1754년(영조 30) 3월 11일 관상감에서 망월식望月食에 관해 아뢰었다. "이번 3월 15일 을축乙丑의 망월식에 특별히 본감本監의 관원을 정하여 남산南山에 올라 바라보다가 달돋이 때에 나시 둥글세 되지 않거든 곧 화진(火箭: 화살의 앞부분에 솜을 매달고 여기에 기름을 묻혀서 불을 붙인 뒤 쏘는 화살)으로 서로 알리어 구식하도록 하소서." 하니, 영조가 옳게 여겼다. 1761년(영조 37) 4월 9일 관상감에서 남산에 올라가 월식을 관찰하도록 청하였다. 1775년(영조 51) 1월 16일 이유경李儒慶에게 특별히 지평(持平: 사헌부에 딸린 종오품 벼슬)을 임명하도록 명하였다. 당초 이유경이 신회申晦가 월식에 대해 논한 일로 말미암아 소장을 올렸는데, 영조는 그 의기意氣가 날카로운 것을 가상히 여겨 이러한 명이 있었다(《세종실록》 1422년(세종 4) 1월 16일; 《숙종실록》 1682년(숙종 8) 1월 15일; 《영조실록》 1743년(영조 19) 4월 15일; 9월 11일; 1744년(영조 20) 9월 16일; 1748년(영조 24) 1월 16일; 1750년(영조 26) 11월 9일; 1754년(영조 30) 3월 11일; 1761년(영조 37) 4월 9일; 1775년(영조 51) 1월 16일; 1월 17일).

1475년 7월 23일 성종 6년에 동지사 이승소李承召가 아뢰기를, "맹자는 말하기를, '옛날의 군자는 그 허물이 일식·월식과 같기 때문에 사람들이 모두 이를 보고, 그가 허물을 고칠 적에는 사람들이 모두 이를 우러러본다.'고 했으니, 군주는 허물을 고치는 것으로써 아름다운 덕으로 삼았습니다.”(《성종실록》 1475년(성종 6) 7월 23일)라고 하였으므로, 일식과 월식은 군주의 허물로 여겨졌다.

### (5) 대나

계동대나의季冬大儺儀는 조선시대뿐만 아니라 고려시대에도 있었던 의례이다. 섣달[季冬]에 전염병이나 액귀를 쫓기 위한 진자(侲子: 아이 초라니. 음력 섣달 그믐날 밤에 나례의식을 거행하던 12~16세의 남자아이로 탈과 붉은 건을 쓰고 붉은 치마를 입는다)가 등장하는 의식이다. 복장과 인원은 고려의 의식과 같고, 4대문을 향해 횃불을 들고 행진하면서 악기를 울리며 고함을 지른다. 이들이 4대문을 나오면 재랑(齋郎: 제향 때에 향로를 받들어 가지는 제관)은 수탉을 죽여 제사를 올리고 구덩이에 묻는다(《세종실록》 권133, 〈오례·군례 의식〉, 계동대나의). 이 의식은 조선 중엽 이후로는 시행되지 않았으므로, 《속오례의》에 “오늘날은 행하여지지 않는다[今罷].”라고 기록되어 있다.

섣달에 거행하던 대나례를 복구했다. 당초 인조 정축년(1637, 인조 15)에 난리 뒤에 허비가 많은 것 때문에 임시로 지정했었다. 이때에 이르러 임금이 《주례》 장몽掌夢을 고찰해 보고서, 관상감으로 하여금 《오례의》를 상고하여 그전의 제도대로 복구하도록 명한 것인데, 다만 방상씨方相氏가 쓰는 종이 가면을 나무로 대신한 것은 비용을 덜기 위한 것이었다.《숙종실록》 1692년(숙종 18) 12월 18일.

1692년(숙종 18) 12월 18일 섣달에 거행하던 대나례를 복구하였다.

(b) 향사

향사의鄕射儀는 활쏘기 대회이다. 해마다 3월 3일〔가을이면 9월 9일〕에 개성부를 비롯하여 도·주·부·군·현에서 그 예를 행한다. 그러나 《주례》의 회복이라는 명목에도 불구하고 지방에서는 향사례의 시행 의지가 약했다(《세종실록》 권133, 〈오례·군례 의식〉, 향사의; 《성종실록》 1479년(성종 10) 4월 22일; 1485년(성종 16) 1월 6일). 중종대에 들어서서는 지방 풍속 교화의 방법으로서 향사례보다는 향음주례鄕飮酒禮와 친영례가 거론되고 있다.[80]

고려의 군례는 전쟁에 장수를 파견할 때 올리는 의식인 견장출정의 遣將出征儀, 군대가 전쟁터에 나아갔다가 개선하여 돌아와서 올리는 의식인 사환의師還儀, 일식과 월식을 구제하는 의식인 구일월식의救日月食儀, 겨울에 역귀를 쫓는 의식인 계동대나의가 의주 항목으로 구성되어 있다.

조선은 태종대에 강무 등의 의례를 만들었으며, 취각령과 같은 항목이나 대사례 등을 보강했다. 《오례의》에는 군의 출정에 관한 사항이 모두 빠졌다. 문종대에 편찬된 《세종오례》에는 사우사단의, 관사우사단의, 대열의, 강무의, 취각의, 구일식의, 계동대나, 향사의 등 여덟 가지 의식이 실려 있는데, 1474년(성종 5)에 완성된 《오례의》에는 취각령이 빠졌다.

고려시대 군례에 강무講武·수전狩田·사례射禮의 의식이 없는 것이 특징이라면, 《세종오례》의 취각령이 《오례의》에는 없고, 《세종오례》와 《오례의》에는 군의 출정에 관한 사항이 빠지는 대신 향사의가 추가된

---

80 《한국민속대백과사전》(http://folkency.nfm.go.kr), 〈鄕射禮〉조, 박경하 집필; 이와 의견이 다른 연구(김훈식, 〈16세기 《二倫行實圖》 보급의 社會史的 考察〉, 《역사학보》 107, 역사학회, 1985)도 있음.

다. 즉 《오례의》는 출정의식이나 긴급 사태가 생겼을 때 명령 전달 의식인 취각령吹角令과 같은 실질적 군사훈련이 사라지고 강무와 사례 같은 의례로 구성된다. 강무의講武儀는 수렵을 통하여 무예를 단련하는 의식이고, 사의射儀도 《예기》에서 '활 쏘는 의식은 덕을 기르는 데 목적이 있다'고 하였으므로, 《오례의》 의례들은 군사력을 강화하는 기능보다 오히려 의례적인 측면을 강조하고 있다.

조선시대 군례의 목적은 국가방비를 위한 것으로 표명되지만 근원을 찾아보면, 덕을 함양하기 위한 목적에서 만들어진 의례이다. 실제로 왕은 대열의大閱儀(《숙종실록》 1679년(숙종 5) 9월 11일)와 친림연융대시사의에만 융복을 입고 참관했고,[81] 나머지 의식은 거의 익선관과 곤룡포 차림인데, 이것은 군대 의식을 하나의 예절로 여겼기 때문이다(《조선왕조실록사전》, 〈군례〉조).

조선시대 군례는 무예를 익히는 강무의 대열의가 중심을 이루었다. 그러나 후기에 병란을 겪으면서 전쟁 의식인 헌괵의와 노포의가 추가된다. 즉 《속오례의》에는 대사의, 선로포의, 친림구일식의 등이 증보되었다. 영조는 활쏘는 의식에 격을 더하고, 일식의에 친림의례를 추가하였다. 그리고 《속오례의》에 정식 의례로 등재되지는 않지만 열병 뒤 임금이 군사를 친히 위로하고 음식을 나눠 주는 호궤의는, 군의 최고 통치권자가 국왕임을 드러내는 의미(《조선왕조실록사전》, 〈군례〉조)와 더불어 덕을 강조하는 성리학 이념을 군례에까지 철저하게 반영한 것이다.

1778년에 간행된 《춘관통고》에는 1744년에 행했던 헌괵의와 선로포 헌괵의가 실려 있는데 이 2개 의주는 구의舊儀로 표현되어 있고, 원의 原儀라고 하여 실려 있는 7개는 《오례의》의 의주이며, 속의續儀 3개는

---

81 임진전쟁·병자호란 뒤로 祭享 때 戎服으로 예를 행해 왔는데, 예조가 黑團領을 쓰도록 청하니 인조가 따랐던 경우가 있지만(《인조실록》 1638년(인조 16) 6월 26일), 길례의 경우이면서 국가 전란을 겪은 특수한 상황에 해당하므로 이는 예외로 한다.

《속오례의》의 의주이다. 그리고 금의今儀 11개는 정조 당시 시행하고 있던 군례 의주이다. 금의는 연사의, 친림시사의, 친림융무당문신삭시사의, 친림연륭대시사의, 대열의, 친림춘당대호궤의, 친림호궤의, 성조의, 야조의, 용주도섭의, 구월식의이다.

《오례의》의 〈군례서례〉를 구성하는 항목은 집사관, 병기도설兵器圖說, 형명도설形名圖說, 사기도설射器圖說이고, 《속오례의》의 〈군례서례〉의 항목은 집사관, 대사도설大射圖說-웅후熊侯·미후麋侯·대사도大射圖, 노포도설露布圖說, 형명도설-교룡기交龍旗·독纛·영기令旗·표기標旗이다. 집사관은 의례를 담당하는 관리에 대한 규정으로서 관제개편에 따라 드러나는 각 시기별 변화가 반영되어 있다. 《속오례의》의 대사의,[82] 선로포의와 같은 의례는 새로운 것이므로 그 집사관의 명칭에도 변화가 따른다. 예컨대 〈서례고이〉에서 군례 집사관조는 이미 계동대나의가 폐지되었기 때문에 그 집사관 제도도 없어졌음을 밝히고 있다.

그리고 〈군례고이〉에는 구일식의救日食儀의 의주와 복식 변화 등을 기록해 놓고 있다. 형명도설의 경우는 《오례서례》의 것을 대부분 유지하지만 몇 가지 바뀐 기旗의 제도〔교룡기·독·영기·표기〕를 반영하기 위해 《속오례의서례》에 항목을 별도로 두었다.

《오례서례》의 사기도설射器圖說은 《속오례의서례》에서 대사도설大射圖說로 되어 있는데 이는 사우사단의 의식을 그대로 따른 대사의가 《속오례의》에 실리면서 웅후熊侯와 미후麋侯 제도의 변화와 대사례를 행할 때의 배반도인 대사도大射圖를 기록해 놓은 것이다. 사우사단의를 천자

---

82 대사의는 왕이 활쏘기하는 의례로서 1743년(영조 19)에 영조가 신하들과 함께 행했다. 이는 《오례의》에 수록된 射于射壇儀를 바탕으로 하여 제정된 것인데, 왕과 신하가 함께 활쏘기를 행함으로써 군신 간의 의리를 밝히고 화합을 도모하는 기회로 활용하였다. 송지원, 〈儀禮 기록의 방식: 《國朝續五禮儀序例》 읽기〉, 《한국실학연구》 23, 2012, 209쪽.

의 예인 대사의로 격을 높이면서 과녁의 제도를 상세하고 화려하게 꾸민 것이다.

《속오례의서례》에 실린 노포도설은 1728년(영조 4)에 이인좌의 난을 평정한 뒤 영조가 숭례문의 누각에서 전쟁에서 승리한 사실을 선포하는 선로포의와 적의 괵(적의 머리나 귀)을 받는 의례인 헌괵의를 행할 때 사용하는 노포의 제도를 그린 것이다. 이와 같은 국가적 사건을 의례화·제도화하는 과정을 통해 오례의 서례 기록 양상을 이해한 연구도 있다.[83]

### 5) 흉례

흉례凶禮는 상장喪葬에 관한 의식 절차를 지칭하는 오례의 분류이다. 《주례》 춘관春官 대종백大宗伯에서 '흉례로써 나라의 상사喪事를 슬퍼한다(以凶禮哀邦國之憂).'고 정의하고 있어, 흉례는 국가 또는 왕실의 상장 의절을 포함하는 넓은 의미의 국가 규범적 예전禮典의 성격을 지닌다 (《조선왕조실록사전》, 〈흉례〉조).

우리나라에서는 《고려사》 〈예지〉를 비롯하여 세종 때 편찬된 《세종오례》, 그리고 1474년(성종 5)에 완성된 《오례의》에서 흉례 의례를 확인할 수 있다. 《오례의》의 〈흉례의주〉는 총 91개 조항의 의절을 담고 있다.

爲皇帝擧哀儀成服儀, 成服儀, 擧臨儀, 除服儀, 國恤顧命, 初終, 復, 易服不食, 戒

---

83 송지원, 앞의 논문(2012), 208~210쪽; 선로포의와 헌괵의에 관한 내용은 송지원, 〈영조대 儀禮 정비와 《國朝續五禮儀》 편찬〉, 《한국문화》 50, 서울대학교 규장각 한국학연구원, 2010, 214~218쪽에 자세하다.

令, 沐浴, 襲, 奠, 爲位哭, 擧臨, 含, 設氷, 靈座, 銘旌, 告社廟, 小斂, 奠, 治稗, 大斂, 奠, 成殯, 奠, 廬次, 成服, 服制, 嗣位, 頒敎書, 告訃請諡請承襲, 朝夕哭奠及上食儀, 朔望奠, 議政府率百官進香儀, 治葬, 請諡宗廟儀, 上諡冊寶儀, *內喪請諡宗廟儀, *上諡冊寶儀, 啓殯儀, 祖奠儀, 遣奠儀, 發引班次, *發引儀, 路祭儀, 遷奠儀, 立主奠儀, 返虞班次, 返虞儀, 安陵奠儀, 山陵朝夕上食儀, 魂殿虞祭儀, 卒哭祭儀, 魂殿朝夕上食儀, 魂殿四時及臘親享儀, 攝事儀, 魂殿俗節及朔望親享儀, 攝事儀, 四時及臘俗節朔望享山陵儀, 親享山陵儀, 迎賜諡祭及吊賻儀, 賜賻儀, 賜諡議, 焚黃儀, 賜祭儀, 練祭儀, 祥祭儀, 禫祭儀, 祔廟儀, 題位版儀, 祔文昭殿儀, 爲外祖父母擧哀儀, 爲王妃父母擧哀儀, 爲王世子及夫人公主翁主擧哀儀, 爲內命婦及宗戚擧哀儀, 爲貴臣擧哀儀, 臨王子及夫人公主翁主喪儀, 遣使吊王子及夫人公主翁主喪儀, 遣使榮贈王子儀, 遣使致奠王子及夫人公主翁主喪儀, 王妃爲父母祖父母擧哀儀, 成服, 除服, 王世子爲外祖父母擧哀儀, 臨師傅貳師喪儀, 遣使致奠外祖父母嬪父母師傅貳師喪儀, 王世子嬪爲父母祖父母擧哀儀, 成服, 除服, 大夫士庶人喪儀(91항목)*(表示 3 항목은 《오례통편》에서 사라지는 항목임)

내용에 따라 분류하면 다음과 같다. 첫째, 위황제거애의爲皇帝擧哀儀에서 거림의擧臨儀까지 4개 조항은 중국의 황제가 죽었을 때 우리나라 조정에서 행할 의례에 관한 것이다. 둘째, 국휼고명國恤顧命에서부터 왕세자빈위부모조부모거애의王世子嬪爲父母祖父母擧哀儀에 이르는 86개 조항은 국장 또는 왕실 중심의 상례 의식에 관한 것이다. 마지막으로 대부사서인상의大夫士庶人喪儀 1개 조항은 민간의 상례 의식에 관한 것이다.

이 가운데 초종初終·습습襲·소렴小斂·대렴大斂·성복成服·조상弔喪·치장治葬·발인發引·급묘及墓·우제虞祭·졸곡卒哭·부제祔祭·소상小祥·대상大祥·담제禫祭를 중요한 절차로 볼 수 있다. 이를 기준삼아 임금의 경우를 살펴보면 고명顧命, 초종, 복復, 습, 위위곡爲位哭, 거림擧臨, 고사묘告社廟, 소렴, 대렴, 성빈成殯, 성복, 복제服制, 사위嗣位, 고부청시청승습告訃請諡請承襲, 치장, 청시종묘請諡宗廟, 계빈啓殯, 조전祖奠, 견전遣奠, 발인, 노제路祭, 천전遷奠, 입주전立主奠, 우제, 졸곡제, 혼전제사魂殿祭祀, 산릉제

山陵祭, 사제賜祭, 연제練祭, 상제祥祭, 담제, 부묘祔廟(*한글은 앞의 절차와 겹치는 부분, 밑줄은 임금의 경우에 생략하고 살핀 부분) 등의 절차로 되어 있다.

《오례의》를 통해 정리한 상장의 절차는 아래와 같다[84](※는 《속오례의》 절차)

### (1) 초종初終 단계: 승하부터~목욕 전까지

① 임금의 운명이 가까우면 정침(正寢: 제사를 지내는 몸채의 방)에 모시고, 임금은 세자 및 신임하는 신하에게 뒷일을 부탁하는 말을 남기는 고명(顧命: 임금이 세자나 종친, 신하 등에게 유전으로 뒷일을 부탁함) 의식이 있다[國恤顧命].

② 초종初終은 돌아가신 것을 확인하는 의식으로 속광(屬纊: 임종을 달리 이르는 말. 옛날 중국에서 사람이 죽어 갈 무렵에 고운 솜을 코나 입에 대어 호흡의 기운을 검사하였다는 데서 유래한다)이라고 한다[初終].

③ 복復은 죽음에 이르러 지붕에 올라가 상위복上位復이라고 부르는데, 이 혼을 불러 시체의 넋과 합쳐지게 하려는 것이다. 이렇게 해서 살아나지 않으면 죽은 이의 절차로 처리하게 된다[復].

④ 계령戒令은 총호사(總護使: 국상이 났을 때 상장에 관한 일을 총괄하여 보살피는 임시 벼슬)를 임명하고 빈전, 국장, 산릉도감을 설치하여 각각 일을 맡게 하는 것이다[戒令].

---

84 상장의 절차에 대한 본문의 번역 및 절차의 내용은 안희재, 〈朝鮮時代 國喪儀禮 硏究〉(국민대 박사논문, 2009)와 《조선왕조실록사전》의 〈흉례〉 항목의 절차를 참고하여 수정·보완한 것이다.

(Z) 빈전에서 여러 의식

① 목욕沐浴은 시신을 정결하게 씻긴 다음 명의明衣를 입히는 의식이다 〔沐浴〕.

② 습襲은 옷을 갈아입히는 의식이다. 왕은 곤룡포를 입는다〔襲〕-〔奠〕.

③ 위위곡爲位哭은 왕세자, 대군, 왕비, 세자빈 등이 자리를 마련하고 곡하는 것이고, 거림擧臨은 종친, 문무 백관이 임곡(臨哭: 장례식에 가서 울며 슬퍼함)하는 것이다〔爲位哭〕-〔擧臨〕.

④ 함슴은 시신의 입속에 쌀과 구슬을 물리는 의식이다〔슴〕.

⑤ 설빙設氷은 시신이 상하지 않도록 얼음을 설치하는 것이다. 이어서 영좌를 마련하는데, 먼저 평상을 설치하고 붉게 칠한 교의(交椅: 제사를 지낼 때 신주를 모시는 의자로 다리가 길다)를 평상 위에 남향으로 설치한다〔設氷〕.

⑥ 함函에 유의(遺衣: 죽은 사람이 입고 있던 저고리와 적삼)를 개켜서 담고, 혼이 머무는 신백(神帛: 왕이나 왕비의 시체를 둔 빈전에 모시는, 베로 만든 신주)을 만들어 유의 위에 놓고, 함(신백함)을 교의에 모셔 놓는다〔靈座〕.

⑦ 그리고 나서 영좌의 오른쪽에는 명정(銘旌: 상례에서, 일정한 폭과 길이의 천에 죽은 사람의 품계, 관직, 본관, 성씨를 쓴 기)을 세운다〔銘旌〕.

⑧ 고사묘告社廟는 임금의 승하를 사직과 종묘에 알리는 의식이다〔告社廟〕.

⑨ 그리고 소렴(小斂: 시신에 수의를 갈아입히고 이불로 쌈)한 다음 대렴(大斂: 소렴을 한 다음 날, 입관을 위해 소렴한 시신을 베로 감싸서 매듭을 지음)을 하는데, 대렴 뒤에는 재궁(관)에 시신을 안치한다〔小斂〕-〔奠〕-〔治椑〕-〔大斂〕-〔奠〕.

⑩ 그날 성빈(成殯: 빈소를 차림)을 하는데, 찬궁을 만들고 그 안에 관을 안치하여 빈소를 이룬다〔成殯〕-〔奠〕.

⑪ 성빈 뒤에는 여차로 옮기고 발인 전까지 5개월 동안 거처하게 된다〔廬次〕.

⑫ 대렴 뒤 왕실에서는 제 6일에 상복을 입는 의식인 성복이 있다〔成服〕.

⑬ 성복은 원칙적으로 오복제五服制에 따라 참최斬衰·제최齊衰·대공大功·소공小功·시마緦麻가 있다. −※복제服制〔국휼복제國恤服制−왕비위부모상복제王妃爲父母喪服制〕

⑭ 성복 뒤 왕세자가 왕위를 잇는 사위 의식과 즉위교서를 반포하는 반교가 있다〔嗣位〕−〔頒敎書〕.

⑮ 중국에 임금의 승하를 알리고 시호를 청하고 왕위를 잇게 해 주기를 청하는 의식이 있다〔告訃請諡請承襲〕.

⑯ 아침·저녁으로 곡하고 제사를 올리고 식시食時에는 음식을 올린다. 삭망전은 초하루 보름에 올리는 제사로 아침에 곡과 전을 할 때 음식 가짓수를 늘려 진설한다〔朝夕哭奠及上食儀〕−〔朔望奠〕.

⑰ 의정부가 백관을 인솔하여 제사를 올린다〔議政府率百官進香儀〕.

### (3) 치장治葬 단계

① 천자는 7개월에, 임금은 5개월에, 사대부는 3개월에 장사한다. 치장治葬은 장사지낼 땅을 정하고 묘역을 만드는 것이다. 재궁(梓宮: 왕과 왕비 등의 시신을 넣는 관에 여러 번 옷칠을 하고※〔재궁가칠시곡림의梓宮加漆時哭臨儀(국휼초상의대절원서부재금보입國恤初喪儀大節原書不載今補入)〕, 재궁에 상上자를 쓰고, 재궁을 묶고 싼다.※〔재궁상자서사시곡림의梓宮上字書寫時哭臨儀(재궁결리시곡림의방차梓宮結裹時哭臨儀倣此)〕 종묘에 가서 대행왕大行王에게 시호諡號를 올리는 것을 허락해 주기를 조종祖宗에게 청하고, 빈전(殯殿: 왕이나 왕후가 승하하고 5개월 뒤 발인할 때까지 왕 또는 후의 관인 재궁을 두는 전각)에 시책과 시보를 올린다〔치장〕−〔청시종묘의〕−〔상시책보의〕−〔내상청시종묘의〕−〔상시책보의〕.

(4) 발인 단계

② 계빈啓殯은 빈전을 열 때에 올리는 제사이다. 이어서 찬궁(欑宮: 가
　매장 형식으로 광을 본떠 만들어서 대렴 직후에 왕과 왕후의 재궁을 안
　치하는 상구)을 치우고 재궁을 털고 닦고서 관의官衣를 덮어 두는 의
　식이다(계빈의).

③ 조조의朝祖儀는 발인(發引: 영가가 빈전에서 출발하여 능소에 이르러
　임시로 혼백을 영좌에 안치하고 전을 올리기까지의 의식)하기 전에 마
　지막으로 종묘의 조상신을 뵈는 의식이다. 이는 그 망인이 생전에
　먼 곳으로 출타하려면 반드시 사당에 와서 고하던 의식을 그대로
　취한 것이다. 발인하기 하루 전에 혼백상자魂帛箱子로 태묘太廟에 조
　조의 예를 거행하고, 곧 도로 빈전殯殿에 다시 봉안奉安했다가 그 이
　튿날 새벽에 발인한다(*이 의식은 《오례통편》에만 있음).

④ 발인하기 전 길의 신(道神)에게 올리는 제사로서 조전祖奠을 한다(조
　전의).

⑤ 발인 전에 지내는 제사로 견전遣奠을 하는데, 제사에 앞서 대여 등
　을 배치해 두고 제사를 지내며 애책문을 읽는다(견전의).

⑥ 발인의 반차班次는 장지로 향해 가는 행렬의 배치이며 발인은 장지
　로 가는 의식이다(발인반차)-(발인의). -※(발인시봉사의發引時奉辭儀)
　는 발인 때 작별을 고하는 의식이다.

⑦ 장지로 가는 중간에 길에서 노제路祭를 지낸다(노제의). -※(영가지릉
　소봉안의靈駕至陵所奉安儀)는 영가가 능소에 이르면 봉안하는 의식이다.

⑧ 천전(遷奠: 발인하기 위하여 영구를 옮길 때 지내는 제사)은 하관하기
　전에 올리는 제사이며 이어서 재궁을 현궁(玄宮: 임금의 관을 묻는
　광중)에 묻는다.(천전의)-※(하현궁시망곡의下玄宮時望哭儀(산릉우제시망곡
　의동山陵虞祭時望哭儀同)) 입주전立主奠은 우주(虞主: 장사를 치르고 난

직후에 위판에 글씨를 쓰고 모시고서 돌아와 혼전에 안치한 신주)를 세우고 올리는 제사이다(입주전의).

⑨ 반우(返虞: 장례를 지낸 뒤에 신주를 모시고 돌아오는 일)는 산릉에서 우주를 모시고 궁궐에 있는 혼전에 모시는 의식이다(반우반차)-(반우의)-※(반우시지영곡배의返虞時祗迎哭拜儀).

⑩ 입주立主와 반우返虞 뒤에 행하는 안릉전安陵奠은 산릉 복토覆土가 끝나기를 기다렸다가 위位를 정자각에 설치하고 음식을 올린다(안릉전의).

⑪ 산릉에서 영좌靈座를 정자각에 설치하고, 아침저녁으로 곡하고 음식을 올린다. 연제(練祭: 사망한 뒤 첫 기일에 지내는 제사) 뒤에는 조석곡朝夕哭을 그친다(《오례의》). 음식을 올리는 것은 상제(祥祭: 죽은 뒤 두 번째 기일에 지내는 제사)를 지내고 나면 그만둔다(《춘관통고春官通考》(하), 664쪽)(산릉조석상식의山陵朝夕上食儀).

## (5) 혼전 제사

① 우제虞祭는 죽은 사람의 시체를 매장하였으므로 그의 혼이 방황할 것을 우려하여 위안하는 의식이다. 왕실에서는 7우제, 사대부에서는 3우제를 지낸다(魂殿虞祭儀).

② 졸곡은 무시곡無時哭을 마친다는 뜻으로 이로부터 수시로 하던 곡을 멈추고 조석에만 곡을 한다. 혼전에서 아침저녁으로 곡하고 연제 뒤에는 그친다. 또 아침·저녁 식사 때 음식을 올리는데 상제를 지내고 나면 그만한다. 사시와 납일에, 속절과 초하루 보름날 혼전에 제사를 지낸다. 사시와 속절 그리고 초하루 보름날 산릉에 제사를 지낸다(졸곡제의卒哭祭儀)-(혼전조석상식의魂殿朝夕上食儀)-(혼전사시급납친향의魂殿四時及臘親享儀)-(섭사의攝事儀)-(혼전속절급삭망친향의魂殿俗節及朔望

親享儀〕-〔섭사의攝事儀〕-〔사시급납속절삭망향산릉의四時及臘俗節朔望享山陵儀〕-〔친향산릉의親享山陵儀〕. 중국에서 우리나라 임금이나 왕후의 국상에 시호諡號 및 그와 관련한 제사와 조의弔意를 표하기 위하여 보낸 사신과 물품을 맞이하는 의식과 절차-〔영사시제급조부의迎賜諡祭及弔賻儀〕, 중국에서 내리는 부물賻物을 받는 의식-〔사부의賜賻儀〕, 중국에서 내린 시호를 받는 의식-〔사시의賜諡儀〕, 황지黃紙에 쓴 고명誥命 사본을 태우고 태묘太廟에 고하는 의식-〔분황의焚黃儀〕, 중국에서 내린 시호를 받은 뒤에 길일을 택해 중국에서 온 사자使者가 제문祭文을 바치는 의식[85]-〔사제의賜祭儀〕는 중국으로부터 시호를 받고, 새 국왕의 승계를 인정받는 의례로서 혼전의례의 중심이다.[86]

③ 초상으로부터 13개월이 되는 날인 1주기에 연제를 지내고, 초상으로부터 25개월째 되는 날인 2주기에 상제를 지낸다. 상제祥祭를 지낸 뒤 1개월을 사이에 두고 담제를 지낸다〔연제의〕-〔상제의〕-〔담제의〕.

④ 담제 뒤에 종묘에 신주를 모시는 부묘를 한다.〔부묘의祔廟儀〕-〔제위판의題位版儀〕-〔부문소전의祔文昭殿儀〕- ※〔천릉의遷陵儀/장릉복위의莊陵復位儀/온릉복위의溫陵復位儀 추가〕 혼전 의례는 상례의 마지막 절차로, 이 단계에서 선왕이 산 자의 세계와 완전하게 분리되어 조상신으로 들어가면서 의례의 영역은 흉례에서 길례로 전환된다.[87]

위와 같은 《오례의》에 수록된 흉례 의식은 이후 1744년(영조 20)에 편찬된 《속오례의》에서 몇 가지 규정이 변화되었다. 《속오례의》〈흉례의주〉는 다음과 같다.

---

85 《한국고전용어사전》,〈賜祭儀〉조, 세종대왕기념사업회, 2001. 3. 30.
86 안희재, 앞의 논문, 86쪽.
87 안희재, 앞의 논문, 86쪽.

國恤服制  王妃爲父母喪服制  梓宮加漆時哭臨儀(國恤初喪儀大節原書不載今補入)  梓宮上字書寫時哭臨儀(梓宮結裹時哭臨儀倣此)  發引時奉辭儀  *靈駕至陵所奉安儀  *下玄宮時望哭儀  返虞時祗迎哭拜儀  遷陵儀  *莊陵復位儀  *溫陵復位儀(11항)88(*표시 4항목은《오례통편》에서 사라지는 항목임, 밑줄 5항목은《오례통편》과 일치함.)

《오례의》91항목이나 되는 의례에 11개의 항목을 왜 증보해야 했는지, 그리고 〈서례序例〉 항목(상복도설喪服圖說－대수大袖·장군長裙·개두蓋頭·두수頭䭉·백관참최관百官斬衰冠·최복衰服·포모布帽·포각대布角帶) 1개가 왜 만들어졌는가 하는 이유도 함께 밝혀져야 한다.

이를 위해 〈흉례서례〉의 형식적인 변화를 먼저 살펴보자.《세종오례》〈흉례서례〉 7항목은 상복喪服, 명기明器, 복완服玩, 거여車輿, 길장吉仗, 흉장凶仗, 집사관執事官이다. 첫째, 항목 개수에 차이가 있다.《세종오례》의 7개 항목 가운데《오례의》에서 제계齊戒, 염빈도설斂殯圖說, 신주도설神主圖說, 예찬주준도설禮饌酒尊圖說, 대부사서인장광구장강상거횡강하관지형大夫士庶人葬壙口長杠上去橫杠下棺之形, 광내곽상거횡강하관지형壙內槨上去橫杠下棺之形, 대부사서인율주大夫士庶人栗主의 7개 항목이 추가되고, 길장(吉仗: 길례 의식을 행할 때의 의장)과 흉장凶仗이 하나로 합쳐져 의장도설儀仗圖說이 되면서 13개 항목이 된다. 특이하게도《오례통편》에서는 다시 길의장吉儀仗〔原〕, 흉의장도설凶儀仗圖說〔原〕로 바뀐다.

둘째,《세종오례》의 거여車輿, 집사관執事官이《오례의》에서는 집사관이 먼저 나오고 거여도설車輿圖說이 뒤로 가면서 순서에서 차이를 보인다.

셋째, 항목명에도 차이가 있다. ① 《세종오례》의 상복喪服, 명기明器,

---

88 莊陵復位儀의 하위항목은 神主移奉時敏堂儀, 謚册寶內入儀, 請謚宗廟儀, 上謚册寶儀, 立主奠儀, 新主奉安明政殿儀, 祔廟儀 7항목이고, 溫陵復位儀의 하위항목은 神主移奉爲善堂儀(倣莊陵復位儀), 資政殿親行奉安祭儀, 謚册寶內入儀(倣莊陵復位儀下皆同), 上謚册寶儀, 立主奠儀, 資政殿新主奉安儀, 祔廟儀 7항목이다(밑줄은《오례의》의 항목임).

복완服玩, 거여車輿가 《오례의》에서 상복도설喪服圖說, 명기도설明器圖說, 복완도설服玩圖說, 거여도설로 바뀐다. 엄밀히 말해서 도설이 붙은 것 말고는 항목명에 차이가 없다. ② 《세종오례》의 길장吉仗과 흉장이 《오례의》에서 하나로 합쳐져 의장도설악기儀仗圖說樂器가 되었다. 《오례통편》에서는 《오례의》의 명기도설, 예찬주준도설, 광내곽상거횡강하관지형, 대부사서인율주가 사라지고 제계는 향혼전제계享魂殿齊戒〔原〕로, 염빈도설은 단순히 도설로 바뀐다. 그리고 일련의 15개 항목(復〔補〕, 襲〔補〕 (←*〈서례고이〉와 순서 다름), 襲奠〔原〕, 奠饌圖〔補〕, 小喪奠饌圖〔補〕, 設氷〔補〕, 靈座〔補〕, 小斂〔原〕, 治椑〔補〕, 大斂〔原〕, 成殯〔補〕, 成服〔原〕, 治葬〔補〕, 請諡宗廟〔補〕, 發引〔補〕)이 추가되고, 12항목(遷奠〔補〕, 返虞〔補〕, 虞祭饌圖〔補〕, 祭器〔補〕, 魂殿朔望祭〔原〕, 魂殿俗節朔望祭饌圖〔補〕, 小喪祭饌圖〔補〕, 山陵四時及俗節〔原〕, 祭后土〔原〕, 山陵四時臘俗節祭饌圖〔補〕, 墓所祭饌圖〔補〕, 〔附〕諸尺〔補〕)이 더해져, 총 35항이 된다.

　다음으로 검토할 의주에서는 변화를 쉽게 파악하기 위해 《속오례의》의 이전 시기와 이후 시기의 오례의 항목을 함께 비교해 보기로 한다. 《세종오례》〈흉례의주〉 67항목은 다음과 같다.

顧命, 初終, 復, 易服不食, 戒令, 沐浴, 襲, 襲奠, 爲位哭, 擧臨, 含, 設氷, 靈座, 銘旌, 告社廟, 小斂, 小斂奠, 治椑, 大斂, 大斂奠, 成殯, 成殯奠, 廬次, 成服, 服制, 嗣位, 頒敎書, 告訃請諡請承襲, 朝夕哭奠及上食儀, 朔望奠, 議政府率百官進香儀, 治葬, 請諡宗廟儀, 上諡冊寶儀, 〔大行王妃〕上諡冊寶儀, 啓殯儀, 祖奠儀, 遣奠儀, 發引班次, 發引儀, 路祭儀, 遷奠儀, 立主奠儀, 返虞班次, 返虞儀, 安陵奠儀, 山陵朝夕上食儀, 魂殿虞祭儀, 卒哭祭儀, 魂殿朝夕上食儀, 魂殿四時及臘親享儀, 魂殿四時及臘親享儀攝事儀, 魂殿正至朔望及俗節親享儀, 魂殿正至朔望及俗節攝事儀, 山陵四時及臘正至俗節祭儀, 山陵親行祭儀, 迎賜諡祭及弔賻儀, 賜賻儀, 賜諡儀, 焚黃儀, 賜祭儀, 練祭儀, 祥祭儀, 禫祭儀, 祔廟儀, 題位版儀, 祔文昭殿儀(67항목)

여기에 24항목(爲皇帝擧哀儀, 成服儀, 擧臨儀, 除服儀, 內喪請諡宗廟儀, 爲外祖
父母擧哀儀, 爲王妃父母擧哀儀, 爲王世子及夫人公主翁主擧哀儀, 爲內命婦及宗戚擧哀
儀, 爲貴臣擧哀儀, 臨王子及夫人公主翁主喪儀, 遣使弔王子及夫人公主翁主喪儀, 遣使榮
贈王子儀, 遣使致奠王子及夫人公主翁主喪儀, 王妃爲父母祖父母擧哀儀, 成服, 除服, 王
世子爲外祖父母擧哀儀, 臨師傅貳師喪儀, 遣使致奠外祖父母嬪父母師傅貳師喪儀, 王世子
嬪爲父母祖父母擧哀儀, 成服, 除服, 大夫士庶人喪儀)이 더해져서 《오례의》에서
는 91항목이 된다.

《속오례의》〈의주〉의 구성 가운데 흉례 11항목을 다음 자료와 비교
해 볼 수 있다. 《오례통편》은 원의原儀(《오례의》)·속의續儀(《속오례의》·
《속오례의보》)·보의補儀(《상례보편》)·증의增儀(《오례통편》)·고실故實로 구
성되어 있는데, 여기서는 《속오례의》와 《속오례의보》에 수록된 것에 해
당하는 '속의'를 살펴볼 것이다.

《오례통편》〈흉례의주〉는 모두 100항목이다. 《오례의》 흉례 91항목
에서 《오례의》의 내상청시종묘의內喪請諡宗廟儀, 상시책보의上諡冊寶儀, 발
인의發引儀 세 항목이 없어지면서 《오례통편》 흉례 '〔원原〕'은 88항목이
되고, '〔속續〕'은 6항목, 여기에 새로운 6항목(전욱奠〔보補〕, 보복제補服制, 보
치장補治葬, 결과의結裹儀〔보〕, 조조의朝祖儀〔보〕, 소상입묘의小喪入廟儀〔보〕)이
추가되어 100항목이 되는 것이다.

아래와 같이 《오례통편》〈흉례의주〉〔속〕은 6항목(속복제續服制〔부왕비
위부모상복제附王妃爲父母喪服制〕, 재궁가칠의梓宮加漆儀〔속〕, 재궁서상자의梓宮
書上字儀〔속〕, 발인봉사의發引奉辭儀〔속〕, 반우지영의返虞祇迎儀〔속〕, 천릉의〔속〕)
이다. 《속오례의》와 대부분 일치하고, 19개나 되는 천릉의의 하위항목
(-*19개의 하위항목*-)까지 일치한다. 하지만 《속오례의》의 국휼복제國
恤服制, 영가지릉소봉안의靈駕至陵所奉安儀, 하현궁시망곡의下玄宮時望哭儀
〔산릉우제시망곡의동山陵虞祭時望哭儀同〕, 장릉복위의莊陵復位儀, 온릉복위의
溫陵復位儀 5항목은 《오례통편》에서 빠진다.

續服制〔附王妃爲父母喪服制〕 梓宮加漆儀〔續〕 梓宮書上字儀〔續〕 發引奉辭儀〔續〕 返虞祇迎儀〔續〕 遷陵儀〔續〕 −\*題紙牓儀〔續〕 啓陵儀〔續〕 啓陵時成服望哭儀〔續〕 大王大妃成服望哭儀〔續〕 奉出梓宮儀〔續〕 梓宮出安後說奠儀〔續〕 梓宮詣丁字閣成殯儀〔續〕 丁字閣成殯奠儀〔續〕 朝夕哭奠及上食儀〔續〕 議政府奉百官進香儀〔續〕 梓宮加漆儀〔續〕 啓殯儀〔續〕 遣奠儀〔續〕 發引儀〔續〕 路祭儀〔續丁字閣成殯奠儀以下並見上編〕 晝停設奠儀〔續〕 新陵丁字閣成殯儀〔續〕 遷奠儀〔續〕 虞祭儀〔續〕\*−

《오례통편》에 새롭게 추가되는 6항목은 전〔보〕, 보복제, 보치장, 결과의〔보〕, 조조의〔보〕, 소상입묘의〔보〕이고, 국휼복제國恤服制, 영가지릉소봉안의靈駕至陵所奉安儀, 하현궁시망곡의下玄宮時望哭儀, 장릉복위의, 온릉복위의 5항목은 《속오례의》에는 있지만 《오례통편》에는 없다. 하지만 이 가운데 국휼복제는 의식이 아닌 복제에 대한 규정이므로 논외로 하고, 장릉과 온릉의 복위의는 시의성이 반영된 특수한 의례임을 감안해 보면, 《속오례의》에 있던 영가지릉소봉안의, 하현궁시망곡의 두 항목이 《오례통편》에서는 필요 없다고 평가되는 항목임을 알 수 있다.

이 밖에도 숙종의 특명으로 병풍석 사용이 금지되었고,[89] 비각碑閣의 경우에도 처음에는 신도비를 세웠다가 문종 때 열성의 공덕이 국승(國乘: 國史)에 기재되어 있으므로 비석을 세울 필요가 없다 하여 이를 폐지하였다. 이후 표석表石을 세우기도 하고, 그렇지 않기도 한다(《속오례의》〈흉례고이〉, 치장治葬). 《상례보편》의 치장에 비碑 항목이 따로 있으므로(《상례보편》, 치장의 碑) 표석을 세운 것을 알 수 있다.

---

89 《속오례의》〈흉례고이〉, 治葬. ○屛風石之制今不用〔肅宗特敎永除以爲後式〕; 《영조실록》 1744년(영조 20) 8월 11일(을묘). "우리 聖朝(숙종)께서는 屛風石을 없앴는데, 이것이 嗣王의 準法이라고 일컬을 만하다. 우리 聖考 때에 이르러 陵上의 石物들은 厚陵(定宗의 능)의 제도를 모방하라고 특별히 명하였는데, 지극히 검소한 덕이 놀랍고도 훌륭하였다."

## 3. 보완 의례서의 편찬

### 1) 《국조속오례의보》

《속오례의》가 완성되고 5년 뒤인 1749년(영조 25) 정치구도가 새롭게 재편되었다. 당시 56세를 맞이한 영조는 자신은 국가 체제정비나 민생문제해결을 통한 업적을 쌓는 데 전력하겠다는 뜻으로 15세의 왕세자에게 대리 기무를 맡겼다(《영조실록》 1749년(영조 25) 정월 23일). 평생 왕권안정을 정치의 가장 큰 목표로 삼아온 영조[90]가 왕세자와 왕세손을 위해서는 어떤 방안을 마련하였을까? 그들을 위해 만들어진 의례가 무엇인지 궁금하다.

세자의 대리청정 이후 1년 뒤인 1750년(영조 26) 8월 27일 원손元孫이 태어났다. 시호가 의소懿昭인 세손이다(《영조실록》 1750년(영조 26) 8월 27일; 1752년(영조 28) 3월 10일). 이때는 《속오례의》가 완성(1744년, 영조 20)되고 6년이 흐른 해이다. 처음으로 원손을 얻은 영조의 기쁨이 다음 해 1751년(영조 27), 《속오례의보》의 편찬으로 이어지지만(《속오례의보》 〈소지〉) 이 왕손은 1752년 3월 4일에 죽고 만다. 하지만 6개월 만에 다시 왕손을 보게 되는데(《영조실록》 1752년(영조 28) 9월 22일), 이때 태어난 이가 훗날 정조가 되는 사도세자의 둘째 아들이다. 왕손이 태어난 1752년 9월 22일 영조는 그 기쁨을 다음과 같이 표현한다.

---

90 정만조, 앞의 논문(2012b), 48쪽.

왕손이 탄생하였다. 내국內局의 여러 신하들이 들어가 축하했는데, '원손元孫'이라 일컫는 사람이 있었다. 임금이 말하기를, "'원元' 자는 곧 '장長' 자를 이르는 것이니, 정호定號하기 전에 어찌 원손이라 일컬을 수 있겠는가?" 하니, 여러 신하들이 드디어 정호하기를 청하였다. 임금이 너무 빠르다는 것으로 어렵게 여기자, 여러 신하들이 다시 힘써 청하니, 임금이 하교하기를, "올해 안에 어찌 다시 왕손을 볼 줄 생각했으랴? 슬픔과 기쁨이 마음속에서 엇갈린다. 지금부터 이후로 국본國本이 다시 이어지게 되었으나, 경오년(1750, 영조 26)과는 차이가 있으니, 이름을 지은 뒤에라야 이에 능히 국본을 공고히 하고 인심을 안정시킬 수 있을 것이다. 빈궁에게서 탄생한 아들을 원손이라 정호하고, 고묘告廟·반교頒教하는 등의 일을 7일이 지난 이후에 거행토록 하라." 하였다.《영조실록》 1752년(영조 28) 9월 22일.

《속오례의보》의 편찬 시기는 1751년(영조 27)이고, 두 차례의 편찬 (1752, 1758년)을 거치는 《상례보편》의 처음 편찬 시기는 1752년(영조 28)이다. 의소세손이 1750년에 태어나 1752년(영조 28) 3세의 나이에 요절하였으므로 그 시기가 의례서의 편찬과 맞물린다. 《속오례의보》의 편찬이 세손의 탄생으로 말미암아 진행되었음은 다음의 〈소지〉에서 그 취지가 명백히 드러난다.

지금 세손장복世孫章服의 강정(講定: 강론하여 결정함)으로 말미암아 회전會典의 옛글을 따르고, 아울러 원서에 누락된 것을 그 예에 따라 편집하게 하였다. 내 만년이 가까워서 원량(원손)을 얻게 되었으니 어찌 오늘에 이 글을 강론하여 결정하게 될 것을 뜻하였겠는가. 전傳(서경)에 이르기를, '사물을 미리 헤아려 대책을 세운다' 하였다. 《탁지정례》가 겨우 이루어졌으며(1749, 영조 25) 나라에 이러한 경사가 있으니 이를 살펴서 시행할지로다. 지금 세손빈의 장복에 대한 일체 강정하게 됨을 어찌 미리 짐작한 일이라고 하겠는가. 나는 지금 늙바탕에 이러한 나라의 경사가 있고, 장래 세손이 지금 원량의 일찍 자람과 같아 아들이 있고 손자가 있다면 그 칭호와 의제에 반드시 강정할 일이 있을지로다. 이러한 경사가 있어서 첨보하고 또 첨보를 한다면 나라의 경사가 어찌 이보다 큰 것이 있겠는가.〈어제속오례의보소지御製續五禮儀補小識〉.

1752년(영조 28) 의소세손이 3세의 나이에 요절하자 《상례보편》이 만들어졌다. 이보다 앞서 영조 27년에 효장세자빈인 현빈궁賢嬪宮이 홍서하였는데, 이 때문에 세손과 세자빈 예장의 복제제정이 필요하였던 것이다. 1751년(영조 27) 11월 14일 대신 및 예조 당상을 소견하여 현빈 장례의 복제 등에 대하여 논의하였다. 1751년 11월 17일 현빈궁의 성복成服을 행하였다(《영조실록》 1751년(영조 27) 11월 14일; 11월 17일); 《승정원일기》 1751년(영조 27) 11월 24일). 우선 1730년(영조 6) 6월 29일 왕대인인 경종비 경순왕후가 돌아갔을 때의 복제제정부터 살펴보자.

㉠ 1730년(영조 6) 6월 29일 경종비 경순왕후가 승하하여 영조 6년 7월 4일 성복하는데 영조는 아들로써 자최 3년을 하고 복식에는 졸곡 뒤에 시사복은 생포로 만든 포포布袍를 입고, 연제 뒤에 백포를 입는 것이 그대로 적용되었다.《영조실록》 1730년(영조 6) 7월 4일.

㉡ 또 영조 6년 9월 23일에는 이전에 익선관翼善冠에 각角을 없앴는데, 익선관의 각을 없애지 말고 포로 싸는 것으로 정하였다.《영조실록》 1730년(영조 6) 9월 23일.

위와 같은 복제제정 논의는 1744년(영조 20)에 편찬된 《속오례의》에 정식으로 제도화되었고(《속오례의서례》 〈흉례〉, 상복도설의 최복(2장 1절

*에서 검토).)*, 1752년(영조 28) 6월 《상례보편》을 편찬하여 이러한 상례
를 줄여 없애거나 이정釐正하였다. 이로부터 6년 뒤인 1758년에 《상례
보편》이 다시 만들어진다(*《영조실록》 1752년(영조 28) 6월 11일; 1758년
(영조 34) 2월 15일)*.

소론에게 편찬 업무가 맡겨졌던 《속오례의》에 이어, 노론의 손에 의
해 만들어진 《속오례의보》는 그 편찬자들을 의주 권말卷末의 명단에서
확인할 수 있다.

> 嘉善大夫行承政院都承旨兼 經筵參贊官春秋館修撰官藝文館直提學尙瑞院正臣 趙明履
> 資憲大夫戶曹判書兼知 經筵事同知成均館事 世子左副賓客臣 金尙魯
> 奉敎增修正憲大夫禮曹判書兼知 經筵春秋館事臣 申晩

이로써 《속오례의보》의 편찬자는 조명리趙明履(1697~1756), 김상로金
尙魯(1702~1766), 신만申晩(1703~1765)이다. 이들은 당색이 노론이다.
이 절에서는 영조가 의례 제정에 노론을 활용하는 방안을 살펴볼 것이
다. 의례 제정은 국가의 정책 구성 안에서 이루어지는 것이기에 경제정
책에도 같은 인적 구성을 보이고 있음을 확인할 수 있다.

편찬자 가운데 김상로와 신만은 노론이다. 조명리도 노론의 중진으로
노론계 인물 내에서 유수원에 비길 만한 정도로 고사와 제도에 박통博
通했다.[91] 본 연구에서 《상례보편》 편찬자로 거론되는 홍계희洪啓禧(1703
~1771)에게 장인이 되는 김취로金取魯(1682~1740)는 김유金楺의 둘째
아들이며, 1733년(영조 9)에 종형제인 김재로가 조문명·송인명과 함께
탕평을 주도할 때, 탕평에 참여하였다. 노론 언관으로 출발한 홍계희
(1703~1771)의 정치노선이 탕평 지지로 돌아선 데는, 영조 20년 이후

---

91 《승정원일기》 1741년(영조 17) 2월 8일의 晝講에 근거한 정만조, 앞의 논문(2014), 57쪽.

본격적인 탕평파의 일원으로 활동한 처숙부 김약로金若魯(1694~1753)
와 김상로의 영향이 있었다.92 즉 《속오례의보》의 편찬자 김상로의 조
카사위인 홍계희는 1758년(영조 34)에 편찬된 《상례보편》의 편찬자로
서, 사도세자 죽음에 관련되어 유배당하기도 하였고, 정조대 관작을 추
탈당한 인물이다.93

<표 4> 《국조속오례의보》 편찬자 청풍 김씨 김상로의 가계도

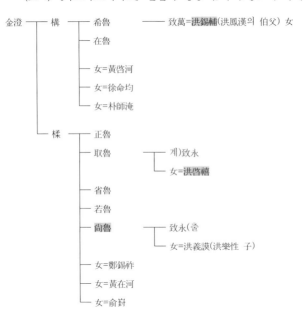

편찬자에 대한 정보를 바탕으로 《속오례의보》를 살펴보면 이 의례서
는 《속오례의》가 편찬되고 7년 뒤인 1751년(영조 27)94에 왕명에 따라

92 정만조, 〈담와(澹窩) 홍계희(洪啓禧)의 가계(家系) 분석〉, 《조선시대의 정치와 제
    도》, 집문당, 2003, 214~215쪽.
93 《萬家譜》(http://www.kostma.net/FamilyTree/), 한국학자료센터; 이근호, 위의 논문
    (2001), 335쪽.

예조에서 편찬한 책이다. 이 책은 왕세자와 뒷날 정조가 되는 왕세손을
위한 의례들로 구성되어 있어 보완서로서의 의미가 크다. 그 구성을 보
면 모두 2권 1책이다. 권1에 길례 11항, 권2에 가례 10항이 보충된 것
은 주로 왕세자와 왕세손에 관한 의식절차의 규정이다. 왕의 친림행사
외에 세자와 세손의 대행을 규정한 것으로 왕실의 필요에 의해 제정되
었다. 〈어제속오례의보소지御製續五禮儀補小識〉 다음으로 〈범례〉, 차례로
〈목록〉과 〈서례목록〉이 수록되어 있다.

〈소지〉는 신미년(1751년, 영조 27) 정월 하순에 예문관직제학 조명리
가 임금의 하교를 받들어 썼다. 이어서 7조항(①~⑦)의 범례와 목록이
나온다. 《오례의》에는 범례가 없어서 이들 범례와 직접적인 비교는 할
수 없지만, 《속오례의보》 범례는 그 안에 '원原'으로 《오례의》를 표시하
고, '속續'으로 《속오례의》를 표시하여 각각의 차이점을 밝혀 놓았다.

〈서례목록〉은 다음과 같다.

卷之一 〈吉禮〉에 四儀齊官, 眞殿圖說, 王妃禮服制度, 王世子嬪禮服制度, 王世孫冕
服圖說, 王世孫嬪禮服制度(6항).

卷之二 〈嘉禮〉에 六儀執事官, 殿下視事服圖說, 王世子遠遊冠服圖說, 王世子書筵服
制度, 王世子冠禮前幘服制度, 王世孫講書服制度, 王世子嬪輦制度, 王世孫輦制度, 王
世孫儀仗, 王世孫嬪輦制度, 王世孫嬪儀仗(11항).

〈목록〉은 다음과 같이 구성되어 있다.

卷之一 〈吉禮〉에 親享宗朝時省牲器儀, 親臨誓戒時王世子入參儀, 親享永禧殿時王世

94 《정조실록》 1781년(정조 5) 8월 20일에는 《속오례의보》가 경오년(1750)에 編成된 것
으로 나옴.

子亞獻儀, 酌獻文宣王文武試取時王世子入參儀, 享宗廟王世子攝事時省牲器儀, 享宗廟
王世子攝事儀, 祭社稷王世子攝事儀, 享永禧殿王世子攝事儀, 王世孫謁宗廟永寧殿儀,
王世孫嬪謁宗廟永寧殿儀, 王世子酌獻文宣王入學儀(11항).

卷之二 〈嘉禮〉에 王世子聽政後正至百官賀儀〔生辰賀同〕, 王世子聽政後受常參儀, 正
至百官賀王世孫儀〔生辰賀同〕, 王世孫冠儀, 冊王世孫儀, 冊王世孫嬪儀, 王世孫納嬪儀,
王世孫與師傅相見儀, 王世孫書筵會講儀, 王世孫入學儀(10항).

《속오례의보》는 《속오례의》가 편찬되고 7년 뒤인 1751년(영조 27)에
왕명으로 편찬한 책이다. 《속오례의보》는 《속오례의》에 없는 항목 가운
데 길·가례로만 구성되어 있고, 빈·군·흉례는 없다. 세손의 탄생을 기
념하면서 《속오례의》에 빠진 부분을 보충하였다. 위 범례에 따르면 진
전도설眞殿圖說이 추가된 것은 무진년(1748, 영조 24)에 전우殿宇를 첨
조添造하여 숙묘의 수용晬容을 봉안하면서 도설을 만들었기 때문이다.①
다음으로는 왕세손 관복冠服을 강정하여 싣고 왕비와 빈궁의 복服은 도
설 없이 제도만 기록한다. 오례의 원편에는 전하왕세자면복도설 및 전
하원유관복도설만 있을 뿐이고 전하의 시사복 및 왕세자원유관복, 서연
복書筵服은 실려 있지 않고, 속편 역시 기록된 바가 없으며, 또 원·속
편에는 왕비·빈궁의 복이 실려 있지 않기 때문에 이 복제가 실리게 되
었다.②

그리고 왕세손과 세손빈의 연제輦制의 의장儀仗을 강정하여 실으며,
③ 예복禮服에 적문翟文이라고 칭한 것은 모두 고전에 의거한다. ④ 또
한 왕세손의 책례 뒤에 마땅히 행해야 할 의절을 편집하여 모두 기록
한다. 원·속편의 길례 안에는 친림성생기의親臨省牲器儀 및 왕세자섭사
성생기의王世子攝事省牲器儀가 실려 있지 않고 친림서계親臨誓戒 및 진전
문묘친향의眞殿文廟親享儀에는 왕세자 입참(入參: 궁중의 잔치나 제례에 참
여하던 일) 및 아헌(亞獻: 제사 지낼 때 두 번째 잔을 올리고, 네 번 절

함)의 절차를 싣지 않았다. 속편 가례 안에는 왕세자청정후수조참의王世子聽政後受朝參儀만 있고 왕세자청정후수상참의王世子聽政後受常參儀 및 왕세자청정후정지백관하의王世子聽政後正至百官賀儀는 실려 있지 않기 때문이다. ⑤ 그리고 모든 도설, 제도, 의장, 의절은 일일이 임금의 재가를 받아 실으며, ⑥ 모든 서례와 의주는 마땅히 높여 써야 할 곳인바, 한결같이 원·속편의 예例에 의거하여 연서連書한다.⑦

1750년(영조 26) 12월 24일 사도세자는 대신과 비국 당상을 인접하여 왕세손(의소세손)의 오장복색五章服色 등에 대해 논의하였다(《영조실록》 1750년(영조 26) 12월 24일). 1751년(영조 27) 1월 29일 대왕대비(인원왕후 70세)의 존호를 의논하는 등의 절차를 즉시 거행하도록 명하고 그날, 김약로·신만·김상로 등에게 관직을 임명하였다. 김약로를 존숭도감도제조尊崇都監都提調로, 신만·김상로·유엄柳儼을 제조로, 김양택金陽澤·조운규趙雲逵를 낭청으로, 한사득韓師得을 대사간으로, 황최언黃最彦을 정언으로, 조운규를 보덕으로, 심수沈鏽를 사서로, 이득종李得宗을 겸문학으로, 정실鄭實을 승지로, 유언국兪彦國을 사간으로 삼았다. 2월 3일 영조는 선정전宣政殿에 나가서 존호를 의논하는 일로 동조東朝(인원왕후)에게 전문箋文을 올렸다. 2월 27일 대왕대비전大王大妃殿(인원왕후)의 존호를 가상加上하여 '정덕貞德'이라 하였다. 영조는 명정전明政殿에 나아가 대사大赦를 내린 뒤 백관의 진하(陳賀: 축하의 뜻을 표하여 말함)를 받았다. 2월 28일 존숭도감의 일로 좌의정 김약로·우의정 정우량鄭羽良·예조판서 신만·호조판서 김상로·공조판서 유엄·판중추부사 조관빈趙觀彬에게 안구마鞍具馬를 하사하고, 조운규·김양택에게는 통정대부通政大夫를 가자하였으며, 나머지에게는 모두 차등 있게 상을 반사하는 등 시상하였다(《영조실록》 1751년(영조 27) 1월 29일; 2월 3일; 2월 27일; 2월 28일).

　　1751년 2월 24일《속오례의보》를 가지고 명정전 뒤에서 내대來待하
라고 전교하였다(《승정원일기》1751년(영조 27) 2월 24일). 1751년 2월
25일 영조가《속오례의보》를 어느 정도 초출草出하였는가(其幾草出乎)를
물으니 도승지 조명리가 이제 막 초출하여 다듬으려 한다(方爲出草而欲
淨寫矣)고 답하였다. 세자상참의世子常參儀는 이미 첨입하였느냐는 영조
의 질문에 조명리가 상세히 고찰하여 첨보할 것이라고 답하였고, 세손
책의世孫冊儀와 왕세자책의王世子冊儀는 같은가 하는 질문에 조명리가 비
슷하다고 답하였다. 영조는 세손초례의世孫醮禮儀는 마땅히 첨입해야 한
다고 하였고,《주례》는 주공이 만든 것인데 아직 시행하지 않은 것이
많으므로 세손의 초례(醮禮: 신랑과 신부가 처음 만나 절하고(교배례) 서
로 합환주를 마시는(합근례) 예식)를 첨입한 것 역시 이 같은 뜻이라고
하였다. 봉책封冊이 병오년(1726년)부터 다섯 차례(1726-헌열憲烈, 1740-
광선光宣, 현익顯翼 1747-강성康聖, 1751-정덕貞德)[95]나 있었으니 자성慈聖
께서 만수무강하심은 당연하며 보록寶籙은 영조가 옛날에 스스로 써서
둔 것이라 하였다(《승정원일기》1751년(영조 27) 2월 25일). 인원왕후가
생전, 시호를 받은 것은 모두 열 차례(1713-혜순惠順, 1722-자경慈敬,
1724, 1726-헌열, 1740-광선, 현익, 1747-강성, 1751-정덕, 1752(임신
년)-수창壽昌, 1753(영조 29, 계유년)-영복永福, 1756(영조 32, 병자년)-융
화隆化, 1757(영조 33, 승하 후 7일 만에 의정함)-정의장목定懿章穆)이다
(《숙종실록》1713년(숙종 39) 1월 21일;《승정원일기》1722년(경종 2) 5
월 6일;《영조실록》1724년(영조 즉위) 8월 30일; 1752년(영조 28) 5월
26일; 1753년(영조 29) 12월 26일; 1756년(영조 32) 1월 1일; 1757년(영
조 33) 3월 26일).

---

95《영조실록》1726년(영조 2) 7월 2일; 1740년(영조 16) 2월 22일; 윤6월 8일; 이때
　　《仁元王后英祖貞聖王后尊崇都監儀軌》(규장각 소장)가 만들어졌다;《영조실록》1747년
　　(영조 23) 2월 19일.

## 2) 《국조상례보편》

영조는 1751년(영조 27) 11월 14일 첫째 아들인 효장세자의 빈 효순현
빈孝純賢嬪(조문명의 딸)의 상을 당하였다. 그리고 이듬해 3월 4일 영조
의 둘째 아들 사도세자의 맏아들인 의소세손의 상이 연이어 일어났다.
그러자 세자빈과 세손을 위한 상장례를 마련하게 하였는데 그것이 《상
례보편》으로 편찬되었다. 그 과정을 차례대로 살펴보면 다음과 같다.

### (1) 1752년본 《상례보편》의 편찬

1752년(영조 28) 1월에 《상례수교》가 만들어졌다. 나중에 《상례보편》
으로 이름이 바뀌는 이 의례서는 5권 4책으로 만들어졌다. 권1~3은
본문, 권4는 수교受敎, 권5는 의소세손 상례 때의 수교로 구성되어 있
다. 영조가 직접 〈어제국조상례보편소지御製國朝喪禮補編小識〉까지 지었다
(《국조상례보편》 奎 1339-v.1-4). 이 의례서는 영조의 첫째 아들이었던 효
장세자의 빈, 효순현빈이 1751년 11월 14일 죽으면서 영조가 흉례만을
위한 국가전례서를 편찬하게 한 것이다(《승정원일기》 1751년(영조 27)
11월 27일).

1752년(영조 28) 1월 29일 삼도감三都監의 도제조 김재로, 제조 이익
정李益炡·홍계희·김상성金尚星·정익하鄭益河·서명구徐命九·이종백李宗白·
이춘제李春躋 등에게 수고에 따라 물품을 하사하였다. 이와 같은 시상
은 효순현빈을 위한 빈궁殯宮·혼궁魂宮·묘소墓所에서 도감都監·집사執事·
차비差備로 수고했기 때문이었는데(《영조실록》 1752년(영조 28) 1월 29
일), 이로부터 얼마 안 된 3월 4일 의소세손이 죽는 불행이 또 찾아왔
다. 1752년 5월 16일 영조는 의소세손의 장례 준비를 위해 수고한 관료
들에게도 시상하였다.

〈자료 6〉 이철보는 1752년본 《상례보편》 편찬자로서, 교서를 받들어 《어제국조상례보편소지》를 썼다. 아버지 이정신은 경종대 소론으로 활동했고, 아들 이복원과 손자 이시수(《춘관지》 편찬을 명 받음) 등도 정조대에 의례를 주관하며 소론으로 활동했다. 초상화 출처는 《초상화 모음집》이다.

도감의 당상과 낭청에게 상을 내렸다. 장생전長生殿 도제조 김재로에게는 숙마熟馬를, 삼도감(묘소墓所, 빈궁殯宮·혼궁魂宮, 예장禮葬) 도제조 김약로에게는 안구마를, 묘소 도감제조 원경하元景夏와 박문수朴文秀에게는 각각 숙마를, 빈궁·혼궁의 양 도감제조 이익정·홍봉한, 예장 도감제조 김상성金尙星, 계찬실관啓欑室官 홍상한洪象漢, 첫 번째의 명정서사관銘旌書寫官 홍봉한, 시책문諡冊文 제술관製述官 조관빈, 애책문哀冊文 제술관 원경하, 인전문印篆文 서사관 낙풍군洛豊君 이무李楙 등에게는 각각 숙마를 내리고 현실명정玄室銘旌 서사관 금성위錦城尉 박명원朴明源, 시책문 서사관 김상익金尙翼, 애책문 서사관 남유용南有容, 대전관代奠官 해춘군海春君 이영李榯, 제주관題主官 낙풍군 이무, 도감 낭청 홍낙성洪樂性·윤광찬尹光纘, 봉폐관封閉官 박사눌朴師訥 등에게는 모두 가자하였다.《영조실록》 1752년(영조 28) 5월 16일.

5월 22일 윤급尹汲을 이조참판, 남유성南有星을 대사성, 이철보李喆輔를 동경연, 윤동성尹東星을 사서, 윤동도尹東度를 경상도관찰사로 삼았는

〈자료 7〉 윤동도는 《속오례의》 편찬자인 소론 준론의 당색을 윤광소와 본관(파평)이 같은 집안사람이다(각각 소론 산림 윤증의 백부인 윤순거의 증손과 현손). 《상례보편》(영조 28) 편찬자이면서 소론 계열인 윤동성과도 같은 집안사람이며, 윤동도·윤동성은 모두 조현명의 집안사람인 조원명·조석명의 딸과 혼인함. 초상화 출처는 《초상화 모음집》이다.

데, 이 가운데 이철보와 윤동성은 1752년본 《상례보편》의 편찬자이다. 이런 와중에 5월 26일 중전(정성왕후)의 회갑을 맞아, 영의정 김재로가 중궁전에 존호 장신莊愼을 올리는 일이 있었다. 5월 27일 이천보李天輔·김상성金尙星·이익정李益炡을 정헌대부로, 이철보·조명교曺命敎를 가의대부로, 권일형權一衡을 가선대부로, 김상구金尙耈·임집任㙫을 통정대부로 가자한 것은 존숭도감에 참여한 노고 때문이었다(《영조실록》 1752년(영조 28) 5월 22일; 5월 27일).

1752년(영조 28) 6월 11일 《상례보편》을 편찬하면서 《오례의》 가운데서 언급한 의주 및 옛날에는 있었으나 지금은 없는 것은 고금의 제양制樣이 다른 것만을 기록하였다. 그리고 그 차례에 따라 같은 부류들끼리 편입編入하여 간략하고도 완전해질 수 있도록 하였다.

임금이 대신과 균역청 당상 및 편집낭청을 소견하고, 하교하기를, "상례 가운데 하교하여 줄여 없애거나 이정釐正한 것이 많이 있기 때문에 처음에 《상례수교喪禮受敎》라 했다가 이제 또 이름을 고쳐 《국조상례보

<자료 8> 이천보는 노론계로서, 영조의 탕평 정치 후반기에 유척기, 소론계 이종성 《속오례의》 편찬자》 등과 함께 김상로, 홍봉한 등 외척당에 대항하였다(69쪽 제3장의 각주 24 참고). 영정 출처는 《선현영정첩》이다.

편國朝喪禮補編》이라 하고, 단지 《오례의》 가운데서 언급한 의주 및 옛날에는 있었으나 지금은 없는 것으로서 고금의 제양制樣이 다른 것만을 기록하였다. 하지만 의주 또한 반드시 뒤섞어 기록할 필요는 없고, 본래 《오례의》와 같은 데는 '벼슬은 아무 벼슬, 품계는 아무 품계'라고 주를 달도록 하라. 그리고 무릇 수교受敎는 그 차례에 따라 같은 부류들끼리 편입한다면 간략하고도 완전해질 수 있을 것이다." 하였다. 영의정 김재로가 추향(秋享: 가을에 지내는 제사)을 섭행攝行케 할 것을 청하였으나, 임금이 허락하지 않았다.《영조실록》 1752년(영조 28) 6월 11일.

《상례보편》 권5의 아래 명단에 따르면, 1752년본 《상례보편》의 편찬자는 김재로(1682~1759)-탕평 제1세대.[96] 홍계희洪啓禧, 이익정李益炡, 이철보, 조명리趙明履, 윤득우尹得雨, 이석희李錫禧, 윤동성, 이사관李思觀(1705~1776)(《국조상례보편》 권5 말末의 봉교편집인명선奉敎編輯人名單)이다.

---

96  정만조, 〈澹窩 洪啓禧의 정치적 生涯〉,《인하사학》 10, 인하역사학회, 2003, 640쪽.

通訓大夫行世子侍講院司書兼春秋館記事官臣 李思觀

通訓大夫行世子侍講院司書兼春秋館記事官臣 尹東星

通訓大夫行軍資監判官臣 李錫禧

中直大夫行世子侍講院司書兼春秋館記事官臣 尹得雨

嘉善大夫禮曹參判兼世子右副賓客臣 趙明履

嘉義大夫行承政院都承旨兼經筵參贊官春秋館修撰官藝文館直提學尙瑞院正臣 李喆輔

資憲大夫禮曹判書兼知義禁府事五衛都摠府都摠管臣 李益炡

資憲大夫兵曹判書兼同知經筵事臣 洪啓禧

教編輯大匡輔國崇祿大夫議政府領議政兼領經筵弘文館藝文館春秋館觀象監事世子師臣 金在魯《상례보편》卷5 終.

〈어제국조상례보편소지御製國朝喪禮補編小識〉[97]는 이철보가 교서教書를 받들어 썼다. 이어 〈국조상례보편범례〉가 실려 있다. 1752년(영조 28) 10월 5일 영조가 3년상의 복제에 관해 물었다.

약방에서 입진(入診: 의원이 궁중에 들어가 임금을 진찰함)하였는데, 편집 당상과 낭관이 입시하였다. 임금이 말하기를, "3년상에는 금옥관자金玉貫子를 떼어내는가?" 하니, 편집 낭관 이사관이 말하기를, "경자년(1720, 경종 즉위년)에는 금옥관자를 떼냈으나 갑진년(1724, 영조 즉위년)에는 금옥관자를 떼내지 않았습니다." 하였다. 임금이 말하기를, "의소와 효순의 두 혼궁(魂宮: 왕세자나 세자빈 및 세손과 세손빈의 장례를 마친 뒤 신주를 모셔 두고 삼년상을 치른 곳)에 모두 천담복淺淡服을 입었으니 금옥관자를 떼내서는 아니될 것이다. 대내에서는 백총白聰망건에다 상아은혈권자象牙隱穴圈子와 폐양자蔽陽子를 착용하였는데, 옛날의 예에도 그러한 제도가

---

97 〈御製國朝喪禮補編小識〉 …嘉義大夫行承政院都承旨兼經筵參贊官春秋館修撰官藝文館直提學尙瑞院正臣 **李喆輔**奉敎書.

있었는가?" 하니, 이사관이 말하기를, "예에 건巾만 있고 고깔(弁)은 없기 때문에 그러한 제도가 없습니다." 하였다.《상례보편》卷5 終.

1752년(영조 28) 10월 10일 영조가 이조판서 조재호趙載浩(1702~1762), 병조판서 김상성이 올린 도정(都政=都目政事: 이조·병조에서 벼슬아치의 치적을 심사하여 면직하거나 승진시키던 일)을 친히 행하였는데, 박상덕朴相德을 대사간으로, 민택수閔宅洙를 사간으로, 이수덕李壽德을 장령으로, 박치문朴致文을 집의로, 이환李煥을 필선으로, 임사하任師夏를 보덕으로, 이창의李昌誼를 호조참판으로, 조명리를 예조참판으로, 이사관을 사서로, 유현장柳顯章을 헌납으로, 정언충鄭彦忠·박기채朴起采를 지평으로, 이우李堣를 정언으로, 조중회趙重晦를 교리로, 홍봉한洪鳳漢을 좌부빈객으로, 김상성金尙星을 예문제학으로, 서명구徐命九를 전라도관찰사로, 이일제李日躋를 병조참판으로 삼았다. 10월 27일 조태언趙泰彦을 승지로, 정기안鄭基安을 집의로, 이사관·이제현李齊顯을 지평으로, 이양천李亮天을 교리로, 이명환李明煥을 문학으로 삼았다(《영조실록》 1752년(영조 28) 10월 10일; 10월 27일).

### (2) 1758년본 《상례보편》의 편찬

1752년(영조 28) 《상례보편》이 만들어진 지 6년 뒤인 1758년(영조 34)에 《상례보편》이 다시 만들어지는 것은 왕비와 대왕대비 때문이었다. 1757년(영조 33) 2월 15일 영조비 정성왕후 서씨(66세)와 3월 26일 숙종비 인원왕후 김씨(71세)가 잇달아 승하하자 《속상례보편》을 만들고, 이것을 모두 합쳐 1758년(영조 34)에 《상례보편》을 만들었다(《영조실록》 1758년(영조 34) 2월 15일). 2월 15일에 임금이 선원전璿源殿 재실에 나아가서 편차인編次人 구윤명具允明·조명정趙明鼎에게 《상례보편》의 설국設局을 명하였다(《영조실록》 1758년(영조 34) 2월 15일).

상장례의 절차들에 대한 논의가 다음과 같이 진행되었다. 1757년(영조 33) 6월 11일 이철보·홍계희에게 《속상례보편》을 증수하도록 명하고, 조명정·구윤명에게 교정하게 하였다(《영조실록》 1757년(영조 33) 6월 11일). 사흘 뒤인 6월 14일 임금은 우의정 신만申晚 등과 《상례보편》의 속편 편찬 등을 논의하였다.

우의정 신만이 아뢰기를, "삼가 듣건대 《상례보편》을 속성續成하라는 명이 있었다고 하는데, 《오례의》와 《상례보편》은 각기 조건이 있어서 참고하여 열람하기가 어려웠습니다. 지금 만약 합쳐서 한 책으로 만들고 이에 따라서 그 아래에다 주석을 달게 한다면 거의 참고하고 증거를 대는 데 편리할 것입니다." 하니 임금이 말하기를, "매우 훌륭하다." 하고 말미암아 하교하기를, "《상례보편》과 본편本編을 참고하여 보면 간섭하여 제지하는 단서가 많이 있다. 그런데 또 속편을 만든다면 《오례의》·《속오례의》·《상례보편》·《속상례보편》 네 책이 함께 시행할 경우 더욱 현란해질 것이니, 《상례보편》의 체제를 조금 고쳐서 일체 통틀어 기록하되 당상관으로 신회申晦와 김치인金致仁을 추가로 임명하고, 교정관으로 성천주成天柱와 홍낙성을 추가로 정하도록 하라." 하였다.《영조실록》 1757년(영조 33) 6월 14일.

이전에 편찬된 1752년본 《상례보편》은 국왕의 대상과 왕후의 내상이 발생했을 때, 《오례의》와 《속오례의》를 함께 검토해야 하는 불편함이 있었다. 그러던 중 5년 뒤인 1757년(영조 33)에 정성왕후와 인원왕후의 상이 연달아 일어나자 두 왕후의 국상을 치르기 위해 1752년본 《상례보편》을 보완하여 새로운 《상례보편》을 편찬하게 되었다. 그것이 1758년본 《상례보편》인데 본문 6권 5책, 도설 1책으로 총 6권 6책으로 이루어져 있다.

1758년본은 국왕의 대상을 가장 우선적으로 다루고, 세자의 소상과 세자빈의 소내상은 주를 달아놓았다. 이로써 국왕과 왕후, 세자·세자빈의 상례를 한눈에 살필 수 있게 되었다. 특히 조목마다 조목명-의주-제구 순으로 기록하되 도설만 별도로 모아서 한 책으로 만든 것이 특징이다.[98]

이때 증보된《상례보편》에는 1752년(영조 28)의《상례보편》에 있던 〈어제국조상례보편소지御製國朝喪禮補編小識〉 대신, 무인년 3월에 김재로가 교서를 받들어 쓴 〈어제국조상례보편전서御製國朝喪禮補編前序〉[99]와 신만이 교서를 받들어 쓴 〈어제국조상례보편후서御製國朝喪禮補編後序〉[100]가 있다.

다음은《오례통편》의 편찬 연혁에 해당되는 내용이다. 이 연구에서는 시기가 범위를 벗어나는 의례서이지만《속오례의》와 관련하여 참고할 만한 점이 있으므로 잠시 살펴보겠다.

《오례의》,《속오례의》,《속의보續儀補》, 정축년(1757, 영조 33) 재전(齋殿=齋室: 문묘에서 유생들이 공부하는 집)에서 보편을 거듭 수찬하여 대소의 의제儀制가 질서 정연하게 다 갖추진 국조國朝의 전례典禮가 성대하게 되었다. …"… 원편原編, 속편續編을 각기 한 책으로 만들면서 갑작스레 상고하는 즈음에 서로 참고하기가 어려웠기 때문에 선대왕(정조)께서 마침내 신들에게 명하여 한 질로 만들라고 하셨습니다. …"… 네 책을 합하여 하나의 통의通義 모양으로 만들고, 거기다 두루 수색하고 널리 상고하여 심력心力을 기울여 책을 거의 완성하게 되었다.[101]

---

98 이현진,《왕의 죽음, 정조의 국장》, 글항아리, 2015, 60~61쪽.

99 〈御製國朝喪禮補編前序〉 …大匡輔國崇祿大夫領中樞府事致仕奉朝賀臣 金在魯 奉敎書 戊寅三月 日.

100 〈御製國朝喪禮補編後序〉 …大匡輔國崇祿大夫議政府右議政兼領經筵事監春秋館事臣 申晩 奉敎書.

이에 미루어 보면 《오례의》, 《속오례의》, 《속의보》, 《상례보편》을 수
찬하여 대소의 의제가 질서 정연하게 다 갖춰진 국조의 전례가 성대하
게 되었다. 하지만 원편, 속편을 각기 한 책으로 만들면서 갑작스레 상
고하는 즈음에 서로 참고하기가 어려웠기 때문에 정조가 명하여 한 질
로 만들라고 한 것이다. 위 네 책을 합하여 하나의 통의 모양으로 만
들고, 거기다 두루 수색하고 널리 상고하여 심력을 기울여 책을 완성하
게 된 것이 《오례통편》이다. 결국, 순조 이전까지 편찬된 네 책을 합해
야 내용이 완전하게 갖추어진 의례서 형태가 되는 것을 알 수 있다.

1758년본 《상례보편》 편찬자는 홍계희, 신회申晦(1706~1776, 신만申晩
의 동생), 김치인(1716~1790),[102] 구윤명(1711~1797), 조명정(1709~1779),
홍낙성(1718~1798), 성천주(1712~1779), 정존겸鄭存謙(1722~1794)이다.

> 崇政大夫行忠武衛副司直兼知 經筵事臣 洪啓禧
>
> 資憲大夫禮曹判書臣 申晦
>
> 嘉善大夫吏曹參判兼同知 經筵春秋館事臣 金致仁
>
> 嘉善大夫漢城府右尹綾恩君臣 具允明
>
> 通政大夫刑曹參議臣 趙明鼎
>
> 通政大夫吏曹參議臣 洪樂性
>
> 通政大夫禮曹參議臣 成天柱
>
> 通政大夫行龍驤衛副司直臣 鄭存謙《국조상례보편》(奎 3940) 권6 말 봉교편집인명단

---

101 호군 이지영이 상소와 함께 《오례통편》의 초본 16책을 올렸다. 《순조실록》 1810년
(순조 10) 6월 24일.

102 김재로의 아들인 김치인은 이관명의 딸을 취하여 경종연간 노론 4대신 가문 가운데
하나인 이건명 가문과 세교를 맺었다. 또한 이관명의 부친인 이민서는 영조대 후반 외
척으로 영향력을 행사하던 홍봉한의 조부인 홍중기의 장인이었으며, 김재로의 또 다른
아들인 김치언은 여흥 민씨 민진원의 손녀사위로서 일찍부터 노론 핵심세력들과 인척
관계를 맺었다. 이근호, 《조선후기 탕평파와 국정운영》, 민속원, 2016, 64쪽.

〈자료 9〉 신회. 1758년본 《상례보편》 편찬
자 가운데 한 명이다. 1776년 정조가 즉위
하자, 고부겸청시승습사로 임명되었으나 일
찍이 사도세자를 죽이는 일에 동조하였다
하여 왕의 노여움을 사서 파직되었다. 초상
화 출처는 《초상화 모음집》이다.

　《속오례의》 이후 의례서의 편찬자들을 다시 정리해 보면 《속오례의
보》(1751)는 조명리, 김상로, 신만이고, 1752년본 《상례보편》은 김재로,
홍계희, 이익정, 이철보, 조명리, 윤득우, 이석희, 윤동성, 이사관, 1758
년본 《상례보편》은 홍계희, 신회, 김치인, 구윤명, 조명정, 홍낙성, 성천
주, 정존겸이다.

　한편, 1752년(영조 28) 1월에 양역변통을 강론하여 확정하면서, 영의
정 조현명을 중심으로 좌의정 김약로, 우의정 정우량에게 주관하게 하
면서 별도의 청을 만들어 신만, 김상로, 김상성, 조영국, 홍계희를 당상
에 차임하여 강화하게 하였다. 이는 예제 편찬과는 별 상관없어 보이는
내용이다. 하지만 다음 두 가지 사안만큼은 의례서 편찬과의 연관성을
생각하며 살펴보려고 한다. 첫째는 국정현안이었던 경제정책이 이뤄지
는 시점이다. 1752년(영조 28) 1월은 《상례수교》(《상례보편》으로 이름이
바뀜)가 만들어진 때이다. 영조가 직접 〈소지〉까지 지은 이 의례서는
효순현빈이 1751년(영조 27) 11월 14일에 죽자 영조가 흉례로 구성된

〈자료 10〉 홍낙성. 1758년본 《상례보편》 편찬자 가운데 한 명이다. 집안에는 대대로 노론 인사들이 많았으며, 본인은 시파적 성격을 띠는 노론 온건파로 분류된다. 정조대에 국왕의 각별한 신임을 받으며 요직을 두루 역임하였다. 초상화 출처는 《초상화 모음집》이다.

국가전례서의 편찬을 명하여 만들게 한 것이다. 둘째, 양역변통을 실시하면서 이를 담당했던 구성원이다. 1751년 12월 23일에 병조판서 홍계희가 《상례수교》를 편찬하라는 명을 받들어 호조판서 김상성과 상의하여 의절儀節을 강정하였다(《영조실록》 1752년(영조 28) 1월 13일; 《승정원일기》 1751년(영조 27) 11월 27일; 12월 23일 갑인).[103]

> 魂宮都監堂上李益炡·洪啓禧, 戶曹判書金尙星, 來待引見入侍時, 戶曹判書金尙星, 禮曹判書李益炡, 兵曹判書洪啓禧, 左副承旨南泰耆, 假注書鄭存謙, 記事官朱炯質, 編修官金瑞龜《승정원일기》 1751년(영조 27) 12월 23일.

이 명단에 나오는 이익정, 김재로, 김상로, 신만, 홍계희, 김상성 등은 경제·문화의 국정현안을 담당한 실무자들이었다. 다시 말해, 《상례수교》 편찬에 참여한 이들은 영조가 추진하고 있던 국가체제와 민생의

---

103 이근호, 앞의 논문(2001), 66쪽, 185쪽.

안정문제 해결을 위한 관리들이기도 했다. 양역변통과 의례서 편찬은 동시에 진행되고 있었으며, 이를 근거로 확인한 당대 국정운영[104] 주역들과 의례서 편찬자들의 명단은 겹쳐 있다. 영조가 진행했던 탕평정치의 인적 구성원은 곧 의례서 편찬자들인 것이다.

이를 통해서 노론과 소론 가운데 일부를 중심으로 한 탕평파 노소론 연합정권이 이루어진 실상을 확인할 수 있으며, 을해옥사乙亥獄事로 소론들이 당색을 내세우지 못하게 될 때까지 이 구도는 3년 동안 지속되었다.[105] 1755년(영조 31)은 을해옥사[106]를 계기로 영조가 《천의소감闡義昭鑑》을 지어 집권의리를 천명한 해이다. 이로부터 3년 뒤인 1758년(영조 34)에 《상례보편》은 또 새롭게 편찬된다. 1759년(영조 35) 좌의정 신만의 발의로 홍계희가 준천당상에 임명되고, 1760년 내준천당상에 홍낙성이 임명되었다.[107]

그리고 이와 관련하여, 다음의 연구를 주목해 보자. 영조 이후 편찬되는 의례서 편찬 연구에 참고할 수 있는 인물 정보이다.

영조는 노론·소론 사이의 명분논쟁이 어느 정도 봉합된 영조 17년의 신유대훈辛酉大訓 이후 노론과 소론 위주의 정권에 남인 일부를 참여시키고자 하였다. 여기서 영조와 노론 및 탕평파의 합의를 거쳐 선택된 남인계가 오광운吳光運·홍경보洪景輔의 일부와 여주 이씨 소릉공 집안(성

---

104 의례서 편찬과 양역변통 등 영조대의 국정운영에 대해서는 다음 논문을 참고함. 정재훈, 〈영조의 제왕학과 국정운영〉, 《한국사상과 문화》 77, 한국사상문화학회, 2015.

105 이근호, 앞의 논문(2001), 66쪽.

106 을해옥사: 1755년(영조 31) 소론 일파가 노론을 제거할 목적으로 일으킨 역모 사건. '羅州掛書事件' 또는 '尹志의 난'이라고도 한다. 尹志의 난에 대해서는 다음 논문 참고할 것. 정만조, 《《연려실기술》의 종합적 이해》, 《실학시대의 역사학 연구》, 실시학사, 2015, 257~258쪽.

107 지두환, 《영조대왕과 친인척》 1, 역사문화, 2009, 261·263쪽.

호 이익의 집안) 및 연안 이씨 삼척공파의 연원공파와 북백공파의 일부
인물이었다. 성호의 아들 이맹휴가 문과에 급제하자 영조는 그 중부仲父
가 자신과 노론을 공격한 이잠李潛이었음에도 불구하고 발탁하였다.108

이들 남인은 정조대의 예서인 《춘관지》(이맹휴, 이가환)109와 《춘관통
고》(이지영), 《오례통편》(유의양,110 이지영)111의 편찬자로 참여했다. 이
맹휴와 유의양의 가계도를 제시하여 조선후기 의례서 편찬자들의 집안
을 이해하는 데 참고로 삼으려 한다.112

〈표 5〉《춘관지》편찬자 여주 이씨 이맹휴와 이가환의 가계도

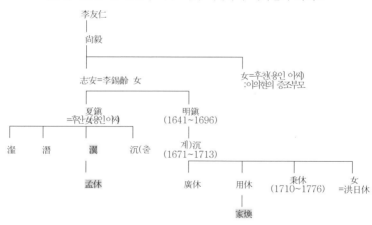

---

108 정만조, 위의 논문(2011b), 133쪽.

109 이가환은 영조대 《춘관지》를 편찬한 이맹휴(실학자 瀷의 아들)의 조카였는데,
   정조는 이러한 가족적 인연을 중시하여 이가환에게 예조등록을 수정하고 이맹휴
   가 완성하지 못한 《춘관지》의 편찬을 마무리하게 했다(김문식, 〈국조오례통편(國朝
   五禮通編)의 자료적 특징〉, 《한국문화연구》 12, 이화여자대학교 한국문화연구소, 2007,
   67~68쪽).

110 柳義養(1718~1788): 1781년 예조참의로서 禮曹의 釐正堂郎에 차임되어 《春官志》와
   《永禧殿誌》를 편찬했다. 1783년 예조참판으로 監董官이 되어 德陵, 定陵을 改築하였고
   이어 승지가 되어 《증보문헌비고》의 修撰에 참여했다. 이듬해 공조참판으로서 《春坊志》
   를 저술, 다시 1787년에는 부총관으로 《五禮儀》를 補輯했고, 1788년 《춘관통고》를 저술
   했다; 《정조실록》 1781년(정조 5) 8월 7일.

〈표 6〉《춘관통고》와 《국조오례통편》 편찬자 전주 유씨 유의양의 가계도

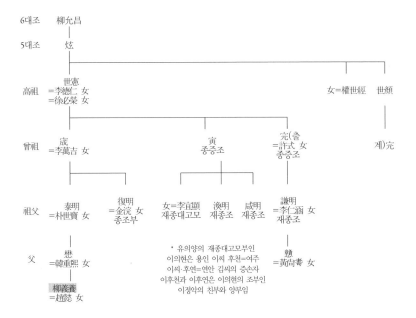

---

111 《오례통편》의 편찬자는 柳義養, 李祉永(1730~ ？)이고 《춘관통고》의 편찬자에도 이지
영이 포함된다. 이지영의 집안에 대해서는 정만조, 앞의 논문(2011b), 134~135쪽을 참고.
112 이 부분의 확대된 논의는 진행 중이며, 그에 대한 시론으로서 2020년도 〈정조대 《국
조오례통편》 편찬의 정치적 배경〉 논문이 있고, 이 논문에서 미흡한 점과 개선(改過遷
善)할 점을 보완하면서 향상된 논지를 이끌어내는 연구가 진행 중이다.

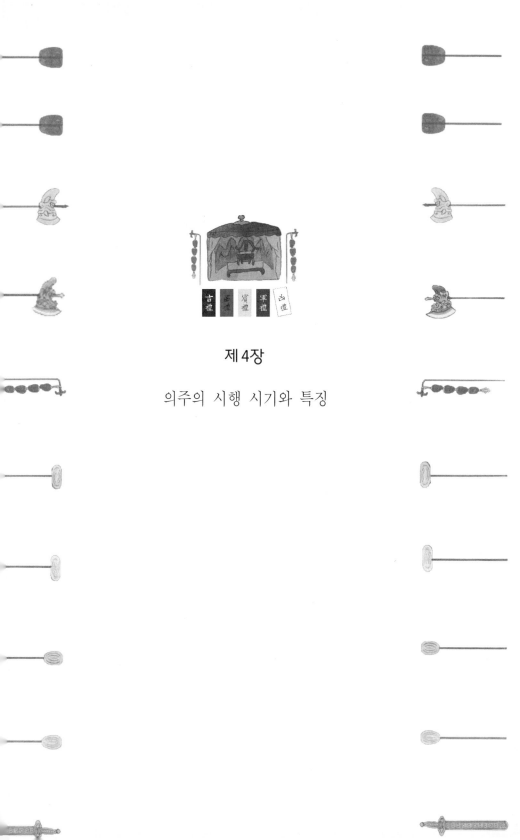

제 4장

의주의 시행 시기와 특징

## 1. 《속오례의》의 의주 시행 시기

《속오례의》의 특징 가운데 하나는 각각의 의주명 바로 다음이나 의주 내용의 끝부분에 연혁이 기록되어 있어 시행 시기를 확인할 수 있다는 점이다. 그 연혁에 따라 의주 시행 시기를 하나씩 짚어 보기로 한다. 《속오례의》에 수록된 의주는 모두 56항목이다. 길례가 22항목, 가례가 20항목, 군례가 3항목, 흉례가 11항목이다.[1] 영조 이전에 시행된 의례가 27항목, 영조대 시행된 의례가 23항목, 기록이 없어 시행 시기를 알 수 없는 것이 6항목이다. 가. 길례 8항목이 영조 이전, 나. 14항목이 영조대 시행된 의례이며, 다. 가례 13항목이 영조 이전, 라. 5항목이 영조대 시행되었고, 마. 2항목이 시행 시기가 표시되어 있지 않은 의례이며, 바. 군례 1항목이 영조 이전, 2항목이 영조대에 시행된 의례이고, 사. 흉례 5항목이 영조 이전, 2항목이 영조대 시행되었고, 4항목이 시행 시기가 표시되어 있지 않다.

---

1 이 책의 시기별 항목 수는 송지원의 연구(〈영조대 儀禮 정비와 《國朝續五禮儀》 편찬〉 (《한국문화》 50, 서울대학교 규장각 한국학연구원, 2010)에서 제시한 것과는 다른 점이 있다. 송지원의 논문은 〈흉례〉의 복제 항목이 의례절차가 아니라는 이유로 검토대상에서 제외하였으며, 영조시대에 처음 시행된 의주만을 분석하여 모든 의주의 시행 시기를 한눈에 파악하기가 어렵다. 그리고 가례에서 영조 이전에 시행된 의례를 11항목으로 파악하여, 필자가 검토한 27항목과는 차이가 있다. 위에서 제시한 것 외에도 이 책에서는 영조 23년에 시행된 의례, 시행 시기가 명시되어 있지 않은 의례 등을 분석한 것은 기존 연구와의 차별점이다.

<표 7> 시행 시기 항목별 개수

| 《속오례의》 총 56항 | | 길례 | | 가례 | | 군례 | | 흉례 |
|---|---|---|---|---|---|---|---|---|
| 영조 이전에 시행된 의례 | 27 | 가. | 길례 8 (실제, 11항목 검토) | 다. | 가례 13 (14항목 검토) | 바. | 군례 1 | 흉례 5 |
| 영조대 시행된 의례 | 23 | 나. | 길례 14 (11항목 검토) | 라. | 가례 5 (라.마. 7항목 검토) | | 군례 2 | 흉례 2 (사.) |
| 시행 시기를 알 수 없는 의례 | 6 | | | 마. | 가례 2 | | | 흉례 4 |

1) 길례 의주

먼저, 길례 의주의 시행 시기이다.

<표 8> 《속오례의》 길례 의주의 시행 시기

| | 《속오례의》 의주 | 《속오례의》에 명시된 시행 시기 | 영조 이전 시행 기록 / 오례의 외 기록 | 영조대 시행 | 실제 시행 이유 |
|---|---|---|---|---|---|
| | 卷之一 〈吉禮〉 | | | | |
| 1 | 親臨誓戒儀 | 今上己未(1739, 영조 15) 始行此儀　於社稷及宗廟親祭時 | | 1739년(영조 15) 처음 시행 | 端敬王后 復位大享 |
| 2 | 親臨傳香祝儀 | 今上庚申(1740, 영조 16) 始行此儀 | | 1740년(영조 16) 처음 시행 | 경신처분 |
| 3 | 春秋謁宗廟永寧殿儀 | 肅宗壬午(1702, 숙종 28) 特命春秋行禮 | 1702년(숙종 28) 특명으로 춘추 행례 | | |
| 4 | 王世子謁宗廟永寧殿儀 | × | 2 | | |
| 5 | 王妃謁宗廟永寧殿儀 | 3 | 1696년(숙종 22) 태묘의 예를 특명으로 익혀서 행하게 함. 1702년(숙종 28) 영녕전의 예를 익혀서 행하게 함. | | |
| 6 | 王世子嬪謁宗廟永寧殿儀 | ×, 위에서 '下同' | 1696(숙종 22) 태묘의 예를 특명으로 익혀서 행하게 함. | | |

| | | | | | |
|---|---|---|---|---|---|
| | | | 1702(숙종 28) 영녕전의 예를 익혀서 행하게 함. | | |
| 7 | 宗廟各室移奉于慶德宮儀 | 今上丙午(1726, 영조 2) 增建太廟移奉時 有此儀 下同 | | 1726년(영조 2) 增建太廟移奉時 有此儀 下同 | 경종을 부묘하기 위한 태묘 증건 |
| 8 | 宗廟移奉時祗迎隨駕儀 | 위에서 '下同' 見春秋謁宗廟儀 ○ 還安時祗送隨駕儀倣此 | | 1726년(영조 2) 增建太廟移奉時 有此儀 下同 | 경종을 부묘하기 위한 태묘 증건 |
| 9 | 酌獻永禧殿儀 | × | 효종 때부터 기사가 나옴//1748년(영조 24)//《오례의》에 〈속절향진전의〉가 있음. | | 《오례의》의 〈속절향진전의〉 |
| *10 | 親享永禧殿儀 | 今上丁卯(1747, 영조 23) 特行此儀 | 4 | 1747년(영조 23) 특별히 이 의례를 행함. | |
| 11 | 御眞奉安長寧殿儀 | 肅宗癸巳(1713, 숙종 39) 御容改模奉安時 有此儀 | 1713년(숙종 39) 御容改模奉安時 有此儀 | | |
| 12 | 幸陵儀 | × | 《오례의》에 있으나 시행한 적 없다가, 영조대 처음 시행 | | |
| 13 | 拜大院君祠宇儀 | 宣祖所行舊儀不傳 肅宗乙亥(1695, 숙종 21) 始有此儀 | 선조가 행한 옛 의례가 전하지 않음. 1695년(숙종 21)에 처음 이 의례가 있었다. | | 선조의 생부 덕흥대원군과, 원종의 어머니 인빈의 사우에 대한 건립 의례를 통해 영조의 사친추숭 추진 |
| 14 | 拜毓祥廟儀 | 今上丁未(1727, 영조 3) 始行禮 | | 1727년(영조 3) 행례 | 사친추숭 |
| 15 | 拜昭寧墓儀 | 今上辛亥(1731, 영조 7) 始行禮 | | 1731년(영조 7) 처음 행례 | 사친추숭 |
| 16 | 親祭嶽海瀆祈雨儀 | 今上己未(1739, 영조 15) 命遵皇明集禮 親祀北郊之禮 始行此儀 | | 1739년(영조 15) 처음 이 의례를 행함 | 친제 기우의 |
| 17 | 親享先農祈雨儀 | 肅宗甲申(1704 숙종 30)教以祈年寔爲橘事 祈雨亦爲橘事 特行此儀 | 1704년(숙종 30) | | 친향 기우의 |
| 18 | 親享雩祀壇祈雨儀 | 今上己未(1739, 영조 15) 令遵周禮龍見而雩之禮 始行此儀 | | 1739년(영조 15) 처음 이 의례를 행함 | 친향 기우의 |
| 19 | 親耕儀 | 今上己未(1739, 영조 15)行此儀 參用享先農儀 | | 1739년(영조 15) | 친경의(요순 이뭄) |
| 20 | 親耕後勞酒儀 | 今上己未(1739, 영조 15)親耕翌日頒教後行此儀 | | 1739년(영조 15) | |

| | | | |
|---|---|---|---|
| *<br>21 | 親臨觀刈儀 | 今上丁卯(1747, 영조 23)<br>定此儀<br>下勞酒儀同 | 《영조실록》 1747년(영조<br>23) 1월 12일 "《속오례의》<br>의 길례편 아래에 부록<br>으로 써 넣고, 운관芸館<br>(교서관)으로 하여금 내<br>려 간인刊印하여 올리<br>도록 하라." | 1747년(영조 23) |  |
| *<br>22 | 觀刈後勞酒儀<br>(길례 의주 22항) | ×위에서, 하노주의동 | | 1747년(영조 23) | |

\* : 《속오례의》 편찬보다 뒤에 시행된 의례임.

가. 길례 22항목 가운데, 8항목은 영조 이전에 시행된 의례이다. 지금부터 각 항목(① 3춘추알종묘영녕전의春秋謁宗廟永寧殿儀, ② 4왕세자알종묘영녕전의王世子謁宗廟永寧殿儀, ③ 5왕비알종묘영녕전의王妃謁宗廟永寧殿儀, ④ 6왕세자빈알종묘영녕전의王世子嬪謁宗廟永寧殿儀, ⑤ 9작헌영희전의酌獻永禧殿儀, ⑥ 11어진봉안장녕전의御眞奉安長寧殿儀, ⑦ 13배대원군사우의拜大院君祠宇儀, ⑧ 17친향선농기우의親享先農祈雨儀)을 차례대로 검토해 보려고 한다. 다만 대부분 숙종대 시행되었던 의례인데, 다음과 같은 몇 가지 의례는 시행 시기를 주의해 볼 필요가 있다. ④ 6왕세자빈알종묘영녕전의는 태종대·현종대의 시행 기록이 보인다. ⑤ 9작헌영희전의는 효종대 시행된 사례가 확인되지만 영희전이라는 이름이 붙여진 것은 1690년(숙종

---

2  1719년(기해, 숙종 45) 9월 19일 왕세자(경종)가 태묘와 영녕전에 배알하다; 《승정원일기》 51책, 1742년(영조 18) 1월 4일 "… 若魯曰, 取考己酉(1669, 현종 10) 乙亥(1695, 숙종 21)謄錄, 則謁廟時初以王世子展謁永寧殿之儀, 不在於五禮儀, …"

3  肅宗丙子(1696, 숙종 22)考大明會典以時王之制特命講行謁太廟之禮 ○壬午(1702, 숙종 28)又講行謁永寧殿之禮下同 ○舊儀殿下王世子立位設於廟戶外之東西向世子北向王妃王世子嬪拜位設於廟戶外之西東向嬪北向 今上甲子(1744, 영조 20)從開元禮立位拜位皆分設於廟庭東西

4  《승정원일기》 1744년(영조 20) 7월 8일 "永禧殿春秋展謁及遷陵等儀, 亦皆當附五禮儀"; 《영조실록》 1747년(영조 23) 2월 27일 親祀永禧殿.. 丁卯二月二十七日辰時(아침7시~9시), 上自永禧殿回鑾;《승정원일기》 1747년(영조 23) 2월 27일 미시(오후1시~3시) 上命承旨, 讀續五禮永禧殿親享儀

16)이다. 이 의례의 경우, 시기문제는 그렇다 하더라도 영조 때 특별히 행해진 다른 영희전 의례와 함께 검토하기 위해 영조대에 만들어진 의례(나.)에서 다루기로 하겠다. ⑦ 13배대원군사우의는 선조 때 행해졌지만 전해지지 않아 숙종 때 처음 시행한 의례이다. 이제, ⑤는 나.에서 다루기로 하여 검토항목이 7개가 되었지만, 나.의 항목으로 분류한 것 가운데, 나.-⑦ 나.-⑧과 나.-⑨와 나.-⑩은 가.에서 다룰 것이므로 모두 11항목을 검토해 보기로 한다.

### (1) 종묘와 영녕전 의례

조선의 종묘에는 별묘인 영녕전이 있다. 국왕이 승하하면 종묘에 모시는데, 제사 지내는 대代의 수가 다 되면 친진親盡이라 하여 영녕전에 조천祧遷하였다. 하지만 시봉지군始封之君인 태조는 친진에 이르더라도 조천되지 않았고, 공덕이 있어 영원히 옮기지 않는 불천지주는 세실世室로 정해져 종묘에서 향사를 받았다. 제후 5묘제라는 종묘제도에 따라 친진에 이른 신주가 세실로 정해지지 못하면 영녕전으로 조천되었던 것인데, 영녕전에 조천된 신주와 종묘 정전에 남아 있는 불천지주에 대한 역사적 평가와 대우는 극명하게 달랐다.[5] 지금까지도 영녕전은 추존되었거나 후사가 없는 힘없는 왕들이 모셔진 사당으로 종묘의 정전과는 격이 다른 건물이다. 영녕전은 양 협실보다 높게 꾸며진 중앙의 4실에 태조의 4대조인 목조穆祖·익조翼祖·도조度祖·환조桓祖와 왕비들의 신주가 모셔져 있으며 서쪽 제5실에서부터는 정종定宗, 문종文宗, 단종端宗, 덕종德宗, 예종睿宗, 인종仁宗, 명종明宗, 원종元宗, 경종景宗, 진종眞宗, 장조莊祖, 영친왕英親王과 그들의 왕비 등 32위의 신주가 제16실에

---

5 이현진, 《조선후기 종묘 전례 연구》, 일지사, 2008, 75~76쪽.

이르기까지 모셔져 있다.

이를 바탕으로 《속오례의》에 실려 있는 종묘와 영녕전 의례를 살펴보기 위해 먼저 《오례의》의 의주부터 검토해 보자. 종묘 의례에는 사시급납향종묘의四時及臘享宗廟儀, 사시급납향종묘섭사의四時及臘享宗廟攝事儀, 속절급삭망향종묘의俗節及朔望享宗廟儀, 기고종묘의祈告宗廟儀, 천신종묘의薦新宗廟儀가 있고, 영녕전 의례에는 춘추향영녕전의春秋享永寧殿儀가 있다. 그리고 《속오례의》에는 춘추알종묘영녕전의春秋謁宗廟永寧殿儀, 왕세자알종묘영녕전의王世子謁宗廟永寧殿儀, 왕비알종묘영녕전의王妃謁宗廟永寧殿儀, 왕세자빈알종묘영녕전의王世子嬪謁宗廟永寧殿儀가 있다. 《오례의》 영녕전의 향사[享]는 《속오례의》의 뵙는 것[謁]과는 차이가 있다. 향享은 이틀 전부터 준비하고(《오례의》 춘추향영녕선의) 알謁은 하루 선부터 준비(《속오례의》 춘추알종묘영녕전의)하는 등 향과 알은 규모나 격이 다른 의례이지만, 이보다는 다음과 같은 점을 더 강조해서 보고 싶다. 《속오례의》에 봄·가을로 찾아뵙는 의식, 그리고 왕세자와 왕비, 왕세자빈의 의례 등이 수록된 것은 종묘와 영녕전 의례의 증가를 의미한다.

영조는 왜 네 항목(3춘추알종묘영녕전의, 4왕세자알종묘영녕전의, 5왕비알종묘영녕전의, 6왕세자빈알종묘영녕전의)이나 만들면서 종묘와 영녕전 의례를 강화한 것일까? 특히, 종묘에 반드시 영녕전 의례를 포함시키면서 왕위의 정통성과 정당성이 부족했던 왕들에게까지 예의를 갖추어 마음을 쓰고 있다. 그 이유를 찾기 위한 선행 작업으로 시행 시기를 먼저 살펴보자.

가.-① 3춘추알종묘영녕전의부터 살펴보겠다. 이 의주 끝의 '임오년(1702, 숙종 28)에 특명으로 춘추에 예를 행하였다.'는 연혁(《속오례의》 춘추알종묘영녕전의 연혁)에 근거하여 실록기사를 찾아보면, 1702년(숙종 28) 8월 29일 임금이 신하들과 영녕전 참배에 대해 논의하는 것이 확인된다.

　　임금이 이르기를, "지난해 사당에 참배하는 예를 시행하였을 때 단지 종묘에만 행하고 영녕전에는 행하지 않았는데, 그때 옥당玉堂에서 이것을 가지고 상소로 아뢰었으나, 일의 형세가 급박하여 미처 의논해서 정하지 못하였었다. 이제 와서 생각하니 일의 이치상 매우 미안하게 되었다." 하니, 우의정 신완申琓이 아뢰기를, "그때 대신들은 '사당에 참배하는 것이 고례古禮가 아니므로 처음 시행할 수 없다'고 하였고, 신은 그때 춘조春曹(예조禮曹)에 있었으므로 명나라의 고사를 인용하여 우러러 아뢴 바가 있었으나, 성상께서 결단하여 시행하시었습니다. 일의 이치로써 말하건대 이미 태묘에 전알(展謁: 전묘나 능원에 하차하여 배례하며 예를 표하는 의식)하셨다면 영녕전에 어찌 시행하지 못할 이치가 있겠습니까?" 하고 교리 권상유權尙游가 아뢰기를, "예전의 사당에 참배하는 예는 대개 태묘를 가리켜서 말한 것인데, 예禮란 인정人情에서 연유하므로 영녕전이 이미 태묘에서 가까운 거리에 있으니, 아울러 전알을 시행하는 것이 인정人情과 예의禮意에 비추어 보더라도 어찌 옳지 않음이 있겠습니까?" 하니 임금이 이르기를, "해조該曹로 하여금 대신에게 물어서 의논하여 정한 뒤 아뢰도록 하라." 하였다.《숙종실록》 1702년(숙종 28) 8월 29일.

위 기사에 따르면 '지난해' 사당에 참배하는 예를 시행했다고 하였는데, 이 의례가 1701년(숙종 27) 8월 16일 재신宰臣을 종묘와 사직에 보내 대행왕비大行王妃의 부음을 고한 것(《숙종실록》 1701년(숙종 27) 8월 16일)을 말하는 것인지 아직 확신할 수 없지만, 이해 8월에 종묘를 찾는 다른 기사는 보이지 않는다. 위 기사에서 8월이라고 하지는 않았으므로 다른 달 기사를 찾아보면 새해에 정례로 치르는 종묘 전알례가 확인될 뿐이다(《승정원일기》 1701년(숙종 27) 1월 10일; 1월 11일). 다시 8월 16일 기사를 보자. 이날 재신들이 종묘를 찾은 것은 1년 전 8월 14일에 인현왕후가 승하하였기 때문이다(《숙종실록》 1701년(숙종 27) 8월 14일). 1702년(숙종 28) 8월 27일 판윤 이인엽李寅燁이 "현재 인현왕후의 초기(初朞: 첫 기일)가 막 지나서 달이 채 바뀌지도 않았는데, 재간택이 이미 정해지고 도감都監을 바야흐로 설치하니, 신은 저으기 너무 서두는 것이 아닌가 생각합니다."(《숙종실록》 1702년(숙종 28) 8월 27일)라고 상소하여 파직된 일이 있었다. 이로 보면 8월 29일에 임금이 사당을 참배한 것은 대혼大婚을 진행하는 중에 행해졌다. 그리고 임금이 지난해의 사당 참배를 거론하였으므로 인현왕후의 초기를 맞아 행해진 의례이기도 하다.

하지만 지난해가 꼭 작년을 가리키는 것이 아니라고 한다면 1696년(숙종 22)에 왕비와 왕세자빈의 종묘·영녕전 의례가 새로 시행되었는데 이를 가리킬 수도 있다. 이때의 의례라면 위 인용문대로 그 당시 신완이 예조에 있었는지 확인해야 한다. 마침, 이때 그는 예조판서로서 왕비와 세자빈이 묘현廟見하는 일을 의논하였을 뿐만 아니라, 1701년(숙종 27)에는 우의정직에 있었던 것(《숙종실록》 1696년(숙종 22) 10월 9일; 10월 13일; 1701년(숙종 27) 1월 15일)으로 확인되므로 지난해는 1696년이다. 이 의례가 정기적 행사로서 춘추로 종묘와 영녕전을 찾아뵙는 의식으로 마련되었음은 1702년(숙종 28) 7월 9일 기사에서도 알 수 있다.

임금이 하교下敎하기를, "태묘太廟의 오향대제五享大祭를 친히 지내는 것이 《오례의》에 기재되어 있는데 이를 비록 예문禮文과 한결같이 하기는 어려우나 예禮의 뜻으로써 미루어 보건대, 1년 안에 다만 세수歲首에만 살피고 절하는 것은 마음에 편안하지 못한 바가 있으니 이제부터 봄·가을로 살피고 절하는 일을 격식을 정하여 거행하도록 하라." 하니, 예조 禮曹에서 7월에 전알展謁하는 일로 복주(覆奏: 보내온 공문을 검토하여 임 금에게 아룀)하여 격식으로 정하였다. 《숙종실록》 1702년(숙종 28) 7월 9일.

7월이지만 봄·가을로 태묘에 전알하는 일로 격식을 정하였다.

가.-② 4왕세자알종묘영녕전의는 시행 시기가 명시되어 있지 않다. 하지만 1669년(현종 10, 기유년), 예조에서 '왕세자(뒷날, 숙종)가 영녕 전에 전알하는 예'에 관하여 아뢰자 신묘년(1651, 효종 2)의 예에서 고 출考出하라는 왕의 전교(㉠, ㉡)가 있었고, 1719년(숙종 45) 9월 19일에 도 경종이 세자로서 태묘와 영녕전에 배알하는 기사(㉢)가 확인되어 시행 시기를 추정해 볼 수 있다.

㉠ 예조에서 아뢰기를, "왕세자종묘전알지례는 마땅히 절목을 마련하 여 들이겠습니다. 영녕전 전알은 《오례의》에 실려 있지 않으니 어떻게 할까요? 감히 아룁니다." 하니 전교하기를, "신묘년(1651, 효종 2년)의 예에서 고출하라" 하셨다. 《승정원일기》 1669년(현종 10, 기유년) 1월 10일.

㉡ 예조에서 아뢰기를, "왕세자전알영녕전지의는 《오례의》에 실려 있 지 않으므로 신조臣曹에서 계품(啓稟: 신하가 글로 임금에게 아뢰던 일)하 여 정탈(定奪: 신하들이 올린 몇 가지의 논의나 계책 가운데 임금이 가부를 논해서 그 어느 한 가지만 택함)이 있은 뒤에, 신묘년(1651, 효종 2)에 이 미 행한 예에 의거하여 종묘에 전알하는 일을 의주로 마련하였습니다. 곧 여러 대신이 조정에 모여서 태묘에서 행한 것으로 영녕전에 행하지 않으니, 정례情禮를 살펴보면 아주 미안하다고 합니다. 여러 대신의 뜻 이 이와 같으니 의주 가운데 첨입하여 마련하여 들일까요? 감히 아룁니 다." 하니, "그렇게 하라" 하였다. 《승정원일기》 1669년(현종 10) 1월 15일.

ⓒ 왕세자(뒷날, 경종)가 태묘와 영녕전에 배알하다. 《숙종실록》 1719년(숙종 45) 9월 19일.

이뿐만 아니라 임금이 친히 종묘에 향사하면서 왕세자와 백관을 거느리고 종묘에 나가 알묘례謁廟禮를 행하는 기사가 1413년(태종 11) 10월 3일의 《태종실록》에서도 확인되므로(《태종실록》 1413년(태종 11) 10월 3일), 이 의례는 《오례의》가 만들어지는 때에 이미 알묘의와 함께 시행되고 있었다. 하지만 다음 기사(ⓓ)를 보면, 알묘를 행하던 처음부터 왕세자알종묘영녕전의는 《오례의》에 실려 있지 않았다.

ⓓ 김약로가 아뢰기를, "기유년(1669, 현종 10)과 을해년(1695, 숙종 21) 등록을 취하여 살펴보니, 알묘를 행하던 처음부터 왕세자전알영녕전지의가 《오례의》에 실려 있지 않고, 또 나이가 어려서(사도세자 8세) 여러 차례 행례하는 것이 어렵습니다. 다만 종묘전알의 일을 정탈하여 절목을 계하(啓下: 임금의 재가를 받은)한 뒤에, 대신들이 헌의 및 연중에서 품정(稟定: 여쭈어 의논하여 결정함)하여 영녕전 역시 전알하였습니다. 이번에 역시 이 예에 의거하여 영녕전알 일체를 마련할까요?" 하니, 상이 "그렇게 하라." 하였다. 《승정원일기》 1742년(영조 18) 1월 4일.

그렇다면 《오례의》에도 실려 있지 않은 이 의례가 어떻게 《속오례의》에 실리게 되는지 계속해서 추적해 보자. 1694년(숙종 20) 12월 22일 예조에서 왕세자의 나이(뒷날 경종, 7세)가 어리지만 입학하기에 앞서 종묘를 배알하는 예를 거행해야 한다고 하니 숙종은 그렇게 하라고 하였고(ⓔ), 그날 바로 길일이 정해졌다(ⓕ). 이렇게 해서 정월 29일(왕세자 나이 8세)에 숙종이 태묘에 배알하고, 왕세자가 배종하는 의례가 치러지게 되었다.(ⓖ)

ⓜ 예조에서 아뢰기를, "왕세자(뒷날 경종)께서 바야흐로 어린 나이(7세)에 있지만 아직도 종묘를 배알하지 않았으니, 마땅히 입학(1695년(숙종 21) 3월 13일)할 기일에 앞서 이 예절을 거행해야 합니다." 하니, 임금이 그렇게 하도록 했다.《숙종실록》 1694년(숙종 20) 12월 22일.

ⓗ 예조에서 왕세자의 태묘에 대한 전알을 어느 사이에 가려 뽑을 것인지에 대한 초기(草記: 중앙 관서에서 왕에게 올린 문서로 상대적으로 중요도가 높지 않은 사안을 신속히 처리하여 보고할 때 사용함)로써 아뢰기를, "전교하시기를, 정월 20일 뒤로 택하는 것이 가하다는 것으로써 명하셨습니다. 전알의 길일은 일관으로 하여금 뽑도록 하였는데, 오는 정월 21일, 22일 평길이고, 29일이 최고 길하다고 합니다. 이 3일 가운데 어느 날짜로 정하여 행할까요? 감히 우러러 아룁니다." 전교하기를, "29일로 정하여 행하는 것이 좋겠다."《승정원일기》 1694년(숙종 20) 12월 22일.

ⓢ 임금이 태묘를 배알하니, 왕세자가 배종(陪從: 임금이나 높은 사람을 모시고 따라가는 일)하였다.《숙종실록》 1694년(숙종 20) 12월 22일.

ⓞ 왕세자(뒷날 경종, 8세)가 태묘를 배알하였다.《숙종실록》 1695년(숙종 21) 4월 25일.

ⓩ 왕세자(뒷날 경종, 9세)가 종묘에 전알하였다.《숙종실록》 1696년(숙종 22) 8월 28일.

위 기사들(ⓢ, ⓞ, ⓩ)은 숙종 때 행해진 왕세자의 알묘 의례이지만 태묘에 찾아뵙는 것으로 기록되어 있고, 영녕전에 참석했는지의 여부는 드러나지 않는다. 하지만 1742년(영조 18) 1월 4일 김약로가 왕세자전알영녕전지의를 상고하면서 숙종 21년의 등록을 취해서 보았다고 하였으므로(ⓡ) 숙종 21년에 있었던 왕세자의 종묘배알례(ⓢ)는 영녕전 의례를 포함시켜서 보는 것이 합리적일 것 같다.

곧이어 논증하겠지만 다음 의례들(현종 10, 숙종 21, 영조 18년에 행해진 의례)은 모두 시행 목적이 같다. 영조 때, 사도세자의 입학례를 앞두고 행해진 종묘·영녕전 의례(ㄹ)는 현종 10년과 숙종 21년의 등록을 참고하였다. 현종 10년은 숙종이 세자로서 9세 되던 해인데, 이해(1669년, 현종 10) 8월 25일에 입학례를 치렀다. 숙종 21년은 훗날 경종이 되는 세자의 입학례가 행해진 때로, 입학례에 앞서 종묘·영녕전 의례(ㅁ, ㅂ, ㅅ)가 행해졌는데 김재로가 이를 참고하였다. 기록은 현종 10년 1월 15일에 시행한 의례(《승정원일기》 1669년(현종 10) 1월 15일)를 '책례 후 처음 치르는 알묘의 예(책례는 1667년(현종 8) 1월 22일 치름)'라고 표현하였지만(《승정원일기》 1669년(현종 10) 1월 10일), 시기적으로는 '입학 진'에 치러진 의례이고 무엇보다 이때 왕세자가 종묘와 영녕전을 함께 배알한 것은 명확하다(《승정원일기》 1669년(현종 10) 1월 15일). 그러므로 '책례 후'와 같은 표현의 문제가 있다 하더라도 ㄹ사료에 의해 ㅅ기사만큼은 종묘에 영녕전 의례를 포함시킬 수 있는 근거가 마련되었다. ㅇ은 시기로 봐서, 경종이 세자로서 8세에 치른 관례(《숙종실록》 1695년(숙종 21) 4월 18일) 때문에 행해진 태묘배알례인 듯한데, 이때 영녕전 의례가 함께 행해졌는지는 알 수 없다. ㅈ은 경종이 9세에 가례嘉禮(《숙종실록》 1696년(숙종 22) 5월 19일)를 치른 해와 시기가 겹치므로 이 때문에 치러진 종묘전알례인지 확인이 필요하다. 가례가 이루어진 지 3개월[6]이 지난 8월에 이루어졌지만 가례 때문에 행해진 태묘전알례로 보인다. 1696년(숙종 22) 8월 20일 조태채趙泰采가 입시하여 '왕세자가 이미 가례를 행하였으므로 태묘 등을 전알하게 해야 한다'는 문제로 논의하

6 석 달 만에 묘현례를 행하는 것에 대한 의논은, 《중종실록》 1517년(중종 12) 7월 19일; 《숙종실록》 1696년(숙종 22) 10월 9일.

고 있기 때문이다(《승정원일기》 1696년(숙종 22). 8월 20일) 하지만 1696년 (숙종 22) 8월 20일의 조보朝報에도 영녕전에 대한 언급은 없으며(《승정 원일기》 1696년(숙종 22) 8월 20일), 같은 해 10월 15일 교리 이익수李益 壽·수찬 정제태鄭齊泰가 상소하여 영녕전의 전알례도 아울러 거행하기를 청하니 답하기를, "《대명회전大明會典》을 다시 상고하니, 덕조德祖·의 조懿祖·희조熙祖·인조仁祖 황제와 황후 앞에 인도하여 간다는 글이 있다. 영녕전에 전알하는 예가 있어야 할 듯하니, 곧 대신에게 문의하도록 하라." 하였다. 대신들이 모두, 친진親盡한 사당에 행례하는 것은 미안하다 하니, 태묘에만 행하라고 명하였다(《숙종실록》 1696년(숙종 22) 10월 15일).

그리고 이 왕세자 의례가 숙종 22년에 새로 만들어지는 왕비와 왕세자빈 종묘 의례의 참고가 되고 있음은 숙종 22년에 왕비와 왕세자빈의 알태묘지례가 특별히 행해질 때, 승지 김세익金世翊의 다음과 같은 말 가운데 확인할 수 있다. "전하께서 이미 춘궁春宮을 거느리고 전알하셨으니(Ⓐ) 왕비께서 빈궁을 거느리고 묘현하는 것이 참으로 정례情禮에 맞습니다."(《숙종실록》 1696년(숙종 22) 10월 3일)라고 하였다.

다만 지금 다루고 있는 종묘·영녕전 의례가 길례 의례인 점을 고려한다면 다음과 같은 영역 문제는 신중하게 생각해야 한다. 왕세자의 책봉례는 가례인데, 책봉례를 하면서 종묘와 영녕전을 찾아뵙는 예를 행하고 있다. 제사 때와 책례 때, 같은 종묘와 영녕전을 찾아뵙지만 그렇다고 해서 제사 때의 종묘·영녕전 의례와 책례 때의 종묘·영녕전 의례를 같은 의례로 볼 수 있을까? 아니면 길례영역, 가례영역의 의례로 각각 구분해서 봐야 할까? 간단한 문제가 아니다. 길례와 가례영역에 각각 존재한다고 볼 수도 있지만, 또 한편으로는 책례라는 가례영역의 예를 행하면서 종묘·영녕전을 찾아뵙는 동안은 길례영역으로 전환된다고 볼 수도 있다. 영역에 관해서는 앞으로도 더 언급할 것이지만 여기서는 다음과 같은 문제도 있다. 이 의례는 길례와 가례영역의 중복된 적용을 받을 뿐만 아니라, 가례 안의 여러 소분류 의례(입학례·책례7·관례·가례)에서도 영역이 중복해서 나타난다.

이러한 문제를 고려하면서, 우선 왕세자전알영녕전지의가 왕세자들의 생애 어느 때에 치러지는지 짚고 넘어가 보자. 1728년(영조 4) 11월 26일 임금이 친히 세자(효장세자 10세, 이때 죽음)의 행록(行錄: 사람의 말과 행동을 적어 모은 책)을 지어 승정원에 내렸다.

행록에 이르기를, "세자의 휘諱는 행緈이고, 자字는 성경聖敬이다. 기해년(1719, 숙종 45년) 2월 15일 신시申時에 순화방順化坊 창의궁彰義宮 사제私第에서 태어났다. … 정빈靖嬪 이씨가 낳은 바이다. … 신축년(1721, 경종 원년) 가을에 내가 세제世弟가 되어 대궐에 들어올 때에 세자는 나이 겨우 세 살이므로, 어린 나이여서 일찍이 대궐에 같이 들어오지 못하고 잠시 사제에 남겨 두었다. 그해 겨울 대궐에 들어온 뒤로 삼전(三殿: 왕대비전, 대전, 중궁전을 합하여 가리키는 말)에서 특별히 사랑하였다. 갑진년(1724, 영조 즉위년) 겨울에 비로소 경의군敬義君에 봉하였고, 을사년(1725, 영조 원년) 봄에 세자로 진봉進封하였는데, 그때 나이가 겨우 일곱 살이었으나 대정大庭에서 행례하고 정당正堂에서 하례받을 때에 거동하고 주선하는 것이 예절에 맞지 않은 것이 없었으니, 이것은 본성이 그런 것이다. … 정미년(1727, 영조 3년) 봄에 선성先聖을 전알하고 입학하였고, 그해 가을 9월에 관례를 행하였으며, 또 그달에 초례를 행하였다.《영조실록》 1728년(영조 4) 11월 26일.

---

7 왕세자(효장세자 7세, 영조 재위 4년인 1728년 11월 16일 10세의 나이로 요절함)의 책봉례를 행하였다. 예조판서 沈宅賢이 왕세자가 冊禮한 뒤에 종묘·영녕전·永徽殿(경종비 단의왕후 심씨의 혼전)에 展謁하고 敬昭殿(경종의 혼전) 祭후 때에 行禮의 거행 여부를 아뢰니, 임금이 세자의 나이가 어리다는 이유로써 冠禮를 기다린 뒤에 거행하고 動駕 때 영접하고 전송하는 절차도 관례를 기다린 뒤에 거행하는 일을 규정으로 정하여 시행하도록 명했다. 《영조실록》 1725년(영조 1) 3월 20일.

이에 따르면, 1725년(영조 1) 3월 20일 효장세자가 일곱 살에 책례하면서 아직 관례는 치르지 않았다. 효장세자는 영조가 즉위하기 전인 1719년(32세) 2월 15일 정빈 이씨와의 사이에서 태어난 첫째 아들이다. 1726년(영조 2) 12월 6일 세자의 입학과 관례 실시 시기[8]에 대한 다음과 같은 논의도 있었다.

> 임금이 말하기를, "세자가 입학을 한 다음에 관례를 거행해야 하겠는가?" 하니, 영중추부사 민진달閔鎭遠이 아뢰기를, "경종께서는 8세에 입학하여 관례하고 9세에는 가례를 하였고, 숙종께서는 9세에 입학하고 10세에 관례하고 11세에 가례를 하셨습니다." 하였다. 임금이 이르기를, "입학은 3월 초순 이후로, 관례는 9월 초순 전으로 날을 가려 입계入啓하라." 하였다.《영조실록》 1726년(영조 2) 12월 6일.

원래 여덟 살에 입학하는 것이 옛날의 규례이지만 왕세자가 입학할 때를 당하여 경종의 국상 중에 있었으므로 전례를 따르지 못하였다. 이렇게 해서 효장세자는 아홉 살인 1727년(정미년, 영조 3) 3월 19일에 입학하였고, 관례는 그해 9월 9일에 치렀으며, 또 그달에 초례를 행하였다. 하지만 다음 해인 1728년(영조 4) 11월 16일 열 살의 나이로 요절하고 만다. 이로부터 7년 뒤인 1735년(영조 11)에 영조의 둘째 아들이 태어났다. 사도세자가 여덟 살 되던 해(1742년, 영조 18) 1월 4일 김약로가 현종 10년과 숙종 21년의 등록을 취고取考하여 왕세자알종묘영녕전의를 마련하였다. 1741년(영조 17) 12월 9일부터 입학례 전에 시행하는 태묘배알례의 의논이 오가고 있었는데(《영조실록》 1726년(영조 2) 4월 21일; 1727년(영조 3) 3월 19일; 9월 9일; 1741년(영조 17) 12월 9일), 세자의 입학례(1742년 3월 26일) 때문이었다.

---

8 책례·관례·가례의 선후 문제는 제3장 2절 2항 가례의 내용 참고.

여기서 선대왕들의 세자시절의 의례들을 정리해 보면 다음과 같다. 이 연구 작성에 비교대상으로서 참고가 될 뿐만 아니라, 영조 당시에도 의례 마련에 참고하고 있기 때문이다. 경종은 세자로서 8세에 입학하여 (《숙종실록》 1695년(숙종 21) 3월 13일) 관례하고(《숙종실록》 1695년(숙종 21) 4월 18일), 9세에는 가례를 하였고(《숙종실록》 1696년(숙종 22) 5월 19일), 숙종은 세자로서 7세에 책례하고(《승정원일기》 1667년(현종 8) 1월 21일), 9세에 입학하고(《승정원일기》 1669년(현종 10) 8월 21일), 10세에 관례하고 (《현종실록》 1670년(현종 11) 3월 9일), 11세에 가례〔1671년(현종 12) 3월 8일 납채, 3월 22일 세자빈 책봉, 4월 3일 친영의 과정을 거침〕를 행하였다 (《승정원일기》 1671년(현종 12) 3월 8일; 3월 9일; 4월 3일).9

다음 왕비와 왕세자빈 의례를 살펴보자.

왕과 왕세자뿐만 아니라 왕비와 왕세자빈이 종묘와 영녕전을 찾아뵙는 의식도 만들어진다. 왕비알종묘영녕전의와 왕세자빈알종묘영녕전의가 그것이다.

가.-③ 5왕비알종묘영녕전의의 의주 끝에 있는 기록은 다음과 같다.

> 肅宗 丙子(1696, 숙종 22) 考大明會典 以時王之制 特命講行 謁太廟之禮
>
> ○壬午(1702, 숙종 28) 又講行謁永寧殿之禮 下同
>
> ○今上甲子(1744, 영조 20) 從開元禮 立位拜位 皆分設於廟庭東西

위 기록에 따르면 숙종은 병자년(1696, 숙종 22)에 《대명회전》을 살펴 시왕지제時王之制로써 특별히 명하여 태묘에 배알하는 예를 익혀서

---

9 《숙종인경왕후가례도감의궤》(규장각 소장)는 1670년(현종 11) 9월 가례도감이 설치된 때로부터, 12월 26일 세자빈 최종 간택, 이듬해 3월 8일 納采, 3월 22일 세자빈 책봉, 4월 3일 親迎 등에 이르는 가례 의식의 전 과정을 담고 있다.

행하게 하였다. 또 숙종은 임오년(1702, 숙종 28)에 영녕전의 예를 익혀서 행하게 하였으며, 영조 갑자년(1744, 영조 20)에 개원례를 따라 입위立位하고 배위拜位하니 그 위는 묘정의 동서에 나누어 설치하였다. 숙종 병자년의 왕비는 인현왕비 민씨이고, 왕세자빈은 경종비인 단의빈 端懿嬪 심씨이며, 숙종 임오년의 왕비는 인원왕비 김씨이다. 영조 갑자년의 왕비는 정성왕비貞聖王妃 서씨이고 왕세자빈은 사도세자빈인 혜빈 惠賓 홍씨(《영조실록》 1744년(영조 20) 1월 9일)이다. 왕비 의례는 왕세자빈 의례와 밀접한 관련을 가지므로 다음 의례까지 더 살펴보자.

가.-④ 6왕세자빈알종묘영녕전의는 시행 시기가 명시되어 있지 않지만 이전 의례인 왕비례에서 '肅宗丙子(1696, 숙종 22) 特命講行 謁太廟之禮, 壬午(1702, 숙종 28) 又講行謁永寧殿之禮 下同'이라고 하였으므로 1696년(숙종 22)에 태묘의 예가 행해지고, 1702년(숙종 28)에 영녕전 의례가 행해졌음을 알 수 있다.

인현왕후는 1681년(숙종 7)에 책봉되어 1701년(숙종 27) 8월 14일에 승하하였으므로 숙종 22년에 행해진 왕비와 왕세자빈의 태묘전알례의 주체는 인현왕후와 단의빈이다. 이때 이 의례가 만들어지는 이유는 경종비 단의빈 때문이다. 1696년(숙종 22) 5월 19일에 세자가 가례를 올리자, 다음 날 숙종은 인정전에서 백관의 하례를 받고 사유赦宥를 반포하고 중외中外의 대소 신료에게 하교하였는데 그 글에 이르기를, "지위는 이미 세자를 미리 세우는 데에 정하여졌으니 방명邦命이 터잡은 것이요, 예禮는 친영보다 중한 것이 없으니 인륜이 비롯한 것이다. 이에 포고하는 뜻을 펴서 기뻐하는 마음을 보인다. 왕세자빈 심씨는 합근 (合졸: 합환주. 전통 혼례에서 신랑 신부가 잔을 주고 받는 절차. 술잔을 받들어 맞춤. 근졸은 표주박 하나를 둘로 갈라 만든 술잔임.《예기》〈혼의〉

참고)의 성례盛禮를 올려 종묘의 제사를 맡는 세자를 돕게 한다." 하였
다. 그해 10월 3일 숙종이 "묘현廟見을 새로 거행하는 것은 참으로 친
영을 중간에 새로 시작하는 것과 같다."라고 말하고 있어 단의빈 심씨
의 친영례를 두고 이 의례가 시행되었음을 알 수 있다. 인현왕후가 죽
자 다음 해인 1702년(숙종 28) 10월 13일에 인원왕후가 왕비에 책봉되
었다(《숙종실록》 1701년(숙종 27) 8월 14일; 1696년(숙종 22) 5월 20일·10월 3
일; 1702년(숙종 28) 9월 9일). 그해에 왕세자빈인 단의빈에게 왕세자빈알
종묘영녕전의를 익혀서 행하게 한 것이다.[10]

그럼, 종묘와 영녕전을 찾아뵙는 '왕비와 왕세자빈'의 의례가 왜 만
들어졌는지를 알아보자. 왕비알종묘영녕전의, 왕세자빈알종묘영녕전의는
'1696년(숙종 22) 태묘의 예를 특명으로 익혀서 행하게 하였다.'고 하
였으므로 이때의 실록기사들을 주목해 보려고 한다. 이 기사들은 왕비
와 왕세자빈의 태묘전알례가 어떻게 만들어지는지를 보여 준다. 여기서
유의할 점은 이미 언급한 바이지만 영역 문제이다. 앞서 길례와 가례영
역이 섞여 있는 왕세자 책봉례의 경우를 언급하였지만 이번 경우에도
그 영역이 겹치고 있다. 예컨대 왕릉의에도 길례영역과 흉례영역이 있
다. 이뿐만 아니라 친잠례는 길례 의례이지만 왕비가 행함으로서 가례
영역처럼 여겨지기도 한다.[11] 여기서도 길례영역의 전알례가 가례영역의

---

10 《속오례의》 기록에 따르면 이해에 왕세자빈에게 영녕전 의례를 익혀서 행하게 하라고
하였지만, 연대기 자료에는 "중궁中宮이 대궐에 들어온 다음 날에 세자가 먼저 조알하
고, 빈궁嬪宮이 잇달아 하는 것이 마땅하겠다."는 기록이 있을 뿐, 이 시기 세자빈의 영
녕전 의례는 기록이 찾아지지 않는다. 《숙종실록》 1702년(숙종 28) 10월 5일.

11 조선시대 선잠제는 《오례의》에 수록되어 있지만 왕비의 친잠에 대한 의식은 기록되어
있지 않다. 그것은 아마도 친잠의 의식이 선잠제가 시행된 이후에 행해지는데, 그 장소
가 선잠단에서가 아니라 창덕궁의 후원에서 시행되어 별개의 의식처럼 분리된 때문인
것으로 파악된다. 제사가 조선 전기에는 여성들에게 개방되지 않았고, 친잠은 그 성격
상 嘉禮的인 것으로 파악되었기 때문이었다. 한형주, 〈조선시대의 先蠶祭와 親蠶의식〉,
《한국사학보》 58, 2015, 134쪽.

친영의례 때 행해지는 묘현례와 무관하지 않다는 점을 주의하면서 다음 사료를 분석해 보자.

⊙ 예조판서 이여李畬가 차자를 올리기를, "예전에는 천자·제후의 종묘에 관한 일을 후后·부인夫人이 실제로 주관하였으나, 뒤에 행하지 못하게 된 지 오랩니다. 며느리가 친영하고 사흘 만에 사당에 알현하는 데이르러서는 진실로 예禮인데, 지금 사서士庶로서 며느리를 맞은 집에서모두 행하고 있으나, 왕조의 예는 엄근嚴謹을 힘쓰므로 여느 사람들과같지 않습니다. 이 때문에 국조國朝의 가례에는 왕비와 왕세자빈이 태묘에 전알하는 절차가 없으니, 고금의 형세가 다르기 때문입니다. 영소전永昭殿은 궐내에 있기는 하나 곧 별묘別廟입니다. 사체가 종묘와 다름이없어야 마땅한데, 이제 왕세자빈이 종묘에는 전알하지 않고 영소전에만행한다면, 고례古禮로서는 갖추지 못한 것이 되고, 금례今禮로서는 조종祖宗에게서 받은 것이 아니니, 갑자기 정하여 행하는 것은 마땅하지 못합니다. 더구나 반드시 행하여야 할 것이 아닌 것이겠습니까? 대신大臣에게 다시 묻고, 또 유신儒臣으로 하여금 예의禮意를 상고하게 하셔야 거의 엄근한 체모를 잃는 일이 없을 것입니다." 하였는데, 임금이 대신들에게 다시 의논하고 유신으로 하여금 상세히 검토하여 아뢰고 처리하도록 명하였다.《숙종실록》 1696년(숙종 22) 8월 26일.

1696년(숙종 22) 8월 26일 예조판서 이여의 차자에 따르면, 예전에는 천자·제후의 종묘에 관한 일을 후·부인이 실제로 주관하였으나 뒤에 행하지 못하게 된 지 오래이며, 며느리가 친영하고 사흘 만에 사당에 알현하는 것이 예인데, 지금 사서로서 며느리를 맞은 집에서는 모두 행하고 있으나 국조의 가례에는 왕비와 왕세자빈이 태묘에 전알하는 절차가 없었다. 그리고 영소전永昭殿(숙종비 인경왕후 김씨의 혼전)의 사체가 종묘와 다름이 없어야 마땅한데, 이제 왕세자빈이 종묘에는 전알

하지 않고 영소전에만 행한다면 고례로서는 갖추지 못한 것이 되고 금
례로서는 조종에게서 받은 것이 아니니, 갑자기 정하여 행하는 것은 마
땅하지 못한 것이었다. 이를 통해 숙종 22년 당시는 종묘와 영녕전에
후·부인이 참여하지 못하고 있었던 상황이었음을 알 수 있고, 중종 12
년에 친영례를 행하고 있었는데도(2장 1절에서 언급함) 이때까지 사서들
의 집에서만 묘현례(친영 뒤 사흘 만에 사당에 알현하는 예)가 행해지고
있었다. 왕조의 예와 사서인의 예가 다르게 운영되고 있었던 것이다.

이틀 뒤 홍문관에서 이여의 차자의 말 때문에 아뢰기를, "황조皇朝에
는 황후皇后가 사당에 알현하는 제도가 있으나 태자비太子妃가 사당에
알현하는 예가 없으며 우리나라에는 본디 여후女后가 사당에 알현하는
제노가 없으니, 세자빈만이 행할 수 없을 것입니다."하고, 윤지완尹趾
完·남구만南九萬·신익상申翼相이 모두 행하기 어렵다 하고, 다른 대신은
다 응대하지 않으니 임금이 거행하지 말라고 명하였다. 이날 왕세자만
종묘에 전알하였다(《숙종실록》 1696년(숙종 22) 8월 28일)(가.-②④왕세자알
종묘영녕전의-ⓩ).

ⓛ 교리 이익수李益壽·수찬 정제태鄭齊泰·부수찬 조대수趙大壽가 상소하
기를, "… 이수광李睟光의 문집을 보니 '인목왕후의 가례 뒤에 묘현을 거
행하기를 청하며 《대명회전》까지 인용하였다.'하였는데, 신들이 《대명회
전》을 상고하였더니, 황후가 묘현하는 일이 과연 혼례편에 있고, 태자비
가 묘현한다는 글도 그 아래에 있었습니다. 신들에게 허술히 빠뜨린 잘
못이 있습니다."… 임금이 대신에게 묻기를, "노애공魯哀公이 공자에게
묻기를, '면류冕를 쓰고 친영하는 것은 지나치지 않겠는가?'하니, 공자가
용모를 고치고 언짢은 낯빛을 지었다. 변통하여야 할 것이면 새로 시작
하여도 무방하겠지만, 우리나라는 모든 일을 한결같이 명나라의 제도를
따르니, 준행하여야 마땅하겠다."하였는데, 영의정 유상운柳尚運[12]이 말

하기를, "고례가 본디 그러하니 거행하여도 무방하나, 우리나라에서는 아직 거행하지 않던 것을 갑자기 새로 행하기 어렵고, 또 영소전에만 거행할 수 없으니, 태묘에도 거행하여야 마땅할 것입니다."하였으니, 그 뜻은 임금이 거행하려고 생각하기 때문에 감히 굳이 막을 수 없어서 자못 양단간에 결정하지 못하고 머뭇거리는 것이었다. … 임금이 말하기를, "유신이 아뢴 것이 종주從周의 뜻에 맞는다. 영소전에 거행한다면 종묘에도 마찬가지로 거행하여야 할 것이다. …"하였다. 유상운이 말하기를, "세자빈이 이미 묘현을 거행하였는데, 왕비께서 묘현하지 않는 것은 어떨는지 모르겠습니다."하니, … 임금이 말하기를, "묘현을 새로 거행하는 것은 참으로 친영을 중간에 새로 시작하는 것과 같다. 제도를 정한 뒤에 오직 왕비만 묘현하지 않으면 끝내 미안할 듯하니, 왕비가 먼저 묘현을 거행하고 빈궁이 다음에 거행하여야 하겠다."하였다.《숙종실록》1696년(숙종 22) 10월 3일.

ⓒ 예조에서 왕비(인원왕후)가 가례를 마친 뒤 종묘를 알현할 때 영녕전에도 똑같이 전알하기를 청하니, 임금이 윤허하였다.《숙종실록》1702년(숙종 28) 10월 4일.

종묘에 행례하는 의식절차는《속오례의》의 의주뿐만 아니라 1696년(숙종 22) 10월 16일 실록기사에서도 확인된다.

ⓔ 임금과 중전·세자·빈궁이 종묘에 가서 행례하였는데, 그 의절은 이러하였다. 전하의 입위立位는 묘호廟戶 밖의 동에서 서향하고, 왕세자의 입위는 전하의 입위의 서남에서 북향하고, 중궁전의 배위拜位는 묘호 밖

---

12 柳尙運(1636~1707): 가.-③ 5王妃謁宗廟永寧殿儀와 가.-④6王世子嬪謁宗廟永寧殿儀에서 묘현례.《숙종실록》1696년(숙종 22) 10월 3일; 가.-⑦13拜大院君祠宇儀 논의.《숙종실록》1696년(숙종 22) 10월 3일; 다.-⑥9親臨頒敎陳賀儀에서 환궁 때 고취 논의에 참여함.《숙종실록》1698년(숙종 24) 12월 26일.

의 서에서 동향하고, 빈궁의 배위는 중궁전 배위의 동남에서 북향한다. 전하와 왕세자는 익선관·곤룡포를 갖추고, 출궁하고 환궁할 때 고취(鼓吹: 왕의 행차 때 진설하는 궁중 악대)는 모두 벌이되 연주하지 않는다. 전하와 왕세자는 면복冕服으로 고쳐 입고 묘정廟庭에 들어가 사배례四拜禮를 행한다. 중궁전과 왕세자빈은 수식首飾을 하고 적의翟衣를 입는다. 상궁이 앞에서 인도하여 서계西階로부터 올라가 입위에 이르고, 상궁이 전하와 왕세자를 인도하여 조계(阼階: 동계)로부터 올라가 입위에 이른다. 중궁전과 왕세자빈이 사배례를 행하면, 상궁이 전하와 왕세자를 인도하여 소차(小次: 거둥할 때 임금이 잠깐 쉬기 위하여 막을 쳐 놓은 곳)에 들어간다. 상궁이 중궁전과 왕세자빈을 인도하여 재전齋殿으로 돌아가고, 좌통례左通禮·우통례右通禮가 전하를 인도하여 재전으로 돌아간다. 전하와 왕세자가 익선관·곤룡포로 갈아입고 환궁한다.《숙종실록》 1696년(숙종 22) 10월 16일.

위 기사(㉠, ㉡)에는 왕비와 왕세자빈의 종묘 의례가 친영례의 묘현례와 함께 만들어지는 경위가 다뤄지고 있다. 전하와 왕세자는 익선관·곤룡포를 갖추고 출궁하여 면복으로 고쳐 입고, 중궁전과 왕세자빈은 수식을 하고 적의를 입고서 종묘에 가서 행례하였다(㉣). 1696년(숙종 22) 8월 26일의 실록기사에 따르면 예전에는 천자·제후의 종묘에 관한 일을 후·부인이 주관하였지만, 국조의 가례에는 왕비와 왕세자빈이 태묘에 전알하는 절차가 없으므로 이를 유신들에게 상고하여 품처하라는 내용이다(㉠). 그리고 1696년(숙종 22) 10월 3일 교리 이익수李益壽·수찬 정제태鄭齊泰·부수찬 조대수趙大壽가 "이수광의 문집을 보니 '인목왕후仁穆王后의 가례 뒤에 묘현을 거행하기를 청하며《대명회전》까지 인용하였다.' 하였는데,《대명회전》 혼례편에 과연 황후가 묘현하는 일이 있고, 태자비가 묘현한다는 글도 그 아래에 있으므로 명나라의 제도를 준행해야 합니다." 하고 상소하니, 종주(從周: 주나라 제도를 따름)의 뜻에 맞는다 하여 왕비와 빈궁이 차례대로 묘현례를 거행하도록 하였다 (ⓒ). 1702년(숙종 28) 10월 4일 예조에서 왕비(인원왕후)가 가례를 마친 뒤 종묘를 알현할 때 영녕전에도 또한 똑같이 전알하기를 청하니 임금이 윤허하였다(ⓓ)(《숙종실록》 1702년(숙종 28) 10월 4일). 가례는 10월 13일에 치렀고 10월 15일 예조에서 중궁전의 묘현례의 택일에 대해 물어보니 다음 달 음력 초열흘께 추택하라고 전교하였다(《승정원일기》 1702년(숙종 28) 10월 15일).

《속오례의》의 의주에 나와 있는 연혁을 바탕으로 《조선왕조실록》이나 《승정원일기》 기사에서 그 실행 사실들을 확인해 본 결과, 왕비와 왕세자빈의 종묘 의례는 1696년(숙종 22)에 만들어졌고, 영녕전 의례가 만들어진 것은 1702년(숙종 28)이다. 인원왕비와 단의빈이 각각 세자빈과 왕비에 책봉되자 숙종이 이 예를 특명으로 익혀서 행하게 하였다.

지금까지의 내용들을 정리해 보면 1742년(영조 18) 사도세자가 여덟 살을 맞아 입학례를 치르면서 왕세자전알영녕전지의를 시행하였다. 《속오례의》 편찬이 한창 진행되고 있던 시기에 이 의례는 김재로가 현종 10년과 숙종 21년의 등록을 참고하여 준비한 것이다. 현종 10년의 경우는 '입학례 전' 대신 '책례 후'라는 수식어가 붙어 있지만, 숙종이 세자로서 7세 되던 해에 입학례를 앞두고 왕세자전알영녕전지의를 행하였으므로 이 의례는 입학례 전에 행해진 의례이다. 숙종 21년의 경우도 당시의 세자였던 경종이 입학례를 위해 이 의례를 시행하였다(ⓔ, ⓕ, ⓖ). 영조 때, 사도세자 입학례의 준비과정에서 참고한 숙종 21년의 왕세자의례는 숙종 22년의 왕비와 왕세자빈 묘현례의 본보기가 되기도 하였다. 숙종 22년 8월 28일에 왕세자가 5월의 가례 뒤 종묘에 전알하였는데 이날 왕세자빈도 거론되었으나 알현하지 못하였고, 10월 3일에 가서야 왕비가 먼저 묘현례를 행하고 빈궁은 그다음에 거행하게 된다. 사서인들은 이미 시행하고 있던 의례였는데 왕실에서는 이때에 이르러

서야 세자빈인 단의빈의 친영례를 맞아 묘현례를 행하였다. 숙종은 세
자빈만 묘현례를 행하는 것은 미안한 일이니, 왕비가 먼저 행하고 그다
음에 세자빈이 행하라고 하였다. 신하들이 《대명회전》을 상고하여 왕비
와 세자빈의 묘현례를 아뢰니, 숙종은 종주의 뜻에 부합한다 하여 시행
하게 하였고, 영조가 또한 그 뜻을 좇아 《속오례의》에 싣게 한 것이다.
그리고 숙종 28년 10월 13일에 친영례를 행하고 김씨를 책봉하여 왕비
(인원왕후)를 삼았는데, 이해에 왕비와 왕세자빈에게 알영녕전지례를
익혀서 행하게 하였다(《숙종실록》 1702년(숙종 28) 10월 14일; 10월 4일; 《속
오례의》). 왕비와 왕세자빈의 친영에 맞춰 묘현례를 시행하면서 숙종은
그 뜻을 "묘현을 새로 거행하는 것은 참으로 친영을 중간에 새로 시작
하는 것과 같다."(ⓛ)라고 하였다. 이에 따르면 '묘현'은 그야말로 주나
라 제도를 따른다[從周]는 뜻에 부합하는 의례이다.

　지금까지 왕을 비롯하여 왕세자, 왕비·왕세자빈의 종묘·영녕전 의례
를 시행 시기를 중심으로 살펴보았다. 그리고 무엇보다 이 의례들이 왜
《속오례의》에 실리게 되었는지가 궁금한데 일단 입학례, 가례와 같은
왕실행사로서 시행된 의례임을 확인하였다. 하지만 다른 의례들과도 연
계하여 이 의례가 의례서에 실리게 된 이유를 3절에서 다시 고찰해 보
려 한다.

　(2) 장녕전長寧殿 의례는 (7) 영희전 의례와도 연관이 있다.
　가.─⑥11어진봉안장녕전의御眞奉安長寧殿儀의 장녕전은 숙종의 어진(御
眞: 조선시대 국왕을 그린 초상화)을 봉안했던 전각이다. 1713년(숙종
39) 어용御容을 다시 모사하여 봉안할 때 이 의식이 있었다(《속오례의》
어진봉안장녕전의 연혁). 1695년(숙종 21) 9월 5일 숙종이 장녕전을 중건
한 노고로 가자와 시상을 행한 것, 또는 9월 16일 장녕전 중건의 노역

을 생각하여 진휼의 뜻을 보이게 한 데서 이 장녕전의 중건이 이루어진 시기를 알 수 있다. 그리고 '병자년(1636, 인조 14)에는 묘사廟社를 강도(江都: 강화도)로 받들고 들어갔는데 지금 장녕전이 바로 그때 봉안했던 곳이다.'하므로 장녕전은 강화도에 소재한 것으로 중건 전, 전란 중에 임시로 묘사를 모셨던 건물임을 알 수 있다. 그리고 1711년(숙종 37) 1월 20일에 남한성南漢城 안에 묘사를 권안(權安: 신주·영정 등을 임시로 모셔 놓음)할 곳을 영건하라는 명이 있었으며, 그 간가(間架: 짜임새)의 제도는 강도의 장녕전의 제도를 본뜨도록 하였다(《숙종실록》 1695년(숙종 21) 9월 5일·9월 16일; 1710년(숙종 36) 12월 1일; 1711년(숙종 37) 1월 20일).

1713년(숙종 39) 3월 30일 도제조 이이명李頤命이 용안을 다시 그릴 것을 건의하였다(《숙종실록》 1713년(숙종 39) 3월 30일).

5월 5일에 어진을 장녕전에 봉안한 뒤, 매년 사맹삭四孟朔에 봉심(奉審: 왕명을 받들어 왕실의 침묘·산릉·단·묘·태실·비석·사고·영정 등을 보살피고 점검하던 일)할 것을 명하였다(《숙종실록》 1713년(숙종 39) 5월 5일). 이날 거행한 의례는 영조대 편찬한 《속오례의》에 어진봉안장녕전의로 수록되었고, 정조대 편찬한 《춘관통고》에는 어진봉안장녕전의와 어진봉왕장녕전의御眞奉往長寧殿儀로 수록되어 있다.[13] 《속오례의》의 의주에 의거하여 그 절차를 간략하게 살펴보면, 다음과 같다.

그날 병조는 의장(儀仗: 천자나 왕공 등 지위가 높은 사람이 행차할 때 위엄을 보이기 위하여 격식을 갖추어 세우는 병장기나 물건. 의儀는 위의를, 장

---

13 두 의주의 내용은 거의 비슷한데, 어진봉안장녕전의에서는 百官이 常服 차림이고, 어진봉왕장녕전의에서는 黑團領 차림인 것이 다르다(김세은, 〈조선시대 眞殿 의례의 변화〉, 《진단학보》 118, 2013, 19쪽).

伏은 창이나 칼 같은 병기를 가리킨다.)을 건명문建明門 밖에 벌여 놓는다. 종친 및 문무백관은 각각 상복常服을 갖추고 함께 숭정전崇政殿 정도庭道에 나아가 동과 서쪽으로 나누어 차례로 선다. 어진을 받들고 나오기 5각 전에 승지와 사관, 모든 시위하는 관원은 합문 밖으로 나아가 대기한다. 2각 전에 왕세자는 익선관에 곤룡포를 갖추고 여輿에 타고 흥화문 밖으로 나아가 막차(幕次: 의식이나 거둥 때 임시로 장막을 쳐서, 왕이나 고관들이 잠깐 머무르게 하던 곳)로 들어간다. 시각이 되면 내시는 어진궤御眞櫃를 받들고 나온다. 흥화문 밖에 이르면 왕세자는 막차에서 나와 몸을 굽히고, 지나가면 몸을 바로 한다. 장녕전에 이르면 동쪽 협실(夾室: 곁방)에 봉안한다. 봉안 시각이 가까워지면 본전참봉本殿參奉은 구본舊本 어진궤를 서쪽 협실로 옮겨 모신다. 어진궤를 받들어 좌座에 안치하고 구본 어진은 세초(洗草: 실록의 편찬을 마치고 나서 원고를 물에 빨아 먹물을 빼는 일)한다. 마치면 대신 이하는 위를 달리하여 겹줄로 북쪽을 향한다. 몸을 굽혀 사배하고 일어나 몸을 바로하고 물러난다.《속오례의》御眞奉安長寧殿儀.

장녕전은 어진을 봉안한 곳이라는 점에서 영희전과 관련이 있다. 그러므로 장녕전 의례는 영희전 의례(7)와 함께 다시 논의해 보기로 한다. 이 의례의 수록 순서가 다른 영정 봉안 의례보다 앞에 위치하고 있는 것은 부왕의 영정을 모신 전각이기 때문일까?

그리고 이 의례에는 특이한 점이 또 하나 있다. 어진봉안장녕전의〔속〕가 《속오례의》에는 길례영역에 있는데, 정조대의 《오례통편》에는 가례영역에 포함된다. 왜 후대 의례서에서 가례로 그 영역이 바뀌게 되었는지 궁금하다. 이번 연구에서는 문제 제기만 해두고 추후 정조 시대의 의례서를 다룰 때 고찰할 것을 기약해 본다.

### (3) 사친추숭 의례

가.-㉑13배대원군사우의13拜大院君祠宇儀는 선조宣祖가 생부 덕흥대원
군德興大院君을 위해 만든 의례이다. '인빈사우仁嬪祠宇에 배알하는 의식
도 이와 같다.'는 문구가 의주명 바로 아래에 있는데, 인빈은 선조의
넷째 아들인 신성군信城君과 다섯째 아들인 정원군定遠君의 모후母后이
다. 정원군은 훗날 인조의 생부로서 원종元宗이 된다.《속오례의》의주
끝 부분에 '선조가 행한 옛 의례가 전하지 않는다'고 하였으므로, '선조
가 행한' 대원군의 사우(祠宇: 조상의 신주를 모셔 놓은 집=사당)에 대
한 기록을 다른 자료에서 찾아보자.

1605년(선조 38) 5월 9일에는 대원군의 기일이므로 일체의 공사公事
를 행하지 않았다(《선조실록》1605년(선조 38) 5월 9일). 1612년(광해 4) 6
월 10일에는 대원군의 사우를 건립할 일로 명을 내린 지 오래되었는데
도 공사를 시작할 기약이 없으므로, 감역관(監役官: 조선시대 선공감의
한 벼슬로 품질은 종이품)을 택하여 정하고 속히 공사를 감독하라는 전
교가 있었다(《광해군일기》(정초본) 권54, 1612년(광해 4) 6월 10일). 그리고
1680년(숙종 6) 6월 3일 인빈사우를 대원군 묘제廟制에 의거하여 조성
하는 일을 하명하였다(《승정원일기》1680년(숙종 6) 6월 3일). 1683년(숙종
9) 인빈의 사우를 짓는 데 해조로 하여금 봉사인(奉祀人: 조상의 제사를
맡아 받드는 자손)의 집을 속히 완성하라고 전교하였다(《숙종실록》1683년
(숙종 9) 6월 20일).

《속오례의》의 연혁(《속오례의》배대원군사우의 연혁)에 나와 있는 1695년
(숙종 21)을 근거로 대원군사우의 기록부터 먼저 찾아보자. 1695년 2월
14일 숙종이 덕흥대원군의 사당에 전알하려고 예관으로 하여금 대신에
게 문의하도록 명하였다. 그에 따르면 선조가 정축년(1577, 선조 10)에

덕흥대원군의 사당에 친히 거둥하고자 한 적이 있었고, 계해년(1623, 인조 즉위년)에 반정한 시초에 인조가 친히 정원대군의 사당에 제사하였으니, 이것은 선조가 이미 행한 전례典禮를 준용한 것이었다. 숙종 또한 이를 근거로 덕흥대원군의 사당에 전알을 거행하도록 하였다. 그리고 선조가 전알할 때에 이이李珥가 이미 가인례家人禮에 근거하여 사정私情을 폐지할 수 없음을 밝혔고, 양조兩朝에서 친히 사묘私廟에 제사를 지낸 것은 실로 정리에서 우러나온 것이고 예에도 위배됨이 없다는 것(《숙종실록》 1695년(숙종 21) 2월 14일)으로서 숙종대에 이 의례를 시행하게 된 의의를 말하고 있다.

1695년 2월 25일 예조판서 박태상朴泰尙이 덕흥대원군 사당에 전배展拜하는 일로 정대請對하였다(《숙종실록》 1695년(숙종 21) 2월 25일).

1695년 2월 28일 덕흥내원군의 사묘에 선배례를 행하고 봉사손에게 가자를 명하였다(《숙종실록》 1695년(숙종 21) 2월 28일).

선조의 덕흥대원군 전알례가 가인례에 근거한 사정으로서 시행되었다 하더라도, 이 논의가 왜 1695년에 일어나게 되었는지 속사정이 궁금하다. 그해 많은 일들이 있었다. 1695년 2월 28일 숙종은 덕흥대원군의 사묘에 전배례를 행하였을 뿐만 아니라 왕세자〔경종〕의 입학이 3월 13일에 있었으며, 을해등록乙亥謄錄이 만들어졌다. 9월 5일에는 장녕전 중건의 노고에 가자와 시상을 행하였고, 5월 13일에 남교南郊에 거둥하여 기우제祈雨祭를 지냈으며(《숙종실록》 1695년(숙종 21) 5월 13일), 11월 22일에 내년 농사의 풍흉을 걱정하여 기곡에 대해 비망기를 내렸다(《숙종실록》, 부록, 〈숙종대왕 행장〉; 《숙종실록》 1695년(숙종 21) 11월 22일). 이러한 의례들을 왜 이때 시행하였을까? 장녕전 중건의 공로로 강화유수 김구金構에게 가의대부의 품계를 더하였다. 이에 대해 사신이 논하기를, "어용이 강화에 이름에 김구가 창졸간에 소식을 듣고 능히 의위儀衛를 갖추어서 길 왼쪽에서 맞이하고 또 능히 공역工役을 친히 동독董督하여 며칠도 안 되어 일이 이루어짐을 아뢰니, 임금이 이를 매우 가상히 여겼기 때문에 분수에 넘치는 상을 베푼 것이다."(《숙종실록보궐정오》 1695년 (숙종 21) 9월 5일)라고 하였지만 장녕전은 또 왜 이때 중건되었을까?

특히, 부왕도 아닌 덕흥대원군의 사우의를 왜 숙종이 시행하였을까? 1694년(숙종 20)에 갑술환국甲戌換局[14]이 일어났다. 이 정치적 사건은 기사환국己巳換局(1689, 숙종 15)으로 집권한 남인이 물러나고 소론과 노론이 정국을 장악한 일이다. 바로 그다음 해인 을해년(1695, 숙종 21)에 위의 일련의 의례들이 이루어졌다.

지금까지 거론한 다음의 일들, 곧 선조가 덕흥대원군의 사당에 제사한 것(1577, 선조 10), 반정한 시초에 인조가 친히 정원대군의 사당에 제사지낸 것(1623, 인조 즉위), 숙종이 인빈사우를 조성하라고 하명한 것(1680, 숙종 6)과 같은 일련의 일들이 의례화되는 과정에 정치적 사건이 개입되었는지에 대한 판단은 검토가 더 필요하다. 덕흥대원군-선조-정원군-인조로 이어지는 가계를 떠올려 보자. 왕위 계승으로는 대원군으로부터 6·8대 뒤가 되고,[15] 혈통상으로는 대원군의 6·7대손인 숙종과 영조[16]가 선대왕의 추숭의례에 적극적인 관심을 보이고 있다. 그럼, 세대 간의 격차가 큰데도 후대에 이를 의례화한 이유를 당시의 큰 정치적 사건에서 찾아보면 어떨까 한다. 의례 시행과 정치적 사건의 발생 시점이 맞물려 있기 때문이다.

인빈사우를 조성하라는 하명이 있었던 때가 1680년(숙종 6) 6월 3일

---

14 갑술환국에 관해서는 다음 연구 참고(정만조, 〈조선후기 政局動向과 葛庵 李玄逸의 정치적 位相〉, 《퇴계학》 20, 안동대학교 퇴계학연구소, 2011a; 이상식, 〈숙종 초기의 왕권 안정책과 경신환국〉, 《조선시대사학보》 33, 2005).

15 덕흥대원군-선조-광해군-인조-효종-현종-숙종-경종-영조.

16 덕흥대원군-선조-정원군-인조-효종-현종-숙종-경종-영조.

이고, 남인을 몰아내고 서인이 정권을 잡았던 경신환국庚申換局은 그해 3월에 일어났다. 그리고 《속오례의》는 배대원군사우의의 처음 시행 시기를 을해년(1695, 숙종 21)으로 기록하고 있는데, 바로 전해인 1694년(숙종 20)에 갑술환국이 일어났다. 또한 영조대의 정치적 사건인 경신처분은 후술하겠지만 인조반정과 비견되면서 대원군사우의·원종추숭 의례와 일정한 관련을 갖는다.

원종추숭 논의는 선조와 정원군, 그리고 인조의 위치정립이 문제되어 발생하였다. 이때 선조의 생부인 덕흥대원군의 일을 의례화하는 작업은 원종추숭보다 시기적으로 순서가 먼저이다. 그러므로 경신처분을 인조반정에 비견하면서 원종추숭을 부각시키려 할 때 배대원군사우의는 추숭사업의 선례가 된다. 그러므로 이 의례는 영조가 왕위 정통성을 확립하기 위해 마련한 것으로 이해하고자 한다.

《속오례의》의 편찬 완성이 영조 20년의 일이지만, 사친추숭 의례에는 영조 3년에 시행된 배육상묘의拜毓祥廟儀와 영조 7년에 시행된 배소령묘의拜昭寧墓儀도 포함된다. 그러므로 영조 16년에 있었던 경신처분에 이 의례들이 활용된다는 관점까지 더해 보려고 한다. 배대원군사우의를 숙종이 처음 시행하고 영조가 의례화한 이유로 왕의 정통성 확립을 제시해 보았지만, 신하들의 입장도 간과할 수 없다. 그들은 임금의 의견에 동조하는 입장, 또는 임금이 이 의례를 시행할 수 있도록 설득할 수 있는 위치에 있기 때문이다. 이러한 측면에서 소론과 노론들이 자신들의 집권명분, 정치적 의리를 내세우기 위해 이 의례를 활용했다고 보면 어떨까?

정치적 관점에서 이 의례를 다시 해석해 보면, 숙종대에는 경신환국(1680년, 인빈사우의 조성을 하명함)과 갑술환국(1695년, 대원군사우의를 처음 시행함)으로 말미암아 남인에서 서인(소론과 노론)으로 정권이 바

꿰었다. 그리고 영조대에는 경신처분으로 말미암아 노론이 신원하였고, 소론과 노론으로 구성된 탕평정국이 전개되었다. 소론과 노론 집권기에 사친에 대한 의례화 작업이 동시에 추진되었다는 점은 숙종대와 영조대의 역사를 같은 척도로 해석해 볼 수 있는 사안이 되지 않을까 한다.

사림의 분열로 일컬어지는 17~18세기의 당쟁은 인조반정(1623)-경신환국(1680)-갑술환국(1694)-무신란(1728)-경신처분(1740)이라는 정치적 격동과 파장을 일으켰으며, 이 정변 및 변란을 통해 노론과 소론들은 권력기반을 강화할 수 있었다.[17] 대립 구성 면에서 숙종대에는 남인대 서인(노론과 소론), 영조대에는 노론대 소론이라는 당색의 차이점이 있지만 숙종대에 정권을 획득한 서인, 그리고 탕평정치를 추구했던 영조대의 노·소정권이라는 정치적 구도에서 공통점을 찾을 수 있다. 바로 집권당의 명분(서인명분, 노론명분)이다. 명분이라 하면 서인의 명분,[18] 또는 서인에서 노론으로 이어지는 주자성리학에 입각한 의리명분을 일컫기도 하지만, 여기서는 집권의 정당성과 구실을 마련해야 했던 정치가들의 입장을 고려하여 이 명분을 이해하려고 한다.

인빈은 여천군驪川君 이증李增의 집에 의창군義昌君·낙선군樂善君과 한 사당에 함께 봉안되어 있었다. 1743년(영조 19) 6월 13일 영조가 인빈의 사우를 따로 세우고, 봉사奉祀하는 자는 덕흥대원군의 규례에 의하여 도정(都正: 조선시대 종친부·돈녕부·훈련원 소속의 정3품 당상관)을 세습하도록 하였다(《영조실록》 1743년(영조 19) 6월 13일). 이는 선조의 덕흥대원군 전알례에 이어 인빈사우의 공역과 그 제사를 받드는 봉사자의

---

17 김학수, 〈18세기 한 鄕班 출신 功臣의 정치·사회적 존재 양상: 영조대 奮武功臣 朴東亨(1695~1739)을 중심으로〉, 《조선시대사학보》 77, 2016.

18 갑술환국(숙종 20년 4월)이 비록 임금의 독단에 의해 이루어졌다 하더라도 서인으로서는 그 집권의 정당성과 명분을 반드시 확보해야 했다. 남인에 대해 동정론을 펴던 소론과 달리 노론은 바로 남인을 민비에 대한 명의죄인으로 몰아감으로써 그 집권의 명분을 확보하려 하였다(정만조, 앞의 논문(2011a), 19쪽, 22쪽).

대우에 대한 내용인데, 인빈의 봉사자들에 대한 정보부터 파악해 보자. 인빈仁嬪은 선조의 후궁으로 인조의 생부인 원종元宗(정원군)을 낳았고, 복창군福昌君 이정李楨은 인조의 셋째 아들인 인평대군麟坪大君의 아들이다. 1680년(숙종 6) 경신환국으로 정권을 잡은 서인이 다음과 같이 고변하였다. 남인인 허견許堅 등 몇 명의 추대를 받은 복선군福善君이 역모를 꾀한다는 것이었다. 복창군은 동생 복선군과 연루되어 사사되었다. 이렇게 죽은 복창군을 대신하여 인빈의 사우를 맡게 된 숭선군崇善君(?~1690)은 인조의 다섯째 아들이며 어머니는 귀인 조씨貴人趙氏이다. 그는 1651년(효종 2)에 누이 효명옹주孝明翁主의 시할아버지 김자점金自點의 역모사건에 연좌되어 강화도에 위리(圍籬: 죄인이 달아나지 못하게 울타리를 쳐서 외부와의 접촉을 금하는 형벌) 안치(安置: 죄인을 일정한 장소에 격리시키는 형벌)되었다가 1656년(효종 7) 홍우원洪宇遠의 소청으로 풀려 돌아온 뒤 관작이 복구되었다. '역적 정楨(복창군)이 일찍이 그 제사를 맡았었는데 정이 주설됨에 이르러, 숭선군 징澂이 그 제사를 받들도록 한 것'(《숙종실록》 1683년(숙종 9) 6월 20일)은 1683년 6월 20일에 내려진 숙종의 명이었다.

《속오례의》보다 후대의 기록인 《정조실록》에 인용된 기사이지만 다음 시행 의주는 사우의에 대한 절차를 간단히 알 수 있으므로 확인하고 넘어가 보자.

《오례의》 속편을 살펴보면 대원군 사당을 참배하는 의식에 대한 조에 거가車駕가 대궐을 나오는 데에 관한 글이 실려 있는데, '연輦에서 내리는 장소는 대문大門 밖에 설치하고 여輿에서 내리는 장소는 중문中門 밖에 설치한다. 시종하는 신하가 대가를 인도하여 제사를 도울 때에는, 아헌관亞獻官 이하 종친과 문무백관은 동구洞口 밖에서 말에서 내린다.' 하였다.《정조실록》 1796년(정조 20) 12월 28일.

선조의 생부인 덕흥대원군과 선조의 후궁이면서 인조의 생부인 정원군을 낳은 인빈의 사우 의례를 영조는 왜 굳이 의례서에 넣어서 부각시킨 것일까? 이보다 앞서, 숙종이 이 의례를 시행한 것은 왕의 정통성 확립에 목적이 있는 것으로 이해해 보았다. 노·소론들이 정권을 잡은 경신환국과 갑술환국을 계기로 왕권의 절대성을 천명하는 데 숙종은 덕흥대원군과 인빈사우 의례를 활용하였다. 왕의 주도로 이루어진 정국이었지만 서인들 역시 집권의 정당성과 명분을 확보해야 했던 상황이었으므로 이 의례의 활용은 군신 모두에게 필요했다. 갑술환국 후 숙종은 천하의리의 주인으로 자처, 단종복위端宗復位나 강빈신원姜嬪伸冤, 대보단大報壇 설치와 같은 사림의 숙원을 실현하는 등 산림의 권위까지 겸한 절대적 군주로서 정국을 이끌어 나갔으며,[19] 신하들의 집권의리와 명분은 임금과 다르지 않았다. 남인에서 서인으로의 정권교체가 군신 모두에게 왕통의 정당성, 집권의 정당성을 요구하였고, 배대원군사우의는 그러한 명분 속에 만들어진 의례였다. 영조 역시 경신처분을 계기로 자신의 왕권 확립의 의도를 드러내기 위해 의례를 활용한 것으로 보고자 한다. 사친추숭을 논하면서 효심에 관한 이야기가 빠질 수 없다. 이에 관해서는 종법 논의와 관련해서 제4장 3절 2항에서 그 논의를 이어 나가겠다.

나.-⑦14배육상묘의拜毓祥廟儀는 지금 임금 정미년(1727, 영조 3)에, 나.-⑧15배소령묘의拜昭寧墓儀는 지금 임금 신해년(1731, 영조 7)에 처음 예를 행하였다(《속오례의》 배육상묘의 연혁). 이 책에서는 사친추숭 사업이 당대 중심에 있었던 정치사건과 무관하지 않다고 생각하여 숙종대 갑술환국과 영조대 경신처분을 살폈다. 남인에서 서인으로의 정권교체는 군신 모두에게 왕통의 정당성·집권의 정당성을 요구하였다. 이를

---

19 정만조, 앞의 논문(2011a), 18쪽.

《속오례의》에 실린 배대원군사우의, 배육상묘의, 배소령묘의에서 확인하였다.

### (나) 기우의례

가.-⑧17친향선농기우의親享先農祈雨儀 연혁에 따르면, 숙종 갑신년(1704)에 기년祈年(풍년 들기를 기원하는 일)은 곧 색사穡事(가을걷이)이며, 기우도 색사이므로 특별히 이 의식을 행하도록 교명하였다(《속오례의》 親享先農祈雨儀 연혁).

선농단에 임금이 몸소 지내는 친제기우제는 1677년(숙종 3) 6월 30일 기사에서 처음 확인된다. 하지만 이 기우제는 끝내 친제로 치러지지 못하고 중신이 명하여 제사 지냈는데 이날 큰비가 내렸다(《숙종실록》 1677년(숙종 3) 6월 30일). 《속오례의》 기록에 따라 그해 기우의를 찾아보면, 과연 1704년(숙종 30) 5월 19일에 비망기를 내려 선농단에서 기우제 지내는 일을 의논토록 하였다. 판부사 윤지선尹趾善[20]은 "선농단에 비를 비는 것은 비록 《오례의》에는 실려 있지 않지만 이미 거행한 예가 있으니, 지성으로 경건하게 빌면 명응冥應하는 이치가 없지 않을 것입니다."하고, 판부사 서문중徐文重은 "적전籍田은 곡식 잘되기를 비는 곳으로 세수歲首에 행례하여 풍년을 빌었고, 풍운뇌우는 남교南郊에서 제사 지내 고윤膏潤을 진발振發시키는 공을 밑천으로 삼았으니, 이는 다 곡식이 잘되기를 비는 것이나 각기 주관하는 바가 있어서 예가 서로

---

20 尹趾善(1627~1704)은 이 책에서 다음과 같은 의례 제정에 관여함. 가.-③ 5王妃祔宗廟永寧殿儀와 가.-④ 6王世子·嬪祔宗廟永寧殿儀에서 묘현례 논의에 참여하였다. 《숙종실록》 1696년(숙종 22) 10월 3일; 사.-⑨ 遷陵儀 좌의정 李堜, 故 判書 尹絳, 그의 아들 故 相臣 尹趾善, 그의 사위인 判府事 閔鎭遠, 예조판서 申思喆, 우의정 趙文命·좌참찬 徐命均·호조판서 金東弼·병조판서 金在魯·이조판서 宋寅明이 장릉(長陵:仁祖의 능)의 천릉을 제안하였다. 《영조실록》 1731년(영조 7) 3월 16일.

어긋나서는 안 될 것이고, 새로운 규례를 처음 내어 거행하기보다는 고
례를 따라 남교의 예를 거행하는 것만 같지 못합니다."하고, 좌의정
이여는 "신농과 후직은 실로 농사를 처음 열었으니, 《오례의》에 비록
기우하는 글이 없으나 일찍이 정사년(1677, 숙종 3)에도 역시 이미 행
한 예가 있으니, 지성으로 경건하게 빌면 마땅할 듯합니다."하니 명하
기를, "22일에 선농에 친도(親禱: 임금이 친히 기도함)할 것이니, 절목은
한결같이 남교에 거둥하였을 때에 의하라."하였다(《숙종실록》 1704년(숙
종 30) 5월 19일). 이에 따르면 1704년(숙종 30) 당시에도 《오례의》에는
기우하는 글이 실려 있지 않지만 이미 거행한 예가 있었으며, 풍운뇌우
를 남교에서 제사 지낸 예를 따르자는 이여의 건의에 따라 5월 22일에
선농에 기도할 것이니 남교의 예로 준비하라는 명이 있었다(《승정원일
기》 1704년(숙종 30) 5월 20일).

　나.─⑨16친제악해독기우의親祭嶽海瀆祈雨儀〔제산천시諸山川時〕 연혁에 따
르면, 영조 기미년(1739, 영조 15)에 《황명집례皇明集禮》의 북교에 친사
하는 예를 따라서 행하게 하여, 비로소 이 의례가 시행되었다(《속오례의》
친제악해독기우의 연혁). 다음은 친제악해독 기우 때에 배제(陪祭: 임금을 모
시고 함께 제사 지냄)하는 백관 복색을 등록에 의거하여 조복朝服으로 마
련하겠다고 조시위趙時偉가 아뢴 예조의 초기이다.

　조시위가 예조의 말로 아뢰기를, "친제악해독 기우 때에 배제하는 백
관복색이 《속오례의》에는 상복常服으로 마련되어 있으나, 본조의 등록을
취고해 보니 계해癸亥·계유癸酉·갑신甲申의 북교친행기우제北郊親行祈雨祭 때,
배제하는 백관 4품 이상은 조복으로 마련되어 있습니다. 이번에 역시
이 예에 의거하여 조복을 마련할 뜻을 아룁니다."하니, 알았다고 전교
하였다.《승정원일기》 1782년(정조 6) 6월 6일.

정조대의 기록에 '계해·계유·갑신북교친행기우제 때의 예조의 등록을 취고取考하여 조복을 마련하였다.' 하므로 계해년(영조 19, 1743), 계유년(영조 29, 1753), 갑신년(영조 40, 1764)에 북교친행기우제가 이루어졌음을 알 수 있다. 그리고 친제악해독 기우 때의 백관 복색은 상복으로 《속오례의》에 실려 있다는 사실도 확인할 수 있다.

나.-⑩18친향우사단기우의親享雩祀壇祈雨儀 연혁에 따르면, 지금 임금 기미년(1739, 영조 15)에 《주례》의 '용[蒼龍宿]이 나타나면 우사를 지낸다.'는 예를 따르게 하여 비로소 이 의례가 시행되었다(《속오례의》 친향우사단기우의 연혁). 이와 일치하는 기사를 1739년(영조 15) 5월 27일의 《승정원일기》에서 확인할 수 있다. 우사친제雩祀親祭 때 의장儀仗을 관례에 따라 절손(節損: 씀씀이를 절약하여 줄임)하여 마련거행磨鍊擧行하겠다는 예조의 초기이다(《승정원일기》 1739년(영조 15) 5월 27일). 이에 따르면 1739년(영조 15) 5월 29일 영조가 우단제雩壇祭를 행하였다(《영조실록》 1739년(영조 15) 5월 29일). 그런데 1743년(영조 19, 계해년) 5월 19일의 《승정원일기》 기사에서는 '우사를 지낸 일이 옛일에 없다'고 하여 기록에 착오가 있었던 것으로 보인다(《승정원일기》 1743년(영조 19) 5월 19일).[21]

중국의 우사가 우리나라에 들어온 것은 고려시대부터였다. 《춘추좌씨전春秋左氏傳》에는 28수宿 가운데 동방 7수인 창룡수蒼龍宿가 다 보이는 음력 4월에 우사를 지낸다고 하였으며, 《예기》 월령月令에는 중하中夏의 달인 5월에 상제上帝에게 대우大雩를 지낸다고 하였다. 고려시대 우사는 4월과 가뭄 때 원구단에서 호천상제昊天上帝와 오제五帝를 모시고 지내는 기우제였다. 그러나 조선시대에는 국가 전례가 제후의 지위에 맞추어

---

21 《속오례의》에서도 영조 기미년에 이 의례를 행했다고 하였을 뿐만 아니라, 기미년(1739, 영조 15) 5월에 雩祀親祭를 지낸 《승정원일기》와 실록 기사가 남아 있으므로 영조 19년의 《승정원일기》 기사는 오류인 것 같다.

재편성되었기 때문에 기곡이나 기우의 제천의례를 지낼 수가 없었다. 그러므로 1414년(태종 14) 5월에 원구단과 별도로 흥인문 밖에 우사단 雩祀壇을 새로 만들었다(《태종실록》 1414년(태종 14) 5월 14일). 그리고 상제 上帝를 대신하여 구망句芒, 축융祝融, 후토后土, 욕수蓐收, 현명玄冥, 후직 后稷의 신들을 제사 대상으로 삼았다(《세종실록》〈五禮·吉禮儀式〉, 雩祀壇祈雨儀).

조선시대에 국가에서 지낸 기우제는 우사 외에도 여러 가지 형태가 있다. 가뭄이 발생하면 나라에서는 종묘, 사직, 풍운뇌우, 악해독, 명산 대천 같은 다양한 신들을 모시고 기우제를 지냈다. 1704년(숙종 30)에 마련된 기우제의 12제차를 보면, 우사는 풍운뇌우 및 산천과 더불어 거행되었고, 북교의 망제望祭나 사직, 종묘에 견주어 낮은 단계의 기우 제로 취급되었는데도[22] 《속오례의》의 악해독기우의(나.-⑨16친제악해독 기우의親祭嶽海瀆祈雨儀〔제산천시諸山川時〕今上己未 命遵皇明集禮親祀北郊之禮 始 行此儀)는 격이 높은 북교의 예를 준행하여 시행되었다. 《속오례의》의 악해독과 제산천기우의는 북교의 예에 준하여 치러지고 있으므로 친제 의 격이 북교에서 치러지는 예의 수준으로 승격되었음을 알 수 있다.

그리고 우사기우의雩祀祈雨儀[23](나.-⑩18親享雩祀壇祈雨儀今上己未 令遵周 禮龍見而雩之禮 始行此儀)의 '용'은 조선시대 기우제에서 구름과 비를 일 으킬 수 있는 존재로서 산천에 살고 있다. 이 산천은 용이 살고 있는

---

22  1704년(숙종 30)에 정식화된 기우제의 12제차는 '삼각산·목멱산·한강→용산강·저자도 →풍운뇌우·산천·우사→북교·사직→종묘→각산·목멱산·한강→용산강·저자도→풍운뇌우· 산천·우사→북교·석척→사직·석척→종묘·석척→토룡제' 순서로 진행되었다. 《숙종실록》 숙종 30년 6월 26일.

23  태종 14년(1413)에 전국의 주요 산천 및 바다 37곳 가운데 '악해독' 13곳과 '명산대 천' 24곳으로 나누어 전자는 중사에, 후자는 소사에 포함시킨다. 《태종실록》 1414년(태 종 14) 8월 21일; 우리나라의 기우제는 반드시 삼각산과 목멱산에 먼저 지내고 나서 용산강·저도에 지내고, 그다음에 산천과 雩祀壇에 지내며 그다음에 北郊와 社稷壇에 지내고, 마지막으로 종묘에 지내게 되어 있다. 《영조실록》 1760년(영조 36) 5월 23일; 《숙종실록》 숙종 30년 6월 26일. 改定祈雨祭次第.

장소로 간주되어 중요시되기도 하지만,[24] 여기서 '령준주례令遵周禮 용현이우지례龍見而雩之禮'의 용, '독린경讀麟經, 용현이우龍見而雩'의 용은 모두 "《춘추좌씨전》에는 28수 가운데 동방 7수인 창룡수가 다 보이는 음력 4월에 우사를 지낸다고 하였다."[25]의 창룡수라는 별자리로서 이 별자리가 보이는 때에 기우의례를 행하였다. 즉 '용'은 구름과 비를 일으킬 수 있는 존재이면서, 창룡수라는 별자리를 통해 의례의 시행 시기까지 상징적으로 알려 주는 존재이다.

《오례의》에는 여섯 개의 기우의례(祈告社稷儀, 祈告宗廟儀, 風雲雷雨壇祈雨儀, 雩祀壇祈雨儀, 時旱北郊望祈嶽海瀆及諸山川儀, 時旱就祈嶽海瀆及諸山川)가 있는데 명칭에 따라 세 가지로 구분하기도 한다. 첫째, 사직과 종묘에 기도하는 '기고의祈告儀', 둘째, 남단南壇의 풍운뇌우신과 우사단의 여섯 신에게 지내는 '기우의祈雨儀', 셋째, 영험성이 있는 산천에게 기도하는 '시한時旱'이 붙은 의례로 나눈 것이다.[26]

이를 참고하여 《오례의》를 《속오례의》의 기우 관련 의례(친향선농기우의, 친제악해독기우의, 친향우사단기우의)와 비교해 보면 첫째, 《속오례의》에는 친향선농기우의가 새롭게 생겼다. 둘째, 《속오례의》의 친제악해독기우의[제산천시](《황명집례皇明集禮》의 친사북교지례親祀北郊之禮를 준행함)는 《오례의》의 시한북교망기악해독급제산천의時旱北郊望祈嶽海瀆及諸山川儀와 시한취기악해독급제산천時旱就祈嶽海瀆及諸山川의 통합된 형태이다. 가물 때[時旱]의 '북교망기北郊望祈' 하는 의례가 임금이 북교에 기

---

24 이욱, 〈조선전기 국가 기우제와 산천〉,《Journal of Korean Culture》1, 한국어문학 국제학술포럼, 2000, 179쪽.

25 《汉语大词典》〈龍見〉: 蒼龍七宿出現.《左傳》桓公五年: '凡祀, 啟蟄而郊, 龍見而雩.', 杜預注: '龍見, 建巳之月, 蒼龍宿之體, 昏見東方, 萬物始盛. 待雨而大, 故祭天. 遠為百穀祈膏雨也.'

26 이욱, 앞의 논문(2000), 174~175쪽.

우하는 '친제'로 격이 높아진 것이다. 셋째, 《속오례의》의 친향우사단기
우의는 《오례의》의 우사단기우의에 '친향'이 붙었을 뿐이지만, 역시 그
격이 높아졌다. 그리고 거듭 강조하는 바이지만, 《속오례의》는 《오례
의》의 개정서가 아니기 때문에 이와 같은 의례가 새롭게 증보되었다는
점을 충분히 인식하고 사료를 해석해야 한다.

《속오례의》는 기존 의례를 유지하면서 친행의례를 추가한 것인데, 다
음 절에서 그 의의를 명확히 해보려고 한다. 다만 《오례의》와 《속오례
의》의 변화와 함께 제3장 2절에서 살펴보았던 《오례의서례》·《속오례의
서례》의 비교를 다시 상기해 볼 필요가 있다. 우선 《오례의서례》의 변
사辨祀는 중사中祀에 풍운뇌우風雲雷雨·악해독嶽海瀆·선농先農·선잠先蠶·
우사雩祀·문선왕文宣王·역대시조歷代始祖가 있고, 소사小祀에 영성靈星·노
인성老人星·마조馬祖·명산대천名山大川·사한司寒·선목先牧·마사馬社·마보
馬步·마제禡祭·영제禜祭·포제酺祭·칠사七祀·독제纛祭·여제厲祭가 있는데, 이
뿐만 아니라 소사에는 사직·종묘·풍운뇌우·악해독·명산대천·우사에 지
내는 기우제, 속제俗祭로 지내는 문소전文昭殿·진전眞殿·의묘懿廟·산릉山
陵, 그리고 주현州縣의 사직·문선왕·포제·여제·영제도 포함된다.

〈표 9〉《오례의》·《속오례의》의 기우의례 비교

| 《국조오례의》 기우의례 | 《국조속오례의》 기우의례 | 대상신 |
|---|---|---|
| 祈告社稷儀 | | 社·稷(社稷壇) |
| 祈告宗廟儀 | | 先王(宗廟) |
| | 1親享先農祈雨儀 | 神農氏(先農壇) |
| 風雲雷雨壇祈雨儀 | | 風·雲·雷·雨神(南壇) |
| 雩祀壇祈雨儀 | 3親享雩祀壇祈雨儀 | 句芒·祝融·蓐收·玄冥·后土·后稷(雩祀壇) |
| 時旱北郊望祈嶽海瀆及諸山川儀 | 2親祭嶽海瀆祈雨儀 〔諸山川時〕 | 嶽·海·瀆·鎭, 名山·大川(北郊望祭) |
| 時旱就祈嶽海瀆及諸山川 | | 三角山·木覓山·漢江 |

* 《국조오례의》 기우의례와 대상신은 이욱, 〈조선전기 국가 기우제와 산천〉, 2000, 174쪽을 참고함.

기존의 변사에서 《속오례의서례》 변사의 변화를 보면, 대사에 기곡사직의祈穀社稷儀가 추가되었다. 의주에 친행 기우의례(*친향선농기우의, 친제악해독기우의, 친향우사단기우의*)가 추가되었다. 즉 천자만이 지낼 수 있다는 기곡의례를 대사에 추가한 것이고, 소사에 속하는 기우의례를 모두 친향, 또는 친제 의례로 승격시킨 것이다. 제후 의례가 아닌 천자의 예로 시행하겠다는 조치이다. 기우의례는 원래 천자만이 행할 수 있었기에 1414년(태종 14) 5월에 원구단과 별도로 우사단을 새로 만들어 국가 전례를 제후의 지위에 맞추어 재편성하였다(*《태종실록》 1414년(태종 14) 5월 14일*). 그런데 영조대 또다시 친행기우의로 바뀌면서 그 격이 높아졌다. 이 의례는 변사에서 제사의 격을 대사나 중사로 높이지 않았지만 친행 자체가 격의 상승을 의미한다. 그리고 선농기우의례는 선농의·선잠의와 함께 살펴볼 수 있는 의례이다.

〈서례〉와 〈의주〉에 수록된 기곡사직의, 친향선농기우의, 친향우사단기우의, 친제악해독기우의, 그리고 나중에 살펴볼 의례이지만 천자만이 행했다고 하는 대사례는 그 격이 높아졌다는 의미에서 《속오례의》의 큰 특징이라 할 수 있다.

　　나. 길례 항목 가운데, 나머지 14항목(① 1친림서계의親臨誓戒儀, ② 2친림전향축의親臨傳香祝儀, ③ 7종묘각실이봉우경덕궁의宗廟各室移奉于慶德宮儀, ④ 8종묘이봉시지영수가의宗廟移奉時祗迎隨駕儀, ⑤ 10친향영희전의親享永禧殿儀, ⑥ 12행릉의幸陵儀, ⑦ 14배육상묘의拜毓祥廟儀, ⑧ 15배소령묘의拜昭寧墓儀, ⑨ 16친제악해독기우의親祭嶽海瀆祈雨儀, ⑩ 18친향우사단기우의親享雩祀壇祈雨儀, ⑪ 19친경의親耕儀, ⑫ 20친경후노주의親耕後勞酒儀, ⑬ 21친림관예의親臨觀刈儀, ⑭ 22관예후노주의觀刈後勞酒儀)은 영조 때 시행한 의례이다. 이와는 별도로, 가.-⑤ 9작헌영희전의酌獻永禧殿儀는 시행 시기가 영조대 이전이므로 가.에서 살펴야 하지만 같은 영희전의로 보고 나.에서 다루기

로 한다. 여기에 나.-⑦ 나.-⑧은 가.의 (3) 사친추숭 의례에서 다루었고, 나.-⑨와 나.-⑩은 (4) 기우의례에서 다루었으므로 이를 제외하고 나.에서는 11항목만을 다루기로 한다. 수록 순서대로 각 의례의 시행 시기를 살펴보겠다.

### (5) 친림서계와 전향축27 의례

나.-①1친림서계의親臨誓戒儀는 기미년(영조 15, 1739), 사직 및 종묘 친제 때 처음 행하였다(《속오례의》 친림서계의 연혁). 《속오례의》 연혁대로 실록에서도 같은 해에 이 의례를 행한 기록이 확인된다. 영조가 4월 28일에 친림하여 서계誓戒하였다(《영조실록》 1739년(영조 15) 4월 28일). 서계란 나라의 큰 제사를 앞두고 제관祭官이 가무歌舞·조상弔喪·문질問病 등 금지된 사항을 경계받고 이를 어기지 않을 것을 서약하며 마음을 경건히 하는 일이다(《세종실록》 1420년(세종 2) 1월 10일; 《태종실록》 1411년 (태종 11) 9월 11일). "밤 4경에 임금이 인정전에 나아가 친림하여 서계한 것은 장차 복위대향復位大享을 행하기 때문이었다."라고 하였는데 복위대향은 단경왕후부묘端敬王后祔廟의 일이다. 정조의 행장行狀에 따르면, 춘·추향 그리고 섣달 대향 때도 서계에 친림의 절차가 없었는데 영조에 와서야 비로소 중국의 옛 제도를 따랐던 것이며, 시향(時享: 해마다 음력 2월, 5월, 8월, 11월에 사당에 지내는 제사)에서 향사 의식을 높인 것으로 나온다(《정조실록》, 부록, 〈정조대왕 行狀〉).

단경왕후는 중종비이며 연산군의 처남인 신수근의 딸이다. 단경왕후의 능이 온릉이므로 사.-⑪온릉복위의溫陵復位儀와 연계하여 더 살펴볼

---

27 신하들이 섭제할 때 왕이 향·축을 전달하는 의식이 傳香祝임. 한형주, 앞의 논문(2015), 137쪽.

것이다.

나.-②2친림전향축의親臨傳香祝儀는 경신년(영조 16, 1740)에 처음 행하였다(《속오례의》 친림전향축의 연혁)고 하였는데 이보다 이전에도 친전향축親傳香祝이 행해졌다. 1707년(숙종 33) 10월 3일 기사(《승정원일기》 1707년(숙종 33) 10월 3일)를 통해 주강(晝講: 조선시대에 왕 또는 세자가 신하들과 함께 공부하던 경연이나 서연 가운데 낮에 시행하였던 정규 강의) 때 친전향축이 행해졌음을 알 수 있고 영조 때 친전향축이 이뤄진 다음과 같은 사건도 있다. 무신난(1728년, 영조 4, 3월 15일 발생)을 진압한 관군이 거창에서 회군해 4월 19일 개선하였고, 영조는 친히 숭례문루에 니가 영접하였다. 이때의 '친전향축'이 《속오례의》에 실린 친림전향축의일까? 무신년(1728, 영조 4) 4월 21일 진시辰時에 임금이 선정전宣政殿에 나아가 친전향축입시親傳香祝入侍하였다(《승정원일기》 1728년(영조 4) 4월 21일).

하지만 여기서는《속오례의》의 기록에 의거하여 영조 경신년(1740, 영조 16) 기록의 전향축을 찾아 봐야 한다. 기록을 검토해 보면 1740년 5월 27일에 행해진 친전향(《승정원일기》 1740년(영조 16) 5월 26일)이 눈에 띈다. 같은 해의 다른 전향은 하향대제夏享大祭 때(4월 3일)(《영조실록》 1740년(영조 16) 4월 2일: 4월 3일) 행해졌거나 추향대제秋享大祭 때(《승정원일기》 1740년(영조 16) 7월 7일), 또는 초구일사직대제初九日社稷大祭(《승정원일기》 1740년(영조 16) 8월 1일)의 정기적 제사 때 행해지므로 특별할 것 없는 전향이다. 하지만 5월 27일의 친전향은 특별하다. 5월 25일 고묘告廟하고(ⓒ-a), 26일 친정親政할 것을 명하고(ⓒ-b), 27일 친전향하는 일련의 사건이 벌어진다(ⓒ-c). 무슨 일이기에 이런 의식이 치러진 것일까? '20일 이후에 있었던 지나친 분부를 거둔다'(ⓒ) (《영조실록》 1740년 (영조 16) 5월 25일)하므로 이를 찾아보면 '지나친 분부'란 모든 공사公

事를 정원政院에 머물러 두고 입계(入啓: 임금에게 상주하는 글을 올리던 일)하지 말라고 명한 일(㉠)이다.

㉠ 임금이 모든 공사를 정원에 머물러 두고 입계하지 말라고 명하였다. 그래서 승지들이 명을 도로 거두기를 청하려고 청대請對하였으나 윤허하지 않았다. 판부사 김흥경金興慶 등이 경재卿宰와 함께 빈청(賓廳: 궁중에서 비변사의 대신이나 당상관이 정기적으로 모여 회의하던 곳)에 모여 진대進對를 계청(啓請: 임금에게 아뢰어 청하던 일)하였으나 또한 윤허하지 않았다. 이튿날 또 빈청에서 계청하였으나 임금이 끝내 윤허하지 않았다(《영조실록》 1740년(영조 16) 5월 21일).

1740년(영조 16) 5월 25일 동묘에 고묘하라고 명하고, 이튿날 친정할 것을 명하였다.

㉡ 임금이 대신大臣에게 말하기를, "경들이 동조東朝께 청대한 것은 어쩔 줄 모르는 때인 까닭에서 나왔더라도, 그 사례事禮는 어떠한가?" 하니, 김재로 등이 말하기를, "대명(待命: 명령을 기다림)해야 하겠습니다." 하고, 곧 물러가 대명하니, 임금이 다시 소견하였다. 김재로·송인명宋寅明 등이 방명邦命을 다시 정한 것은 중흥의 조짐이라 하여 진하陳賀하기를 청하니, 임금이 웃으며 말하기를, "이것이 무슨 경사이기에 축하할 만하겠는가?" 하였다. 김재로 등이 말하기를, "날을 가려 진하하고 고묘하고 반사(頒赦: 경사가 있을 때 나라에서 죄인들을 용서하여 주던 일)하여 반드시 축하해야 하겠는가?" 하였다. 신하들이 소리를 같이하여 힘껏 청하였으나, 임금은 오히려 윤허하지 않았다. 신하들이 또 번갈아 아뢰기를, "이것은 그만둘 수 없는 천리이니, 전하께는 따르지 않으시면 빈계賓啓(빈청의 계청, 의정들이 빈청에서 나랏일을 의논하여 임금에게 아뢰던 일)해야 할 것입니다." 하니, 임금이 말하기를, "진하를 받는 것은 당초에 생각한 것이 아니나, 경들이 빈계賓啓를 낼 것이라는 말을 들으니 더

욱 크게 벌일세라 염려되므로 우선 애써 따르겠다." 하고, 이어서 날을
잡지 말고 ⓛ-a고묘하라고 명하고, ⓛ-b또 이튿날 친정할 것을 명하고
말하기를, "인묘仁廟께서 반정한 뒤에는 서궁西宮에서 친정하셨으니, 이
제 이를 이어서 하겠다." 하고, 또 20일 이후에 내린 ⓒ지나친 분부는
모두 도로 거두라고 명하였다(《영조실록》 1740년(영조 16) 5월 25일).

5월 25일 모레(5월 27일) 수향(受香: 제관이 제사 지내는 곳으로 가기
에 앞서, 임금에게서 향과 제문을 받던 일)시에 친전향親傳香하도록 분부
하라는 전교가 있었고, 5월 25일 시사(視事: 임금이 정사를 돌보는 일)를
탈품(頉稟: 국가의 큰 행사나 날씨 때문에 임금의 정무 또는 신하의 상주
등의 일을 일시 정지할 것을 미리 아뢰는 일)한다는 한사득韓師得의 계啓
가 있었다.

> ⓛ-c 傳于韓師得曰, 俄者欲下敎而忘之矣. 再明日受香時, 親傳香爲之事, 分付.
> 韓師得啓曰, ⓛ-b明日親政, ⓛ-c再明日親傳香, 二十八日陳賀相値. 此三日視事,
> 頉稟. 傳曰, 知道.《승정원일기》 1740년(영조 16) 5월 25일.

5월 26일 내일(5월 27일) 있을 친전향의 시각을 묘시 초삼각初三刻으
로 하라고 전교하였다.

> ⓛ-c 傳于洪聖輔曰, 明日親傳香時刻, 以卯初三刻入之.《승정원일기》 1740년(영조
> 16) 5월 26일.

5월 28일 홍성보洪聖輔가 병조兵曹의 말로써 아뢰는 아래의 내용 가
운데, '명일明日(5월 29일) 있을 친림종묘고제전향親臨宗廟告祭傳香'이 27
일 의례와 별개의 의례인지, 27일 행하기로 한 친전향이 이날로 미루
어진 것인지는 확인이 되지 않는다(《승정원일기》 1740년(영조 16) 5월 28

일). 25일 기사에서 '이십팔일진하상치二十八日陳賀相値' 때문에 차삼일此
三日 시사視事를 일시 정지할 것을 아뢰는데 이 때문에 미루어진 것으
로 추정되기도 하지만, 26일 기사에서 또 '명일친전향시각明日親傳香時
刻'이라고 하여 27일〔明日〕 친전향이 있는 것처럼 표현되어 있다.

5월 27일 기사에는 이 의식에 관한 기록이 없고, 정작 5월 29일(《영
조실록》 1740년(영조 16) 5월 29일)에 이 의례가 행해졌기 때문에 해명이
이뤄져야 하지만 필자가 검토한 바는 여기까지이다. 한편, 임금이 덕유
당德游堂에 나아가 친히 향香을 전하고, 축문 여덟 자(憶昔永慕親傳香祝)
를 써서 영모당永慕堂에 현판을 걸도록 명하였는데 이튿날이 인원왕비
의 기일이기 때문이었다. 그리고 경은부원군慶恩府院君(인원왕후의 아버
지인 김주신)의 집에 면주·쌀·콩을 실어 보내도록 명하였는데 이때의
'친전향축'은 《속오례의》에 나오는 경신년보다 훨씬 나중인 1775년(을미
년, 영조 51) 3월 23일의 일로, 인원왕비의 기일에 친전향축이 행해진
사례로만 참고할 수 있겠다.(《영조실록》 1775년(영조 51) 3월 23일)

결국, 친림전향축의는 경신년(영조 16, 1740)에 만들어진 의례임을 알
수 있다. 5월 21일 '임금이 모든 공사를 정원政院에 머물러 두고 입계
入啓하지 말라고 명'한 것이 이 의례가 시행된 계기이다. 5월 26일에
친정할 것을 명하고, 또 20일 이후에 내린 지나친 분부는 모두 도로
거두라고 명하였다. 이때 만들어진 의례가 친림전향축의이다.

이제 중요한 문제가 남았다. 영조가 공사를 보지 않겠다고 한 1740
년(영조 16) 5월 20일 도대체 무슨 일이 일어난 것일까? 방명邦命을
다시 정한 것은 석위釋位(왕위를 물려줌)한다는 분부를 내렸다가 거둔
사건(《영조실록》 1740년(영조 16) 5월 25일)을 말한다. 이때 왕세자의 나이
겨우 6세였다.

김재로·송인명 등이 임금이 방명을 다시 정한 것은 '중흥의 조짐'이

라 하여 진하陳賀하기를 청하였다. 영조는 처음에는 사양하다가, "진하를 받는 것은 당초에 생각한 것이 아니나, 경들이 빈계賓啓를 낼 것이라는 말을 들으니 더욱 크게 벌일세라 염려되므로 우선 애써 따르겠다."하고, 고묘하라고 명하였다(ⓛ).

그리고 눈여겨볼 것은 이 사건의 해결을 뜻하는 친정의 의의를 인조반정 때의 친정에 비유(ⓛ)하고 있는 것이다. 인조반정과 같은 큰 사건을 거론하고 있으니, 아무리 짧은 기간에 일어난 일이라고 하지만 영조는 중요한 의도를 가지고 이 일을 벌인 것으로 보인다.

전교하기를, "이번 고묘(告廟: 나라나 왕실에 큰일이 있을 때 종묘에 아룀)는 상례常例의 고유(告由: 중대한 일을 치른 뒤에 그 내용을 사당이나 신명에게 고함)한 것에 견줄 바가 아니다. 허락한 바는 뜻이 있고, 친전한 것은 뜻이 있다. 상례를 좇을 것 같았으면 정전正殿에서 전향傳香하였을 것이다. 축문 가운데 이미 서로 힘써 모두가 말하는 구절이 있으니 관계가 지극히 중하다. 조정의 신하들이 알도록 하여 두려워하고 노력하게 하지 않을 수 없다. …"《승정원일기》 1740년(영조 16) 5월 28일.

영조는 이 정치적 행위를 통해 무언가를 얻어 내려는 목적이 있었다. 영조가 이 일을 벌인 의도가 무엇이었는지, 사건의 전말과 함께 다음 절에서 더 논의해 볼까 한다.

**(b) 종묘이봉 의례**

나.-③7종묘각실이봉우경덕궁의宗廟各室移奉于慶德宮儀는 병오년(1726, 영조 2)에 증건태묘이봉增建太廟移奉 때 이 의례가 있었다(《속오례의》 宗廟各室移奉于慶德宮儀 연혁). 1725년(영조 1) 8월 22일 좌의정 민진원閔鎭遠이 다음 해에 거행될 경종의 부묘(祔廟: 삼년상을 마친 왕이나 왕비의 신주를 종묘로 옮겨 모시는 일)를 위해 태묘 3칸을 더 지어야 한다고 아뢰었다(《영조실록》 1725년(영조 1) 8월 22일). 경종이 재위 3년 만에 승하하고 영조가 즉위했지만 종묘 정전에 남은 실이 없어 증수가 불가피한 상황이었다.[28]

태묘 3칸을 지을 때, 기존 태묘에 있던 위패를 자정전資政殿·읍화당揥和堂·위선당爲善堂으로 옮겨 봉안하기로 하였다. 정미년(1667, 현종 8년)에 영녕전永寧殿을 고쳐 세운 등록을 따른 것인데, 경덕궁慶德宮의 비어 있는 3전殿에 분배하여 봉안하기로 한 것이다. 같은 날, 민진원이 신련(神輦: 인산 때 임금의 신백을 모시고 가던 연)으로써 봉안하는 문제를 논하였다. 신련은 6좌만 있는데 종묘는 11실이므로 두 차례로 나누어 옮겨 봉안하게 하였다(《영조실록》 1725년(영조 1) 8월 22일).

1726년(영조 2) 1월 13일 태묘의 개수를 위해 위폐를 옮겨 봉안하려고 태묘에 나아갔다. 다음 실록기사에서는 임금의 옷차림에서부터 의식 절차를 간단하게 확인할 수 있다.

임금이 익선관翼善冠·흑단령포黑團領袍·옥대玉帶·흑화黑靴를 갖추고 태묘에 나아갔으니, 바야흐로 개수하기 위하여 장차 위패(位牌: 단·묘·원·절 등에 모시는 죽은 사람의 이름을 적은 나무패)를 옮겨 봉안하려는 것이었다. 임금이 망묘례(望廟禮: 임금이 종묘에 참배할 때 대문 밖에서 종묘를 바라보고 절하는 예식) 때에 양암(諒闇: 임금이 부모의 상중에 거처하는 기간)인 까닭에 의주에 봉심례奉審禮가 없었으므로, 임금이 심히 노하여 예조판서 심택현沈宅賢을 불러 하교하기를, "대신의 수의收議에 '봉심奉審' 두 글자가 없었는가? 이미 태묘에 들어와 봉심하지 않으면 마음에 편안하겠는가, 편안하지 않겠는가?"하고는 말미암아 봉심을 행하고 영녕전에도 또한 이와 같이 하였다. 이어 태묘 안의 11실을 두 차례에 나누어

---

28 이현진, 앞의 책(2008), 323쪽.

경덕궁에 봉안할 즈음에 임금이 태묘의 문안에서 지송(祗送: 공경하여 보
냄)하고 이어 경덕궁에 따라 이르러서 각 실을 위선당·읍화당·자정전에
나누어 봉안하여 친히 사례祀禮를 행하였다. 시사복視事服으로 갈아입고
환궁하였다.《영조실록》 1726년(영조 2) 1월 13일.

3월 22일에 종묘 정전의 역사役事를 마쳤다《승정원일기》 1726년(영조 2)
3월 22일).

나.-④8종묘이봉시지영수가의宗廟移奉時祗迎隨駕儀의 시행 시기는 위
의례와 같다. 종묘각실이봉우경덕궁의의 연혁에서 '병오년(1726, 영조
2)에 증건태묘이봉增建太廟移奉 때 이 의례가 있었다.'고 하면서 '하동下
同'이라고 하였다. 그리고 이 의주의 연혁에서 '춘추알종묘의를 보라.
환안(還安: 다른 곳으로 옮기었던 신주를 다시 제자리로 모심)시 지송수가
의祗送隨駕儀가 이 의례에 의거하였다(見春秋謁宗廟儀 ○還安時祗送隨駕儀倣此).'
고 하여 앞에서 살펴본 춘추알종묘의와 연계해서 살펴볼 수 있는 근거
를 제공해 주고 있다.
　1726년(영조 2) 3월 22일에 종묘 정전의 개수를 완공하고, 경덕궁으로
이안했던 11실의 신주를 4월 3일에 환안했다《영조실록》 1726년(영조 2) 4
월 3일).
　임금이 태묘에 나아가 배알하고 봉심을 마치는데, 도제조 민진원閔鎭
遠이 영녕전 배알은 정지함이 좋을 것 같다 하고, 우의정 홍치중洪致
中[29]도 그 말이 옳다 하였으나, 임금은 "지난번에 옮겨 봉안할 때에 이

---

29 洪致中(1667~1732): 나.-④ 8宗廟移奉時祗迎隨駕儀에서 도제조 閔鎭遠이 永寧殿 배
　알은 정지함이 좋을 것 같다 하고, 우의정 洪致中도 그 말이 옳다 하였으나, 임금은
　반대하였다.《영조실록》 1726년(영조 2) 4월 3일; 1726년(영조 2) 10월 27일 洪致中
　등이 입시하여 大王大妃(인원왕후)에 册寶를 올리는 예를 거행하였다.《승정원일기》
　1726년(영조 2) 10월 27일; 사.-⑨ 遷陵儀 담당자는 摠護使에 領議政 洪致中, 提調에

미 봉심을 했는데 유독 환안할 때만 행하지 않는다는 것인가? 예禮는 정情에서 나오는 것이니 영녕전에 배알하지 않을 수 없다.”하고, 말미암아 공경히 배알하기를 태묘의 예절과 같이 하였다. 신주를 환안하면서 지영수가祇迎隨駕의 예가 이루어졌다. 이때 영조가 영녕전 의례를 애써 시행하려는 점을 눈여겨봐야 한다. 종묘 의례에 영녕전 의례를 증보한 것과도 무관하지 않기 때문이다.

그런데 모순되게도 종묘 정전을 증수하면서 영녕전의 증수는 논의조차 되지 않았다. 영녕전의 좌우협실이 모두 꽉 찼으므로 다음 조주(祧主: 제사를 지내는 대의 수가 다 되어서 종묘에서 딴 사당으로 옮긴 신주)를 염두에 둔다면 거론될 만한 일이었는데도 그렇지 않았다. 종묘 정전에 불천지주가 많아 한동안 조주가 생기지 않을 것이라는 데서 그 이유를 찾거나 태묘의 큰 공역으로 일을 더 벌이기에는 현실적인 무리가 따랐다고 보기도 한다.[30] 건물의 증수는 이루어지지 않았지만 영조가 영녕전 의례를 중요시하는 모습을 1726년(영조 2) 3월 22일에 이루어진 태묘증수에서 확인할 수 있었다. 같은 해 10월 13일 영조는 새벽에 경종을 부묘한 다음 작헌례를 거행하였다(《영조실록》 1726년(영조 2) 10월 13일).

### (7) 영희전 의례

가.-⑤*9작헌영희전의酌獻永禧殿儀는 시행 시기가 명시되어 있지 않고 나.-⑤*10친향영희전의는 정묘년(1747, 영조 23)에 특별히 이 의례를

---

兼禮曹判書 申思喆, 戶曹判書 金東弼, 吏曹參判 趙尙絅 등이다((仁祖長陵)遷陵都監都廳儀軌(奎 14597-v.1-7)); 다.-⑬ 王子君師傅相見儀에서 홍치중, 申思喆, 黃龜河 등의 노론들이 왕자 사부나 시강원 관원을 맡았다. 《승정원일기》 1727년(영조 3) 3월 20일; 나.-② 親臨傳香祝儀에서 宗廟獻官府判府事로 참여하였다. 《승정원일기》 1728년(영조 4) 4월 21일.

30 이현진, 앞의 책(2008), 326쪽.

행하였다(《속오례의》 親享永禧殿儀 연혁). 영희전[31]은 역대 왕, 태조·세조·원종·숙종·영조·순조의 영정을 모신 건물이지만, 영조 당시는 태조·세조·원종 세 위의 영정을 모셨고, 숙종의 영정은 장녕전에 모셨다. 작헌영희전의와 친향영희전의는 역대 왕의 영정을 모신 건물인 영희전에 작헌하고 친향하는 의례이다. 이 영희전의가 어떤 의례인지를 알아보기 위해, 오례의에 나오는 관련 기록을 검토해 보겠다.

《오례의서례》 변사辨祀를 보면, 제례의 등급이 대사大祀·중사中祀·소사小祀·기고祈告·속제俗祭·주현州縣으로 나누어져 있다. 속제는 다시 문소전·진전·의묘·산릉의 제사를 포함시키고 있으며, 의주로서 속절의 진전향사에 관한 의식 속절향진전의가 있다. 반면 《속오례의서례》는 대사·소사·속제로 나누어져 있는데 속제에 영희전·장녕전·세자묘(順懷墓, 昭顯墓, 愍懷墓, 孝章墓)를 포함하고 있다.

여기서 《오례의》의 문소전·진전과 《속오례의》의 영희전·장녕전의 관계[32]를 보았을 때, 《속오례의》에서 영정을 모시는 일이 새롭게 생긴 특별한 의례가 아니라는 것을 알 수 있다. 같은 기능을 하는 전각에 이름만 다르게 붙였을 뿐이다. 작헌영희전의와 친향영희전의가 바로 영정을 모시는 전각의 이름이 변하면서 만들어진 의례로서, 《오례의》의 속

---

31 영희전은 역대 왕의 영정(태조·세조·원종·숙종·영조·순조)을 모시던 건물이다. 1690년 (숙종 16)에 서울 薰陶坊에 있었던 南別殿을 고친 이름이다. 이후 영조 때 宣政殿에 있던 영정들을 영희전으로 옮겨 안치하는 의식과 望殿禮의 절차가 정해졌다.

32 문소전, 진전, 원묘, 선원전, 남별전, 영희전, 장녕전 등, 어진을 보관하는 기능을 했던 여러 전각들에 관해서는 다음 논문을 참고할 수 있다(이강근, 〈조선후기 璿源殿의 기능과 변천에 관한 연구〉, 《강좌미술사》 35, 2010; 김세은, 앞의 논문; 윤정, 〈광해군의 太祖 影幀 모사와 漢陽 眞殿(南別殿) 수립: 永禧殿의 역사적 연원에 대한 고찰〉, 《향토서울》 85, 서울역사편찬원, 2013; 장필구, 〈복원연구를 통한 永禧殿의 고찰〉, 서울대학교 석사논문, 2004, 28~35쪽; 유재빈, 〈조선후기 어진 관계 의례 연구〉, 《미술사와 시각문화》 10, 2011; 김지영, 〈肅宗·英祖代 御眞圖寫와 奉安處所 확대에 대한 고찰〉, 《규장각》 27, 2004; 〈19세기 眞殿 및 御眞奉安處 운영에 대한 연구〉, 《장서각》 26, 2011).

절향진전의와 이름만 다른 같은 의례이다. 이 의례는 이렇게 영조가 특별히 새로 만든 것은 아니지만 '친향'이라는 단어를 넣어서 부각시키고자 했던 이유가 있었을 것이다. 그것이 무엇인지를 찾아보고자 한다.

《속오례의서례》 시일時日을 보면 다음과 같다.

> ○ 속절〔정조·한식·단오·추석·동지·납일로 한다〕에는 영희전·장녕전·산릉·세자묘에 향사를 지낸다.
> ○ 2년을 걸러 2월에 영희전에 작헌례를 행하되, 날짜를 택하여 한다.
> ○ 영희전의 여섯 차례의 향사 가운데 친향은 특교가 있어야 행한다. 《속오례의서례》 시일.

이에 따라 영희전은 속절, 여섯 차례(정조·한식·단오·추석·동지·납일)에 걸쳐 향사가 이루어지고, 작헌례는 2년을 걸러 2월에 이루어짐을 알 수 있으며, 친향영희전의는 특교(特敎: 임금이 특별히 내리는 명령)가 있어야 행한다고 하였다. 그러므로 영희전향사와 영희전작헌례는 따로 행해지는 다른 의례임을 알 수 있다.

가.─⑤*9작헌영희전의는 《속오례의》 의주에 시행 시기가 표시되어 있지 않다. 그리고 이 의주는 《속오례의》에서 순서상 친향영희전의보다 앞에 위치한다. 그 이유가 작헌의가 친향의보다 일찍부터 시행되었던 의례여서인지는 더 검토해 보려고 한다. 그리고 나.─⑤*10친향영희전의에만 의주 끝에, 정묘년(1747, 영조 23)에 특별히 이 의례를 행하였다고 되어 있으므로 두 의례가 어떻게 다른지 더 살펴봐야겠다.

> ㉠ 上親祭于南別殿.《효종실록》 1658년(효종 9) 4월 10일.
> ㉡ 今日南別殿, 酌獻禮時..."《승정원일기》 1658년(효종 9) 4월 10일.
> ㉢ 永禧殿春秋展謁 및 遷陵 등의 의례는 역시 모두 마땅히 《오례의》에 부친다.《승정원일기》 1744년(영조 20) 7월 8일.

ⓔ 상이 영희전에 친사親祀하였다.《영조실록》 1747년(영조 23) 2월 27일.

ⓜ 정묘년 2월 27일 진시(오전 7시~9시)에 상이 영희전에서 환궁하셨
다.《승정원일기》 1747년(영조 23) 2월 27일.

그리고 1658년(효종 9)에 남별전南別殿(영희전의 전신)에서 친제(작헌
영희전의)가 이루어지고 있었다(《효종실록》 1658년(효종 9) 4월 10일; 《승정
원일기》 1658년(효종 9) 4월 10일; 《숙종실록》 1696년(숙종 22) 8월 12일). 그것
도 친제(=작헌례 ⓐ, ⓑ)라는 점으로 미루어 보면, 작헌례는 이미 효종
때도 시행되고 있었다.[33] 그리고 영희전향사의, 그중에서 친향의례(친향
영희전의)는 언제부터 시행되었는지 확인되지 않지만 《속의례의》가 만
들어지는 그 당대 왕의 명으로 1747년(영조 23)에 특별히 시행되었다
(ⓔ, ⓜ).

친제가 효종기사에서부터 확인되고 있으므로 친향보다 먼저 시행된
의례로 보이긴 하지만, 그보다 제祭(지기地祇에 지내는 제사)가 향享(인
귀人鬼에 지내는 제사)보다 더 큰 제사여서(3장 2절에서 언급) 먼저 실린
것으로 보인다.

작헌의의 시행 시기는 《속오례의》가 만들어지면서 2년을 걸러 2월에
날짜를 택하여 시행하는 것으로 정해졌다. 그렇지만 그 이전에는 태조
어진을 모신 1688년(무진년, 숙종14) 이후부터 3년에 한 번씩[34] 작헌례
가 거행되거나, 무술년(1658, 효종 9)의 예에 따라 세자의 수용(晬容:

---

33 《속오례의》의 영희전의는 《오례의》의 〈속절향진전의〉라는 이름으로 성종 때부터
   행해졌던 의식이다.

34 숙종은 3년에 한 번씩 성배(三年一省拜)함을 원칙으로 삼았다. 《숙종실록》 1703년
   (숙종 29) 9월 19일. 하지만 실록기사를 더 검토해 보면 2~3년에 한 번씩으로 시
   행했던 것으로 보인다. 《숙종실록》 1699년(숙종 25) 윤7월 20일; 1701년(숙종 27)
   7월 26일; 1703년(숙종 29) 9월 16일; 1706년(숙종 32) 3월 18일; 1709년(숙종
   35) 2월 18일 등.

온화하고 자상한 용모라는 뜻으로, 임금이나 세자의 화상이나 사진을 뜻하
는 어진을 달리 이르는 말)에 첨배(瞻拜: 선조나 선현의 묘소나 사당에 우
러러 절함)하는 예를 마련하라는 전교가 1696년(숙종 22) 8월 12일에
이루어지기도 한다(《숙종실록》 1696년(숙종 22) 8월 12일).

《속오례의》가 만들어지고 나서도 어용의 모사를 끝마친 뒤에 첨배할
방도를 묻는 자성慈聖(인원왕후)의 하교가 있어, 친향 1년 뒤인 1748년
(영조 24) 1월 24일에 백관의 작헌례가 시행되었고(《영조실록》 1748년(영
조 24) 1월 24일), 선정전의 영정을 영희전으로 이안할 때 수가(隨駕: 임
금의 거둥시 임금의 가마를 수행하는 것)하는 출궁·환궁 의식과 망전례望
殿禮가 1748년(영조 24) 2월 25일(《영조실록》 1748년(영조 24) 2월 25일)에
있었다.

《속오례의서례》 축판(祝版: 축문이 쓰여 있는 목판이나 지판. 제사 때
사용한다.)을 보면 다음과 같다.

維年號某年歲次 某甲 某月 某朔 某日 某甲云云〔… ○영희전에는 "孝曾孫 嗣王 臣
某"라고 칭한다 …〕 … 운운한다〔영희전 속절의 축문은 원서 서례대로 사용
하고, 진전의 축문과 작헌례는 그 임시에 개찬한다 …〕 … 생폐牲幣·예제醴齊
·자성(粢盛: 나라의 큰 제사에 쓰는 기장과 피)·서품庶品〔영희전·장녕전·능묘
에는 청작서수淸酌庶羞라 하고, 궁·묘에는 예폐서품禮幣庶品이라 칭한다〕.《속오
례의서례》 祝版.

그리고 원서인《오례의서례》 축판祝版을 보면 다음과 같다.

維成化(명나라 헌종 때의 연호, 1465~1487)某年歲次 某甲 某月 某朔 某日 某
甲 운운(종묘·영녕전·문소전·진전·산릉에는 '孝曾孫嗣王臣'이라고 휘를 쓴다〕
운운한다. … ○종묘·영녕전·문소전·진전·산릉(의 정위)에는 某祖考·某大
王·某祖妣·某王后·某氏라고 한다. … ○종묘·영녕전·문소전·산릉·진전에는

'節序易流　當玆令辰　采增感慕　聊葳明禋'이라고 한다.《오례의서례》祝版.

《속오례의서례》재계齊戒를 보면, 속제俗祭〔영희전의 향례〕에 전하께서 산재(散齊35: 제사 전 재관이 몸과 마음을 깨끗이 하는 재계를 이르는 말) 2일은 별전에서 하고, 치재(致齊: 재관이 입제하는 날부터 파제 다음 날까지 3일 동안 재계하는 것을 이르는 말) 1일은 정전正殿에서 하고, 모든 향관享官 이하의 산·치재 등에 관한 사항은 원서서례原書序例의 문묘작헌친행文廟酌獻親行 때 재계하는 의식과 같이 한다.

《속오례의서례》재관齊官을 보면 영희전의 작헌에는 21명의 재관이 참석한다.

　찬례(贊禮: 제향 때 임금을 앞에서 인도하여 제사 지내는 것을 돕는 일. 또는 그 일을 맡아 보는 사람)〔예조판서를 임명하되, 유고有故하면 차관次官을 임명한다〕, 집례(執禮: 제향 등의 의식에서 홀기를 맡아 읽으면서 절차를 집행하는 사람)〔당하 3품을 임명한다〕, 전사관典祀官〔봉상시 정을 임명하되 유고하면 차관을 임명한다〕, 전사殿司〔본전의 관원 중에서 임명한다〕, 대축大祝 3원〔4품 이상 지제교를 임명한다〕, 집존執尊 3원〔6품관을 임명한다〕, 찬자贊者 2원, 알자謁者 2원, 찬인贊引 2원〔이상은 인의를 임명한다〕, 진규관進圭官〔도승지를 임명한다〕, 작주관酌酒官, 수주관受酒官, 봉향합관奉香合官, 봉향로관奉香爐官〔승지를 임명한다〕.《속오례의서례》齊官.

영희전 친향에는 작헌의에서 11명이 추가되어 32명이고, 대리로 행하는 경우는 28명이다.

　아헌관(亞獻官: 제사 때 술잔을 올리는 순서에 따라 첫 번째 올리는 제관을

---

35 《국조속오례의》(奎1500-v.1-4) 원문: 齊. 산재나 치재에 사용하는 재자는 재계齋戒함을 뜻하는 재계 재齋를 써야 할 것 같지만, 원문은 가지런할 제齊를 쓰고 있음.

초헌관, 두 번째 헌관을 아헌관, 세 번째 헌관을 종헌관이라 한다), 종헌관終
獻官〔의정대신을 임명한다〕, 예의사禮儀使〔예조판서를 임명하되, 유고하면 차관
을 임명한다〕, 축사祝史 · 재랑齊郎 각 3원〔참상문관을 임명한다〕, 작세위爵洗
位 · 관세위盥洗位〔6품을 임명한다〕, 아 · 종헌 관세위〔참외관을 임명한다〕, 나머
지는 작헌 때와 같다〔대리로 행하는 경우에는 원서를 참조하여 축사 · 재랑
각 1인으로 한다〕.《속오례의서례》齊官.

지금까지 검토한 바에 따르면, 작헌영희전의와 친향영희전의는 그 규
모 면에서도 차이를 보이고 있다. 향享이 임금이 직접 행하는 '친향親享'
이라는 점을 감안해야 하지만, 우선 향과 작헌酌獻은 그 명칭이 다르다.
마치 영녕전의 향과 알謁의 차이에 비견해 볼 수 있을 것 같다. 영녕전
에서 향은 사흘 전부터 준비하고 알은 하루 전부터 준비하므로 그 규
모가 다르다고 할 수 있다. 그렇다면 이번에는 재관들이 참여하는 인원
이 다르다는 데서 그 규모의 차이를 가늠할 수 있다. 제향〔享〕과 작헌
례(酌獻=謁)[36]의 차이, 곧 규모의 차이를 염두에 두고 이 의례를 더
분석해 보자.《속오례의서례》묘사도설廟司圖說은 영희전을 다음과 같이
서술하고 있다.

영희전은 도성안 남쪽에 위치하며, 태조, 세조, 원종의 초상화를 봉안
한다. 정전 3칸은 한가운데 동향으로 있고 앞에 대문이 있다〔3칸〕. 신좌
神座와 초상화는 모두 북쪽에서 남향으로 하고 재전齊殿 3칸은 왼쪽에
있다〔그 아래에 동궁東宮의 재실齊室 3칸이 있다〕
○장녕전은 강화부 성안에 있으며, 숙종의 초상화를 봉안하고 제도는
영희전과 같이 하였다〔재전齊殿이 없고 오직 1문뿐이다.〕《속오례의서례》길례
〈묘사도설〉영희전.

---

36 이를 위에서 살펴본, 친제(=작헌례)와 연결시키면 친제=謁로써 그 격이 맞지 않게
된다. 이 부분은 추후 연구에서 다시 검토해 보기로 한다.

그러므로 영조 때까지는 태조, 세조, 원종의 영정이 영희전에 모셔지고, 숙종의 영정은 장녕전에 모셔져 있음을 알 수 있다. 영희전과 장녕전의 구분을 위해 《속오례의서례》 찬실준뢰도설饌實尊罍圖說을 보면 다음과 같다.

> 영희전의 속절(俗節: 철을 따라 지키는 풍속상의 명절)[별제別祭도 같다. 다만, 제주祭酒는 1작을 올리고 박계(朴桂: 밀가루에 소금, 꿀을 섞고 반죽하여 높은 온도에서 지져낸 유밀과)는 작은 것을 쓴다. ○장녕전도 같다] 매위의 찬탁에는 4행으로 하고 남쪽을 상위로 한다[제1행에는 중박계 4기, 2행에는 홍·백산자 5기, 3행에는 다식 5기, 4행에는 각종 과일 6기로 한다]. 협탁에는 3행[제1행에는 각종 떡 6기, 2행에는 소탕 2기·국수1기, 시첩 1개, 차 1기, 3행에는 술잔 3개를 놓는다]으로 한다. 매실에 사준 2개[향온을 담는다]에 모두 술뜨는 기구와 청백 보자기를 첨가하여 각실 호외의 왼쪽[매실에 술잔 3개씩을 준소(樽所: 제사 지낼 때 준을 놓아 두는 곳)에 두어야 한다]에 둔다. 《속오례의서례》 길례 찬실준뢰도설.

그렇다면 영희전에는 왜 태조·세조·원종의 영정만 모셨을까? 태조는 왕조의 개창자라는 점에서, 그리고 숙종은 영조의 부왕이라는 점에서 이유를 굳이 찾지 않아도 영정이 소중하게 모셔질 수밖에 없는 당위성이 인정된다. 하지만 세조와 원종은 왕위의 정통성이나 정당성 면에서 떳떳할 수 없는데, 영조가 그런 왕들의 초상화를 모신 이유가 뭘까? 그 이유는 사실 단순하다. 전란을 겪으면서 어렵게 살아남은 영정일 뿐이다. 임진전쟁과 병자호란, 양란을 겪으면서 영정이 모두 불타 버렸다. 하지만 태조의 영정은 경기전, 준원전 두 곳에 남아 있었고(《숙종실록》 1690년(숙종 16) 10월 27일), 세조의 영정은 봉선사奉先寺에 남아 있었다(《선조실록》 1593년(선조 26) 3월 16일). 특히, 원종의 영정은 원종추숭과 관련해서 만들어진 것도 아니었다. 원종은 정원군으로 있던 잠저시절에 정사靖社·호성扈聖의 훈록勳錄에 참여하였는데, 이 때문에 공신초상화가 만들어져 다른 어진들과 달리 충훈부에 간직되어 있어(《승정원일기》 1724 년(영조 즉위) 10월 30일) 전란을 피할 수 있었다. 이렇게 해서 영희전에 는 태조·세조·원종의 영정만 모셔지게 되었다.

　임금이 또 말하기를, "태조대왕의 영정은 다섯 곳에 모셨고 다 전호殿 號가 있었으나, 지금은 두 곳이 있을 뿐인데 경기전慶基殿·준원전濬源殿 이 그것이다. 열성烈聖의 영정은 남별전南別殿에 모셨으나, 전부터 전호 가 없어서 남별전이라 부르는데, 이것은 알 수 없는 일이다. 전호가 있 는지 없는지를 예관을 시켜 살펴 내어 아뢰게 하라." 하였다. 이 뒤에 대신이 관각(館閣: 홍문관·예문관·규장각을 통틀어 이르던 말)과 예조의 당 상과 함께 모여서 의논하여 영희전永禧殿이라 이름지어 바쳤다.《숙종실록》 1690년(숙종 16) 10월 27일.

1635년(인조 13), 원종의 영정은 숭은전崇恩殿에 봉안되어 있었다.

　예조가 아뢰기를, "국조 이래로 태조의 영정은 외방 다섯 곳에 나누어 봉안하여 한漢나라가 군국에다 각기 사당을 세웠던 제도를 따르고, 다른 열성의 수용晬容은 별도로 문소전文昭殿에 봉안해 두었습니다. 이제 우리 원종 대왕의 영정은 임신년(1632, 인조 10)에 별묘를 세울 적에 비로소 숭은전에 봉안한 것인바, 이제 부묘를 하게 되었으니, 영정을 태묘에 함 께 둘 수는 없습니다. 만약 숭은전에 그대로 봉안한다면 제사를 받드는 예절과 수직守直의 제도는 해조가 감히 함부로 논할 바가 아닙니다. 대 신에게 의논토록 하소서." 하였는데 윤방·김상용 등이 아뢰기를, "원종 의 수용은 이조二祖의 선례에 따라 강도로 옮겨 모셔야 하지만 아직은 별다른 사변이 없으니, 구전舊殿에 그대로 봉안하고, 향사와 수직은 일 체 열성 영전影殿의 선례에 따름이 좋겠습니다." 하니, 따랐다.《인조실록》 1635년(인조 13) 1월 30일.

영희전의 연혁과 더불어 원종추숭 등에 대한 논의는 다음 절에서 이어가 보려고 한다.

### (8) 행릉 의례

나.-⑥12행릉의幸陵儀는 시행 시기가 명시되어 있지 않다. 하지만 1757년(영조 33) 6월 18일의 실록기사에서 "인산因山 때에 여櫸를 따르는 예는 비록 《오례의》에는 기재되어 있다 하나 여러 공사公私의 문헌을 상고해 보면 열성조列聖朝에서는 일찍이 행하지 않았습니다."(《영조실록》 1757년(영조 33) 6월 18일)라고 하여 행릉의는 《오례의》에 있는 의례인데도 영조 이전에 한 번도 시행한 적이 없는 의례로 나온다. 그런데 의아스러운 점은 《오례의》에 있다는 행릉의가 《오례의》에 실제로 없다. 비슷해 보이는 배릉의拜陵儀가 있을 뿐이다. 두 의주의 내용은 다르지만 《오례의서례》 변사辨祀의 속제俗祭에 산릉山陵이 포함되어 있는데 행릉의와 배릉의는 산릉에 해당하는 같은 종류의 능의로 보인다.

《오례의》에 수록된 능제의는 배릉의 외에도 사시급속절삭망향제릉의四時及俗節朔望享諸陵儀가 있다. 이 가운데 전자가 일정한 날짜가 없는 제사라면, 후자는 사시四時·속절俗節·삭망朔望 등 정해진 기일에 시행되는 제사를 대상으로 한다.[37] 여기서 말하는 능의는 길례영역에 해당한다. 그런데 다음 기사는 발인에 행해지는 흉례영역의 행능의이다. 이에 대해서는 왕릉 관련 의식을 흉례와 길례로 구분하여 각각에 편입시킨 조선의 능제[38]를 이해해야 영역에 대한 의문이 어느 정도 해결된다.

---

37 한형주, 〈조선초기 왕릉제사의 정비와 운영〉, 학술포럼 "능묘를 통해 본 동아시아 제국의 위상: 조선왕릉과 그 주변", 2010, 53쪽.

38 조선의 능제는 국가 祀典의 大祀에 편입된 고려시대와 달리 大·中·小祀의 편재가 아닌 俗祭라는 별도의 체계에 속함으로써 大祀로 국가의 正禮인 종묘와는 구분되었다. 아울러 능제를 흉례의 체계에 附加시킨 중국과 달리 왕릉 관련 의식을 흉례와 길례로

선정전 무망각에서 영의정 이광좌가 청대하여 입시한 자리에 동부승지 윤혜교尹惠敎 등이 입시하여 발인 날 능행하겠다는 명을 거두어들이는 일, 사친私親의 사우祠宇를 창건하는 일 등에 대해 논의하였다. 《오례의》에 실려 있는 예이다.'라고 하시어 이런 말씀으로 간언을 막는 밑천으로 삼으셨습니다. 그러나 … 《오례의》는 열성列聖께서 제정하신 것이니 금석지전金石之典이요 만세토록 잃지 말고 따라야 할 법이지만, 영여靈輿를 수가하는 한 가지 일은 삼백 년 동안 한 번도 행한 적이 없으니, 이는 성체가 손상될까 우려해서이며 종묘와 사직을 위해서입니다.《승정원일기》 1724년(갑진, 영조 즉위) 11월 28일.

발인 날, 능행陵幸은 이뤄지지 않는다. 그러나 곧 다시 우제(虞祭: 장사를 지내고 나서 우주를 모시고 돌아와 빈소 혹은 혼전에 안치하고 혼령을 위로하고자 지내는 제사)와 졸곡(卒哭: 삼우제를 지낸 뒤에 곡을 끝낸다는 뜻으로 지내는 제사. 사람이 죽은 지 석 달 만에 오는 첫 정일이나 해일을 택하여 지냄)을 마치고 해가 바뀐 1725년(영조 1) 1월 13일 능행하기로 정한다(《승정원일기》 1724년(갑진, 영조 즉위) 12월 29일). 그러나 이 능행은 또 변경되어 다시 1월 16일로 정해진다(《승정원일기》 1725년 (을사, 영조 1) 1월 12일). 드디어 영조는 1월 16일 미시未時에 의릉懿陵에 행행하였다(《승정원일기》 1725년(을사, 영조 1) 1월 16일). 길례영역에서 행해진 행릉의는 아니지만 영조 1년, 발인 때 행해진 이 기사를 통해 행릉의가 어떻게 처음 이루어졌는지 알 수 있다.

《세종오례》에는 왕릉과 관련된 제사의식으로 산릉사시급납정지속절제山陵四時及臘正至俗節祭, 산릉친행제의山陵親行祭儀 두 개가 나오는데, 이 모두 국상기간 중에 시행되는 흉례의 의식이다. 반면에 《오례의》에는 흉례의 의식으로 사시급납속절삭망향산릉의, 친향산릉의가 있고, 길례

---

구분하여 각각에 편입시키는 독자성을 보인다. 한형주, 위의 논문, 53쪽.

의 의식으로 배릉의, 사시급속절삭망향제릉의가 각각 설정되어 있다.[39] 하지만 두 영역 모두에 적용할 수 있는 공통점이라 한다면 행릉의가 왕릉을 찾아뵙는 의식으로서, 종묘·영녕전 의례와 같이 조상에 대한 예의를 갖추는 의식이라는 점이다. 위 실록기사의 행릉의는 경종이 서거하고 난 뒤 이루어지는 발인 날, 또는 우제虞祭와 졸곡卒哭을 마친 뒤 이루어지는 흉례영역의 행릉의이다. 영조는 《오례의》에도 있는 이 행릉의를 《속오례의》길례영역에 다시 부각시켰다. 왕위 계승 초기, 경종을 위한 의례에 집착할 수밖에 없었던 영조의 처지를 생각해 보면 그 이유를 해명할 수 있을 것 같다.

나.-⑦14배육상묘의拜毓祥廟儀는 정미년(1727, 영조 3)에, 나.-⑧15배소령묘의拜昭寧墓儀는 신해년(1731, 영조 7)에 처음 예를 행하였다. 이 의례는 가.-⑦13배대원군사우의拜大院君祠宇儀의 (3)사친추숭의례와 함께 살펴보았다.

기미년(1739, 영조 15)에 행해진 의례는 나.-⑨16친제악해독기우의親祭嶽海瀆祈雨儀, 나.-⑩18친향우사단기우의親享雩祀壇祈雨儀, 나.-⑪19친경의親耕儀, 나.-⑫20친경후노주의親耕後勞酒儀이다. 나.-⑬*21친림관예의親臨觀刈儀, 나.-⑭*22관예후노주의觀刈後勞酒儀는 정묘년(1747, 영조 23)에 이 의례가 정해졌다(《속오례의》 친제악해독기우의 연혁·친향우사단기우의 연혁·친경의는 향선농의를 참용하여 행함·. 친경후노주의 연혁·친림관예의 연혁).

이 가운데 다음 세 항목, 나.-⑤10친향영희전의, 나.-⑬21친림관예의, 나.-⑭22관예후노주의의 시행 연도가 눈길을 끈다. 《속오례의》의 편찬시기가 1744년(영조 20)인데 3년이나 지난 1747년에 특별히 이 의례를 행하였다고 되어 있기 때문이다. 하지만 이와 관련된 다음 자료를 보면 나중에 부록으로 써 넣어 간행한 것을 알 수 있다.

---

39 한형주, 앞의 논문(학술포럼, 2010) 52쪽.

예조참판 홍상한洪象漢을 불러다 관예(觀刈: 적전에서 곡식을 베는 것을 임금이 직접 봄)를 강정하게 하고, 하교하기를, "친경과 관예는 모두 옛날의 법으로, 자성(粢盛:나라의 대제大祭에 쓰는 서직黍稷)을 소중히 여기고 백성의 근본을 권면하는 뜻인데, 친경은 바로 시작하는 조리(條理: 일을 하여 가는 도리. 일의 경로, 가닥, 또는 두서)이고 관예는 바로 마무리 짓는 조리이다. 지금 관예 의주를 의조등록儀曹謄錄에는 넣을 수 없지만 《속오례의》의 길례편吉禮篇 아래에 부록으로 써 넣고, 운관(芸館: 조선시대 경적의 인쇄, 향·축문 및 관서의 인신 등을 관장하기 위하여 설치한 기관=교서관校書館)으로 하여금 내려 간인(刊印: 간행)하여 올리도록 하라." 하였다.《영조실록》 1747년(영조 23) 1월 12일.

또, 나.-⑤*10친향영희전의도 정묘년(1747, 영조 23)에 특별히 행해졌다(《속오례의》 친향영희전의 연혁)고 되어 있어 나중에 부록으로 들어간 경우라는 것을 알 수 있다. 다만 가.-⑤9작헌영희전의와 나.-⑤10친향영희전의는 같은 영희전 의례로 보이지만 작헌영희전의는 시행 시기가 명시되어 있지 않아 서로 다른 의례로 보아야 한다는 점만 유의해 두고 다음 의례를 살펴보자.

### (9) 친경의와 관예.노주 의례

위 기사에서 나.-⑬21친림관예의가 1747년(영조 23) 1월 12일 예조참판 홍상한을 불러 강정한 의주라는 사실도 확인할 수 있다. 나.-⑭*22관예후노주의는 나.-⑫20친경후노주의와는 다른 의례이다. 친경은 시작하는 조리이고 관예는 마무리 짓는 조리이기 때문이다. 그리고 1747년(영조 23) 5월 18일 영조는 《자성편自省編》을 강하기를 마치고 말하기를, "친경은 《대학연의大學衍義》를 보고 한 것이고, 관예는 의리를 상기시켜 한 것이었는데, 마침 명나라 조정의 고사故事와 서로 부합이 되니, 더욱 서글픈 마음 간절하다."라고 하였다(《영조실록》 1747년(영조 23) 5월 18일).

나.—⑬ 친경한 뒤 행하는 노주의(勞酒儀: 왕이 친경례를 거행한 뒤 행사에 참여한 사람들의 수고를 위로하기 위해 베푸는 주연 의식)는 영조 15년에 있었던 의례이다. 이 의례는 친경 다음 날, 반교頒敎 뒤에 행하였다(《속오례의》 친경후노주의 연혁).

　임금이 시위侍衛하는 여러 신하들에게 명하여 다 앉게 하여 선온宣醞하고, 친경 때에 집사한 신하들이 적전籍田에서 밭간 백성과 기로耆老를 전정殿庭에 인도하여 노주례를 거행하였다.《영조실록》 1739년(영조 15) 1월 29일.

영조 29년과 43년에 친경한 뒤 노주의의 절차를 소개하고 있는 기사도 있지만(《영조실록》 1753년(영조 29) 2월 13일; 1767년(영조 43) 2월 26일), 관예후노주의는 《속오례의》에서 시행 시기를 친림관예의와 같다고 기록하였으므로, 1747년(영조 23) 1월 12일 관예의주觀刈儀註를 강정할 때 함께 만들어진 의례로 보아야 한다. 관예에 대한 기사부터 살펴보자. 1747년(영조 23) 5월 17일 영조가 동적전東籍田에 나아가 관예하였다.

　임금이 원유관과 강사포를 갖추고 친히 대臺 위에 나아가면 예의사禮儀使 권적權禰이 부복(俯伏: 고개를 숙이고 엎드림)하여 관예하기를 주청하고 적전령籍田令 윤동하尹東夏가 동계東階에서부터 올라와 꿇어앉아 보리 베기를 주청하고 베기를 마치면 음악이 그쳤다. 임금이 자성粢盛에 관한 일은 소중하다고 하며 어탑(御榻: 임금이 앉는 상탑)에서 내려와 앉으면 봉상시정奉常寺正 이도석李度錫이 대나무로 만든 상자에다 보리를 담아 꿇어앉아 경적사耕籍使 김시형金始炯에게 주고, 김시형이 동계에서부터

올라가 대 위로 나아가 꿇어앉아 도승지 홍상한洪象漢에게 주면 홍상한
이 꿇어앉아 안상案上에 올려놓았다. 임금이 손으로 어루만지며 말하기
를, "잘 익었다." 하자 예의사가 부복하여 말하기를, "태상太常(봉상시奉常
寺)에 간직하게 하여 자성에 대비하기를 청합니다." 하니, 홍상한이 받
들고 물러났다.《영조실록》1747년(영조 23) 5월 17일.

이어서 예의사가 "베기를 마쳤습니다."라고 아뢰자, 영조가 "매우 성
대한 거사이다. 그 근본이 세 가지가 있으니 자성을 소중히 여기는 것
과 농사를 근본으로 삼는 것과 기로를 공경하는 것이다." 하였고, "몸
소 베고 수확하는 것을 관람한 것은 가뭄을 민망하게 여기는 마음이
바야흐로 안정이 되지 않아서이니, 승정원에서 이 뜻을 가지고 팔도의
방백方伯과 양도兩都의 유수留守에게 하유下諭하도록 하라."(《영조실록》
1747년(영조 23) 5월 17일)고 하교하였으므로 영조가 관예 의식을 치른
뜻을 알 수 있다.

1767년(영조 43) 5월 23일 영조의 하교에서도 친경·친잠의 의의를
밝히고 있다. 친경은 역대 왕들이 이미 행하였으나, 관예는 조선에서
시행하지 않았으므로 명 선종宣宗의 고사를 이끌어 행하였다. 영조는
"이번의 친경·친잠은 바로 3백 년 만에 두 번 있는 일이니 의문儀文을
갖추지 않을 수 없으며, 더군다나 친잠의주는《속오례의》에 추록(追錄:
추가하여 기록함)되어 있으니 이미 상고한 뒤에는 고례를 회복하게 된
다." 하였고, "친경·친잠 후에 임금이 보리[麥]를 받고, 왕후가 누에고
치를 받는 것은 그 뜻이 한가지이다.《주례》는 주공周公이 지은 것인데,
아! 주공이 아니면 어찌 이런 예가 있었겠는가? 임금은 종자를 보관하
고 왕후는 누에고치를 보는 것은 바로 자성을 중히 하고 제사를 중히
하는 뜻이며, 또 백성들에게 농상農桑의 중요함을 보이려는 뜻이다."라
고 하였다(《영조실록》1767년(영조 43) 5월 23일).

영조대의 친경의는 네 차례[1739(영조 15), 1753(영조 29), 1764(영조 40), 1767년(영조 43)]에 행해졌고, 관예의는 1747년(영조 23) 5월 17일에 처음 행해졌다. 가장 먼저 행해진 친경의는 1739년(영조 15)이다. 영조는 아버지 숙종이 거행했던 의식을 명문화하고 이를 재현하는 데 노력을 기울였다. 그리고 영조는 선왕이 미처 이루지 못한 것을 자신이 완수하겠다는 의지로 의례를 행하기도 하였다(《영조실록》 1739년(영조 15) 1월 29일).[40] 1739년(영조 15)의 나.-⑪19친경의가 그 가운데 하나이다.

아! 우리 국가는 더욱이 이 전례典禮를 숭상하였다. 열조列朝에서 몸소 경작하는 덕에 힘썼으니, 대개 옛일을 본떠 여러 번 거행하셨으나, 영고寧考(숙종)께서 예경禮經의 글을 침작하고 그 의례를 갖춘 것을 탄복하고도 거행하지 못하셨다. 내가 부탁받은 책무를 맡아 뿌리고 거두려는 마음을 게을리하지 아니하여, 한 사람도 굶주리지 않게 하려하고 도롱이를 입고 근로할 생각을 늘 품었다.《영조실록》 1739(영조 15) 1월 29일

1746년(영조 22) 11월 30일에 하교하여, '친경과 관예는 모두가 옛 예식으로서 친경이 이미 자성을 장만하기 위한 것이라면, 관예는 곧 사전祀典을 소중히 여기는 것'이라고 하면서 정전井田의 제도를 본떠 친경과 관예의 옛 예식을 거행하게 하였다(《영조실록》 1746년(영조 22) 11월 30일). 정전의 제도는 고대 하·은·주에서 실시한 토지 제도이다. 영조는 늘 종주從周를 언급하며 주나라 제도를 따르려 하였고, 친경·친잠 또한 주나라 이후 자신이 처음 시행한다는 자부심으로 요순의 뒤를 잇는 군주를 자처하였다.

---

40 김지영, 〈英祖代 親耕儀式의 거행과 《親耕儀軌》〉, 《한국학보》 107, 2002, 63쪽.

2) 가례 의주

다음은 《속오례의》 가례 의주의 시행 시기이다.

〈표 10〉《속오례의》 가례 의주의 시행 시기

| 《국조속오례의》<br>의주 | 《국조속오례의》에<br>명시된 시행 시기 | 영조 이전<br>시행 기록 | 영조대 시행 | 실제<br>시행이유 |
|---|---|---|---|---|
| 卷之二 〈嘉禮〉 | | | | |
| 1 上尊號冊寶儀 | 舊儀不傳 肅宗癸巳(1713)<br>始有儀節 今上庚申(1740)<br>遵行 | 1713년(숙종 39)에 처<br>음 이 의절이 있었다. | 1740(영조 16)<br>준행 | 경신처분 |
| 2 大王大妃上尊號冊<br>寶儀 | 舊儀不傳 肅宗朝始有儀節<br>今上丙午(1726, 영조 2)<br>遵行 | 옛날 의례 전하지 않<br>음. 숙종조 처음 이<br>의절이 있었다.<br>1686년(숙종 12) 5월<br>25일(《승정원일기》) | 1726(영조 2)<br>준행 | 경종비 端懿<br>王后 부묘 |
| 3 王妃上尊號冊寶儀 | × | | | |
| 4 王大妃冊寶親傳儀 | 景宗壬寅(1722, 경종2)<br>上東朝尊號始行此儀 | 1722(경종 2) 동조에<br>게 존호 올림. | | |
| 5 御帖奉安耆社儀 | 肅宗己亥(1719, 숙종 45년<br>2월 11일)遵太祖故事入耆<br>社命王世子書御帖奉行耆<br>社有此儀 | 1719(숙종 45) | | |
| 6 親臨耆老宴儀 | 肅宗入耆社(1719, 숙종<br>45년 2월 13일)後倣原<br>書養老宴儀行此儀 | 1719(숙종 45) 숙종<br>이 耆社에 들어감. | | |
| 7 靈壽閣御帖親題儀 | 今上甲子(1744)遵肅宗故<br>事入耆社有此儀 | | 1744(영조 20)<br>숙종 고사에 따<br>라 시행 | |
| 8 大王大妃正朝陳賀<br>親傳致詞表裏儀 | 正朝陳賀 今上癸亥(1743)<br>始行 誕日陳賀 今上甲子<br>(1744)始行 | | 1743(영조 19)<br>시행<br>1744(영조 20)<br>시행 | |
| 9 親臨頒教陳賀儀 | 原書有正至賀儀慶賀儀頒教<br>儀散見不一故合爲此儀以行<br>用樂節次一遵正至賀儀 | 원서 기록 통일되지<br>않아 정비. | | |
| 10 納妃親迎儀 | 中宗朝始行 親迎禮而舊<br>儀不傳 肅宗壬午(1702)<br>有此儀節 | 중종조 처음 시행, 1702<br>년(숙종 28)에 이 의<br>절이 있었다. | | |
| 11 進宴儀 | 肅宗丙戌(1706)行此儀/<br>今上癸亥(1743, 영조19)<br>下教日外宴用舞童丙戌初<br>行也本儀附註此備攷後 | 1706(숙종 32) | | |

| | | | | |
|---|---|---|---|---|
| 12 | 王妃進宴儀 | 肅宗丙戌(1706)內宴行此儀 | 1706(숙종 32) | |
| 13 | 大王大妃進宴儀 | 舊儀不傳 肅宗丙寅(1686)行此宴禮 今上戊申又行此儀卽慈宴儀也 | 1686(숙종 12) | |
| 14 | 三殿進宴儀 | 今上癸亥(1743)甲子(1744)行此儀 親加裁定冊繁窽檜簡/後下敎日慈宴時三宴同行于今初祈昔年慈宴儀 今番三宴儀一體附錄於丙戌(肅宗丙戌, 1706)進宴禮之下 | | 1743(영조 19), 1744(영조 20) |
| 15 | 御宴儀 | 今上癸亥(1743)行此儀... | | 1743(영조 19) |
| | 卷之三 〈嘉禮〉 | | | |
| 16 | 親臨儒生殿講儀 | × | | |
| 17 | 王世子受朝參儀 | 肅宗丁酉(1717, 숙종 43)景宗在東宮聽政時行此儀 | 1717(숙종 43)에 경종이 동궁으로 처음 청정할 때 | |
| 18 | 王世子入闕儀 | 仁祖乙酉(1645, 인조23)册封孝宗爲王世子始有此儀 景宗辛丑(1721, 경종1)册封 今上爲王世弟亦遵用而時値國恤故服色用素册封改卜別日 | 1645(인조23)에 효종을 책봉하여 왕세자로 삼을 때 | |
| 19 | 王世子祇受訓書儀 | 今上甲子(1744, 영조 20)御製訓書四句傳之東宮王世子行祇受之儀 | | 1744(영조 20) 어제훈의 네 구 전함 |
| 20 | 王子君師傅相見儀 (가례 의주 20항) | 今上在潛邸就學時肅宗特命講定儀節 | 영조 잠저시 | |

다. 가례 20항목 가운데, 영조 이전에 시행한 의례는 13항목(①1상존호책보의上尊號册寶儀, ②2대왕대비상존호책보의大王大妃上尊號册寶儀, ③4왕대비책보친전의王大妃册寶親傳儀, ④5어첩봉안기사의御帖奉安耆社儀, ⑤6친림기로연의親臨耆老宴儀, ⑥9친림반교진하의親臨頒敎陳賀儀, ⑦10납비친영의納妃親迎儀, ⑧11진연의進宴儀, ⑨12왕비진연의王妃進宴儀, ⑩13대왕대비진연의大王大妃進宴儀, ⑪17왕세자수조참의王世子受朝參儀, ⑫18왕세자입궐의王世子入闕儀, ⑬20왕자군사부상견의王子君師傅相見儀)이다. 다만 이 가운데 9친림반교진하의는 '《오례의》(원서)의 기록이 통일되지 않아 정비한다'고 되어 있으므로 시행 시기를 영조대 이전(다.)에 포함시킨 것이다.

내용 분류상, 다.-⑥, 다.-⑫, 다.-⑬은 라.에서 검토해 보려고 한다. 대신, 라.-①, 라.-③, 라.-④, 마.-①은 내용 분류상 다.에서 살펴볼 것이므로 다.에서 검토하려는 항목 수는 14개이다.

### (1) 책보 의례

다.-①1상존호책보의는 《속오례의》의 연혁에 숙종 계사년(1713, 숙종 39)(《속오례의》 상존호책보의 연혁)에 이 의절이 있었다고 하였으므로, 실록기사를 확인해 보면 이해 3월 9일 임금이 숭정전에 나아가 존호를 받았다.

> 임금이 숭정전崇政殿에 나가서 존호를 받았다. 왕세자가 영의정 이유李濡 등을 인솔하고 하례를 베풀었으며, 다음에는 영소전永昭殿과 경녕전敬寧殿에 나아가 존호책보를 올리고 다시 중궁전中宮殿에 나아가 또한 그와 같이 하였다.《숙종실록》 1713년(숙종 39) 3월 9일.

1713년(숙종 39) 1월 5일 대신들이 즉위 40년을 경축하여 칭경(稱慶: 경사를 기뻐함. 경사를 치름)과 존호를 올릴 것을 청하니 칭경에 대해서만 윤허하거나, 1월 6일 즉위 40년을 기념하여 승지 신심申鐔이 진연(進宴: 나라에 경사가 있을 때에 궁중에서 베풀던 잔치로 진풍정보다는 초대 손님 규모가 작고 진찬보다는 성대함)을 베풀고 존호 올릴 것을 진달하였으나 윤허하지 않았다(《숙종실록》 1713년(숙종 39) 1월 5일: 1월 6일). 하지만 거듭된 상소 끝에 1월 17일 이를 윤허하였다.

> 백관百官들이 정청(庭請: 세자나 의정이 백관을 거느리고 궁정에 이르러 큰 일을 보고하고 명령을 기다리던 일)하고 왕자와 여러 종친들이 잇따라 존호 올리는 일로써 계청하니, 이때에 이르러 임금이 비로소 마지못해 윤

허하며 말하기를, "여러 날 동안 조정의 뜰에 모여서 극력 청함이 이에
이르니, 겸양을 지키려던 당초의 마음을 끝내 스스로 이루기 어려워서
힘써 따르지 않을 수가 없다." 하였다.《숙종실록》 1713년(숙종 39) 1월 17일.

이와 함께 사신史臣이 논하는 다음 글을 주목해 보자.

　사신은 논한다. 임금의 겸덕謙德이 지극한데, 조신朝臣들이 이를 받들어
따르는 의리義理를 생각하지 않고, 마침내 강박하여 청을 준허準許하고야
말았다. 따라서 10여 년 동안 간직해 온 겸손한 덕이 시커멓게 어두워
발양되지 못하게 하였으니, 특히 백세의 비난이 두렵지 않겠는가. 그러
나 주자가 말하기를, '존호가 만일 옳지 않다면 임금이 스스로 이회(理
會: 깨달아서 알아차림)할 것이니, 어떻게 설득할 수 있겠는가.' 하였다.
지금 임금의 청허聽許가 너무 급하기 때문에 혹자는 당초에 성상의 뜻
이 굳건히 결정된 데서 나온 것이 아니라고 의심하기도 하였으니, 애석
한 일이다.《숙종실록》 1713년(숙종 39) 1월 17일.

이 사신의 논에서는 존호의 일을 숙종이 신하들의 강박에 의해 허락
한 것으로, 끝내 겸양을 지키지 못한 것으로 평가하고 있다. 이뿐만 아
니라 1월 8일에는 예조참판 이야李壄·응교 박봉령朴鳳齡이, 1월 9일에
는 판부사 조상우趙相愚가, 1월 10일에는 판중추부사 서종태徐宗泰·호조
참판 양중하梁重廈가, 1월 15일에는 정언正言 이병상李秉常이 존호를 받
지 말 것을 청하였다(《숙종실록》 1713년(숙종 39) 1월 8일; 1월 9일; 1월 10
일; 1월 15일).

반면, 영의정 이유李濡, 행판중추부사 이이명李頤命, 행병조판서 조태
채趙泰采, 판윤 김석연金錫衍, 예조판서 송상기宋相琦, 이조판서 이건명李
健命, 행호군 이광적李光迪, 지중추부사 이기하李基夏·유중기柳重起, 형조
참판 윤취상尹就商, 행대사성 신임申銋, 행사직 남치훈南致熏, 동지 이홍

일李弘逸, 병조참판 유명웅兪命雄, 부총관 이우항李宇恒·이용李溶·유성추柳星樞·이세상李世祥·이홍李泓 등이 존호를 올릴 것을 청하는 일로써 아뢰니(《숙종실록》 1713년(숙종 39) 1월 10일), 존호를 올리는 일이 즉위 40년을 기념하는 단순한 축하의 일만은 아닌 것 같다.

이들의 당색을 보면 존호 올리기를 반대하는 이야, 박봉령, 조상우,[41] 서종태,[42] 양중하, 이병상[43] 등은 소론의 성격을 띠고 있고, 존호 올리기를 청하는 이유, 이이명(노론 4대신), 조태채(노론 4대신),[44] 김석연[45] 송상기, 이건명(노론 4대신), 이광적, 이기하·유중기, 윤취상, 신임, 남치훈, 이홍일, 유명웅, 이우항·이용·유성추·이세상·이홍 등은 노론으로 구성되어 있으므로 이 존호 문제도 정치적 갈등 안에서 이해해 볼 문제가 아닌가 한다.

이것이 정말 정치적 갈등과 연관된 것인지를 논하려면 먼저 즉위 30년, 즉위 40년을 기념하는 존호가 이전에도 올려졌는지를 먼저 확인해야 한다. 1703년(숙종 29) 3월 4일 숙종이 주강에 나아가 참찬관 김진규金鎭圭, 승지 홍수주洪受疇, 시독관 이탄李坦과 논의하는 데서 이전의

---

41 趙相愚(온건한 소론): 남구만·최석정 등과 함께 온건한 소론으로 활동(이하 각주 47번까지의 인물 정보는 《한국민족문화대백과사전》 및 정만조, 〈17세기 중반 漢黨의 정치활동과 國政運營論〉, 《한국문화》 23, 1999를 참고하여 작성하였다).

42 徐宗泰(소론): 吳斗寅·朴泰輔 등과 소를 올리고 은퇴하여 저술에만 전념하였다. 1694년 갑술환국으로 인현왕후가 복위되자, 다시 관직에 나옴. 박태보가 교유한 친우는 주로 서인의 소론파들로 崔錫鼎·趙持謙·林泳·吳道一·韓泰東 등이 있다.

43 李秉常: 1713년 왕에게 존호 올리는 논의가 있을 때 처음에는 찬성하여 품계가 올려졌으나, 나중에는 반대하여 자기 주장을 지키지 못하였다는 비판을 많이 들었다. 좌상 李觀命—이이명과 사촌 간—의 천거로 관계에 진출, 노론으로 소론에 맞서다가 신임사화 때 파직되기도 하였다.

44 趙泰采: 족질이 대부분 소론에 기운 데 반해, 유독 노론에 머물렀다.

45 金錫衍: 현종 후반기에 송시열과 김우명은 사류 대 척신으로 대립하게 된다. 하지만 명성왕후의 동생이자 김우명의 아들인 김석연은 노론들과 입장을 같이하여 존호 올리기를 찬성하였다.

사례를 자세히 들을 수 있다. 비록 선조가 사위嗣位(즉위)한 지 39년 만에 진하한 예禮가 있었지만 이는 명나라 세종의 예를 따라 마지못해 한 것으로, 결론은 우리나라에 즉위 30년이나 40년을 진하하는 일은 으레 치러지는 행사가 아니었다(《숙종실록》1703년(숙종 29) 3월 4일). 그러니 즉위 30·40년을 기념하여 존호 올리는 일은 이전에 없었던 일이다(《선조수정실록》1604년(선조 37) 10월 19일).

앞서 거론한 정치적 갈등이란 회니시비懷尼是非(1669년, 현종 10)와 관련을 가지는 최석정의 《예기유편禮記類篇》(1710년, 숙종 36), 그리고 《가례원류家禮源流》(1711년, 숙종 37)의 편찬자 논란 등에서 비롯되어 1716년(숙종 42)의 병신처분丙申處分으로 종결되는 사건[46]을 말한다. 이 사건은 노론과 소론의 치열한 공방진으로 이루어져 있기에 존호 올리는 일에서 나타나는 대립구도 역시 정치적 갈등 안에서 검토되어야 한다. 더욱이 발생 시점이 위 정쟁의 소용돌이 안에 위치하고 있으며, 즉위 30주년을 기념하는 존호는 올려지지 않았는데, 이를 두고 《숙종실록》의 사신의 논[47]은 '10여 년 동안 간직해 온 겸손한 덕'으로 표현하였다. 이에 반해 숙종의 즉위 40주년 기념 존호는 '그 덕이 시커멓게 어두워 발양되지 못한' 중요한 정치적 사건이라 할 수 있다. 내용이 비판적인 것을 보면, 존호 올리기를 반대했던 소론의 입장에서 쓰인 논임을 알 수 있다. 《숙종실록》은 1720년(경종 즉위년)부터 편찬의 착수에

---

46 병신처분은 존호를 올리고 난 3년 뒤인 1716년(숙종 42)에 이루어졌다. 이는 송시열과 윤증 사이에서 발생한 懷尼是非에 대해 국왕이 판정한 처분을 말한다. 그사이 1710년(숙종 36) 소론인 최석정의 《禮記類編》과 1711년(숙종 37) 《家禮源流》의 간행 문제를 둘러싸고 노·소론이 대립하였다(4장 1절, 가례 의주의 시행 시기 가운데 책보의례와 관련 있음).

47 갑술환국은 폐비 민씨 복위운동을 반대하던 남인이 화를 입어 실권하고 소론과 노론이 재집권하게 된 사건으로, 1694년(숙종 20)의 일이다. 그러므로 기사환국(숙종 15년, 서인에서 소론에게 권력이 넘어간 사건)에서 갑술환국 사이인 1689~1694년에 쓰인 실록의 사신의 논은 소론의 의견이다.

들어가서, 1728년(영조 4)에 완성되었으므로 8년이란 세월에 걸쳐 만들어졌다. 편찬 도중에 노·소론의 정쟁이 격화되어 정권이 자주 바뀌면서 실록청 책임자가 여러 차례 변경되었으므로,[48] 이 부분은 소론이 사신으로 있을 때의 기록으로 보인다. 계속해서 논의를 이어나가 보자.

《숙종실록》을 편찬하기 시작한 지 얼마 되지 않아 신임사화辛壬士禍(1721, 경종 원년)가 일어나 노론이 실각하고 소론이 정권을 잡았다. 이 때 실록청의 총재관이 소론 조태구趙泰耈였고 1723년(경종 3)에는 최석항崔錫恒이 대신하였으며 그 뒤에는 이광좌李光佐가 총재가 되는 등 3년 동안 소론의 주도로 실록이 완성되었다. 경종이 죽고 영조가 즉위하면서 실록청 책임자가 모두 노론으로 경질되었지만 인쇄를 거의 마무리할 무렵, 정미환국丁未換局(1727, 영조 3)이 일어나 소론정권 아래 마무리되었다.[49] 이로써 추정해 보면 위에서 말한 사신의 논은 숙종 당대의 평가이지만 여기에는 영조 4년까지 이어지고 있던 노·소 간의 갈등이 《숙종실록》에까지 영향을 끼치고 있었다. 그러므로 영조 연간에 이뤄졌던 칭경논의稱慶論議까지 함께 살펴봐야 할 이유가 생겼는데, 이는 영조에 대해 이뤄지는 칭경논의가 《숙종실록》의 사론에까지 영향을 끼쳤을 가능성을 계산한 것이다.

영조 4년은 무신란戊申亂(이인좌의 난)이 일어난 해이고, 효장세자가 죽은 해이다. 그리고 숙종 병인년(1686, 숙종 12)에 행한 다.-⑩13대왕대비진연의大王大妃進宴儀〔자연의慈宴儀〕를 영조 무신년(영조 4, 1728)에도 행하였다(《속오례의》 대왕대비진연의 연혁). 이때 대왕대비는 인원왕후(숙종의 계비, 김주신의 딸)이다. 이렇게 대왕대비를 위한 연례에는 존호가 올려지지만, 왕에게 존호 올리는 일은 1740년(영조 16)에 가서야 이루

---

48 이성무, 《조선왕조실록 어떤 책인가》, 동방미디어, 2000, 306쪽.

49 이성무, 앞의 책, 306쪽.

어진다. 즉 영조 4년의 이 시점까지는 숙종 때부터 존호 올리는 일에 부정적이었던 소론이 노론과 우위를 다툴 수 있었던 입장이었으므로 소론들이 《숙종실록》을 마무리하는 때에 숙종의 칭경을 부정적으로 평가할 수 있었던 반면, 노론들은 출사의 명분을 회복하는 시점인 1740년이 되어서야 존호 올리는 일을 추진할 수 있었다.

　1713년(숙종 39) 1월 28일 대사간 윤세수尹世綏가 김유경金有慶이 존호 올리는 일을 상소한 것에 대하여 "겉으로 제목을 빌어서 내심으로 괴란壞亂시키려는 계획을 실현시키려 하였다."라고 논척論斥하였다(《숙종실록》 1713년(숙종 39) 1월 28일). 이를 통해 존호 올리는 일이 각 당파의 정치적 이익을 추구하는 데 이용되었음을 알 수 있다. 그리고 1707년(숙종 33) 1월 16일 수찬 조태억趙泰億이 이유민李裕民의 아첨을 배척하며 올린 상소는 숙종의 즉위 30년을 기념하는 존호 논의이지만 사신의 논에 따르면, "존호의 의논은 본래 조태억(태구泰耈·태채泰采의 종제, 최석정의 문인)의 당류黨類에서 일어난 것인데, 이유민이 먼저 발론發論한데 분통이 터져 곧 이 소疏를 올려 준열하게 배척하였던 것이니, 그 뜻에는 실제 협잡함이 있었다."라고 하여 숙종에게 존호 올리는 일은 더이상 경축의 일이 아니었다.

　존호의 의논은 본래 조태억의 당류에서 일어난 것인데, 이유민의 상소가 나옴에 미쳐 그 먼저 발론한 데 분통이 터져 곧 이 소를 올려 준열하게 배척하였던 것이니, 그 말이 비록 정당한 듯하지만, 그 뜻에는 실제 협잡함이 있었다. 대개 이때부터 조태억의 당류는 다시 드러내놓고 휘호를 올리자는 논의를 하지 아니하였고, 이 논의를 전혀 한쪽 편으로 돌려 마치 처음부터 참섭參涉하지 않은 체 하였다.《숙종실록》 1707년(숙종 33) 1월 16일.

1707년(숙종 33) 1월 18일 영의정 최석정崔錫鼎이 헌신憲臣의 상소에
자신이 배척당하는 부덕을 죄 주기를 상소하였다.

> 영의정 최석정이 상소하기를, "… 신이 엎드려 장령 이유민의 상소를
> 보건대, 신이 진연進宴 때 존호를 올리는 것을 청하지 않았다고 해서 크
> 게 비난과 배척을 더하였으니, 신은 놀라움을 견디지 못하겠습니다. 무
> 릇 우리 전하의 풍성하신 공열功烈은 고금에 듣지 못했던 바이고, 대의
> 大義를 밝게 게시하셨음은 천하에 찬사가 있어 진실로 앞을 빛나게 하
> 고 뒤를 비춰 주기에 족할 것인데, 아름다움을 돌리는 청請을 사양하고
> 차지하지 아니하셨으니, 이는 더욱 백왕百王보다 뛰어난 성절盛節입니다.
> …"《숙종실록》 1707년(숙종 33) 1월 18일.

이에 따르면 숙종의 즉위 30주년을 기념하는 존호의식에서부터 최석
정·조태억 등 소론들은 존호 올리기를 반대해 왔었고, 존호 의식은 '당
류를 앞세워 협잡할 수 있는 일', 또는 '상대를 괴란시키는 데 이용되
는 일'이기도 했던 것이다. 하지만 회니시비에서 병신처분에 이르는 정
치적 사건은 숙종 재위 전 기간에 걸쳐 일어난 중대 사안이어서 좀 더
치밀한 논의 안에서 이 의례를 다루어야겠지만, 여기서는 즉위 40년을
기념하는 존호의식이라는 데 의의를 두고 영조대 논의로 넘어가기로
한다.

영조 역시 김재로金在魯·송인명宋寅明 등이 여러 번 아뢴 끝에 1740
년 윤6월 4일에 존호 올리는 것을 윤허하였다. 윤6월 8일 예조 당상을
불러서 존호를 올릴 때의 의절과 경과에 대해 의논하고, 7월 20일 좌
의정 김재로가 백관을 인솔하고 존호를 봉상奉上하기를 '지행순덕영모
의열至行純德英謨毅烈'이라고 하고, 대왕대비전(인원왕후 김씨)에 존호를
올리기를 '현익顯翼'이라고 하고, 중궁(정성왕후 서씨)에 존호를 올리기

를 '혜경惠敬'이라고 하였다.(《영조실록》 1740년(영조 16) 윤6월 4일; 윤6월 8일; 7월 20일)

요컨대 숙종은 즉위 40년을 기념하여 재위 39년(1713) 3월 9일 숭정전에 나가서 존호를 받았으니 이 의절이 비로소 있게 되었다. 영조는 재위 16년, 나이 47세에 이를 준행하였고, 《속오례의》에 의절로 남겨두게 된다. 숙종이야 즉위 40주년을 기념하여 존호의식을 시행한 것이지만, 영조는 왜 이 의식을 시행하였을까? 경신처분이라는 큰 사건이 같은 해에 이루어졌으므로 이 정치적 문제 때문에 행해진 의례는 아닐까? 영조대의 정치적 이해를 더 축적하여 다음 절에서 이 논의를 이어가 보겠다.

다.-②2대왕대비상존호책보의는 대왕대비에게 존호의 책과 보를 올리는 의식이다. 옛날 의례는 전하지 않고 숙종대에 대왕대비인 장렬왕후莊烈王后(인조의 계비)에게 존호를 올리는 예가 있었다. 1726년(영조 2)에 이를 준행(《속오례의》 대왕대비상존호책보의 연혁)하여 대왕대비인 인원왕후(숙종의 계비)에게 존호를 올리는 예를 실은 것이다.

1686년(숙종 12) 5월 25일 장렬왕후인 대왕대비전에 존호(奉册寶加上尊號曰, 慈懿恭慎徽獻康仁大王大妃)를 올리고 책보(册寶: 옥책과 금보)를 친전하는 의식이 있었다(《승정원일기》 1686년(숙종 12) 5월 25일). 1724년 8월 25일 경종이 승하하고 닷새 뒤(8월 30일)에 영조가 즉위하면서 왕대비 김씨(인원왕후)를 대왕대비로, 왕비 어씨(선의왕후宣懿王后)를 왕대비(경순왕대비敬純王大妃)로, 빈 서씨(정성왕후)를 왕비로 높였다. 그리고 30일 새벽 이전의 잡범사죄雜犯死罪 이하에 대해 용서하라는 반사교문頒赦敎文을 내렸다(《승정원일기》 1724년(경종 4) 8월 30일).

1726년(영조 2) 7월 2일 빈청에서 존호를 의논하는 자리에 민진원 등이 참석하여 혜순자경대왕대비전惠順慈敬大王大妃殿 등의 존호를 올렸

〈자료 11〉이의현. 신임옥사가 일어나 노론 관료가 처벌될 때 평안도에 유배되었다가 영조가 즉위한 뒤에 해배되어 형조판서에 서용되었다. 이후 노론의 영수로서 노론 4 대신의 신원을 위해 진력하여 1740년의 경신처분과 1741년의 신유대훈을 이끌어냈다. 김창협의 문인으로 문학에 뛰어나 명문장가로 천거되었다(내용 출처: 《한국민족문화대백과사전》, 〈이의현〉조, 정만조 집필). 초상화 출처는 《조선명신사십육인초상화첩》.

다. 왕대비(경순왕대비 어씨, 경종의 계비)는 존호를 경순敬純, 단의왕후 端懿王后(경종비, 심호沈浩의 딸)는 휘호를 공효정목恭孝定穆이라 올렸다. 그리고 10월 27일 홍치중洪致中 등이 입시하여 대왕대비전(인원왕후)에 책보를 올리는 예를 거행하였다. 대왕대비전(혜순자경대왕대비전)에 존호를 올리고 진하하는 데 대한 반교문(頒敎文: 나라에 경사가 있을 때에 반포하는 임금의 교서)은 대제학 이의현李宜顯이 지어 올렸다(《승정원일기》 1726년(영조 2) 7월 2일; 10월 27일; 《영조실록》 1726년(영조 2) 7월 2일).

《속오례의》의 대왕대비상존호책보의 연혁에 따르면 옛 의례는 전하지 않고, 숙종조에 이 의절이 있었으므로 영조가 1686년(숙종 12) 5월 25일에 있었던 예(인조의 계비인 장렬왕후에게 존호 올림)를 준행하여 1726년(영조 2) 7월 2일에 대왕대비인 인원왕후, 혜순자경대왕대비전에게 존호 헌열獻烈을 올렸다. 이 의례는 다음 가례 의식들과 연결되며 중복된다. 이 점을 참고하여 숙종대와 영조대에 이 의식들이 왜 치러졌는지를 살펴보도록 하자.

다음은 마.-① 다음은 3왕비상존호책보의王妃上尊號冊寶儀에 관한 것이다. 연혁에 시행 시기는 따로 나와 있지 않지만 '원서의 기록이 통일되지 않아 정비한다'(《속오례의》 원문)고 되어 있으므로 이전부터 있어왔던 의례임을 알 수 있다. 세조 때 중전의 존호 올리는 의식이 있을 정도로(《세조실록》 세조 3년(1457) 3월 7일) 조선 초기부터 시행되고 있었던 의례이다. 하지만 《오례의》에 기록되지 않아 영조 때 《속오례의》에 실은 것으로 보인다. 1740년(영조 16) 윤6월 8일 좌의정 김재로, 우의정 송인명이 경재卿宰들을 인솔하여 대전과 대왕대비전(인원왕후), 중궁전(정성왕후)의 존호를 의논하여 정하였다. 대전大殿은 지행순덕영모의 열이라고 하고, 대왕대비전은 현익顯翼이라고 하고, 중궁전은 혜경惠敬(며느리인 혜경궁惠慶宮과는 한자가 다름)이라고 하였다(《영조실록》 1740년(영조 16) 윤6월 8일). 7월 20일 영조가 존호를 받을 때 왕비(정성왕후)도 존호를 받았다. 좌의정 김재로가 백관을 인솔하여 대전에 존호를 봉상하고, 대비전과 중궁전에 존호를 올렸다(《영조실록》 1740년(영조 16) 7월 20일). 《속오례의》가 만들어진 지 8년이 지난, 1752년(영조 28) 5월 26일 중전의 회갑을 맞아 영의정 김재로가 중궁전에 존호를 장진莊愼이라고 올렸다(《영조실록》 1752년(영조 28) 5월 26일). 영조의 왕비는 경신년(1740, 영조 16년)에 혜경惠敬이란 호를 받고, 임신년(1752, 영조 28년)에 장진莊愼이란 호를 더하고, 병자년(1756, 영조 32년)에 강선康宣이란 호를 더하였는데, 정축년(1757, 영조 33년) 2월 15일 신시에 창덕궁에서 서거하니 향년 66세였다(《영조실록》 1757년(영조 33) 3월 12일). 이렇게 영조대에 세 차례에 걸친 왕비상존호책보의가 시행된 것이다.

《속오례의》에 실린 의주 절차는 대략 다음과 같다.

왕비가 하루 전에 설치된 경춘전景春殿의 어좌御座에 오르고, 영의정이 책冊과 보寶를 받들어 올린다. 상전尙傳이 받아서 중궁합문 밖으로 나아

가 책함을 봉책여관捧冊女官에게 주면 여관은 독책안讀冊案에 놓는다. 상
전은 또 보록寶盝을 봉보여관捧寶女官에게 주면 여관은 독보안讀寶案에 놓
는다. 봉책여관은 책함冊函을 열고 책을 펴고, 독책여관은 책을 읽는다.
봉보여관은 보록을 열고 보를 들고, 독보여관은 보를 읽는다. 영의정이
치사致詞, 전문箋文, 예물함을 받들어 올리면 상전은 차례로 받아 가지고
중궁 합문 밖으로 나아가 여관에게 준다. 여관은 전해 받들고 들어가
안案에 놓는다. 상의尙儀가 어좌 앞에 나아가 부복하였다가 꿇어앉아
"예를 마침"을 아뢰고 부복하였다가 일어나 물러난다. 왕비는 어좌에서
내려와 상궁의 전도前導로 내전內殿으로 돌아간다.

다.-③ 왕대비에게 존호를 올리는 4왕대비책보친전의는 임인년(1722,
경종 2)에 처음 행하였다(《속오례의》王大妃冊寶親傳儀 연혁). 당시 왕대비는
숙종비 인원왕후이다. 5월 6일 혜순왕대비전惠順王大妃殿의 존호를 자경
慈敬이라고 하고(《승정원일기》1722년(경종 2) 5월 6일), 9월 1일 경종이 인정
전에 나아가 존호를 대비전에 올리니 백관이 진하하고 반사하였다. 그
교문敎文에 이르기를,

　왕(경종)은 말하노라. 삼성三聖을 받들어 제향을 올리니 남았던 슬픔이
더욱 절실하고, 존호를 올리어서 융례隆禮를 드리니 구전舊典을 준행했도
다. 윤발(綸綍: 임금의 말씀 혹은 명령을 이르는 말)을 백성에게 선포하여
강수岡壽를 자천慈天에게 비노라. 생각하건대 태모太母께서는 온화하고
어짊을 크게 하여 우리 선왕의 신극宸極(제위帝位)에 짝하였다. 두 후비
를 본받아 좇으니 국풍國風이 제휴齊休함을 기리었고, 은혜가 육궁六宮에
미치었으니 가도家道를 잡은 것이 진실로 정대正大하였다. 20년 동안 교
화를 도왔으니 음교陰敎가 천지에 천명하였으며, 3년을 거상居喪하니 지
극한 행실은 규달(閨闥: 궁중에서 일하는 여관의 방)에 드러났다. 중월中月
의 제도를 겨우 끝내고, 동조東朝의 예를 존숭히 하였다. 옥간玉簡과 금

장金章을 어찌 그 만분의 하나라도 찬술撰述할 수 있겠는가? 청사靑史의 동관(彤筆: 대에 붉은 칠을 한 붓)은 영구히 머물러 백 년이고 천 년이고 환양渙揚하게 하였다. …《경종실록》1722년(경종 2) 9월 1일.

위 의례는 경종 때의 왕대비와 관련된 의례이지만 영조가 왕세제로서 전箋을 올리는 데 참여하였다. 이때 영의정 조태구가 백관을 거느리고 진하하였으며, 교문은 홍문관제학 김일경金一鏡이 지어 바쳤다(《승정원일기》1722년(경종 2) 9월 1일). 1740년(영조 16) 7월 20일 대전과 대왕대비전, 중궁전에 존호 올리는 의식이 있을 때 왕대비전 자리는 비어 있었다. 경종비 어씨가 1726년(영조 2) 경순왕대비라는 존호를 받았지만 영조 6년에 돌아갔기 때문이다.

왕·대왕대비·왕비·왕대비에게 존호를 올리는 의식은 《오례의》와 《속오례의》를 통틀어 상존호책보의, 대왕대비상존호책보의, 왕비상존호책보의, 왕대비책보친전의인데 모두 《속오례의》에 실려 있다. 그 연혁에 따르면 세 개의 의례는 영조 이전부터 시행한 것으로 나와 있고, 시행 시기가 표시되어 있지 않은 왕비상존호책보의조차 '《오례의》의 기록이 통일되지 않아 정비한다'고 하여, 이 의례는 모두 영조 때 처음 시행된 것이 아니었다. 종묘·영녕전 의례, 존호 올리는 예 등의 시행 시기를 봤을 때, 많은 의례가 숙종대를 근거로 행해지고 있다.

이미 앞의 의절(다.-② 2대왕대비상존호책보의)에서 검토한 바와 같이 영조는 1726년(영조 2) 7월 2일 대왕대비인 인원왕후에게 존호를 헌열獻烈이라 올렸다. 1686년(숙종 12) 5월 25일 인조의 계비인 장렬왕후에게 존호 올리는 예를 따른 것이라 하였는데, 이날은 자의전慈懿殿(장렬왕후)의 주갑탄일周甲誕日이므로 교서를 반포하고 사유赦宥를 베푼 것이다. 그러나 명성왕후明聖王后의 상기喪期가 아직 다하지 아니하였으므로 진하는 권정(權停: 정례에 의하여 행하는 일을 사정이나 형편에 따라서 잠시 멎거나 그만둠)하였다(《숙종실록》 1686년(숙종 12) 윤4월 7일: 윤4월 8일: 윤4월 17일: 5월 25일: 1684년(숙종 10) 11월 7일). 같은 날(1726년 7월 2일) 왕대비인 경종비 어씨도 경순敬純이라는 존호를 받았는데 이는 1722년(경종 2) 당시 왕대비였던 인원왕후에게 존호 올리는 의식을 따른 것이다.

영조가 1740년(영조 16) 7월 20일 나이 47세에 존호를 받은 것은 숙종이 즉위 40년을 기념하여 1713년(숙종 39) 3월 9일 숭정전에 나가서 존호를 받은 것을 따른 것인데, 이날 대왕대비전과 왕비가 존호를 받았음은 바로 위의 의절(다.-③4왕대비책보친전의)에서 확인하였다.

그런데 7월 2일은 어떤 날이기에 존호 올리는 의식을 거행하였을까? 1726년(영조 2) 6월 19일 단의왕후端懿王后의 추상휘호追上徽號 등을 의논하게 할 것 등을 청하는 예조의 계가 있었다(《승정원일기》 1726년(영조 2) 6월 19일). 경종의 첫 번째 빈이면서 세자시절 빈이었던 심씨가 1718년(숙종 44)에 돌아갔는데 1726년(영조 2) 부묘祔廟 때, 단의왕후의 추상존호를 봉행하면서 대왕대비전·왕대비전의 존호도 거행한 것이다. 돌아가신 지 8년이 지난 시점에 이 의식이 거행된 것은 경종과 함께 부묘하였기 때문이다.

### (Z) 기로 의례

양로연은 노인을 공경하는 잔치이지만 노인들이 많은 경험을 가졌으므로 스승과 같다는 의미에서 사제관계를 표현하는 것이다. 양로연은 임금과 중궁이 베푸는 왕실 행사이지만 지방이나 학교에서도 행해졌다. 양로연 의식은 《오례의》에 양로연의養老宴儀, 중궁양로의中宮養老儀, 개성부급주현양로의開城府及州縣養老儀로 나타난다. 그리고 이에 준하는 향음주례의鄕飮酒禮儀도 있다(《조선왕조실록사전》, 〈가례〉조의 養老儀). 《속오례의》의

기로耆老 관련 의례는 다.-④5어첩봉안기사의, 다.-⑤6친림기로연의, 라.-①7영수각어첩친제의靈壽閣御帖親題儀가 있다.

양로養老의 예는 연령과 덕행을 숭상하기 위한 것이다(《세종실록》 1433 년(세종 15) 10월 28일). 세종대에 양로연의가 만들어졌다(《세종실록오례》). 양로연의 유래는 주나라 때, 문묘에서 스승을 공경하는 의례로 시행했던 삼로오경제三老五更制(《정종실록》 1400년 (정종 2) 1월 10일)와 천자가 학궁學宮에 나아가 노인에게 절하는 임옹배로臨雍拜老(《성종실록》 1478년 (성종 9) 1월 24일, 27일)에 있다.

삼로·오경(三老五更: 덕망이 많고 나이 많은 노인을 제왕의 부모형제와 같이 예우함)에게 절하는 것은 개원(開元: 중국 당나라 현종 때의 연호)의 예를 따랐다. 예조에서 벽옹(辟雍: 중국 주나라 때 천자가 도성에 건립한 대학. 주위의 형상이 벽과 같이 둥글고 물이 둘려 있었다고 함. 전하여 성균관을 일컬음≒반궁泮宮. 반궁은 성균관과 문묘를 통틀어 이른다.)에 나가 배로拜老하는 의주를 올리는 기사는 《성종실록》에서 확인된다.

양로하고 걸언(乞言: 교훈이나 길잡이가 될 말이나 가르침을 달라고 청함)하는 예는 스승을 높이고 도를 중히 여기는 뜻이므로 벽옹에 나아가 배로[臨雍拜老]하기를, "높은 것을 굽히고 권세를 잊고서 이 성전을 거행하신다면 반드시 빈사(賓師: 관직에 있지 않지만 임금의 존중을 받는 사람)의 예를 써야 할 것이니 삼로는 서쪽에 있어 전하가 재배하면 삼로가 답배하고 모두 상석에 앉으며,

〈자료 12〉《국조속오례의》〈궤장 도설〉에 실린 궤와 제면, 장.

예가 끝난 뒤에는 직책을 맡기지 않고 나라에 큰일이 있으면 사람을 시켜 나아가 묻고, 몸을 마치도록 녹양해야 한다."라고 하니 임금이 따랐다(《성종실록》 성종 9년(1478) 1월 27일).

궁중에서 모범을 보여 스승을 공경하겠다는 의미에서 출발한 것이므로 양로연에서 임금은 노인들이 들어오면 일어나서 맞이하였다. 그 의식이 정해지는 과정은 《세종실록》에서 확인할 수 있다(《세종실록》 1432년 (세종 14) 8월 1일).

1432년(세종 14) 8월 14일 세종이 정척鄭陟에게 "양로연에는 사대부로서 연로자가 참예하게 되는데 서민의 남녀들도 모두 참예해야 될 것이니 제조에게 의논하라."하고, 또 "사대부와 명부命婦와 서민의 남녀에게 연향宴享하는 의주儀注를 의논하여 아뢰라."하였다(《세종실록》 1432년(세종 14) 8월 14일).

반면, 기로연에는 정2품의 실직實職을 지낸 70세 이상의 문과 출신 관원만 참여할 수 있었다(《세종실록》 1428년(세종 10) 2월 10일; 《禮記》 王制; 《정조실록》 1788년(정조 12) 1월 5일). 원래 기로소(耆老所: 70세 이상 연로한 고위 문신들의 예우를 위해 설치한 관서)에 들어갈 수 있는 자격은 처음에는 문무신을 가리지 않았으나 중기부터는 정경正卿으로서 70세 이상되는 문신으로 국한하였다. 그러나 태조 이후 두 번째로 기로소에 들어간 숙종 때에 와서 나이가 많은 일반 백성들도 참여한 경우가 있었다. 임금 가운데 세 번째로 기로소에 들어간 영조는 이를 기념하기 위해 1744년(영조 20) 10월 7일에 숭정전崇政殿에서 진연을 열었는데, 70세 이상의 관원을 모두 참석시켰다. 또 영조 때에도 나이가 많은 일반 백성들이 참여한 기록이 자주 발견되는 것으로 보아 이때에 이러한 관행이 일반화되었다(《한국세시풍속사전》, 〈耆老宴〉조).

① 《세종오례》의 양로의는 《오례의》에서 양로연의로, ② 《세종오례》의 중궁양로의는 《오례의》에서 중궁양로연의로, ③ 《세종오례》의 개성

〈자료 13〉 신사철. 신임사화로 유배되었다가 영조 즉위 후 노론이 집권하자 대사헌과 호조판서·예조판서 등 정권의 핵심에 기용되었다. 1719년(숙종 45) 왕에게 기로서 어첩이라는 이름을 짓는 데 의견을 올리는가 하면 1731(영조 7)년에 장릉의 천릉이 행해질 때, 제조 겸 예조판서로서 '천릉의'를 행하였다. 1744년(영조 20) 왕이 기로소에 들어간 것을 기념하기 위해 열린 진연에 70세 이상의 관원으로서 참석하였고, 본인 역시 이듬해 판중추부사로 기로소에 들었다. 초상화 출처는 《초상화 모음집》이다.

부급제주부군현양로의開城府及諸州府郡縣養老儀는 《오례의》에서 개성부급주현양로연의開城府及州縣養老宴儀로 변하였다.

《속오례의》의 5어첩봉안기사의御帖奉安耆社儀, 6친림기로연의親臨耆老宴儀, 7영수각어첩친제의靈壽閣御帖親題儀의 연혁을 살펴보면, 숙종 기해년 (1719, 숙종 45)에 태조의 고사를 따라 기로소〔耆社〕에 들어갔다(《속오례의》 御帖奉安耆社儀 연혁). 왕세자(경종)에게 명하여 어첩을 쓰게 하고 기로소에 받들고 가게 한 것이 5어첩봉안기사의御帖奉安耆社儀이다. 이해 2월 12일 숙종이 기로소에 들어간 뒤에 원서(《오례의》)의 양로연의에 의거하여 6친림기로연의를 행하였다(《속오례의》 친림기로연의 연혁). 그리고 지금 임금이 갑자년(1744, 영조 20)에 숙종의 고사에 따라 기사耆社에 들어간 것을 준행하여 7영수각어첩친제의를 행하였다(《속오례의》 영수각어첩친제의 연혁).

다.-④5어첩봉안기사의 연혁에 따르면 숙종 기해년(1719, 숙종 45)에 태조의 고사를 따라 기로소[耆社]에 들어갔다. 왕세자(경종)에게 명하여 어첩을 쓰게 하고 기로소에 받들고 가게 하였으니 이 의례이다(《속오례의》 御帖奉安耆社儀 연혁). 이해 2월 11일 기로소당상耆老所堂上 영의정 김창집金昌集이 어첩御帖을 배진陪進하니, 숙종이 흥정당興政堂에 나가서 이를 받았다. 숙종이 말하기를, "책자의 첫줄에는 마땅히 어떻게 써야 하겠는가?" 하니 김창집이 말하기를, "각사各司의 제명록題名錄을 모두 선생안先生案이라고 일컫는데 이것은 선생안이라고 일컬을 수가 없으니, 기소어첩안耆所御帖案이라고 쓰는 것이 마땅할 듯합니다." 하였는데 승지 신사철申思喆이 말하기를, "기耆자 아래에 마땅히 노老자가 있어야 하며 이미 첩帖이라고 말하였으니 안案자는 중첩重疊되는 듯합니다." 하니 숙종이 말하기를, "기로소어첩耆老所御帖이라고 쓰는 것이 마땅하다." 하였다. 세자가 마침내 명命한 대로 대신 쓰고 숙종의 휘호를 쓰기를 마치자, 어람御覽을 거치고 입시한 여러 신하들 또한 받들어 열람하였다. 그리고 누각 하나를 종부시宗簿寺 선원각璿源閣처럼 지어서 이 어첩을 봉안하게 하였다. 어첩의 발문跋文은 대제학 김유金楺가 짓고 예조 판서 민진후閔鎭厚가 썼다(《숙종실록》 1719년(숙종 45) 2월 11일).

라.-① 7영수각어첩친제의靈壽閣御帖親題儀(《속오례의》 영수각어첩친제의 연혁)에서 영수각은 기로소 안에 있는 어첩을 보관하던 누각이다. 기해년(1719, 숙종 45) 6월 9일 기로소의 영수각이 완성되자 감독한 공로의 차례를 매겨 당상 임방任埅·강현姜鋧, 상량문의 제술관 이관명李觀命, 편액 서사관 신임申銋 등에게 마필馬匹을 내려 주었다. 숙종은 이때 예순이 되어 태조조의 고사에 따라 기로소에 들어갔다. 이에 기로소 당상 등이 영수각에 나아가 어첩을 봉안하였다. 이 내용은 숙종 행장에서 상세하게 확인할 수 있다(《숙종실록》 1719년(숙종 45) 6월 9일; 6월 24일; 부록,

〈숙종대왕 行狀〉).

　지금까지 검토한 바에 따르면 《세종오례》와 《오례의》에서는 양로연으로, 《속오례의》에서는 기로연으로 표현된다. 하지만 실록기사를 보면 세조 때도 양로연(㉠ 세조 2년)과 기로연(㉡ 세조 5년)이 모두 있다.

　　㉠ 대명전에 나아가 양로연을 베풀었는데, 기로 남녀 모두 2백 20인, 맹인 50인, 유생 30인이었다. 노인 전 낭장郞將 김자해金自海에게 명하여 술을 올리게 하였다.《세조실록》 1456년(세조 2) 10월 1일.
　　㉡ 기로연을 보제원普濟院에서 베풀고 임금이 좌승지 이극감李克堪에게 명하여 선온(宣醞: 임금이 신하에게 궁중의 사온서에서 빚은 술을 내리는 일, 또는 그 술)을 가지고 가서 하사下賜하게 하였다.《세조실록》 1459년(세조 5) 9월 9일.

　양로연이 일정한 나이에 이른 백성 누구나 참여할 수 있다면, 기로연은 "이품 이상 한량 기로二品以上閑良耆老"와 임금이 직접 기로소에 입사하는 의례가 포함된다(《세종실록》 1432년(세종 14) 8월 14일; 1428년(세종 10) 2월 10일) 그러므로 의례서의 의주 명칭이 다르기는 하지만 기존에 시행되고 있던 기로연이 영조 때 의례서에 정식 의절로 들어간 것이다. 그리고 《오례의》에는 양로연으로 의주명이 나와 있고 《속오례의》에는 기로연으로 나와 있지만 양로연이 기로연으로 바뀐 것이 아니라는 점도 유의해서 봐야 한다. 《속오례의》의 기로연은 양로연 의례에 추가된 증보 의례이다. 또 다음과 같은 점도 계속해서 반복되는 《속오례의》 특징 가운데 하나이다. 영조가 선왕이 시행했던 의례를 따르고 있다는 점이다. 왕으로서는 태조 이후 숙종이 두 번째로 기로소에 들어갔고, 그다음이 영조였다. 영조는 숙종이 시행했던 의례에 근거를 두고 의례를 만들었다. 이와 같은 특징에 대해서는 뒤에서 더 거론하기로 하고 양로연과 기로연 의례를 더 살펴보자.

양로연과 기로연은 어떻게 다른 의례일까? 양로연은 신분을 막론하고 나이만 일정 이상이면 대우했던 제도이고 기로연은 임금을 비롯한 고위관직을 지낸 신하들을 위한 잔치일까? 기존의 연구에서는 "영조 때에는 양로연과 기로연이 통합된 형태로 나타나기도 하며, 기로연은 임금이 원로대신을 위하는 잔치로서 임금과 신하의 의義를 다지고 경로사상을 고취시켰다는 의의를 지닌다."(《한국세시풍속사전》, 〈耆老宴〉조)고 하였다. 이 서술은 1744년(영조 20) 10월 7일 왕이 기로소에 들어간 것을 기념하기 위해 열린 진연에 70세 이상의 관원이 모두 참석했다는 것(《영조실록》 1744년(영조 20) 10월 7일)에 근거한 것으로 보인다. 이날 숭정전에서 신하들의 진연을 받는데, 참석한 신하들은 다음과 같다.[50]

   임금이 숭정전에서 신하들의 진연을 받았는데, 종신宗臣의 도정都正 이상과 의빈儀賓, 시임 대신·원임 대신과 기구耆舊의 여러 신하들, 친공신親功臣과 문신 정2품 이상에서는 실직·군함軍銜을 논하지 아니하고, 종2품 이상에서부터 당상관 정3품에 이르기까지는 바야흐로 실직에 있는 자와 비록 군함에 있을지라도 나이 70세 이상인 사람들과, 양도兩都의 유수留守·기백畿伯·승지承旨·한주翰注·옥서玉署(홍문관)·미원薇垣(사간원)·백부柏府(사헌부)·춘방春坊(세자시강원)에서는 바야흐로 시임에 있는 자들과 음관(蔭官: 공신 및 고위 관원의 자제로서 과거를 거치지 아니하고 조상의 공덕으로 관직이 제수된 자)과 무신 2품 이상에서는 시임 장신將臣·실직 총관摠管인 사람과 비록 군함에 있을지라도 일찍이 장수의 직임을 지낸 자와 일찍이 동반東班의 실직 곤수(閫帥: 조선시대에 평안도와 함경도의 병마절도사와 수군절도사를 통틀어 이르던 말)를 거친 자 가운데 나이 70세 이상인 자들은 모두 참여하였다.

---

50 라.-①7영수각어첩친제의 의주에 대한 분석을 차지하는 이하 내용은, '(영조의 하교에서) 진연을 행한 뜻이 함축되어 있다.'는 내용까지 《영조실록》 1744년(영조 20) 10월 7일의 기사를 근거로 하였다.

이날 의례는 다음과 같이 거행되었다.

임금이 말하기를, "금일의 일은 즐거움을 취하려는 것이 아니다. 옛말에 이르기를, '다만 그날만을 점치고, 그 즉시 행하라.'하였다." 왕세자가 첫 번째 술잔을 올렸고, 영의정 김재로金在魯·판중추부사 김흥경金興慶·종신宗臣 서평군西平君 이요李橈·금평위錦平尉 박필성朴弼成·월성위月城尉 김한신金漢藎·금성위錦城尉 박명원朴明源·호조판서 김약로金若魯·영성위永城尉 신광수申光綏가 차례에 따라 의식대로 술잔을 올렸다. 임금이 기사耆社의 여러 신하들에게 이르기를, "연회를 마치면 마땅히 옛날에 임금이 신하들에게 연회를 내려 주던 관례에 따라서 전전악殿前樂을 내려 주고, 의당 그 남은 찬찬饌을 가지고 본사本司에 회연回宴하도록 하라."하고, 음식 한 쟁반을 봉조하奉朝賀 이의현李宜顯의 집에 보내라 명하니, 그가 노병으로 연회에 참여하지 못하였기 때문이다. 대탁(大卓: 진연이나 진찬 때 가장 잘 차려서 임금에게 올리는 음식상)을 거두자, 입직한 군사들에게 음식을 나누어 주도록 명하고, 연회에 참석한 여러 신하들에게 명하여 주량에 따라서 술을 마시게 하였다. 또 서울과 외방의 서민들 가운데 나이 80세 이상인 사람들에게 차등 있게 미곡과 고기를 내려 주도록 명하였다.

선왕들이 양로하고 걸언하던 규범을 따라 신하들에게 경계하는 말을 올리게 하였다.

예조판서 이종성李宗城이 나아와서 말하기를, "《시경》의 소아小雅 녹명장鹿鳴章은 곧 뭇 신하들을 연향燕饗하는 악장인데, 거기에 말하기를, '내게 주행周行을 보여 주도록 하라.'고 하였으니, 주행이란 것은 큰 길(大道)을 말하는 것입니다. 옛날에 성왕聖王들이 연락燕樂할 즈음을 다하여 도움을 구하는 뜻이 이와 같이 간절하였습니다. 금일의 연회는 곧 성상께서 기사耆社에 들어가시는 초기로 기구耆舊의 여러 신하들이 모두 연석에서 주상을 모셨는데, 옛날에도 양로하고 걸언하던 예가 있었으니, 여러 노신들을 불러서 노성老成한 신하들의 변론을 물어본다면 더욱 성덕에 빛남이 있을 것입니다.” 하니, 임금이 말하기를, “좋다.” 하고, 여러 노신을 선소(宣召: 임금의 부르심)하라 명하자, 기사의 당상관 신사철申思喆·이진기李震箕·윤양래尹陽來·정수기鄭壽期·이성룡李聖龍·조석명趙錫命 등이 차례로 나아와서 부복하였다. 임금이 말하기를, “지금 경들을 부른 것은 옛날 선왕들이 걸언한 규범을 따르고자 함이니, 경들은 각기 말하도록 하라.” 하므로, 신사철, 윤양래가 말씀을 올렸다.

이러한 가운데 영조의 어린 동궁東宮(훗날 사도세자인 왕세자의 나이 10세)에 대한 배려와 기대를 엿볼 수 있다. 걸언의 규범에 따라 신하들이 올린 경계의 말 가운데, ‘연락할 때 지나치게 편안함이 없는가(無已大康)’ 하는 《시경》의 당풍唐風 실솔장蟋蟀章을 동궁에게 적어 올리게 하고 노래하여 들려주게 하였다. 그리고 이성룡李聖龍과 정수기鄭壽期에게 아들을 잘 가르쳐 원량元良을 잘 섬기기를 부탁하였다.

연회를 끝마치자 예방승지禮房承旨가 진연청進宴廳의 당상관과 함께 어선(御膳: 임금에게 올리는 음식)을 받아 앞에 있었고 기사耆社의 여러 신하들이 뒤에 있었는데, 향당악鄕黨樂을 연주하면서 앞에서 인도하여 가다가 곧바로 영수각(靈壽閣: 1719년 숙종이 나이 60세로 기로소에 들어가면서 기로소에 건립하여 어첩을 봉안한 누각)에 이르렀다. 금평위錦平尉(효종의 부마)의 나이가 90세였으므로 특별히 명하여 지팡이를 짚고 전殿에 올라와 술잔을 올리게 하였다. 이날 진연에서 영조는 비국(備局: 비변사. 조선시대 군국기무를 관장한 문무합의기구)에 다음과 같이 하교하였다.

나의 한결같은 마음은 위로 선왕조先王朝를 추모하고 아래로 백성들을 긍휼히 여기는 것이다. 계술(繼述: 조상의 하던 일이나 뜻을 끊지 않고 이어감)하는 방도는 따라서 보호하는 것이 중한데, 무릇 백성을 보호하고 백성을 구제하는 정치에 관계되면 부지런히 강구할 것이고, 또한 여러 道와 여러 고을에 마땅히 신칙하여 백성을 긍휼히 여기는 정책을 다하기에 힘쓰도록 하라.

위의 하교에는 이 진연을 행한 뜻이 함축되어 있다. 선왕조를 추모하고 선왕의 뜻을 이어 받아[繼述], 아래로는 백성들을 긍휼히 여기며, 보호하고 구제하는 정치를 부지런히 할 것이요, 또한 여러 道와 고을에 신칙하여 백성을 위하는 정책을 다하기에 힘쓰도록 하라는 내용이다.

의례서에는 양로의례에 임금이 직접 참여하는 기로의례가 정식으로 추가되었다. 영조는 기로의례를 왕과 왕실의 권위를 표현할 수 있는 수단으로 삼으면서도 이 의례를 통해 백성들과 함께 한다는 뜻을 드러내었다. 중종대에는 "양로만을 위한 것이 아니라 치도治道를 아울러 강론하고자 했다."(《중종실록》 1516년(중종 11) 6월 4일)라고 하였을 뿐만 아니라, 신하들이 올린 경계의 말을 동궁이 거듭 새기도록 하였다. 그러므로 조선시대 양로연이 단순한 경로잔치가 아니라 치도의 정치행위임[51]은 잔치에서 세자가 태만해지지 않기를 바라는 영조의 당부에서 그 의의가 더욱 선명하게 드러난다.

(3) 진연 의례

진연 의례에는 다.-⑧11진연의進宴儀, 다.-⑨12왕비진연의王妃進宴儀,

---

51 권오영, 〈조선조 왕실 주관 양로연의 역사적 추이와 의미〉, 《조선 왕실의 가례》 2, 2010, 231쪽.

다.-⑩13대왕대비진연의大王大妃進宴儀, 라.-③14삼전진연의三殿進宴儀, 라.-④15어연의御宴儀가 있다.

다.-⑧11진연의는 숙종 병술년(1706, 숙종 32)에 행하였다. 지금 임금 계해년(영조 19, 1743)에 하교하기를, "외연外宴[52]에 무동을 썼는데 병술년에 처음으로 행하였다. 이 의례에 주를 붙여 이를 뒷날 고증에 대비하라." 하였다.(《속오례의》進宴儀 연혁; 《영조실록》 1743년(영조 19) 9월 19일)

다.-⑨12왕비진연의는 숙종 병술년(1706, 숙종 32)에 내연內宴으로 행해졌다(《속오례의》 왕비진연의 연혁). 진연은 참석자에 따라 외진연外進宴과 내진연內進宴으로 나뉘는데 외진연은 실질적으로 정치를 주도하는 군신이 주축이 되는 연향으로 왕비나 명부命婦 등 여성이 참여하는 경우가 없다. 내진연은 대비·왕·왕비·왕세자·왕세자빈·공주를 포함한 왕실 가족과 종친·의빈·척신 등의 왕실 친인척 및 봉호를 가진 여성인 명부가 주축이 되는 연향이다.[53]

다.-⑩13대왕대비진연의의 경우, 연혁에 따르면 옛 의례가 전해지지 않아 숙종 병인년(1686, 숙종 12)에 이 연례를 행하였고 지금 임금 무신년(1728, 영조 4)에 또 이 의례를 행하였으니 곧 자연의(慈宴儀: 임금이 그 어머니를 위하여 베푸는 잔치)이다(《속오례의》 대왕대비진연의 연혁). 이에 근거하여 실제 시행 기사를 찾아보면 1686년(숙종 12) 5월 25일

---

52 진연은 참석자에 따라 외진연과 내진연으로 나뉜다. 외진연은 실질적으로 정치를 주도하는 군신이 주축이 되는 연향이다. 김종수, 〈외연(外宴)과 내연(內宴)의 의례구성과 특징(1): 19세기~20세기 초 의궤를 중심으로〉, 《한국음악사학보》 29, 한국음악사학회, 2002, 149~150쪽.
53 김종수, 앞의 논문(2002), 149~150쪽.

장렬왕후(인조의 계비)인 대왕대비의 회갑을 기념하여 가상존호加上尊號
(慈懿恭愼徽獻康仁大王大妃)를 올리고 책보를 친전하는 의식이 있었고(《승정
원일기》 1686년(숙종 12) 5월 25일) 영조 무신년(1728, 영조 4)의 대왕대비
는 인원왕후이고 나이는 42세였다.

라.-③삼전진연의三殿進宴儀의 경우, 지금 임금 계해癸亥(1743, 영조
19)와 갑자년甲子年(1744, 영조 20)에 이 의례를 행하였다. 친히 결정하
여 번다함을 없애고 간략함을 취하였다. 나중에 하교하기를, "지금 자
연慈宴 때 삼연三宴을 함께 행하는데 작년에 자연의를 처음 행하였다.
이번 삼연의 일체를 병술년(1706, 숙종 32) 진연 의주 아래에 덧붙여
기록하라."라고 하였다(《속오례의》 三殿進宴儀 연혁).

앞서, 다.-②2대왕대비상존호책보의에서 1724년(경종 4) 8월 30일
영조가 즉위한 뒤에 왕대비 김씨(인원왕후)를 대왕대비로, 왕비 어씨(선
의왕후)를 왕대비(경순왕대비)로, 빈 서씨(정성왕후)를 왕비로 높인 기사
를 확인한 바 있다. 하지만 여기서 삼전이란 대전, 대왕대비, 왕비를
말한다. 왕대비 어씨는 1730년(영조 6)에 돌아갔으므로 이때는 생존해
있지 않았다.

라.-④15어연의御宴儀(《속오례의》 어연의 연혁)에 대한 기록을 보면,
1743년(영조 19) 7월 17일 임금의 나이 오순五旬을 축하하는 진연을
대신들이 극력 청하니 윤허하지 않다가 대왕대비의 타이름에 따라 윤
허하였다. 이때 대왕대비전의 육순六旬(인원왕후는 실제로 57세)을 하례
하는 연회도 함께 열면서 하교하기를, "어연御宴이라고 이름하여 나의
뜻을 보이려 하니 영화당映花堂에서 설행하고, 자전의 연회는 통명전通
明殿에서 설행하도록 하라." 하였다.

7월 18일 하교하기를, "자전의 마음에 우러러 보답하고 군정群情에 애써 따라서 어연이라고 이름한 것은 심중深重한 뜻이 있어서이다. 무릇 여러 의절을 어찌 차마 옛날에 진연한 예를 모방하겠는가?"하며, 자신의 진연은 간소하게 하고, 자전의 진연에는 음악 등을 더하게 하였다.

7월 20일 임금이 대신과 비국 당상을 인견하였다. 영의정 김재로가 존호악장尊號樂章을 어연에 쓰기를 청하였으나, 임금이 겸양하여 윤허하지 않았다. 7월 21일 경인년(1710, 숙종 36년)에 견주어 차등을 두어 진연을 간소하게 할 것을 하교하고, 아울러 진연의 참석자를 정하였다. 잔치에 참여할 신하들은 시임·원임의 대신과 의빈(儀賓: 왕의 딸에게 장가든 왕의 사위와 세자의 딸에게 장가든 세자의 사위) 외에 종신(宗臣: 나라에 큰 공을 세운 신하. 왕족으로 벼슬자리에 있는 사람)은 도정都正 이상이며, 문신은 기사耆社의 여러 관원과 육조 당상, 대사성·대사헌·대사간·승지·부제학 및 그날 입직할 한림·주서注書이다. 음관蔭官은 2품으로 바야흐로 실직實職에 있는 자와 일찍이 실직 총관摠管을 겪은 자와 그 이름이 충훈부(忠勳府: 공신 관련 업무와 그들의 관리를 관장하던 관서)에 실려 있는 자이다. 무신은 장신將臣과 시임총관時任摠管이다. 양도 유수와 부임하지 않은 도신과 그날 시위侍衛 및 시임 시종侍從·춘방春坊은 모두 연회에 참석하게 하였다. 7월 23일 임금이 장악원제조 윤득화尹得和를 불러 어연에 아악과 일무를 쓸 것을 의논하고 하교하여 간소하게 하였다. 그러면서도 "기악妓樂을 정지하고 무동舞童을 쓰게 하였으니, 마땅히 옛 제도를 회복하여 한편으로는 계술의 뜻을 보이고 한편으로는 담담한 뜻을 보이는 것이다."라고 하여 제도를 상고하여 의례를 시행하는 데 계술의 뜻이 있음을 밝히고 있다.

7월 25일 대신들을 인견하여 어연의 이름을 양로연이라 고치고 어연을 정지하고자 순문(詢問: 임금이 신하나 백성에게 물음)하였다. 7월 27

일 밤에 임금이 진연청당상을 불러 어연을 양로연으로 고치도록 명하
였다. 이에 여러 신하들이 잇따라 환수하기를 힘써 청하고 승지도 작환
(繳還: 서류나 물건 따위를 돌려보냄) 하였으나 임금이 굳게 거절하고 허
락하지 않았는데, 새벽 종이 울릴 때까지 오히려 힘써 간쟁하니 임금이
비로소 따랐다. 9월 16일 어연을 거행하고 죄수 석방, 노인 우대, 빈민
구제, 환곡 감면 등을 하교하였다(《영조실록》 1743년(영조 19) 7월 17일; 7
월 18일; 7월 20일; 7월 21일; 7월 23일; 7월 25일; 7월 27일; 9월 16일).

　임금이 하교하기를, "이번의 이 거조는 내가 어찌 즐겨서 하는 것이겠
는가? 위로 자전의 뜻을 받들어 마지못해 거행하였는데, 옛날을 돌이켜
생각건대 사모하는 마음이 갑절이나 더하다. 백성과 함께 즐거워하니,
이는 옛날을 계술하는 도리이다. 더구나 자전을 받들어 헌수(獻壽: 환갑
잔치 같은 때 오래 살기를 비는 뜻으로 술잔을 올림)하고, 기구耆舊의 신하
들과 더불어 연회를 같이하였으니, 《대학》 혈구絜矩장에 '위에서 노인을
노인으로 대접하면 백성들의 효행이 일어난다.'고 하지 않았는가? 이것
이 바로 혈구의 뜻인 것이다. 맹자는 또 이르기를, '백성과 함께 즐거워
하면 왕노릇을 할 수가 있다.' 하였다. 해조該曹로 하여금 병술년(1706,
숙종 32)의 전례에 따라 〈서울에 있는〉 늙은 백성에게 모두 술과 안주
를 내려 주고 외방의 늙은 백성에게도 여러 도로 하여금 식물을 주도록
하여, 내가 옛일을 따라서 아랫사람에게 은혜를 미루어 미치게 하는 뜻
을 보이게 하라." 하였다. … 대신 이하 당하관에 이르기까지 어연에 참
여하여 전에 오른 자가 모두 1백 40인이었다.

영조대 양로연은 계술의 뜻이며 효를 권장하는 의도에서 시행된 의
례이다.

　라. 영조 때 시행한 의례 5항목은 ① 7영수각어첩친제의靈壽閣御帖親

題儀, ② 8대왕대비정조진하친전치사표리의大王大妃正朝陳賀親傳致詞表裏儀, ③ 14삼전진연의三殿進宴儀, ④ 15어연의御宴儀, ⑤ 19왕세자지수훈서의 王世子祗受訓書儀이다.

마.-① 3왕비상존호책보의王妃上尊號册寶儀와 마.-② 16친림유생전강 의親臨儒生殿講儀는 시행 시기가 표시되어 있지 않다.

내용 분류상, 라.-①, 라.-③, 라.-④, 마.-①는 다.에서 살펴보았고, 다.-⑥, 다.-⑫, 다.-⑬은 라.와 함께 살펴보기로 한다. 그리고《속오 례의보》의 왕세손여사부상견의王世孫與師傅相見儀도 추가할 것이므로 라. 마.에서 검토할 총 항목은 총 7개이다.

(나) 진하 의례

라.-① 7영수각어첩친제의는 기로의례와 관련하여 다.에서 다루었다.
라.-② 8대왕대비정조진하친전치사표리의의 의주 연혁("正朝陳賀 今上癸 亥(1743, 영조 19) 始行 誕日陳賀 今上甲子(1744, 영조 20) 始行.")에 나와 있는 1743년의 정조진하는 다음 실록기사에서 확인된다. 1743년(영조 19) 1 월 1일 임금이 면복(冕服: 조선시대 임금의 정복. 곧 면류관과 곤룡포)을 갖추고 인정전에 나아가 대왕대비전에 진하하였다.[54]
정조正朝에 대전이 대왕대비전에 진하하는 의주 마련은 1742년(영조 18) 12월 28일 정휘량鄭翬良이 아뢰는 예조의 초기(《승정원일기》 1742년 (영조 18) 12월 28일)에서 확인할 수 있다.《속오례의》 연혁에서 1744년 (영조 20) 처음 시행되었다는 대왕대비전의 탄일진하誕日陳賀는 1744년

---

54《영조실록》1743년(영조 19) 1월 1일에 의식 절차가 상세함.

9월 4일의 《승정원일기》와 실록 기사에서 확인된다. 조명리趙明履가 예조의 말로 아뢰기를, "이번 달 29일이 대왕대비전의 탄일입니다. 왕세자께서 마땅히 진하 치사의 의절(致詞之節)이 있어야 하지만 나이가 어리시니 가까운 예에 의거하여 대내大內에서 다만 표리表裏(옷의 겉감과 안감)를 올리는 것으로 마련하여 거행할까요?" 하니, 그렇게 하라고 전교하였다(《승정원일기》 1744년(영조 20) 9월 4일).

영조는 대왕대비전의 탄신일을 맞이하여 백관을 거느리고 숭정전 뜰에서 하례를 드렸다.

임금이 백관을 거느리고 숭정전 뜰에서 하례를 드리니, 대왕대비전의 탄신일이었다. 임금이 면복을 갖추고 판위版位에 나아가서 시배례를 행하고 치사관(致詞官: 치사를 맡아 하는 벼슬아치. 치사는 임금이나 왕비에게 대하여 송덕하는 글. 궁중 음악에서 곡조에 맞추어 하는 찬양의 말)이 임금의 앞에 나아가 북향하여 축사 읽기를 마치자, 승문원承文院의 관원이 함을 받들어서 내시에게 건네주고, 제용감濟用監의 관원은 예물함을 받들어서 내시에게 건네주었다. 임금이 모두 꿇어앉아서 이를 받아 예방 승지에게 명하여 차비문(差備門: 임금이 평상시에 거처하는 편전의 앞문과 종묘의 상문과 하문 및 앞전과 뒷전을 말함) 밖에다 바치도록 하였다. 승지가 복명하자 비로소 내전으로 돌아갔다.《영조실록》 1744년(영조 20) 9월 29일.

다음 실록 기사는 《속오례의》가 만들어진 바로 다음 해 정월에 행해진 대왕대비정조진하친전치사표리의에 대한 내용이다. 1745년(영조 21) 1월 1일 숭정전에서 대왕대비전(인원왕후)에 진하하고 이어서 백관의 하례를 받고 하교를 내렸다.

임금이 숭정전에 나아가 대왕대비전에 진하하고, 이어서 백관의 하례를 받았다. 임금이 면복을 갖추고 숭정전 계단 위 판위板位에 나아가니, 인의引儀가 치사致詞를 읽었다. 임금이 표리表裏를 올리고 사배례四拜禮를 행하고 답교答敎를 받든 뒤 또 사배례를 행하였다. 이어서 정전正殿에 나아가 하례를 받았는데, 끝마치고는 백관이 중궁전에 진하하였다. 이날 하교하기를, "나라의 근본은 백성들에게 있고, 백성들의 근본은 농사에 있다. 아! 도신(道臣: 관찰사)과 수령들은 내가 백성들을 위하는 것을 본받아 착실한 뜻으로 농사를 권장해 나의 백성들(元元)로 하여금 모두 성세盛世를 누리도록 하라." 하였다.《영조실록》1745년(영조 21) 1월 1일.

그렇다면 해마다 있는 정조이고, 해마다 대왕대비의 탄일은 찾아오는데 그동안은 왜 진하하지 않았던 것일까? 1731년(영조 7) 9월 13일의 실록기사를 참고해 보자. 이날 영조의 탄일이지만 탄일의 진하를 계품하지 말 것을 정식으로 삼으라는 하교가 있었다.

이날은 바로 임금의 천추절千秋節(임금의 탄일)이다. 하교하기를, "아! 사람의 생일에 만일 부모가 자신을 낳아서 기른 수고로움을 생각해 본다면 당연히 마음이 갑절이나 아플 것이다. 비록 평일이라 하더라도 마땅히 위로해야 할 것이니, 하례를 해서는 안 될 것이다. 하물며 요즘 같은 시기이겠는가? 이 뒤로는 탄일의 진하는 모두 계품(啓稟: 신하가 구두나 글로 임금에게 여쭈어 아룀)하지 말 것을 정식으로 삼으라. 일찍이《국조보감》에서 성교聖敎를 봉람奉覽하고 나도 모르게 감동하여 운 적이 있었다. 지난번 소대(召對: 왕명으로 임금과 대면하여 정사에 대한 의견을 상주하던 일. 임금이 아무 때나 신하들을 불러 경전에 대해 물어보거나 의견을 듣는 일) 때 문의文義로 말미암아 이런 하교가 있었는데, 반시頒示하지 않은 것이 아닌가? 의조儀曹로 하여금 알게 하라." 하였다. 예조에서 도로 거두기를 계청啓請하였으나, 임금이 허락하지 않았다.《영조실록》1731년(영조 7) 9월 13일.

다음 날인 1731년(영조 7) 9월 14일 승지 이성룡李聖龍이 29일은 자전의 탄신인데 《오례의》에도 실려 있는 진하를 계품하지 말라는 하교는 지나치다고 하였으나 영조는 허락하지 않았다(《영조실록》 1731년(영조 7) 9월 14일). 이처럼 영조는 탄일진하의 예를 임시로 정지하거나(《승정원일기》 1727년(영조 3) 9월 3일; 1728년(영조 4) 9월 19일; 1733년(영조 9) 9월 27일) 안부를 묻는 정도로 대신해 오다가(《승정원일기》 1724년(영조 즉위) 9월 29일; 1725년(영조 1) 10월 29일) 1744년 이 예를 처음 시행하였다.

다.-⑥ 9친림반교진하의親臨頒教陳賀儀 연혁에는 "원서에 정지하의正至賀儀, 경하의慶賀儀, 반교의頒教儀가 흩어져 있고 통일되어 있지 않아 이 의례로 통합한다. 음악 절차를 쓰는 것은 정지하의를 한결같이 따른다."(《속오례의》 친림반교진하의 연혁)고 하였다. 1684년(숙종 10)에 자의전의 주갑 하례를 의논한다거나, 단종대왕을 복위하는 경사로 말미암아 반교(頒教: 나라에서 경사가 있을 때 그 사실을 백성에게 널리 반포하여 알림)하고 진하할 때, 임금의 환후가 완쾌된 경사를 고묘告廟하고 진하하며 팔방에 반교할 때 반교진하가 행해졌다(《숙종실록》 1684년(숙종 10) 11월 2일; 1698년(숙종 24) 12월 4일; 1710년(숙종 36) 2월 15일).

1698년(숙종 24) 12월 4일 예조에서 단종을 복위하는 경사로 말미암아 반교하고 진하하기를 청하니 숙종이 옳게 여겼다. 그리고 이어 제주題主하는 데 친림할 것을 명하여 다음 날 아침에 친히 고제告祭를 행하고는 태묘에 나아가 제부(躋祔: 삼년상을 마친 뒤에 신주를 사당의 조상 신주 곁으로 올려 모시는 일)하는 예를 행하였다. 12월 26일에 임금이 2백 년 동안이나 빠뜨렸던 의식을 추거追擧한 것으로써 친림하여 진하받았는데, 이 의식은 단종복위의 의례를 말한다. 영의정 유상운柳尚運이 말하기를, "지금까지 빠뜨렸던 의식을 거행함은 이미 일상적인 예절과 다르니 인정과 형식을 실로 마땅히 다하여야 할 것이나, 다만 백성들이 곤궁하고 의지할 곳이 없으며 재이災異가 비상非常한 날을 당하였으니, 도로에서 고취鼓吹하는 것은 보고 듣는 사람에게 장애가 됨이 있을 것입니다. 또한 백성을 불쌍하게 여기며 경계하고 두려워하는 뜻이 아니니, 청컨대 환궁할 때에 고취하는 것을 정지하소서."하니, 숙종이 그대로 따랐다(《숙종실록》 1698년(숙종 24) 12월 4일; 12월 26일).

1725년(영조 1) 2월 26일에 예조에서 아뢰는 내용은, 3월 20일에 왕세자 책례가 치러지는데 다음 날에 진하하고 교서를 반포하는 일에 대한 의주를 권정례(權停例: 조하 때 임금이 임석하지 않고 권도로 식만을 거행하던 일)로 마련할지를 묻는 것이었다. 이 의논이 있었던 것은 3년 국상 중에 있었기 때문이었는데 친림하는 일은 권정례로 정해진다. 그리고 1726년(영조 2) 10월 27일 신시申時에 대왕대비전에 책보를 올린 뒤 인정전에 친림하여 진하를 받았다. 10월 29일 중궁전의 책봉 뒤에 정형익鄭亨益 등이 입시하여 대전이 백관의 진하를 받았고, 다음 해 1월 1일에는 친림진하 때 전목箋目을 선독宣讀할 예조당상이 부족하므로 대책을 묻는 홍용조洪龍祚의 계가 있었다(《승정원일기》 1725년(영조 1) 2월 26일; 1726년(영조 2) 10월 27일; 10월 29일; 1727년(영조 3) 1월 1일). 그리고 1733년(영조 9) 7월 9일 예조에서 중궁전의 수두가 회복되자 이 때문에 태묘에 아뢰고 교문敎文을 반포하였고(《영조실록》 1733년(영조 9) 7월 9일),[55] 1735년(영조 11) 4월 18일에는 원자의 수두가 회복되었기에 영조는 명정전明政殿에 나아가서 하례를 받고 교서와 사유를 반포하였다. 이때 어유룡魚有龍이 도총부都摠府의 말로 아뢰기를, 명정전친림진하明政殿親臨陳賀와 상치相値하므로 중일습사中日習射를 할 수 없다고 하였다

---

55 영조 9년을 십구하고, 삼종혈맥의 강조와 연결시킨 다음과 같은 연구가 있다. "1733년(영조 9)부터 '삼종혈맥'을 전면에 내세우고 있었다. 경종비 선의왕후의 상이 끝난 것을 계기로 경종과의 관계를 통해 자신의 왕통을 변호해야 한다는 부담을 덜은 시점을 영조 9년으로 보는 견해"이다. 윤정, 앞의 논문, 2013, 119~120쪽.

*(《승정원일기》 1735년(영조 11) 4월 16일; 4월 18일; 《영조실록》 1735년(영조 11) 4월 18일).*

1735년(을묘, 영조 11) 4월 18일에 친림하여 진하하는 절차는 1746 년(영조 22) 친림반교진하親臨頒敎陳賀의 전거가 된다. 1746년(영조 22) 2월 11일 왕세자의 건강이 회복됨을 경하하여 영조는 명정전에서 백관 의 하례를 받고 의식대로 교서를 반포하였다*(《승정원일기》 1746년(영조 22) 2월 11일; 2월 3일; 《영조실록》 1746년(영조 22) 2월 11일)*.

이처럼 원조친림元朝親臨의 진하가 있었을 뿐만 아니라, 그동안 권정 례로 시행하던 명부조하命婦朝賀는 1742년(영조 18) 12월 19일 영조가 육순이 멀지 않은 대왕대비를 위해 친행(대왕대비정조진하친전치사표리 의)으로 하고 치사致詞·표리表裏를 올리도록 명하였다*(《승정원일기》 1727 년(영조 3) 1월 1일; 1742년(영조 18) 12월 19일)*. 1698년(숙종 24, 무인년) 11월 6일에 노산군魯山君의 시호를 추상追上하고 능호는 장릉莊陵이라 한 뒤*(《숙종실록》 1698년(숙종 24) 11월 6일)*, 12월 26일 단종을 복위하는 경사(장릉복위의)로 말미암아 반교하고 진하하였다. 또 자의전의 주갑 하례 때(대왕대비진연의), 왕세자 책례 때(책왕세자의), 대왕대비전에 책 보를 올린 뒤와 중궁전의 책봉 뒤에 대전이 백관의 진하를 받았고, 임 금의 환후가 완쾌된 경사가 있을 때, 중궁전과 원자의 수두가 회복되었 을 때 하례를 받고 교서를 반포하고 사유를 반포하였다.

### (5) 왕세자훈서 의례

라.-⑤19왕세자지수훈서의王世子祗受訓書儀는 왕세자가 영조가 지은 어 제훈서御製訓書 네 구(精一執中 固守乃訓 敬勝則吉 義勝則從)를 경건히 받 는(祗受) 의식이다*(《속오례의》 王世子祗受訓書儀 연혁)*. 1744년(영조 20) 3월 7 일 영조가 영의정 김재로, 좌의정 송인명을 석음각惜陰閣에서 인견하고

어필로 '마음을 한가지로 집중하여 굳게 훈계를 지킨다. 공경함이 승하
면 길하고, 의로움이 승하면 따른다.'라고 쓴 열여섯 글자를 보이며 판
에 새겨서 하나는 집희당緝熙堂에, 또 하나는 세자궁에 걸게 하였다.
또, 첩자帖子를 만들어 무왕武王이 사상부師尙父에게 훈서訓書를 받은 고
사를 모방하여 사부師傅는 조복朝服을 입고 세자는 면복冕服을 갖추어
공경히 전해 주고 공경히 전해 받게 하였다(《영조실록》 1744년(영조 20) 3
월 7일). 3월 18일 시강원 이종백李宗白이 다음 날 있을 어제훈서 전수
傳授 때, 궁관宮官을 더 갖추자고 아뢰지만(《승정원일기》 1744년(영조 20) 3
월 18일) 정작 3월 19일에 이에 관한 기사는 검색되지는 않는다. 《속오
례의》에 따르면 세장고취細仗鼓吹의 인도로 훈서함을 실은 채여가 경현
당景賢堂에 도착하면 왕세자는 예를 갖추어 받는다.

　　세장고취의 인도로 훈서함을 실은 채여가 경현당에 도착하면 승지가
훈서안訓書案의 훈서함을 사부에게, 사부가 다시 왕세자에게 준다. 왕세
자는 꿇어앉아 받아서 궁관에게 열도록 하여 본다. 마치면 보덕에게 주
고 보덕은 훈서안에 둔다. 예를 마치고 내시가 훈서함을 받들고 들어가
면 왕세자가 뒤를 따라 안으로 들어간다. 사부 이하는 이어 물러난다.

　《속오례의》에 시행 시기가 표시되어 있지 않은 마.-① 3왕비상존호
책보의에 관한 내용은 영조대 이전 시기에 시행된(다.) 다른 존호책보
의와 함께 살펴보았다.

### (b) 유생 전강 의례

　마.-② 16친림유생전강의親臨儒生殿講儀 역시 시행 시기가 표시되어 있
지 않아 《승정원일기》에서 "친림 유생전강"을 핵심어로 하여 검색해 보

면, 1654년(효종 5) 4월 18일 기사를 비롯하여 많은 기사가 검색된다. 그 결과 효종 3건, 현종 1건, 숙종 39건, 경종 8건, 영조 110건, 정조 66건으로 영조대 이 의례의 검색 건수가 다른 왕들에 견주어 두드러진 차이를 보인다. 시기가 가장 빠른 기사부터 살펴보면 1654년(효종 5) 4월 18일 이척연李惕然이 입시하여 유생전강 일차에 대해 논의하였다.

주강 때, 상이 참찬관 이척연에게 말하기를, "다가오는 유생전강의 날짜는 언제인가?" 하니, 이척연이 "마땅히 6월 사이에 있습니다." 하였다. 상이 이르기를, "이번 유생전강 때 친림의 일은 정원에서 알아서 모두 거행하라." 하였다.《승정원일기》 1654년(효종 5) 4월 18일.

1725년(영조 1) 9월 18일 임금이 유생에게 전강을 시행하여 수석을 차지한 유학幼學 유문룡柳文龍·윤봉교尹鳳郊·노이형盧以亨 등을 전시殿試에 직부(直赴: 조선시대 때 전강·절일제 등에 합격한 사람이 곧 문과의 복시나 전시에 응할 수 있는 자격을 얻던 일)하게 하고, 1729년(영조 5) 10월 16일 유생들에게 전강을 보여 거수居首한 유학 유일심柳一心을 회시會試에 직부하도록 명하였지만, 친림하여 유생전강에 나아간 것은 1731년(영조 7) 10월 16일의 기사에서 확인할 수 있다. 이날, 영조는 친히 유생의 전강에 나아가서 수석을 차지한 유학 강수규姜守珪에게 직부전시를 명하였다. 다른 기사는 《속오례의》 편찬 시기보다 훨씬 나중의 일이다. 1762년(영조 38) 3월 13일 영조는 경현당景賢堂에 나아가 원점유생圓點儒生의 전강에 친림하여 제술製述에서 수석을 차지한 생원 윤홍렬尹弘烈에게 급제를 내리도록 명하였고, 10월 16일에는 경현당에 나아가 유생전강을 설행하고, 으뜸을 차지한 윤양승尹陽昇에게 급제를 내렸다《영조실록》 1725년(영조 1) 9월 18일; 1729년(영조 5) 10월 16일; 1731년(영조 7) 10월 16일; 1762년(영조 38) 3월 13일; 10월 16일). 영조는 호학군주였다.56 그런 만큼 왕세자훈서王世子訓書 의례, 유생전강 의례로써 왕세자 교육과 인재 양성에도 마음을 쏟았다.

### (7) 왕세자 입궐 의례

이 의례는 (8) 왕자군사부상견의와 관련이 있다.

다.-⑫18왕세자입궐의王世子入闕儀에 대해 살펴보려고 한다. 인조 을 유년(1645, 인조 23) 때, 효종을 책봉하여 왕세자로 삼았으니 이 의례가 처음 있었다. 경종 신축년(1721, 경종 1)에 상(영조)을 책봉하여 왕세제로 삼은 것 역시 준용한 것이지만 때가 국휼을 만났으므로 복색은 흰색이었다. 책봉은 다시 다른 날을 가려 하였다(《속오례의》 王世子入闕儀 연혁).

1645년(인조 23) 윤6월 28일 왕세자의 입궐入闕 길일吉日을 고르는 일에 대한 예조의 초기가 있었다. 1721년(경종 1) 8월 20일 경종은 아우인 연잉군을 후계자로 삼았다. 그러므로 8월 22일에 권이진權以鎭이 아뢰는 예조의 계는 9월 6일 오시午時(오전 11시~오후 1시)에 세제世弟가 입궐하고 빈궁嬪宮은 같은 날 신시申時에 입궐하게 할 것을 청하는 것이었다. 8월 26일에는 입궐 후 9월 26일에 왕세제의 책례(册禮: 왕비, 왕세자, 왕세손, 왕세제 등을 책봉하는 의식)를 거행하기를 청하는 예조의 계가 올라왔다. 드디어 9월 5일 정시正時에 왕세제와 왕세제빈이 입궐하였다. 9월 6일에는 입궐한 뒤 대비전과 대전에 문안을 올려야 한다고 하였고, 한중희韓重熙가 도총부의 말로 아뢰기를, 이날은 왕세제의 입궐과 겹치므로 중일습사를 할 수 없다고 하였으며, 남도규南道揆가 시강원侍講院의 말로 책례 이전이지만 품달(稟達: 웃어른이나 상사에게

---

56 권오영, 〈영조의 제왕학 학습과 정치이념〉, 《영조의 국가정책과 정치이념》, 한국학중앙 연구원출판부, 2012, 292쪽.

아뢰어 여쭘)할 일이 많으므로 입직(入直: 관아에 들어가 차례로 숙직함)할 것인지를 묻자, 이번 입직까지는 가하다는 전교가 있었다. 책례 전날, 이기익李箕翊이 9월 26일에 이뤄지는 책례 때문에 이틀간 시사視事를 탈품(頉稟: 어떤 사정으로 말미암아 임시로 책임을 면제해 달라고 상사에게 청함)한다고 아뢰었다. 9월 26일 진시辰時에 영조는 인화문仁和門에서 나와 인정전으로 거둥하였다. 왕세제책례 때, 행도승지 홍계적洪啓迪, 좌승지 남취명南就明, 우승지 이기익, 좌부승지 한중희, 우부승지 남도규, 동부승지 심수현沈壽賢, 기사관 윤광익尹光益, 가주서 정유일鄭惟一, 편수관 김극겸金克謙, 기주관 김한운金翰運이 입시入侍하였다. 다음날은 책례 뒤의 반교진하 때문에 입직 내삼청무겸금군內三廳武兼禁軍 등에 대한 숭일습사를 하지 못하였다(《승정원일기》 1645년(인조 23) 윤6월 28일; 1721년(경종 1) 8월 22일; 8월 26일; 9월 5일; 9월 6일; 9월 25일; 9월 26일; 9월 27일; 《경종실록》 1721년(경종 1) 8월 20일). 요컨대 1721년(경종 1) 9월 6일 오시에 세제의 입궐이 정해지자 세제와 세제빈이 9월 5일 정시正時에 입궐하여 9월 6일 대비전·대전에 문안을 드리고, 9월 26일 왕세제 책례가 거행되었다.

여기서도 책례를 행하기 위해 입궐이 이루어지는 것이므로 입궐례에서 책봉 의식까지 함께 살펴보았다. 인조 을유년(1645, 인조 23), 효종이 입궐하게 된 경위는 다음과 같다. 효종은 인조의 둘째 아들로 1626년(인조 4) 봉림대군鳳林大君에 봉해졌다. 1636년의 병자호란으로 이듬해 세자(소현세자昭顯世子)와 함께 청나라에 볼모로 잡혀가 8년 동안 있었다. 소현세자가 청나라에서 돌아와 1645년 갑자기 변사變死하자 세자에 책봉된 것이다.

영조도 효종처럼 둘째 아들로서, 처음에는 왕위계승의 우선순위에 있지 않은 왕자였다. 효종의 경우에는 봉림대군 시절, 청나라에 볼모로 가 있었기에 처지가 같다고는 할 수 없지만, 가례를 올린 왕자는 궁

밖에 나가 살아야 했으므로 궁 안에 살고 있지 않았던 그 입장만큼은 같다고 할 수 있다. 연잉군延礽君은 세제로 책봉되었을 때 효종의 예를 따라 입궐례를 행하였다. 다음 의례가 영조가 연잉군으로서 잠저에 있을 때 정해진 의절이므로 왕자군사부상견의가 치러지는 과정에서부터 잠저로 나가는 모습까지 연계해서 살펴보겠다.

### (8) 왕자군사부 상견 의례

다.-⑬20왕자군사부상견의는 영조가 연잉군 시절, 잠저에 있을 때 숙종이 특명으로 강정講定한 의절이다(《속오례의》 왕자군사부상견의 연혁). 영조가 잠저에 나가 있을 때의 나이는 19세(1712, 숙종 38)였다. 창의궁彰義宮 양성헌養性軒에서 사부 이현익李顯益에게서 《대학》을 배웠다.

> 임금이 왕세손과 육상묘毓祥廟에 전배展拜한 뒤 창의궁에 나아가 효장묘孝章廟와 의소묘懿昭廟에 전작례奠酌禮를 행하였다. 임금이 양성헌養性軒에 나아가 《대학大學》 경經 1장을 강하고 말하기를, "내가 19세에 이 양성헌에서 사부 이현익李顯益에게 《대학》을 배웠는데, 59년 뒤에 이 양성헌에 올라 이 책을 강하게 될 줄 어찌 생각이나 했겠는가?"하고, 경연관에게 녹비(鹿皮)를, 사관에게 현궁弦弓을 내려 주도록 명하였다.《영조실록》 1769년(영조 45) 11월 16일.

하지만 잠저시절의 사부에 대해서는 1769년(영조 45) 위의 영조의 회상 외에 별다른 기록이 없다. 실록과 《승정원일기》에 나오는 연잉군 사부인 이현익(1678~1717)은 권상하權尙夏·김창협金昌協의 문인으로서 학행으로 이름이 높았으나 40세밖에 살지 못하였다.

연잉군이 잠저생활을 한 기간을 따져 보고 《승정원일기》를 검토해 보면, 박광일朴光一, 윤봉구尹鳳九(경의군敬義君의 사부도 맡게 됨), 채지홍蔡

之洪, 이이근李頤根(경의군의 사부도 맡게 됨), 이세환李世瑍이라는 '왕자 사부王子師傅' 명단을 뽑을 수 있다.[57] 다만, 이 왕자사부들은 연잉군뿐만 아니라 그의 다섯 살 어린 이복동생인 연령군延齡君의 사부이기도 하다. 숙종과 명빈 박씨禩嬪朴氏(박효건朴孝健의 딸)와의 사이에서 연령군이 1669년에 태어나 1719년 10월 2일 21세에 죽었는데 연잉군과 같은 사부를 모신 것으로 보인다. 이들은 모두 권상하의 문인이다.[58]

연잉군이 잠저생활을 한 시기는 그의 나이 19세인 1712년(숙종 38)부터이다. 2월 12일 사제私第로 나갔다. 숙빈 최씨가 연잉군 25세인 1718년(숙종 44) 3월 9일 창의동 사제에서 49세로 졸하였으며, 숙종이 1720년 6월 8일 60세에 승하하였다. 경종이 6월 13일 경덕궁에서 즉위하였으므로 연잉군이 잠서에 있을 때 처음 행해진 왕사군사부상견의 시행 시기는 다음과 같이 추정된다. 그의 나이 19세인 1712년(숙종 38) 2월 12일부터 사제私第로 나가 있었고, 28세인 1721년(경종 1)에 세제에 책봉되었으므로 그 사이이다. 연령군은 14~21세 사이이다. 이 때 '왕자사부'는 지금까지 살펴본 바와 같이 박광일, 윤봉구, 채지홍, 이이근李頤根, 이세환李世瑍이다.

1721년(경종 1) 8월 23일 세제를 맞이하는 직책을 임명하는 데 김창집金昌集을 세제사世弟師로, 이건명李健命을 세제부世弟傅로, 송상기宋相琦를 좌빈객으로, 최석항崔錫恒을 우빈객으로, 이관명李觀命(노론 4대신 가운데 한 사람인 이건명의 형으로 홍계희와 사돈)[59]을 좌부빈객으로, 이만

---

57 《승정원일기》 1713년(숙종 39) 9월 11일. 연잉군 20세, 연령군 15세; 《승정원일기》 1716년(숙종 42) 8월 7일. 연잉군 23세, 연령군 18세; 《승정원일기》 1718년(숙종 44) 윤8월 22일. 연잉군 25세, 연령군 20세; 12월 27일; 《승정원일기》 1719년(숙종 45) 7월 24일. 연잉군 26세, 연령군 21세.

58 권상하는 朴光一과 교유하였고(《寒水齋集》), 李世瑍은 박세채와 윤증의 문인임(《明齋遺稿》 12).

성이만성李晩成을 우부빈객으로, 이희조李喜朝를 찬선으로, 박사익朴師益을 보덕
으로, 김제겸金濟謙을 겸보덕으로, 신절申㬐을 겸필선으로, 조문명趙文命
을 문학으로, 윤순尹淳을 사서로, 황재黃梓를 설서로, 유숭俞崇을 대사간
으로, 홍정필洪廷弼을 부교리로, 이덕수李德壽를 수찬으로 삼았다(《경종실
록》 1721년(경종 1) 8월 23일). 한편, 심육沈鏑은 1722(경종 2) 1월 14일
세제익위사세마世弟翊衛司洗馬에 제수되었으나 병으로 잠시 개차(改差:
관원을 갈아냄)되었다가 같은 해 12월 24일에 다시 시직侍直에 임명된
적이 있다(《승정원일기》 1722년(경종 2) 1월 14일; 2월 6일; 12월 24일). 영조
가까이서 약 1년 정도를 봉직하다가 다음 해인 1723년(경종 3) 11월
28일에 다시 개차되기는 하였지만, 이러한 인연 때문에 1724년 영조는
그를 왕자사부로 삼아 경의군敬義君(효장세자)의 훈육을 맡긴다.[60]

　1723년(경종 3) 6월 6일 예조의 계가 있었다. 조태구趙泰耉가 일찍이
세제사부世弟師傅를 거쳤으므로 거애임조擧哀臨弔하는 절차가 필요하지만
먼 곳으로 상喪이 나가므로 어찌해야 할지를 묻자 거애(擧哀: 발상發喪.
상례에서 죽은 사람의 혼을 부른 뒤에 상제가 옷을 갈아입고 곡을 하여 초
상난 것을 발표함)하는 절차를 마련하라는 내용이었다. 8월 23일 예조
에서 왕세제가 조리 중에 있었으므로 진하 때에 행례行禮를 임시로 정
지하였는데, 동궁에서 궁관宮官으로 하여금 사부 최석항崔錫恒에게 의논
하여 하례를 친행할 것으로 정식하였다. 최석항은 최석정의 동생이다
(《승정원일기》 1723년(경종 3) 6월 6일; 《경종실록》 1723년(경종 3) 8월 23일).

　위 세제의 사부를 역임한 조태구와 최석항은 소론 4대신의 일원이
다.[61] 숙종이 왕자 연잉군이 잠저에 있을 때 특별히 강정한 이 의례를
영조는 왜 의례서에 굳이 넣었을까? 왕세자가 아닌 왕자를 위한 의례

59 정만조, 〈澹窩 洪啓禧의 정치적 生涯〉, 《인하사학》 10, 인하역사학회, 2003, 640쪽, 217쪽.
60 이근호, 〈英祖代 孝章世子의 정치적 위상〉, 《한국학논총》 40, 2013, 49쪽.
61 정만조, 앞의 논문(1986b), 144쪽.

인데도 이를 의례화한 이유가 무엇일까? 영조가 부왕의 총애를 회상하며 이를 의례서에 드러내려 한 것으로 보고자 한다. 그것이 아니라면 뒷날, 자신과 같은 처지에 놓일지도 모를 후계자를 위한 배려라는 추정도 가능하므로 이 의례를 영조 재위 기간에 활용하는지부터 확인해 봐야겠다.

영조는 왕으로 즉위하기 전인 32세(1719년 2월 15일)에 정빈 이씨와의 사이에서 태어난 첫째 아들(효장세자)을 1724년 11월 3일에 경의군에 봉하고 소론계[62]인 심육沈鋿(1685~1753)을 왕자사부로 삼았다(《영조실록》 1724(영조 즉위) 11월 3일). 경의군에 봉한 것은 영조가 왕으로 즉위(1724년 8월 30일)한 지 얼마 지나지 않은 시점이었는데, 곧 노론 주도의 정국이 되면서 권상하의 문인인 윤봉구尹鳳九,[63] 이이근李頤根[64]을 비롯해 홍치중洪致中, 신사철申思喆, 황구하黃龜河 등의 노론들이 사부나 시강원 관원을 맡는가 하면(《승정원일기》 1727년(영조 3) 3월 20일), 정미환국(1727년, 영조 3), 뒤에는 다시 소론 탕평파 중심의 정국이 운영되면서 소론 측 이종성李宗城이나 조익명趙翼命, 정제두鄭齊斗 등으로 교체되는 등,[65] 노소 간의 정권 획득이 세자사부의 자리에까지 영향을 끼치게 된다. 그러다가 영조 재위 4년인 1728년 11월 16일에 세자(효장세자)[66]가 10세의 나이로 요절하고 만다.

---

62 이근호, 위의 논문(2013), 50쪽.

63 尹鳳九는 영조가 潛邸에 있을 때의 師傅이다. 《영조실록》 1725년(영조 1) 12월 25일; 尹鳳九爲衛率. 《승정원일기》 1725년(영조 1) 4월 10일.

64 李頤根을 世子侍講院諮議에 제수하였다. 《영조실록》 1725년(영조 1) 2월 26일; 윤봉구와 이이근은 영조가 연잉군 시절, 왕자사부를 맡았던 인물들임. 《승정원일기》 1725년(영조 1) 12월 27일. 經筵官抄啓, 朴弼周·李柬·尹鳳九·韓元震·蔡之洪·李頤根.

65 이근호, 앞의 논문(2013), 50쪽.

66 敬義君(7세)을 세워 왕세자로 삼았다; 《영조실록》 1728년(영조 4년) 12월 2일. 영의정 이광좌·좌의정 홍치중이 왕세자의 시호를 의논하여 아뢰니, 孝章으로 취하라고 하교하였다. 《영조실록》 1725년(영조 1) 2월 25일.

그로부터 7년 뒤, 영조 42세인 1735년(영조 11) 1월 21일 왕자(사도세자)가 태어나므로 이 왕자의 왕자군사부상견의가 어떻게 치러지는지 확인해 볼 필요가 있다. 하지만 태어나자마자 원자로 책봉되어 왕자사부 의식은 적용되지 않는다. 첫째 아들을 잃고 매우 근심하던 가운데 한참 만에 태어난 후사이므로 곧 원자로 정하고(영조 12년 3월 15일), 3월 26일 부傅 김재로, 빈객賓客과 상견례를 행하며(《승정원일기》 1736년 (영조 12) 3월 24일), 다음 해 세 살의 나이인 1737년(영조 13) 9월 9일 사師 이광좌李光佐, 부 김재로, 빈객과 상견례를 행하였기 때문에 왕자 사부가 아닌 왕세자사부로 의식을 치른 것이다. 왕세자가 사부와 상견 례를 행하였는데, 계단을 내려가 자리에 가서 재배한 의식이 모두 예에 맞아 어긋남이 없었으며, 사 이광좌와 부 김재로가 의식대로 예를 행하 였다(《영조실록》 1737년(영조 13) 9월 9일).

또, 왕자군사부상견의와 함께 살펴볼 만한 왕세손여사부상견의가 있 다. 《속오례의보》의 왕세손여사부상견의는 의소세손이 태어난 것을 축 하하며 새롭게 만든 의례이다. 1750년(영조 26), 영조 나이 57세에 원 손(의소세손)이 태어났다. 이해는 《속오례의》가 완성(1744년, 영조 20) 되고 6년이 흐른 해이다. 처음으로 원손을 얻은 영조의 기쁨이 《속오 례의보》의 편찬(1751년, 영조 27)으로 이어지지만(《속오례의보》 〈소지〉), 첫째 원자가 일찍 세상을 떠났듯이 1752년(영조 28)에 첫째 원손마저 어린 나이에 죽고 만다. 하지만 6개월 뒤인 9월 22일에 훗날 정조가 되는 두 번째 손자가 태어나면서 영조는 한 해에 불행과 경사를 동시 에 겪는다.

영조 나이 63세, 원손의 나이 5세인 1756년(영조 32), 보양관(輔養官: 조선시대에 두세 살부터 다섯 살 정도의 원자·원손의 교육을 맡았던 보양 청 소속의 관원)을 선발하고 왕손교부王孫敎傅를 의정議定하라 명하였다.

임금이 이어서 '왕손교부절목의주王孫敎傳節目儀註'를 지어 내렸다. 영조가 이르기를, "원자·원손이 여섯 살이 되면 사부를 두는데 직품은 원자 사부는 정2품, 원손 사부는 종2품으로 거행한다면 사리에 합당하겠다." 하면서, 국제國制가 중요하니 예관으로 하여금 대신에게 물어보고 등대(登對: 어전에 나아가 임금을 직접 대함)해서 품처稟處하게 하고, 춘추관春秋館으로 하여금 실록을 상세히 살펴 제도를 정하게 한다. 이에 따라 다음 해인 1757년(영조 33) 1월 2일 남유용南有容을 원손의 사부, 홍계능洪啓能(홍계희의 8촌)을 원손의 교부, 김상석金相奭을 대사헌大司憲, 홍계희洪啓禧를 좌빈객으로 삼으면서 이 의례를 시행하였다. 1757년 1월 6일 유신을 불러 《서경》 무일편無逸篇을 읽도록 명하고 하교하기를, "오늘은 바로 원손이 사부와 서로 만나보는 날이므로, 유신을 불러 이 편을 강하게 하는 것이다." 하였다(《영조실록》 1756년(영조 32) 10월 9일; 1757년(영조 33) 1월 2일: 1월 6일).

《오례의》에는 왕세자여사부빈객상견의가 있고, 《속오례의》에 추가된 것은 왕자군사부상견의이다. 지금까지 살펴본 바에 따르면 영조 때의 왕세자와 왕세손이 사·부·빈객과 상견례 하는 의례는 있지만, 왕자나 군이 사부와 상견례 하는 사례는 영조대에 찾아지지 않는다. 영조의 아들인 효장세자와 사도세자 모두 왕세자의 신분으로 이 의례를 행하였기 때문이다. 그래도 앞으로 태어날지 모를 왕자나 군을 위해 이 의례를 만들었을 수 있다. 하지만 《속오례의》에 '영조가 잠저에 있을 때 숙종이 특명으로 강정한 의절'이라고 명시한 바와 같이, 영조가 이 의례를 부각시킨 의도는 부왕이 자신에게 베풀어준 특별한 사랑과 은혜를 드러내고 과시하는 데 있지 않았을까? 그리고 부왕의 사랑을 내세운 궁극적 목적은 역시, 계술과 자신의 왕위 정통성과 정당성 확보에 있다고 본다.

3) 빈·군례 의주

《속오례의》에는 빈례 항목이 없다.《세종오례》빈례 항목인 연조정
사의宴朝廷使儀, 왕세자연조정사의王世子宴朝廷使儀, 종친연조정사의宗親宴
朝廷使儀, 수린국서폐의受隣國書幣儀, 연린국사의宴隣國使儀, 예조연린국
사의禮曹宴隣國使儀가《오례의》,《오례통편》에까지 동일하게 수록된다.

다음은 군례 의주의 시행 시기이다.

〈표 11〉《속오례의》군례 의주의 시행 시기

| 《국조속오례의》 의주 | 《국조속오례의》에 명시된 시행 시기 | 영조 이전 시행 기록 | 영조대 시행 |
|---|---|---|---|
| 卷之四 〈賓禮〉 | | | |
| 無 | | | |
| | | | |
| 〈軍禮〉 | | | |
| 1 大射儀 | 今上癸亥(1743, 영조19)行大射禮倣原書射于射壇儀 | | 1743(영조 19) |
| 2 宣露布儀 | 仁祖甲子(1624, 인조2)討逆首馘於公州始行此儀 今上戊申(1728, 영조4)討逆首馘於南樓復遵用/甲子(1744, 영조 20)戊申弗能廣攷儀文多未備今甲子復因聖敎參攷開元禮大明集禮宣露布獻俘儀俾仍修節目 | 1624(인조 2) 처음 | 1728(영조 4) 준용 1744(영조 20) 첨가 |
| 3 親臨救日食儀 | 今上壬戌(1742, 영조18)於舊儀只以該監一小官奏達亭體爲輕命本監提調擧行前期一日致齊定式御製三啓之辭寓軍警省 | | 1742(영조 18) |

군례는 3항목으로 구성되어 있다.

바.-① 대사의大射儀에 관한 기록을 찾아보면, 1743년(영조 19) 3월
28일 임금이 예조판서 정석오鄭錫五와 참판 오광운吳光運을 소견召見하
여 대사례의 의문儀文을 강정하였는데, 친경례親耕禮에 의거해 세 차례
습의(習儀: 조선시대 국가에서 행하는 주요 행사의 의식을 예정된 절차에
따라 행하는 예행연습)하도록 명하였다.

《오례의》에는 사단射壇에서 활을 쏘는 의식이 있는데 임금과 친히 활을 쏘는 의식이고, 사단에서 활을 쏘는 것을 보는 의식이 있는데 임금과 백관들이 활을 쏘는 것을 보는 의식이다. 그리고 웅후熊帿·미후麋帿는 모두 옛 제도에 따라 그대로 쓰도록 하였다. 그런데 임금이 이는 드물게 있는 예이므로 의문儀文을 대충 갖출 수 없다고 여긴 나머지, 친경례에 의거해 3차례 습의하도록 명하고, 어용御用하는 결습決習은 상방尚方에서, 존尊·탁卓·풍豐·치觶·점坫은 공조工曹에서, 웅후·미후·핍乏·복福·금金·고鼓·정旌은 군기시軍器寺에서 만들게 하였다.《영조실록》 1743년(영조 19) 3월 28일.

1743년(영조 19) 3월 29일 영조는 예조 당상관을 소견하여 사례 때의 악장樂章을 묻고 장악원으로 하여금 악장을 익히게 하였다. 그리고 대사례大射禮와 사례射禮의 이름에 대해 오광운이 아뢰었다.

오광운이 또 말하기를, "대사례와 사례의 이름은 실로 가볍고 무거움이 있습니다. 이미 대사大射라 불렸다면 반드시 대사의 의문儀文을 갖추어 마땅히 이름과 실상이 서로 부합되게 해야 할 것입니다. 그러나 삼대三代 이후로 예악禮樂이 결망缺亡되어 개원의 예가 옛날의 것과 합하지 아니하는 바가 많습니다. 《오례의》는 고금의 적절함을 참작하였으니, 오늘날 행할 수가 있는 것입니다. 그런데 지금 그 편목篇目을 살펴보니, 단지 '단壇에서 활을 쏘고 단에서 활쏘는 것을 본다.'고만 하였고 '대사'란 이름이 없으니, 한결같이 《오례의》를 따라 '대大'자를 떼버리는 것이 마땅하겠습니다." 하니 임금이 말하기를, "대사란 천자의 예이니, 만약 참칭僭稱한 것이라면 불가하겠지만, 제후 또한 대사례가 있었으니 대사라 불러도 무슨 나쁠 것이 있겠는가? 대사례를 장차 하련대에서 거행할 것이니, 사유師儒의 장관 또한 사원射員으로 입참入參하게 하라. 사례가 끝난 뒤에는 또한 명륜당(明倫堂: 조선시대 성균관 안에서 유학을 가르치던 곳)에서 마땅히 시사試士할 것이니, 시관試官으로 낙점을 받은 자 외에 문무·종친으로 20명을 점하點下하여 활쏘기를 익히게 하라. 악장 또한 장악원(掌樂院: 국가와 왕실의 공식 행사를 담당하던 궁중 음악기관)으로 하여금 익히게 하라.”하였다. 뒤에 중묘中廟의 《실록》을 상고해 보았더니, 그 당시 사원이 60여 명에 이르는 많은 숫자였기 때문에 다시 문무·종친·의빈儀賓 중에서 각각 10명을 더하게 하였다.《영조실록》 1743년(영조 19) 3월 29일.

대사의는 《오례의》의 사우사단의射于射壇儀에 의거하여 행해진 의례이지만(《속오례의》 大射儀 연혁), 영조가 “대사란 천자 예이니, 만약 참칭한 것이라면 불가하겠지만, 제후 또한 대사례가 있었으니 대사라 불러도 무슨 나쁠 것이 있겠는가?”하며 의례의 이름에서부터 의식까지 성대하게 치르게 한다. 이 논의가 있었던 1743년(영조 19) 3월 29일은 아홉 살인 사도세자가 관례를 시민당에서 거행한 지(3월 17일) 12일밖에 지나지 않은 날이었다. 대사의라고 이름하였을 뿐만 아니라, ‘사례射禮가 끝난 뒤에도 명륜당에서 시사할 것이니, 시관으로 낙점을 받은 자 외에 문무·종친으로 20명을 점하點下하여 활쏘기를 익히게 하라’고 하였다가, 또 중종 때의 사례를 참고하여 증원하였다(《영조실록》 1743년(영조 19) 3월 29일). 1743년(영조 19) 4월 20일 병조판서 서종옥徐宗玉이 대사례 때의 활 쏘는 짝에 관해 아뢰었다.

병조판서 서종옥이 아뢰기를, “대사례 때의 활을 쏘는 짝은 마땅히 품정(稟定: 품지, 또는 품처. 품지는 어떠한 사안에 대하여 왕에게 아뢴 뒤 왕의 결정을 받아 일을 시행하라는 뜻)해야 할 것입니다.”하니 임금이 말하기를, “대신大臣은 정1품 종반(宗班: 임금의 본종이 되는 겨레붙이)과 짝이 되고, 그 이하는 문신과 무신이 차례로 짝이 되는 것이 마땅할 듯하다.”하였다. 서종옥이 말하기를, “본래의 예에는 지위가 낮은 사람이 지위가 높은 사람과 짝이 되게 하였습니다.”하니 임금이 말하기를, “서 있는 차서次序에서 쏘되, 좌우의 활은 서로 바꾸어 짝이 되게 함이 마땅하다. 그리고 어사御射에 쏠 승시乘矢는 또한 마땅히 두석豆錫(놋쇠)을 사용하여 촉을 만들어야 할 것이다.”하였다.《영조실록》 1743년(영조 19) 4월 20일.

같은 해 윤4월 2일 대사례를 중외(中外: 조정과 민간)가 함께 하도록 하라는 영조의 하교가 있었다. 이에 따르면 이때의 대사례는 갑오년(1534, 중종 29) 8월 이후로 200년 만에(《인종실록》 1545년(인종 1) 1월 24일) 처음 있는 일이었다(《영조실록》 1743년(영조 19) 윤4월 2일).

1743년(영조 19) 윤4월 7일 대사례의 의절을 《오례의》와 《대명회전》 등을 참고하여 정하였다. 《속오례의》에 등재된 이 기록은 1477년(성종 8) 8월 3일 《성종실록》의 대사례 의주儀注(《성종실록》 1477년(성종 8) 8월 3일)가 있은 뒤로 266년 만이었다.

대사례의 의절은 《오례의》와 《대명회전大明會典》 등의 책을 상호 참고하여 정하였으며, 모두 예재睿裁에 품稟하였다. … 예가 끝나자 임금이 예문제학藝文提學 원경하元景夏에게 기문記文을 지어 그 사실을 서술하고 명륜당에다 걸라고 명하였다. 이어서 사단射壇을 헐지 말아서 후세에 보여 주게 하였다.《영조실록》 1743년(영조 19) 윤4월 7일.

이날 임금이 새벽에 태학太學에 나아가 작헌례酌獻禮를 거행하고, 이어 명륜당에 거둥하여 ‘희우관덕喜雨觀德’으로 글제를 내어 시사試士하라고 명하였다. 이때 바야흐로 대단히 가물었는데, 이날 밤에 비가 내려 그 기쁨을 표시한 것이었다. 아침이 되어 비가 개자 영조는 하련대에 거둥하여 대사례를 거행하였다(《영조실록》 1743년(영조 19) 윤4월 7일).

영조 때, 대사례 명칭에 대한 의논이 있었던 것(《영조실록》 1743년(영조 19) 3월 29일)은 《오례의》에 사우사단의射于射壇儀로 기재된 것을 문제 삼은 것이다. 실록 곳곳에 ‘대사大射’가 표현되어 있는 것으로 보아 그

동안 대사례의 시행이 없었던 것은 아니다. 그러므로 그동안 공식 의례서에 '대사례'라고 이름하지 못했던 것은 명나라를 의식한 것으로 보려고 한다. 그런데다가 《속오례의》에서 '원서의 사우사단의에 의거한다.'고 되어 있어 의식 명칭만 다른 같은 의례로 보인다. 그런데도 영조 19년 대사례의 의절을 《오례의》와 《대명회전》을 참고하여 정하므로, 사우사단의와 다른 점이 없을 수 없다. 《성종실록》 대사례의 의주와 《영조실록》의 대사례의 의절(《성종실록》 1477년(성종 8) 8월 3일; 《영조실록》 1743년(영조 19) 윤4월 7일), 또는 《오례의》와 《속오례의》를 비교하여 다음 일곱 가지로 차이점을 지적하고자 한다.

첫째, 집사관執事官의 구성원이 다르다. 《오례의서례》 군례 사우사단射于射壇의 집사관은 협률랑協律郎〔장악원관掌樂院官〕·집고執鼓〔훈련원정訓鍊院正〕·취시관取矢官〔훈련원부정訓鍊院副正〕·획자獲者〔훈련원관訓鍊院官 즉습전관即拾箭官〕로 구성되어 있고, 관사우사단觀射于射壇은 협률랑〔장악원관掌樂院官〕·집고執鼓〔훈련원판관訓鍊院判官〕·취시관〔훈련원관〕·획자獲者〔훈련원관 즉 습전관即拾箭官〕·취시자取矢者〔훈련원참군訓鍊院參軍〕(《오례의서례》 〈군례〉, 집사관)인데 견주어, 《속오례의서례》 군례 대사大射의 집사관은 2원〔병조판서兵曹判書·병조랑兵曹郞〕, 어사御射 때 진결습상호군進決拾上護軍 1, 진궁상호군進弓上護軍 1, 진시상호군進矢上護軍 1〔이상 무신 정2품〕, 집고관執鼓官〔훈련원정〕, 취시관〔훈련원부정訓鍊院副正〕, 지정부후획자持旌負侯獲者〔훈련원관〕, 응고획자應鼓獲者〔훈련원관〕, 습전획자拾箭獲者 4〔훈련원관〕, 시사관취시자侍射官取矢者 2〔훈련원관〕, 격고획자擊鼓獲者〔훈련원관〕, 격금획자擊金獲者〔훈련원관〕, 습전거기획자拾箭擧旗獲者〔훈련원관〕, 웅후미후보수척량관熊侯麋侯步數尺量官〔군기시관軍器寺官〕, 반상관頒賞官〔군기시관軍器寺官〕, 작주관酌酒官〔사옹원관司饔院官〕, 시사관侍射官 30〔종신·의빈 종2품 이상 10원, 문신 정1품 이하 10원, 무신 정3품 이상 10원〕이다(《속오례의서례》 〈군례〉, 집사관). 《오례의》에 견주어 집사관의 구성원이 다양해지고 늘어난 것이다.

《오례의서례》 사우사단의와 《속오례의서례》 대사의의 집사관에서 차이를 보인다. 인원 수에 큰 차이가 있는데, 그중에서 협률랑(장악원관)이 집사관 2원(병조판서·병조랑)으로 바뀌고, 이전에 없던 〈진결습·진궁·진시〉상호군上護軍이 한 명씩 생기고, 획자가 〈지정부후持旌負侯·응고應鼓·습전拾箭 4)획자獲者로 세분화되고, 시사관취시자侍射官取矢者 2(훈련원관), 〈격고擊鼓, 격금擊金, 습전거기拾箭擧旗〉획자, 웅후미후보수척량관, 반상관, 작주관, 시사관 30이 새로 생긴다. 웅후는 대후大侯이고 미후는 시사인侍射人이 쏘는 것이다. 시사인이 쏘는 미후 때문에 웅후 미후보수척량관도 추가된 것으로 보인다.

큰 차이점으로 시사관을 구성 병난에 정식으로 제노화한 것을 들 수 있다(시사관, 미후, 시사관을 위한 취시자가 추가됨). 그리고 의주 명칭은 천자의 의례인 대사례로 바뀌지만 서례의 집사자만큼은 시사관을 위한 관원 위주로 구성하고 있다. 여기에 시사자(侍射者: 활을 쏘는 차례를 기다리는 사람)들을 포상하기 위한 관원(반상관, 작주관, 시사관 30)을 추가하고 있어 대사례는 표현만 천자의 사례이지 시사자들에 비중을 둔 의례이다.

다만 명단에 새롭게 등장한 집사자들이라 하더라도 의주를 살펴보면, 없던 관원이 모두 새로 생긴 것은 아니다. 서례에서는 협률랑에서 집사관 2명으로 바뀐 것처럼 보이지만, 협률랑이나 집사자 2명인 병조판서와 병조랑은 두 의례의 의주 절차에 모두 등장한다. 상호군도 마찬가지인데 《오례의서례》의 집사관에 명시되지 않았을 뿐이다.

둘째, 《오례의》와 《성종실록》 의주에는 미후단(麋侯壇: 미후는 종친이나 문무관이 활을 쏠 때 사용하던 사슴머리 과녁. 흰 가죽으로 된 큰 사슴머리가 덧붙어 있었다.)이 없고 《속오례의》에는 미후가 추가된다. 《영조실록》에는 '웅·미후는 모두 옛 제도에 따라 그대로 쓰도록 하였다.'(《영조실록》 1743년(영조 19) 3월 28일)고 하여 미후가 예부터 있는 것으로 표현되어 있지만, 《성종실록》과 《오례의》의 의주에는 미후가 등장하지 않는다. 그리고 《속오례의》 대사의 절차 가운데 '임금의 활쏘기가 끝나면 풍악이 그친다.(御射訖樂止)'가 있는데, 그 세주에 '훈련원이 웅후를 거두고 미후를 설치한다.(訓鍊院撤熊侯設麋侯)'[《周禮》, 大司司裘, "卿大夫則共麋侯")고 하여 《오례의》에 없던 미후가 시사인을 위한 과녁으로 추가되었다.

셋째, 《오례의》에서는 집사관, 종친·문무백관의 위位를 설치하는 데 근정전의 전정의 위와 같이하고, 《속오례의》에서는 집사관과 종친·문무백관뿐만 아니라 시사자의 위까지 추가한다. 위를 사단 아래 동과 서쪽에 설치하면서 '문관은 동쪽에, 종친 및 무관은 서쪽에, 시사자는 서반의 앞에 자리한다.'고 하여 시사자의 자리를 정식으로 기록하였다. 이로써 《속오례의》는 시사자를 부각시켰다.

넷째, 《오례의》에서 '전하가 익선관을 쓰고 곤룡포를 입고 궁에서 나온다'고 하였고, 《속오례의》에서는 '거가가 궁에서 나온다(봄·가을 태묘에 뵙는 의식-익선관을 쓰고 곤룡포를 입음-)'고 하였지만 익선관과 곤룡포를 입고 궁에서 나오는 내용은 같다.

다섯째, 《속오례의》에는 '시사자가 상복을 입고 서쪽 문밖 백관의 앞에 선다.'는 내용이 추가되었다.

여섯째, 《오례의》에서는 인의引儀가 종친 및 문무백관을 나누어 인도하여 위에 나아간다. 《속오례의》에서는 인의가 2품 이상을 나누어 인도하여 위에 나아간다.

일곱째, 《속오례의》에 '위장所衛將所의 군사가 6색 기旗를 가지고 표적을 맞히면 붉은 기를 들어 응답하고 상변上邊인 경우는 누런 기, 하변下邊인 경우는 검은 기, 좌우는 모두 방위의 빛깔에 따르고, 바르면 채색기로 응답한다.'의 내용이 추가되었다.

바.-② 선로포의宣露布儀는 인조 갑자년(1624, 인조 2)에 역적(이괄)을 토벌하여 공주公州에서 수괵首馘을 받은 것으로 처음 시행되었다.[67] 지금 임금 무신년(1728, 영조 4)에 역적(이인좌)을 토벌하여 남루南樓에서 수괵을 받으니 이를 다시 준용하였다. 인조 갑자년과 영조 무신년에는 의례를 널리 살피지 못하여 내용이 많이 갖춰지지 못하였다. 지금 임금 갑자년(1744, 영조 20)에 다시 성교聖敎로 말미암아 〈개원례〉와 《대명집례》의 선로포헌부의宣露布獻俘儀를 참고하여 절목을 첨가하고 수정하였다.[68]

이 의례가 만들어진 계기가 된 다음 두 사건을 의식절차와 함께 살펴보자. 인조 갑자년(1624, 인조 2), 이괄이 인조반정 때 공이 컸음에도 불구하고 2등 공신으로 책봉되고 더구나 평안병사 겸 부원수로 임명되어 외지에 부임하게 된 데 불만을 품고 반란을 일으켰다.[69] 2월 15일 난이 진압되자 16일에 과거를 실시하고 18일에 회정(回程: 임금이나 사신이 일을 마치고 왔던 길을 다시 돌아감)하도록 하였다. 재신宰臣이 주필(駐驆/駐蹕: 임금이 나들이하는 도중에 거가를 잠시 멈추고 머무르거나 묵는 일)한 곳에서 과거를 설치하여 선비들의 마음을 용동(聳動: 무섭거나 놀랍거나 또는 기쁘거나 하여 몸을 솟구쳐 뛰듯 움직이거나 움직이게

---

67 이괄의 난: 1624년(인조 2) 정월 이괄이 주동이 되어 일으키고 2월에 진압된 반란.

68 《속오례의》宣露布儀 연혁. "仁祖甲子(1624)討逆受馘於公州始行此儀 今上戊申(1728, 영조 4)討逆受馘於南樓復遵用 ○甲子(1744, 영조 20)戊申弗能廣攷儀文多未備今甲子復因聖敎參攷開元禮大明集禮宣露布獻俘儀添修節目."

69 "이와 같은 해석이 종래의 통설이지만 당시의 북방 정세로 보았을 때, 부원수로 인사 조치된 것을 반란의 직접적인 원인으로 보기 어려우며, 오히려 반정을 주도해 정권을 장악한 공신들이 반대 세력을 경계하여 반역음모 혐의를 씌운 것"(《한국민족문화대백과》, 〈이괄의 난〉)이라는 시각도 있다.

함)시키기를 청하였으므로 이러한 명이 있었다. 그리고 40인은 강 밖에 멈추게 하고 이수백李守白 등만이 와서 수급(首級: 전쟁에서 베어 얻은 적군의 머리)을 바치게 하였다. 김류金瑬가 아뢰기를, "헌개(獻凱: 헌첩獻捷. 천자에게 승전을 아뢰는 것 또는 전리품을 바침)[70]의 절차를 쓸쓸하게 〔落莫〕해서는 안 됩니다. 군사의 위용을 크게 벌이고 친림하여 받으셔야 합니다." 하니, 인조가 대신들에게 의논하여 정하게 하였다. 이정구李廷龜가 "사신詞臣에게 속히 노포(露布: 봉함을 하지 않고 노출된 채로 선포하는 포고문인데, 전쟁에서 승리한 내용을 널리 알리기 위해 포백에 써서 장대 위에 걸어 누구나 볼 수 있게 하였다)를 지어 팔방에 전고傳告하게 해야 하겠습니다." 하니, 인조가 따랐다(《인조실록》 1624년(인조 2) 2월 15일, 3번째 기사).

이때 도체찰사 이원익李元翼의 이름으로 노포를 지은 뒤 적의 수급을 바치게 하였다. 헌괵獻馘할 때에 반드시 노포가 있는데, 이번에 적을 격파한 것은 제장諸將이 추격한 힘이기는 하나 마침내 그의 수하에게 참살되었으니, 원수元帥는 노포를 만들기에 합당하지 않고 도체찰사의 이름으로 노포를 만들어 먼저 봉진封進한 다음에 수급을 바친 것이었다. 인조가 적장으로부터 수급을 받는 과정은 다음과 같이 이루어졌다. 적장 이수백·기익헌奇益獻 등이 면박(面縛: 두 손을 등 뒤로 돌려 묶고 얼굴을 사람들에게 보이도록 앞으로 쳐듦)하고 군문軍門에 나아가 죄를 청하고 이괄·한명련韓明璉 등 여섯 역적의 수급을 장대 끝에 달아서 바치니, 인조가 군사의 위용을 크게 벌이고 친림하여 받았다. 그리고 인조가 종묘의 신주를 임시로 봉안한 곳에 나아가 적을 평정한 것을 고하고 헌괵하는 예를 거행하였다. 영의정 이원익이 백관을 거느리고 전

---

70 《漢典》(https://www.zdic.net/hant/獻凱), 〈獻凱〉조; 《고려대 중한사전》, 〈獻捷〉조, 고려대학교민족문화연구원, 2006.

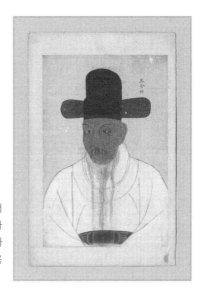

〈자료 14〉 오명항은 소론으로 활동하면서 1728년(영조 4)에는 이인좌의 난을 평정하고, 공신功臣의 호를 받았으며 우의정에까지 올랐다. 초상화 출처는 《조선명신사십육인초상화첩》이다.

문전文을 올려 진하하였다(《인조실록》 1624년(인조 2) 2월 15일, 4·5·12번째 기사). 위의 실록기사 외에도 당시 예조판서 이정구가 제정한 절차 의식(《월사집》 61, 南宮錄中 獻馘儀, 갑자년(1624, 인조 2) 2월)을 통해 헌괵과 노포의례가 어떻게 이루어졌는지를 상세하게 확인할 수 있다.

영조대에 이 의례가 행해진 것은 권서봉權瑞鳳·이인좌李麟佐 등을 토벌하였을 때이다. 영조의 즉위로 소론이 정계에서 배제되자 정희량鄭希亮·이유익李有翼·심유현沈維賢·박필현朴弼顯·한세홍韓世弘 등이 갑술환국 이후 정계에서 물러난 남인들과 공모하여 소현세자의 증손인 밀풍군密豊君 이탄李坦을 추대하고 정권쟁탈을 꾀하였다. 이인좌가 대원수라 자칭하고 1728년(영조 4) 3월 15일 청주성을 점령했던 이 난은 곧 진압되었다. 3월 23일 오명항吳命恒이 안성에서 적군과 싸워 크게 이겼다.

정오가 채 못 되어 말을 달려 승첩勝捷을 알려 왔고, 포시晡時(오후 3시~4시)에 박찬신朴纘新이 고각鼓角을 울리며 깃대에다 적의 머리 여러 개를 매달고 오니, 군중에서 승전곡勝戰曲을 울리고 군사와 말이 기뻐 날뛰었다. 첩서(捷書: 싸움에서 승리한 것을 보고하는 글)를 써서 박종원朴宗元 등의 머리를 함에 담아 군관 신만申漫에게 주어 서울로 치보(馳報: 급히 달려가서 알림. 또는 그 내용을 적은 서면)하였다. 이때 조정에서 상하가 밤낮으로 초조하게 걱정하며 첩보를 기다리고 있다가, 이날 동북풍이 일어나는 것을 보고는 모두 말하기를, "왕의 군대에 이롭다." 하였는데, 과연 크게 이겼던 것이다.《영조실록》 1728년(영조 4) 3월 23일.

3월 25일 임금이 돈화문루敦化門樓에 임어하여 헌부례獻俘禮(포로를 바치는 의식)를 행하니, 선전관(宣傳官: 형명·계라·시위·전명 및 부신의 출납을 맡았던 무반 경관직)이 적괴 박종원 등의 수급을 바쳤다. 임금이 명하기를, "깃대에 매달라." 하고 명하기를, "박종원의 아들은 진陣 밖에서 참수하라." 하였다. 오부五部의 부로父老들을 누각 아래로 불러 모아 시신侍臣에게 명하여 위유慰諭하게 하였다. 이인좌는 도주하여 산사로 들어갔다가 촌민 신길만申吉萬과 승려들에게 붙잡혔다. 사로잡힌 그는 함거(檻車: 죄인을 호송하거나 맹수를 잡아 가두는 데 사용하던 우리처럼 만든 수레. 수레 위에 널빤지로 덮개와 난간을 만들어 달았음)에 실려 서울로 보내져, 3월 27일에 백관이 모인 군기사軍器寺 앞길에서 참형에 처해졌다(《영조실록》 1728년(영조 4) 3월 25일; 3월 24일; 3월 27일). 다음 달 19일에 도순무사都巡撫使 오명항이 난을 평정하고 개선하여 숭례문에서 다음과 같이 헌괵례를 거행하였다.

헌괵례를 거행했는데, 오명항이 황금 투구에 붉은 갑옷을 입고 꿇어앉아서 적괴 이웅보李熊輔·정희량鄭希亮·나숭곤羅崇坤의 세 수급을 단하壇下에서 올렸다. 판의금判義禁 김흥경金興慶이 이를 받아 단상壇上에다 진열하였고 영병조사領兵曹事 영의정領議政 이광좌李光佐가 수급을 받은 뒤 문루로 올라가 복명하니, 임금이 모두 장대에 매어달라고 명하였다. 그리

고 수가隨駕한 군중軍中과 순무영巡撫營의 마보馬步 진중陣中으로 하여금
함께 승리를 얻게 된 군악을 연주하게 하였다. 이어 오명항을 명하여
입시하게 하고 앞으로 나오게 한 다음 그의 손을 잡고 … (공을 치하하
였다).《영조실록》 1728년(영조 4) 4월 19일.

영조 4년의 이 사건은 당시 창졸간에 생긴 일이라 조신朝臣 및 각사
各司의 서리胥吏들이 모두 어가御駕를 수행하지 못하여 의주儀註는 입으
로 부르고 받아썼던 인조 때의 의례(《월사집》 61)를 준용한 것이며, 자
주 실행되지 않은 의식이라 고증과 격식이 부족하였다. 그래서 1744년
(영조 20) 영조의 명으로 의식의 항목을 보충하고 수정하여 《속오례의》
에 실은 것이다(《속오례의》 宣露布儀 연혁).

난 진압 후 4월 22일의 비망기에서는 능력에 따라 인재를 등용할
것, 군신은 '부자' 사이와 같은 것임을 강조하였다. 그리고 이 비망기를
언문諺文으로 번역하여 널리 선포하게 하라고 명한 것(《영조실록》 1728년
(영조 4) 4월 22일) 역시 백성을 위한 의례임을 드러내어 백성과 함께
하는 왕의 이미지를 널리 알리는 것이었다. 이에 대해 조선은 중국 의
례의 절차만을 참고한 것이고 의미 자체는 자국의 당시 상황에 맞게
변화한 것으로 보는 연구가 있는데,[71] 이 또한 조선성리학이 의례로 어
떻게 발현되었는가를 보여 주는 일례라고 생각한다.

무엇보다 이 의례들은 현 정권에 불만을 품은 반란 세력인 이괄과
이인좌가 일으킨 난을 평정한 의식이라는 점에서 공통점을 지니고 있
다. 그리고 인조 2년과 영조 4년의 정국의 불안정한 상황, 특히 인조는
반정 후 집권 초기이며 영조 또한 노소 간의 타협을 이끌어내는 탕평
정치를 이제 막 시도하려는 상황이라는 점, 그리고 영조 자신은 왕으로

---

71 신진혜, 〈英祖代 凱旋 儀禮의 整備와 그 意義: 《國朝續五禮儀》 宣露布·獻馘 儀禮를
중심으로〉, 《泰東古典研究》 34, 한림대학교 태동고전연구소, 2015, 34쪽.

서 아직 임인사 혐의를 벗어나지 못한 상황임을 고려해서 살펴야 할
의례이다. 이 사건 해결이 영조에게는 임금으로서의 입지를 결정짓는
시험대이기도 하였다. 그리고 경신년 사건의 해결(경신처분)을 뜻하는
친정(나.-②2친림전향축의親臨傳香祝儀)의 의의를 인조반정 때의 친정에
비유하듯이, 영조는 이 선로포의도 인조반정 때의 의식에 근거를 두었
다. 인조반정에 참여한 세력과 반정 후 정권을 잡은 세력 사이의 구도,
그리고 영조 즉위 후 정권에서 배제된 소론이 남인과 손잡은 것은 농
민 반란이 아닌 정권 쟁탈을 꾀했다는 점에서 두 사건의 공통점을 이
야기할 수 있는 사안이다. 꼭 이 두 사건뿐만 아니라 의례 제정의 많
은 부분에서 영조가 인조대에 근거를 두려는 것을 알 수 있다. 예컨대
어진을 모시는 의례, 대원군사우의·원종추숭 의례 등이다. 이들 의례는
《속오례의》 편찬 의의에서 일관되게 다뤄지는 왕권의 확립, 왕의 정통
성 회복과 밀접하게 관련 있는 의례라고 본다.

　　바.-③친림구일식의親臨救日食儀는《속오례의》연혁에서 "지금 임금 임
술년(1742, 영조 18)에 옛 의식에 해감該監의 한 소관小官이 주달(奏達:
임금에게 아룀)하는 것은 사체가 소홀하다 하여 본감제조에게 명하여 거
행하도록 하되, 기일 하루 전에 치제致齊하는 것을 정식으로 삼도록 하
였다. 어제御製의 삼계지사三啓之辭에는 경계하고 반성하는 뜻을 붙인
다."(《속오례의》 親臨救日食儀 연혁)하였다. 《은대편고》와 《은대조례》에서는
일식이나 월식의 구원 시 세 시점에 맞추되 처음 이지러졌을 때, 일식
이나 월식이 가장 많이 진행되었을 때, 둥근 상태로 회복되었을 때에
차례대로 보고한다고 하였다.[72] 일식이나 월식 상태에서 구원할 때에는
예방승지가 참석하고 징을 쳐서 구원하되, 처음 이지러졌을 때, 일식이

---

72 《銀臺便攷》禮房攷 日月蝕,《銀臺條例》〈禮攷〉(이강욱 역, 한국고전번역원, 2012) 참조.

나 월식이 가장 많이 진행되었을 때, 둥근 상태로 회복되었을 때에 차
례대로 보고한다.[73]

### 4) 흉례 의주

다음은 흉례 의주의 시행 시기이다.

〈표 12〉《속오례의》흉례 의주의 시행 시기

| | 《국조속오례의》 의주 | 《국조속오례의》에 명시된 시행 시기 | 영조 이전 시행 기록 | 영조대 시행 |
|---|---|---|---|---|
| | 卷之五〈凶禮〉 | | | |
| 1 | 國恤服制 | 각주 74 참고. | | |
| 2 | 王妃爲父母喪服制 | × | | |
| 3 | 梓宮加漆時哭臨儀(國恤初喪儀大節原書不載今補入) | × 의주명 아래: 國恤初喪儀大節原書不載今編入 | | |
| 4 | 梓宮上字書寫時哭臨儀(梓宮結裹時哭臨儀倣此) | × 의주명 아래: 梓宮結裹時哭臨儀倣此 | | |
| 5 | 發引時奉辭儀 | 原書殿下隨喪中葉以後用攝行禮故有此儀今以景宗甲辰國恤時儀錄入下望哭祇迎儀同 | | |
| 6 | 靈駕至陵所奉安儀 | × | | |
| 7 | 下玄宮時望哭儀 | 山陵虞祭時望哭儀同 | | |
| 8 | 返虞時祇迎哭拜儀 | 虞主奉安魂殿後設別奠與原書虞祭儀同 | | |
| 9 | 遷陵儀 | 의주명 아래: 今上辛亥遷長陵于交河遵用顯宗甲寅遷寧陵儀節而稍備焉 | | 1731(영조 7) 등 |
| 10 | 莊陵復位儀 | 의주명 아래: 肅宗己卯追復端宗大王位號時有此儀 | 1699(숙종 25) 단종위호 추복시 | |
| 11 | 溫陵復位儀(11항) | 의주명 아래: 今上己未追復端敬王后位號時有此儀 | 지금 임금 기미년(1739, 영조 15)에 단경왕후의 위호를 추복할 때 이 의식을 시행하였음. | 1739(영조 15) |

73 일식이나 월식의 진행 상태를 세 차례에 걸쳐 임금에게 보고하는 것은 1741년(영조 17)부터 관상감제조가 담당하였다(《銀臺便攷 禮房攷 日月蝕》,《銀臺條例》〈禮攷〉, 한국 고전번역원, 이강욱(역), 2012, 〈각주〉).

흉례는 11항목이다.

사.-①국휼복제國恤服制(《속오례의》 국휼복제 연혁)는 대왕을 위한 복제
〔왕세자의 참최 3년복, 왕비의 참최 3년복, 왕대비의 자최 기년복, 왕세자빈의 참최
3년복, 친자親子의 복, 상궁 이하의 참최 3년복, 종친 및 문·무백관의 참최 3년복,
수릉관守陵官 및 시릉내시侍陵內侍의 참최 3년복, 직사職事 있는 전직 각 品관 및 성
중관成衆官의 복, 사직서·종묘서 및 모든 능·전의 관원이 입직할 때와 밖으로 나갈
때의 복, 생원·진사와 생도의 복, 녹사錄事·서리의 복, 갑사甲士와 정병正兵의 복〕가
가장 먼저 나온다. 끝부분의 기록에 따르면, 숙종 계사년(1713, 숙종 39)
에 '증자문曾子問(《예기》의 편명)'을 강하다가 말미암아 우리나라 군신복
제에 완비되지 못한 바 있으므로, 드디어 고례古禮를 회복하여 한漢·당唐
천고의 누를 씻도록 명하였다. 숙종 경자년(1720, 숙종 46)의 숙종국상
과 경종 갑진년(1724, 경종 4)의 경종국상 때에 이 의식을 행하였다.

그다음 나오는 왕대비를 위한 복제〔전하 자최 3년복, 대왕대비 자최기년복,
왕세자빈 자최기년복, 상궁 이하 자최 3년복, 종친 및 문·무백관의 자최기년복, 수
릉관 및 시릉내시의 자최 3년복, 직사가 있는 전직 각 品관 및 성중관복, 사직서·종
묘서 및 모든 능·전 관원복, 생원·진사 생도복, 녹사와 시리복, 갑사와 정병복〕끝
부분의 기록에 따르면, 지금 임금 경술년(1730, 영조 6년) 경순왕대비敬
純王大妃의 국상 때에 이 의식을 행하였다. 경순왕대비(1705~1730)는
경종의 계비 선의왕후宣懿王后 어씨魚氏이다.

다음은 왕세자를 위한 복제〔전하의 자최기년복, 왕비의 자최기년복, 왕세자
빈의 참최 3년복, 대왕대비의 시마복, 왕대비의 대공복, 내명부 상궁 이하의 자최기
년복, 종친 및 문·무백관의 자최기년복, 守墓官 및 侍墓內侍의 자최 3년의 최복, 東
宮·嬪宮의 內侍·司鑰·飯監의 참최 3년복, 직사 있는 전직 각 品관 및 성중관의 복,

---

74 〔右爲大王服制 ○肅宗 癸巳(1713, 숙종 39)講曾子問因以我朝君臣服制有所未盡遂命一復古
禮以洗漢唐千古之陋 ○肅宗 庚子國恤景宗甲辰國恤定行此儀〕;〔右爲大王大妃服制 ○今上 庚
戌(1730, 영조 6) 宣懿王大妃國恤行此儀〕;〔右爲王世子服制 ○今上 戊申(1728, 영조 4)
孝章世子喪行此儀〕;〔右爲王世子嬪服制 ○肅宗戊戌(1718, 숙종 44)端懿王妃在嬪宮喪時行
此儀〕

*생원·진사 생도의 복, 녹사 서리의 복, 갑사·정병의 복*)이다. 위와 마찬가지로 복제 끝 부분에 영조 무신년(1728, 영조 4년) 효장세자의 상에 이 의식을 행하였다는 기록이 있다. 효장세자는 1728년 11월 16일 10세의 나이로 요절하였다.

그리고 왕세자빈을 위한 복제(*전하의 자최기년복, 왕세자의 자최기년복, 세자궁의 상궁 이하의 자최기년복, 종친 및 문·무백관의 복*)가 포함된다. 숙종 무술년(1718, 숙종 44)에 경종비인 단의왕비端懿王妃가 빈궁상을 당한 때에 행한 의식이라고 복제 끝에 기록되어 있다. 단의왕후는 1696년(숙종 22) 세자빈에 책봉되었으나 경종이 즉위하기 2년 전에 소생 없이 죽었다.

사.-②왕비위부모상복제王妃爲父母喪服制 의주명 바로 다음에 '대왕대비·왕대비·세자빈이 부모를 위하는 복도 같다.'(《속오례의》 왕비위부모상복제 연혁)는 세주가 있다. 자최기년에는 대수大袖·장군長裙, 개두蓋頭·두수頭㡓, 죽채竹釵, 포대布帶, 포리布履로 한다. 13일 공제公除 뒤로는 천담색淺淡色 대수·장군, 흑개두·두수 및 띠·피혜로 하고, 13월에 지내는 연제練祭 때에 최복을 제거하며 재기再朞 전의 상복常服은 담복(淡服: 상기를 마친 대상부터 담제까지 착용하는 짙은 옥색의 옷)을 한다(*왕비가 동조東朝·대조大朝에게 진현進見할 때에는 길복吉服으로 한다. 왕세자빈이 진현할 때에도 또한 길복으로 한다*). 상궁 이하(*빈궁에는 수규守閨 이하*)는 위의 복을 따라 한다(《속오례의》 왕비위부모상복제 의주).

사.-③~⑧에 해당하는 재궁가칠시곡림의梓宮加漆時哭臨儀, 재궁상자서사시곡림의梓宮上字書寫時哭臨儀, 발인시봉사의發引時奉辭儀, 영가지릉소봉안의靈駕至陵所奉安儀, 하현궁시망곡의下玄宮時望哭儀, 반우시지영곡배의返虞時祗迎哭拜儀는 추가된 의례이므로 《오례의》의 절차 과정 가운데 검토하는 것이 논지 전개에 더 효율적이라고 판단하였다. 그러므로 3장 2절 흉례의 내용과 함께 거론하였다.

다만 의주의 연혁만큼은 여기서 살펴보기로 한다. 사.-③재궁가칠시곡림의는 시행 시기는 명시되어 있지 않지만, 의식명 바로 다음의 세주에 '국상의 초상의식 대절大節이 원서에 재록되지 아니하였으므로 지금 여기에 편입한다'(《속오례의》 재궁가칠시곡림의 연혁)고 되어 있고, 사.-④ 재궁상자서사시곡림의는 의식명 바로 다음의 세주에 '재궁을 결리結裏할 때에 곡림하는 의식도 이에 준한다'(《속오례의》 재궁상자서사시곡림의 연혁)고 되어 있다. 사.-⑤발인시봉사의는 의주 끝에 '원서에는 전하께서 상여를 따르도록 되어 있으나 중엽 이후로 대리 행례하게 되므로 이 의식을 시행하게 되었다. 지금 경종 갑진년(1724, 경종4) 국상 때의 의식을 기입한 것이며 이하 망곡, 지영의 의식도 이와 같다.'(《속오례의》 발인시봉사의 연혁)고 되어 있고, 사.-⑥영가지릉소봉안의는 별다른 연혁이 없다. 사.-⑦하현궁시망곡의 의주명 다음에 '산릉 우제虞祭 때 망곡의는 같다.'(《속오례의》 하현궁시망곡의 연혁)는 기록이 있고, 사.-⑧반우시지영곡배의返虞時祇迎哭拜儀 의주 가운데 거가출궁여의車駕出宮如儀라는 절차가 있는데 그 아래에 '발인 때 봉사하는 의식을 참조하라'는 내용이 덧붙여져 있다(《속오례의》 반우시지영곡배의 연혁).

사.-⑨천릉의遷陵儀 연혁에는 "지금 임금 신해년(1731, 영조 7)에 장릉長陵을 교하交河로 옮길 때에 현종 갑인년(1674, 현종 15) 영릉寧陵을 옮길 때의 의식을 준용하였으나 이보다 약간 더 갖추었다."라고 하였다(《속오례의》 천릉의 연혁). 장릉은 경기도 파주시 탄현면 갈현리에 있는 인조와 그의 비 인열왕후仁烈王后 한씨韓氏의 능이다. 처음 인열왕후의 상 때 능지를 파주시 북운천리로 정하고 인조도 이곳에 장사하였는데, 1731년(영조 7) 사갈(蛇蝎: 뱀과 전갈)이 낭자하게 석물 틈에 집을 짓고 있어 지금의 장소로 옮겨 합장하였다. 의궤도 만들어졌는데 천릉한 이듬해 천릉도감遷陵都監에서 편찬되었으며, 총호사는 영의정 홍치중洪致中, 제조는 겸예조판서 신사철申思喆, 호조판서 김동필金東弼, 이조참판 조상경趙尙綱 등이 담당하였다.[75]

이 사건이 단지 흉물이 나타났기 때문에 이루어진 천릉인지, 그리고 천릉이 과연 천재지변과 같이 어쩔 수 없는 상황 때문에 일어난 일인지, 다른 의도가 포함된 사건인지는 관련 자료를 주의 깊게 살펴봐야 한다. 우선 1731년(영조 7) 3월 16일의 실록기사를 통해 인조의 능이 옮겨지게 되는 경위부터 알아보자.

> 대신大臣과 예조당상禮曹堂上에게 지사(地師: 지관, 풍수설에 따라 묏자리의 좋고 나쁨을 가려내는 사람) 및 남원군南原君 설을 데리고 장릉長陵(인조의 능)에 가서 봉심奉審하게 하라고 명하였다. 이날 임금이 대신과 비국 당상을 인견하였는데 좌의정 이집李㙫이 말하기를, "파주坡州의 장릉은 선조先朝 때 천봉遷奉하려는 의논이 있었으나 의논을 하다가 곧 중지하였습니다. 근래 듣건대 능침 사이에 뱀이 또아리를 틀고 있는 변이 있어 가끔 출몰한다고 하니, 어찌 놀랍지 않겠습니까? 세간에서 전해 오기를, '이 능을 처음 개광開壙할 때에 뱀의 변이 있었으나 총호사 김자점金自點이 숨기고 그대로 능을 봉했다.'고 합니다. 고故 판서 윤강尹絳이 감여설堪輿說(풍수지리설)을 아는데 '우두혈牛頭穴에 장생파長生破'라는 말을 그의 아들 고故 상신相臣 윤지선尹趾善에게 말하였고, 윤지선이 또 그의 사위인 판부사判府事 민진원閔鎭遠에게 말했으며, 민진원이 또 신에게 말해 주었습니다. 백년 된 선침仙寢(임금의 릉)을 하루아침에 옮겨 모시는 것

---

75 〔仁祖長陵〕遷陵都監都廳儀軌(奎 14597-v.1-7)는 1731년(英祖 7) 3월부터 9월 사이에 仁祖(1595~1649), 仁烈王后(1594~1635)의 長陵(雙陵)을 坡州北雲川里에서 交河舊治後(현 위치)로 遷陵한 기록이다. 全7책의 기록으로 제1책: 座目 啓辭 狀啓 別單 移文, 제2책: 稟目 甘結 禮關 儀註 儀軌 論賞, 제3책: 一房, 제4책: 二房, 제5책: 三房 紙榜所 誌石所 分典設所 分長興庫, 제6책: 內別工作, 제7책: 殯殿所 外別工作 순으로 수록되어 있다.

은 일에 마땅히 어려워하고 신중함을 더해야 할 것이나 변이 이미 망극하니 옮겨 모시는 것을 의논해야 할 것입니다." 하니, 임금이 여러 신하들에게 물었다. 예조판서 신사철이 말하기를, "속담에 '그때 한 중이 있어 〈광중壙中을〉 다지면서 소리치기를, 〈정혈正穴을 버리고 사혈蛇穴을 쓰는구나〉 하더니 갑자기 보이지 않았다.'고 전합니다." 하고, 우의정 조문명趙文命·좌참찬 서명균徐命均·호조판서 김동필金東弼·병조판서 김재로·이조판서 송인명은 모두 말하기를, "풍수설이 비록 황망하나 뱀의 변은 듣기에 아주 놀라우니, 신들도 어찌 다른 의논이 있겠습니까?" 하니 임금이 말하기를, "풍수설에 미혹되지 말라는 선조先朝의 가르침이 만세의 교훈으로 내려왔으니 망령되이 의논해서는 안 될 것이다. 그러나 더러운 물건이 지극이 경건한 땅에서 나왔다 하니, 듣기에 아주 놀랍고 가슴 아프다. 밖이 오히려 이러하니 안에도 어찌 반드시 없다고 보장할 수 있겠는가? 이것이 더욱 두렵다. 더군다나 오래된 능침을 옮겨 모시는 것은 극히 어렵다. 대신과 예관으로 하여금 봉심하게 하고, 또 밖에 있는 대신에게도 물어 중의衆議를 널리 채납하라." 하였다.《영조실록》 1731년(영조 7) 3월 16일.

1731년(영조 7) 3월 16일 위 논의를 시작으로 하여 수차례의 의논과 계획 끝에 5개월 뒤에 천릉이 이루어진다. 영릉寧陵은 효종과 효종비 인선왕후仁宣王后 장씨의 무덤으로 현종 갑인년에 능을 옮겼는데, 이때의 의식을 준용하고 약간 더 갖춘 의례가 천릉의이다. 이 능은 처음엔 구리시 인창동 동구릉東九陵의 태조 무덤인 건원릉健元陵 서쪽에 있었으나 석물에 틈이 생겨 봉분 안으로 빗물이 샐 염려가 있다 하여 세종의 무덤인 영릉英陵 동쪽으로 옮겼다.

다시 천릉의의 대상인 장릉 논의로 돌아가서 김자점에 대해 알아보려 한다. 그는 인조반정에 참여하여 출세가도를 달렸지만 강빈姜嬪의 옥사를 일으키는가 하면, 효종이 즉위하고 북벌론이 대두되자 나라의

기밀을 청나라에 누설하기도 하였다. 여기에 아들 김익金釴의 역모사건
이 발생하면서 처형되었다.

이와 같은 역사적 평가로 말미암아 영조 때 김자점이 총호사로서 능
에 관여한 일이 거론되었다. '이 능을 처음 개광開壙할 때에 뱀의 변이
있었으나 총호사 김자점이 숨기고 그대로 능을 봉했다.'는 이야기가 세
간에 전해지고 있었던 것이다. 사실 여부를 떠나 역적으로 평가되는 인
물이 장릉의 총호사였다는 점 때문에 천릉의 형식을 빌려 그와 관련된
일을 처리하려 했던 것이 아닌가 하여 '의리와 정통의 측면에 하자가
있는 사건'의 해결로서 이 의례의 시행의의를 생각해 보았다.

그 의의에 대해서는 3절에서 더 생각해 볼 것이지만 《속오례의》에
나오는 천릉의식 절차만큼은 여기서 살펴보겠다. 이 의식은 19건으로
진행된다. ① 제지방의(題紙牓儀: 지방을 쓸 때의 의식), ② 계릉의(啓陵儀:
계릉의 의식─계릉은 왕의 묘를 이장하기 위하여 능의 봉분을 파헤쳐 무덤
의 구덩이를 여는 일), ③ 계릉시성복망곡의(啓陵時成服望哭儀〔發引下玄宮虞祭
時望哭儀並同〕: 계릉 때 성복·망곡하는 의식〔발인·하현궁·우제 때의 망곡 의
식도 같다〕), ④ 대왕대비성복망곡의(大王大妃成服望哭儀〔王妃世子嬪同〕: 대왕
대비의 성복·망곡하는 의식〔왕비·세자빈도 같다〕), ⑤ 봉출재궁의(奉出梓宮儀:
재궁을 받들어 내는 의식), ⑥ 재궁출안후설전의(梓宮出安後設奠儀: 재궁을 내
어 봉안한 뒤 전을 베푸는 의식), ⑦ 재궁예정자각성빈의(梓宮詣丁字閣成殯儀:
재궁을 정자각에 모시고 성빈하는 의식), ⑧ 정자각성빈전의(丁字閣成殯奠儀
〔倣原書朔望奠儀〕: 정자각 성빈전 의식〔원서 삭망전의 의식을 모방한다〕)(─성
빈전은 빈소를 마련한 뒤에 올리는 제) ⑨ 조석곡전급상식의(朝夕哭奠及上
食儀〔見原書凶禮〕: 조석의 곡전 및 상식하는 의식〔원서 흉례를 참조할 것〕(─
곡전은 울고 제하는 것이고,[76] 상식은 혼에게 끼니 때 음식을 올리는 행위),

---

76 《세종한글고전》, 삼자여묘三子廬墓, 이성 언해, 1617년(광해군 9)

⑩ 의정부솔백관진향의(議政府率百官進香儀〔見原書凶禮〕): 의정부에서 백관을 거느리고 향을 올리는 의식〔원서 흉례를 참조할 것〕), ⑪ 재궁가칠의(梓宮加漆儀〔上字書寫結裹儀同並見上〕): 재궁에 가칠하는 의식〔상자의 서사와 결과하는 의식도 같으며 모두 위의 의식을 참조할 것〕), ⑫ 계빈의(啟殯儀〔見原書凶禮〕: 계빈하는 의식〔원서 흉례를 참조할 것〕)(─발인할 때 관을 내기 위하여 빈소를 엶), ⑬ 견전의(遣奠儀〔無祖奠見原書凶禮〕: 견전의 의식〔조전은 없다. 원서 흉례를 참조할 것〕(─견전은 상여를 장지로 떠나보낼 때 지내는 제사), ⑭ 발인의(發引儀〔見原書凶禮〕: 발인의 의식〔원서 흉례를 참조할 것〕), ⑮ 노제의(路祭儀〔見原書凶禮〕: 노제의 의식〔원서 흉례를 참조할 것〕)(─노제: 영구가 장지로 가는 도중에 잠시 길에서 멈추고 지내는 제사), ⑯ 주정설전의(晝停設奠儀: 주정소의 설전 의식), ⑰ 신릉정자각성빈의(新陵丁字閣成殯儀: 신릉의 정자각에 성빈하는 의식), ⑱ 천전의(遷奠儀: 천전의 의식)(─천전: 발인하기 위하여 영구를 옮길 때 지내는 제사) ⑲ 우제의(虞祭儀: 우제의 의식)이다.

이 《속오례의》 절차에 다음 실록기사를 대입해 보면, 그 내용을 입체감 있게 확인할 수 있다. ③ 계릉시성복망곡의, ④ 대왕대비성복망곡의에 해당하는 기사이다. 1731년(영조 7) 8월 16일 묘시卯時(오전 5~7시)가 장릉의 구릉舊陵을 파는 시각이었다. 그 시간이 되자 영조는 시복(緦服: 가는 베로 지은 상복. 종증조, 삼종형제, 중현손, 외손, 내외종 따위의 상사에 석 달 동안 입는다)을 갖추어 입고 빈양문賓陽門에서 성복례(成服禮: 성복. 초상이 난 뒤에 상제와 복인들이 처음으로 상복을 입음)를 행하였는데, 곡하고 사배四拜하였다. 백관들도 또한 따라서 성복하였다. 이보다 앞서 예조에서 성복의 의주儀註를 올렸다(《영조실록》 1731년(영조 7) 8월 16일).

8월 16일 영조는 백립白笠·소철릭(素貼裏: 철릭은 상의와 하의를 따로 구성하여 허리에서 연결시킨 형태의 포)·백화白靴를 갖추어 입고 장릉에 거둥하였다. 연로(輦路: 임금이 거둥하는 길)의 좁은 곳을 군병軍兵으로 하여금 원앙대(鴛鴦隊: 원앙은 한 쌍을 상징하는 것으로, 행군할 때 2열 종대로 편성하는 작대作隊의 명칭으로 붙인 것이다)[77]를 만들어 화곡禾穀을 손상하지 않게 하였다. 정오에는 청담淸潭에서 휴식하고, 저녁에는 고양高陽 행궁行宮에서 유숙하였다. 여기서 백립·소철릭·백화는 주자가례의 적용을 받은 복식이다. 8월 17일 어가御駕가 파주를 향하여 가다가 낮에는 분수원分水院에서 휴식하고 파주 행궁으로부터 장릉에 이르렀다. 8월 27일 장릉의 발인을 위해 임금이 망곡례(望哭禮: 망곡. 먼 곳에서 임금이나 어버이의 상사를 당했을 때 곡을 할 장소에 몸소 가지 못하고 그쪽을 향하여 슬피 욺)를 빈양문賓陽門 밖에서 행하였다. 대신大臣과 비국備局의 당상을 인견(引見: 윗사람이 아랫사람을 불러 봄. 임금이 의식을 갖추어 의정을 만나 봄)하고 여사군(舁士軍: 여사. 여사청에 속하여 인산 때 대여나 소여를 메던 사람)의 노고를 염려하여 진청(賑廳: 진휼청의 준말. 진휼을 맡아보던 관아)으로 하여금 값을 감해서 쌀을 팔게 하여 진휼하는 뜻을 보이게 하였다(《영조실록》 1731년(영조 7) 8월 16일; 8월 17일; 8월 27일).

⑭ 발인의 의식〔發引儀〕, ⑮ 노제의 의식〔路祭儀〕(노제: 영구가 장지로 가는 도중에 잠시 길에서 멈추고 지내는 제사), ⑯ 주정소의 설전 의식〔畫停設奠儀〕(주정소: 임금이 거둥하다가 머물러 낮수라(점심참)를 들던 곳), ⑰ 신릉의 정자각에 성빈하는 의식〔新陵丁字閣成殯儀〕이 그다음 차례다. 8월 27일 옛 장릉에서 영여靈轝가 발인하여 교하의 새 능에 이르러 성빈成殯하기를 예와 같이 하였다(《영조실록》 1731년(영조 7) 8월 27일). ⑱ 천전의遷奠儀 의식은 8월 30일에 치러졌다(《영조실록》 1731년(영조 7) 8월 30일). ⑲ 우제의虞祭儀는 그다음이다. 8월 30일 영조는 장릉의 현궁玄宮

---

77 《목민심서》, 병전兵典 6조 제2조, 연졸練卒의 각주(장순범 역, 한국고전번역원, 1986).

에 안치할 때와 우제虞祭 지낼 때 망곡望哭하였다(《영조실록》 1731년(영조 7) 8월 30일). 9월 4일 영조는 좌의정 이집李㙫과 우의정 조문명趙文命을 소견召見하여, 천봉遷奉의 예가 유감이 없음을 하유下諭하고, 새 장릉에 거둥할 기일을 정하라고 하였다. 그리고 환가還駕하는 길에 사묘私墓에 들러 참배하려 하면서 백성을 진휼하는 은혜를 보였다(《영조실록》 1731년 (영조 7) 9월 4일). 9월 26일 영조는 교하 장릉에 거둥하였다. 저녁에 새 능에 나아가 홍살문 밖에서 곡哭과 사배례四拜禮를 행하고는 능 위와 비각碑閣을 봉심奉審하였다. 이날 밤 재전齋殿에서 자다가 밤 4시 무렵에 예대로 친향을 거행하였다. 또 손수 잣나무를 수십 군데 심고 여러 신하들에게 하유하기를, "옛 능에 효종께서 손수 심으신 것이 있는데, 이번에 옮겨 오지 못해서 마음이 매우 슬프다. 내가 그런 까닭으로 친히 심는 것이니, 그것이 자라기를 기다려 나누어 심는다면 이 또한 계술인 것이다." 하였다(《영조실록》 1731년(영조 7) 9월 26일).

사.-⑩ 장릉복위의莊陵復位儀는 《속오례의》 의주 제목 아래의 기록에 따르면, 기묘년(1699, 숙종 25)에 단종端宗 위호位號 추복 때 이 의례가 있었다(《속오례의》 莊陵復位儀 연혁). 하지만 실록기사에 따르면, 이미 무인년(1698, 숙종 24) 11월 6일에 노산군의 시호諡號를 추상追上하고 능호는 장릉莊陵이라 하였다.

대신大臣·육경六卿·의정부의 서벽(西壁: 서쪽 벽. 모여 앉을 때 벼슬의 차례에 따라 좌석의 서쪽에 앉는 벼슬. 의정부의 우참찬, 홍문관의 교리와 수찬, 통례원의 가인의 벼슬이 이에 해당한다)과 관각館閣의 당상堂上들을 빈청賓廳에 모이라 명하였다. 노산대군魯山大君의 시호를 추상하여 '순정안장경순대왕純定安莊景順大王'이라 하였는데 중정정수中正精粹함을 순純이라 하고, 대려자인大慮慈仁을 정定이라 하고, 화합을 좋아하고 다투지 않음을 안安이라 하고, 올바른 것을 실천하여 뜻이 화和한 것을 장莊이라 하고, 의義로 말미암아 구제하는 것을 경景이라 하고, 자애롭고 화목하여 두루 복종하는 것을 순順이라 한다 하였다. 묘호廟號는 단종이라 하니, 예를 지키고 의義를 잡음을 단端이라 한다. 능호는 장릉이라 하였다. 부인의 시호를 '정순定順'이라 하니, 순행純行하여 어그러짐이 없음을 정定이라 하고, 이치에 화합하는 것을 순順이라 한다 하였다. 휘호徽號를 단량제경端良齊敬이라 하니 예를 지키고 의를 붙잡는 것을 단端이라 하고, 중심中心으로 일을 공경하는 것을 양良이라 하고, 마음을 잡아 능히 엄정할 수 있음을 제齊라 하고, 밤낮으로 공경하고 삼감을 경敬이라 한다 하였다. 능호는 '사릉思陵'이라 하였다.《숙종실록》1698년(숙종 24) 11월 6일.

1698년(숙종 24) 10월 23일 숙종은 종친과 문무 백관을 대정大庭에 모아 노산군과 신비愼妃의 위호를 추복하는 일을 논의하였고, 10월 29일에 여러 대신을 인견하여 노산군의 복위 의절을 논의하였다. 그리고 1699년(숙종 25) 1월 2일에도 최석정이 숙종에게 '장릉의 위호를 이미 회복시켰고 사육신死六臣을 포증(褒贈: 공로를 인정하여 관위를 추증하는 일)하는 일까지 있었으니, 이는 성대한 덕이요 아름다운 일'이라고 아뢰었다(《숙종실록》1698년(숙종 24) 10월 23일; 10월 29일; 1699년(숙종 25) 1월 2일).

그리고 《단종정순왕후복위부묘도감의端宗定順王后復位祔廟都監儀》에서도 '무인戊寅(1698, 숙종 24) 십이월이십칠일十二月二十七日 친행단종대왕정순왕후부묘례親行端宗大王定順王后祔廟禮', '동월이십오일同月二十五日 이봉우시민당사시移奉于時敏堂巳時 친림개제주親臨改題主'라 하였으므로(《단종정순왕후복위부묘도감의》규 13503), 《속오례의》의 '기묘년(1699, 숙종 25)'과는 다르다. 이 문제를 해결하기 위해 다음 사료를 더 검토해 보겠다. 영녕전에 모셔진 국왕들의 축문이나 시책諡册에 쓰는 머리말이 성종대에 편찬된 《오례의》에서는 효순孝孫·효자孝子 등 지위에 따라 개칭되지만 대체로 쓰인 것은 '효증손사왕신孝曾孫嗣王臣'이다(《오례의》권1, 길례, 축판조). 영조대에 편찬된 《속오례의》에서는 예조에서 정리한 대로 일컬었다. 복위부묘도감에서는 '효증손사왕신'이라 써 넣었다. 그러나 예조에서 태조의 추존 사조四祖와 명종실에는 '효증손사왕신', 정종·문종·예종 세 실에는 '사왕신嗣王臣', 덕종실에는 '국왕신國王臣', 인종실에는 '효증질손사왕신孝曾姪孫嗣王臣'이라 썼는데 단종은 어떻게 할지 문제 삼았다(《숙종실록》 1698년(숙종 24) 12월 7일). 축문과 시책에 쓸 머리말에 대한 논의는 1698년(숙종 24) 12월 7일의 일이었고, 단종과 정순왕후定順王后의 옥책玉册과 금보金寶를 받들어 청시례請諡禮를 행하고 시민당時敏堂에 안치한 것은 12월 22일이다(《숙종실록》 1698년(숙종 24) 12월 22일). 12월 25일에 단종과 정순왕후의 구주舊主에 시호 올리는 예를 행하였다(《숙종실록》 1698년(숙종 24) 12월 25일).

장릉과 사릉思陵 두 능의 역사役事를 결코 뒤로 미룰 수 없다는 기사가 1698년(숙종 24) 12월 1일에 나오고, 1699년(숙종 25) 3월 1일에 장릉을 봉하였다(《숙종실록》 1699년(숙종 25) 3월 1일)고 하므로 다음과 같이 이해해 보기로 한다. 무인년(1698, 숙종 24) 11월 6일에 노산군의 시호를 추상하고 능호는 장릉이라 정하였지만, 시호 올리는 의식은 무인년 12월 25일에 행하였다. 그런 반면, 왕비의 구주는 사릉에, 영월에 있는 위판은 장릉에 매안埋安하기로 하였는데(《숙종실록》 1698년(숙종 24) 12월 16일) 그 일이 기묘년(1699, 숙종 25)에 봉릉封陵으로 마무리되었다(《승정원일기》 1699년(숙종 25) 3월 8일; 《숙종실록》 1699년(숙종 25) 3월 1일). 이를 두고 《속오례의》에서 기묘년에 추복追復하였다고 한 것은 아닐까? 장릉복위에 대한 기묘년의 기록은 더 이상 찾아지지 않는다. 장릉복위를 축하하는 과거[장릉복위경과莊陵復位慶科]의 시행 논의가 기묘년 5월에 있었고, 10월에 증광시가 치러지는 일이 있기는 하였다(《숙종실록》 1699년(숙종 25) 5월 13일; 10월 21일; 《승정원일기》 1699년 5월 16일; 5월 17일).

《속오례의》에 실린 7건의 의식은 ① 신주를 〈창덕궁의〉 시민당時敏堂으로 옮겨 받드는 의식, ② 시책諡册·시보諡寶를 궐내에 들이는 의식, ③ 종묘에 시호를 청하는 의식, ④ 시책·시보를 올리는 의식, ⑤ 입주전立主奠 의식, ⑥ 새 신주를 명정전에 봉안하는 의식, ⑦ 부묘의 의식으로 치러진다. 이 의주명 아래의 연혁〔숙종기묘추복肅宗己卯(1699, 숙종 25)追復 단종대왕위호시유차의端宗大王位號時有此儀〕을 '〈장릉복위의(능호 의식)를〉 숙종 기묘년에 추복하였다. 단종대왕 위호 때도 이 의례가 있었다.'고 해석한다면, 부묘도감의궤와 실록 기사 등의 무인년 의례와 의식 절차만 같을 뿐 위호와 능호 의식이 별도로 행해진 것으로 볼 수도 있을 것 같다. 그렇지 않고, '숙종 기묘년에 단종대왕 위호를 추복할 때 이 의식이 있었다.'로 해석한다면 단종복위 의식 절차에 봉릉//까지를 포함해야 한다. 《속오례의》 7건의 의식절차에 봉릉 의식은 없지만, 기묘년에 능호 추복 의식을 별도로 행한 기록이 보이지 않으므로 봉릉까지를 포함한 의례를 단종대왕위호추복의, 곧 장릉복위의로 보는 것이 타당하다. 어디까지나 《속오례의》 기록에 오류가 없다는 것을 전제로 검토한 결과인데, 봉릉을 포함하여 그 의식을 마친 시점을 염두에 두고 기묘년으로 표현한 것이 아니라면, 《영조실록》에 "무인복장릉戊寅復莊陵"(《영조실록》 1739년(영조 15) 3월 28일), 《정조실록》에 "숙묘무인장릉복위시肅廟戊寅莊陵復位時"(《정조실록》 1791년(정조 15) 2월 1일)라는 기록이 보이므로 더 이상의 시행 시기 논의는 별 의미가 없을 정도로 《속오례의》의 '기묘己卯'는 오류로 봐야 할 것 같다.

사.-⑪ 온릉복위의溫陵復位儀의 온릉溫陵은 중종의 원비元妃 단경왕후의 능이다. 지금 임금 기미년(1739, 영조 15)에 단경왕후의 위호를 추복할 때 이 의식을 시행하였다(《속오례의》 溫陵復位儀 연혁). 연산군비가 단경왕후의 고모이다. 이 때문에 중종반정이 일어나자 바로 폐위되었다. 1739년(영조 15) 3월 28일 시·원임 대신 등에게 빈청에서 의논하게 하여 신비愼妃의 시호를 단경端敬이라 올리고 휘호徽號를 공소순열恭昭順烈이라 올리고 능호를 온릉이라 하고, 봉릉도감封陵都監을 설치하고 무인년(1698, 숙종 24년) 장릉을 추복할 때의 예에 따라 이달 30일에 태묘에 고하라고 명하였다(《영조실록》 1739년(영조 15) 3월 28일).

의식은 8건으로 진행된다. ① 신주를 위선당으로 옮겨 받드는 의식, ② 자정전資政殿에서 봉안제(奉安祭: 신주나 화상을 받들어 모시는 제사)를 친행하는 의식, ③ 시책(謚册: 왕과 왕비, 상왕과 대비가 승하하거나 세자나 세자빈이 훙서한 뒤 존호, 묘호, 시호를 올리거나 하사하는 의식에 사용하던 책)·시보(謚寶: 왕의 시호를 새긴 도장)를 궐내에 들이는 의식, ④ 종묘에 시호를 청하는 의식, ⑤ 시책·시보를 올리는 의식, ⑥ 입주전 의식, ⑦ 새 신주를 명정전에 봉안하는 의식, ⑧ 부묘의 의식의 절차로 이루어진다.

1739년(영조 15) 3월 13일 영조는 대신大臣·경재卿宰 이하를 인견하여 신비를 복위하는 일을 물어보면서, 선조先朝(숙종)의 유지를 두루 거론하여 계술해야 마땅하다고 하였다. 영조는 어필로 써서 내리기를, "성고聖考(숙종)께서 장릉만을 회복하고, 신비의 일에 대해서는 존봉尊奉을 조금 더하라고 명하신 것은 지극히 중대한 일을 아울러 거행할 수 없기 때문이었다. 말년에 아울러 거행하지 못한 것을 애석하게 여기신 말씀이 있었다."라고 하였다. 후일, 1771년(영조 47) 10월 5일 영조는 '온릉溫陵을 복위한 것은 계술하는 뜻이었다'고 술회하였다(《영조실록》 1739년(영조 15) 3월 13일; 1771년(영조 47) 10월 5일).

이미 숙종대에 노산군과 신비의 위호를 추복하는 일을 논의한 적이 있었지만 노산군의 왕호만 추복하고 신비는 추복하지 않기로 하였다가, 다시 영조대에 중종의 원비 신씨의 위호를 회복하기를 청하는 상소가

있었다. 1739년(영조 15) 3월 11일 유학 김태남金台南이 온릉복위 문제
를 제기한 것이다. 이렇게 해서 1739년(영조 15) 3월 28일 원임·시임
대신 등에게 빈청에서 의논하여 신비의 시호 등을 정하게 하였고, 3월
29일 임금이 단경왕후를 미처 부묘祔廟하지 못하였는데 먼저 하향(夏
享: 여름철에 지내는 종묘의 대제)·삭향(朔享: 음력 매월 1일 지내는 제사)
과 친천親薦할 때를 당하였다 하여 설행해야 할 것인지에 대해 의견을
모으게 하였다. 우의정 송인명이 "아직 시호를 청하고 신주를 고치기
전이므로 종묘의 예를 쓸 수 없습니다. 외간의 의논은 문소전文昭殿의
옛 제도를 써서 어육魚肉을 익혀서 진설하는 것이 마땅할 듯하다 합니
다. 신의 생각으로는 부묘의 예에 정성을 오로지해야 할 것이니 의절儀
節에 관한 일은 미처 거를이 없더라도 불가하지 않을 듯합니다." 하니,
영조는 "어찌 전혀 제향을 빠뜨릴 수 있겠는가? 하향은 설행하지 못하
더라도 삭망朔望은 전례(奠禮: 신위 앞에 간단한 음식을 차려 놓고 애도의
뜻을 표하는 예)로 설행하라." 하였다(《숙종실록》 1698년(숙종 24) 10월 23
일; 10월 24일; 《영조실록》 1739년(영조 15) 3월 11일; 3월 29일).

앞서 살펴보았던 친림서계의親臨誓戒儀는 《속오례의》에 '기미년(영조
15, 1739)에 사직 및 종묘 친제 때 처음 이 의례를 행하였다'는 기록이
있으므로 이에 따라 실록기사를 확인해 보면, 4월 28일 영조가 단경왕
후 부묘를 위해 인정전에 나아가 친림하여 서계하였다. 그리고 5월 6
일 단경왕후의 신주를 봉심하고 부알례(祔謁禮: 부알, 부묘하기 전에, 부
묘하는 신주를 모시고 부묘한다는 사실을 사당에 고하는 일)·부묘제祔廟祭
를 행하고 옥책문玉册文을 올렸다(《영조실록》 1739년(영조 15) 5월 6일).

이 시기 정치적 상황이 어떠하였기에 단경왕후 복위 문제를 다시 거
론하였을까? 영조 15년 1월에 친경의례가 거행되는가 하면(《영조실록》
1739년(영조 15) 1월 14일; 1월 15일; 1월 28일), 두 달 뒤 단경왕후 복위론
이 제기되었다. 친경의가 행해진 1739년(영조 15)을 영조가 명실상부하

게 국정을 장악하고 이끌어나간 때로 보고 이 시기의 탕평정치 목적을
다음과 같이 해석하기도 한다. 왕권의 절대성을 회복하고 집권관료 체
제를 재정비함으로써 정치와 민생의 안정을 도모하려는 데에 있다고
보는 것이다.[78] 단경왕후 복위 문제, 친경의례의 시행의의는 국정 장악
과 왕권의 절대성 회복이라는 측면 외에도 의리와 명분이라는 측면에
서도 논의할 수 있는 부분이 있으므로 제3절에서 다시 살펴볼 것이다.

## 2. 《속오례의보》와 《상례보편》의 의주 시행 시기

### 1) 《속오례의보》 의주

다음은 《속오례의보》 길례 의주의 시행 시기이다.

〈표 13〉《속오례의보》 길례 의주의 시행 시기

| | 《국조속오례의보》 의주 | 《속오례의보》에 명시된 시행 시기 | 비고 | 영조대 시행 |
|---|---|---|---|---|
| | 卷之一 〈吉禮〉 | | | |
| 1 | 親享宗廟時省牲器儀 | 今上乙丑(1745, 영조 21) 始行此儀 | | 1745(영조 21) 처음 시행 |
| 2 | 親臨誓戒時王世子入參儀 | × | | 1746(영조 22) 시행 |
| 3 | 親享永禧殿時王世子亞獻儀 | × | 의주명 아래 | 1748(영조 24) 시행 |
| 4 | 酌獻文宣王文武試取時王世子入參儀 | × | | 1748(영조 24) 시행 |
| 5 | 享宗廟王世子攝事時省牲器儀 | × | | 1747(영조 23) 시행 |
| 6 | 享宗廟王世子攝事儀 | × | 의주 끝[79] | 1749(영조 25) 王世子聽政節目 |
| 7 | 祭社稷王世子攝事儀 | × | 倣享宗廟攝事儀 종묘 향사 대행 의식을 따를 것 | 1749(영조 25) 王世子聽政節目 |

---

78 김지영, 앞의 논문(2002), 64쪽.

| 8 | 享永禧殿王世子攝事儀 | × | 倣親享儀 친향의 의식을 따를 것. | 1749(영조 25) 王世子聽政節目 |
| 9 | 王世孫謁宗廟永寧殿儀 | × | 與王世子謁宗廟永寧殿儀同 왕세자가 종묘·영녕전을 배알하는 의식과 같다. | 1751(영조 27) |
| 0 | 王世孫嬪謁宗廟永寧殿儀 | × | 與王世子嬪謁宗廟永寧殿儀同 而唯王世孫拜位設於王世子拜位之後西南北向[80] | 1751(영조 27) |
| 1 | 王世孫酌獻文宣王入學儀 | × | 與王世子酌獻文宣王入學儀同 왕세자가 문선왕에게 작헌하고 입학하는 의식과 같다. | 1751(영조 27) |

1친향종묘시성생기의親享宗廟時省牲器儀는 《속오례의보》에 '금상을축今
上乙丑(1745, 영조 21) 시행차의始行此儀'라고 하여, 영조대 시행 기록이
있는 유일한 의주이다. 하지만 성생기(省牲器: 나라 제향에 쓸 희생과 기
명을 잘 살펴봄)는 《세종오례》에서도 확인된다. 성생기는 희생과 제기를
살피는 것으로서, 《세종오례》는 성생기 의례를 친제사직의(《세종실록》 권
129, 〈오례·길례 의식〉, 친제 사직의, 성생기), 제사직 섭사의(《세종실록》 권129,
〈오례·길례 의식〉, 제사직 섭사의, 성생기), 친협 종묘의(《세종실록》 권129, 〈오
례·길례 의식〉, 친협 종묘의, 성생기), 협향종묘 섭사의(《세종실록》 권129, 〈오례·
길례 의식〉, 협향종묘 섭사의, 성생기), 사시급납 친향 종묘의(《세종실록》 권130,
〈오례·길례 의식〉, 사시급납 친향 종묘의, 성생기), 사시급납 향종묘 섭사의
(《세종실록》 권130, 〈오례·길례 의식〉, 사시급납 향종묘 섭사의, 성생기)에서 시행
하는 의식으로 규정하고 있다. 그러므로 종묘 제사 때 희생과 제기를
살피는 의식은 기존에 있었던 의식이지만, 《속오례의보》에 굳이 친향종
묘시성생기의를 수록한 것은 임금이 태묘에 나아가 '친히' 희생을 살피

---

79  享永寧殿及功臣祭一依親享時例舉行: 영녕전 향사 및 공신제는 일체 친향 때의 예에
   의하여 거행한다.
80  왕세자빈이 종묘·영녕전을 배알하는 의식과 같이하되, 다만 왕세손의 배위를 왕세자
   배위의 뒤 서남쪽에 북향으로 하여 설치한다.

는 것을 의례서에 가시적으로 드러낸 것이다. 이 의식은 1745년(영조 21)에 있었다.

1475년(성종 6) 1월 25일에 제향 때 쓸 희생과 그릇을 살펴본 기록이 있고(《성종실록》 1475년(성종 6) 1월 25일), 1573년(선조 6) 10월 6일 판중추부사 홍섬洪暹의 의논을 통해 희생 살피는 일이 친행 때는 임금이 하고, 섭행 때는 영의정이 수행한 의례임을 알 수 있다.

> 판중추判中樞 홍섬이 의논드리기를, "《오례의》 성생기조에 '영의정이 아헌관亞獻官이 되면 영의정이 성생省牲한다.' 하였으나, 당초의 작문作文이 매우 분명하지 않습니다. 전에 선조先祖에서 정신(廷臣: 조정에서 벼슬하는 신하)들이 의례를 의논할 때에 천착穿鑿하는 말에 견제됨을 면치 못하여, 섭행攝行에 있어서도 아헌관을 시켜 성생하게 하고 초헌관初獻官은 성생을 하관下官의 직임으로 여겨 재실齋室에 편히 앉아 있었으니, 사체事體의 전도됨이 이보다 심할 수 없습니다. 고례古禮를 살펴보면 묘궁廟宮 안에서는 존귀한 천자天子로서도 희생을 끌었는데 더구나 신하이겠습니까. 무릇 위에서 친행하지 않고 섭행할 경우에는 신하의 우두머리인 자가 성생해야 한다는 것에는 의심할 것이 없습니다. 지난번 2품 이상이 중추부(中樞府: 문·무 당상관 가운데 맡은 일이 없는 자를 소속시켜 대우하던 서반의 정1품 관서)에 모여 의논할 때에 우신愚臣은 '섭제攝祭에는 초헌관을 시켜 성생해야 한다.' 하였으니 이제 어찌 다른 의견이 있을 수 있겠습니까." 하고 삼공三公의 의논도 다 그러하였는데, 상이 전교하기를 "의득(議得: 임금의 명에 따라 국가의 중요한 일에 대해 의논하고 결정하던 일. 반드시 임금의 재가를 받아야만 시행할 수 있었다.)한 대로 시행하라." 하였다.《선조실록》 1573년(선조 6) 10월 6일.

하지만 다음 기사를 이어서 살펴보면 친행 성생의 실제 시행은 영조 대 처음 있었던 일이다. 1745년(영조 21) 3월 26일에는 오는 4월 초8

일의 '종묘하향대제친행宗廟夏享大祭親行'(《승정원일기》 1745년(영조 21) 3월 26일; 3월 29일) 때 왕세자의 아헌을 해야 하는데 어리시니 마련하지 않고, 출환궁出還宮 때 궐문외지영지송闕門外祗迎祗送을 어떻게 할지 여쭙는 예조의 초기가 있었다(《승정원일기》 1745년(영조 21) 3월 26일). 3월 27일에는 영조가 태묘의 하향대제夏享大祭를 친행하고자 하였는데 대신이 옥후(玉候: 임금의 건강 상태를 이르던 말)가 회복되지 않은 것으로써 그만두기를 매우 간절히 청하니 억지로 따랐다. 말미암아 하교하기를, "밤늦게 몸소 제사를 지내는 것은 비록 억지로 중지하기로 했으나 하루 전에 마땅히 향香을 전하고, 말미암아 그 뒤를 따라가 태묘에 나아가 몸소 참알(參謁: 공경하는 마음으로 정중하고 조심스럽게 윗사람을 만나 뵘)하여 예를 표하며 세기祭器를 봉심奉審하고 몸소 희생을 살필 것이며, 재실에 머물다가 조금 늦게 회가回駕할 것이니 의조儀曹로 하여금 거행하게 하라." 하였다. 또 하교하기를, "만약 면복 차림으로 희생을 살핀다면 전알展謁한 뒤 마땅히 바로 해야 하고, 만약 원유관에 강사포 차림으로 희생을 살핀다면 마땅히 소차小次로 들어가 옷을 바꿔 입은 뒤에 해야 하니 고례를 널리 상고하여 들여 예조의 의주로 삼도록 하라." 하였다(《영조실록》 1745년(영조 21) 3월 27일).

3월 28일 영조는 부제학 원경하元景夏, 예조참판 정익하鄭益河를 양정각養正閣에서 불러 희생을 살필 때의 의식에 대해 논의하였다.

원경하가 《대명집례》 및 《주례》를 상고하여 아뢰기를, "희생을 살필 때에 《주례》에는 '태재太宰가 씻는 것을 살피고, 소종백小宗伯은 희생을 살피고 대종백大宗伯은 가마솥을 살핀다.'라고 하였고, 《당전唐典》에는, '늠희령廩犧令이 희생을 이끌어 오고 광록경光祿卿이 가마솥을 살핀다.'라고 하였으며, 《대명집례》에는 '태상박사太常博士와 태상경太常卿이 이끌고 희생을 살피는 자리에 이르면 집사관執事官이 희생을 이끌고 주방廚房으로 간다.'라고 하였습니다." 하고, … 또 말하기를, "희생을 살피는 복색을 황조皇朝에서는 혹은 피변皮弁으로 혹은 통천관(通天冠: 황제가 조칙을 내리거나 정무를 볼 때 쓰던 관)에 강사포로 하였고, 《주례》에는 선왕先王을 향사하는 데에 곤룡포와 면류관 차림이었는데 신들은 어느 예를 따라야 할지 모르겠습니다. 우리나라의 의문儀文은 황조의 예를 많이 썼으니, 제 소견으로는 《대명집례》를 따라야 마땅할 듯싶습니다." 하였다. … 임금이 말하기를, "그렇다면 해당 관서의 제조(提調: 고려 말 이후 당상관이 없는 육조의 속아문 등에 두었던 2품 이상이 겸하던 관직)가 희생을 이끌어야 하는가?" 하니, 대답하기를, "… 해당 관서의 장관長官으로 하여금 희생을 끌게 해야 좋을 듯싶습니다." 하니, 임금이 그렇게 여겼다. 하교하기를, "이번 전알한 뒤에 희생을 살피는 것은 마땅히 그대로 면복 차림으로 행하겠다. 희생을 살피는 것은 고례에 의하여 마땅히 원유관에 강사포 차림으로 행할 것이니, 의조에 분부하도록 하라." 하였다. 원경하가 또 말하기를, "이번 희생을 살피는 것은 매우 성대한 예절이니, 모든 의장儀章이 자연스레 예에 합치되었습니다. 또 지난날 황단皇壇 망위례(望位禮: 종묘의 신실에서 위패를 꺼내고 들여 넣을 때, 임금이 신실을 바라보고 절하는 예식)는 신 역시 흠앙欽仰하였습니다." 하였다.《영조실록》 1745년(영조 21) 3월 28일.

4월 2일에는 영조가 예조당상을 불러 보고 희생을 살피는 의주를 읽으라 명하고 하교하기를, "지난해 대사례大射禮 뒤 사단射壇을 헐지 않은 것은 대개 뜻이 있어서였다. 이번 희생을 살핀 곳에도 작은 벽돌을 깔아 표시해 후일에 친히 임해 희생을 살피던 자리임을 알게 하라." 하였다(《영조실록》 1745년(영조 21) 4월 2일). 4월 7일 영조는 태묘에 나아가 희생을 살폈는데, 친히 임하여 희생을 살피는 것은 이로부터 시작되었다. 이날 희생을 살피는 절차는 실록에 자세하게 기록되어 있다(《영조실록》 1745년(영조 21) 4월 7일). 다음 날인 4월 8일에 치러질 '종묘하향대제친행宗廟夏享大祭親行'을 위해 전날 영조가 직접 희생을 살핀 의식이 친향종묘시성생기의 의식이다. 이 의식은 6년 뒤인 1751년(영조 27)에 정식으로 《속오례의보》에 실리게 된다.

2친향서계시왕세자입참의親臨誓戒時王世子入參儀부터는 《속오례의보》의 연혁에 시행 시기가 드러나지 않는다. 그래서 《속오례의보》 편찬이 1751년(영조 27)이라는 점을 감안하여 《승정원일기》에서 이때의 '왕세자입참(入參: 궁중의 잔치나 제례에 참여하던 일)'을 검색해 보면, 총 6건이 검색된다. 하지만 모든 사례가 서계誓戒와는 별로 상관이 없어 보이는 의례들이다. 1751년(영조 27) 2월 2일의 기사는 대왕대비전정존호大王大妃殿定尊號 후 친림진전親臨進箋 때 왕세자의 입참일절入參一節을 어떻게 할지 여쭙는 예조의 초기이며, 2월 5일은 신만申晩이 전하친진殿下親進 책보 때 왕세자 입참일절을 어떻게 할지를 묻는 내용이며, 4월 21일의 일 또한 신만이 세손의 책례 때, 명정전진하明政殿陳賀의 왕세자 입참일절을 어떻게 할지를 묻는 내용이다. 5월 13일 사시巳時에 왕세손 책례가 치러지면서 왕세자 입참의식이 있었고, 같은 날 미시未時, 왕세손책례 뒤에 대조친림진하반사大朝親臨陳賀頒赦가 행해지면서 왕세자 입참의식이 또 있었다. 9월 29일 진시辰時에 왕세자가 인정전에 입참한 것은 친림진하로 입대(入對: 임금에게 진알하고 임금의 자문에 응함)한 것(《승정원일기》 1751년(영조 27) 2월 2일; 2월 5일; 4월 21일; 5월 13일; 9월 29일)으로 '친림서계親臨誓戒' 때의 왕세자 입참 사례는 찾아지지 않는다.

또는 '서계誓戒'와 '입참入參'으로 《승정원일기》를 검색했을 때 《속오례의》가 완성된 영조 20년 이후이면서 《속오례의보》가 완성된 영조 27년 사이, 4건(《승정원일기》 1745년(영조 21) 6월 19일; 1746(영조 22) 윤3월 21일; 윤3월 24일; 1751년(영조 27) 4월 1일)이 나오는데 이 역시 친림서계

때, '왕세자'의 입참 사례는 보이지 않는다. 그렇지만 1746년(영조 22) 윤3월 24일에 서계 의식이 있었던 것은 태묘의 하향대제를 위한 것으로서(《영조실록》 1746년(영조 22) 윤3월 24일) 왕세자 입참 의식이 새로 만들어진 것 역시 전해(1745, 영조 21)에 있었던 태묘의 하향대제 때에 임금이 친히 성생기의省牲器儀를 행한 것과 같은 의미의 의례 정비로 이해해 볼 수 있다. 이미 살펴본 바와 같이 서계란 나라의 큰 제사를 앞두고 행하는 서약이므로(《영조실록》 1420년(세종 2) 1월 10일; 1411년(태종 11) 9월 11일) 친림서계는 친향태묘親享太廟(《영조실록》 1751년(영조 27) 4월 10일)와 같은 종묘제사를 치르기 위해 필요한 의식이다. 여기에 추가한 왕세자 입참의식이 친림서계시왕세자입참의이다.

3친향영희전시왕세자아헌의親享永禧殿時王世子亞獻儀 역시 《속오례의보》에는 시행 시기에 대한 별다른 정보가 없다. 의주명 아래에, '시일과 제계는 속편 서례를 볼 것(見續編序例)'이라고 하여 의주를 이해하는 데 참고가 되는 정도이다. '영희전'과 '왕세자아헌'으로 《승정원일기》를 검색했을 때, 《속오례의보》가 편찬되는 영조 27년까지 5건 정도의 기사가 있다.

1747년(영조 23) 2월 5일 영희전한식친향永禧殿寒食親享 때, 왕세자의 아헌지례 및 출환궁시궐문외지영出還宮時闕門外祗迎·지송祗送을 어떻게 할지 여쭙는 예조의 초기가 있었다. 신사건申思建이 영희전친향 절목을 정하면서, 왕세자아헌 일절을 예조의 초기로 아뢰었던 것이다. 3월 2일 영조가 환경전歡慶殿에 나아가 예조참판禮曹參判 김상로金尙魯, 우부승지右副承旨 엄우嚴瑀, 기사관記事官 이세태李世泰·이만회李萬恢·이덕해李德海와 오례의 의주에 대해 논하였다. 이때 《속오례의》에 실려 있지 않은 대보단친향大報壇親享 때의 왕세자아헌의도 함께 논의되었다. 1748년(영

조 24) 4월 29일 영희전단오제永禧殿端午祭를 친행한다는 명이 내려졌으
나 왕세자가 아헌을 하는 데 밤을 새우면서 일을 맡는 것은 전례대로
품행稟行하지 못하니 절차 마련에 대해 묻는 예조의 초기가 있었다.
1750년(영조 26) 2월 10일 구영정舊影幀을 봉심할 때 봉안제(奉安祭: 신
주나 영정을 받들어 모실 때 드리는 제사)를 행하는데, 이때 왕세자아헌
이 있었다. 동궁참례東宮參禮가 처음이라 절차를 모를 것 같으니 주서注
書가 나아가 필선에게 진홀搢笏하고 집홀執笏하라고 말해 주라고 임금
이 하명하였다(《승정원일기》 1747년(영조 23) 2월 5일, 3월 2일: 1748년(영조
24) 4월 29일: 1750년(영조 26) 2월 10일).

4작헌문선왕문무시취시왕세사입참의酌獻文宣王文武試取時王世子入參儀도
의례서에는 시행 시기가 명시되어 있지 않지만, 1748년(영조 24) 5월
10일 문묘작헌文廟酌獻 의례에 대한 의논이 있을 때, 《오례의》의 전하
작헌문무선왕殿下酌獻文宣王과 왕세자작헌문선왕, 《속오례의》 재계조齋戒
條를 참고한 기록이 있다(《승정원일기》 1748년(영조 24) 5월 10일).

5향종묘왕세자섭사시성생기의享宗廟王世子攝事時省牲器儀에 관한 기록을
찾아보면, 1747년(영조 23) 3월 20일 《오례의》 시학의視學儀와 《오례
의》 길례吉禮를 논하는 자리에서 예조판서 김상로가 임금에게 왕세자섭
행에 희생과 제기를 살펴야 하니 의절을 따로 만들어야 한다고 하였고,
태묘하향친제의 거둥 때, 왕세자가 궐문 밖에서 지영(祗迎: 백관이 임금
의 환행을 예를 갖추어서 공경히 맞이함)·지송祗送하는 일절一節과 절목
마련에 대해 의논하였다(《승정원일기》 1747년(영조 23) 3월 20일).

다음 세 개의 의례는 종묘 향사, 사직 제사, 영희전 향사 때의 왕세
자 섭사의이다. 이 의례들도 의례서에는 시행 시기에 대한 언급이 없

다. 6향종묘왕세자섭사의는 연혁에 '영녕전 향사 및 공신제功臣祭는 한결같이 친향 때의 예에 의하여 거행한다.'(《속오례의》 향종묘왕세자섭사의 연혁. "향영녕전급공신제일의친향시례거행.")고 하였다. 7제사직왕세자섭사의는 종묘 향사 대행 의식을 의방(依倣: 남의 것을 모방하여 본받음)한다(《속오례의》 祭社稷王世子攝事儀 연혁. "倣享宗廟攝事儀."). 8향영희전왕세자섭사의는 친향 의식을 의방한다(《속오례의》 향영희전왕세자섭사의 연혁. "방친향의倣親享儀"). 이 의절들이 《속오례의보》에 실리는 1751년(영조 27)은 의례의 주체인 사도세자의 나이 17세 되는 때였고, 세자를 위한 왕세자청정절목王世子聽政節目으로서 마련된 것이었다(《승정원일기》 1749년(영조 25) 1월 27일).

다음과 같은 왕세손을 위한 의례들이 바로 《속오례의보》의 실제 편찬 이유에 해당하는 항목들이다. 왕은 1750년(영조 26, 나이 57세)에 태어난 의소세손의 탄생을 기뻐하며 그를 위해 의례서를 만들었다. 왕세자 섭사의와 마찬가지로 시행 시기에 대한 정보는 없지만 이 의례서가 만들어진 이유가 세손의 탄생 때문이므로, 이 의절들이 만들어진 시기는 세손이 태어난 다음 해이며 의례서가 완성된 1751년(영조 27)이다. 9왕세손알종묘영녕전의는 왕세자가 종묘·영녕전을 배알하는 의식과 같다(《속오례의》 왕세손알종묘영녕전의 연혁. "與王世子謁宗廟永寧殿儀同."). 10왕세손빈알종묘영녕전의는 왕세자빈이 종묘·영녕전을 배알하는 의식과 같이하되, 다만 왕세손의 배위를 왕세자 배위의 뒤 서남쪽에 북향으로 하여 설치한다(《속오례의》 王世孫嬪謁宗廟永寧殿儀 연혁. "與王世子嬪謁宗廟永寧殿儀同 而唯王世孫拜位設於王世子拜位之後西南北向."). 11왕세손작헌문선왕입학의王世孫酌獻文宣王入學儀는 왕세자가 문선왕에게 작헌하고 입학하는 의식과 같다(《속오례의》 王世孫酌獻文宣王入學儀 연혁. "與王世子酌獻文宣王入學儀同.").

《속오례의보》 길례 의주 11항목 가운데, 1항목은 왕이 종묘 제사에 친히 희생을 살피는 의식으로 《속오례의》가 편찬된 다음 해에 시행되

었다. 7항목은 왕세자를 위한 의례들로 영조 22년부터 사도세자가 대
리청정을 하게 되는 영조 25년 사이에 시행되었다. 나머지 3항목의 길
례 의식들은 왕세손인 의소세손을 위해 만들어졌다.

다음은 《속오례의보》 가례 의주의 시행 시기이다.

〈표 14〉《속오례의보》 가례 의주의 시행 시기

| 《국조속오례의보》 의주 | 《속오례의보》에 명시된 시행 시기 | 비고 | 영조대 시행 |
|---|---|---|---|
| 卷之二 〈嘉禮〉 | | | |
| 1 王世子聽政後正至百官賀儀〔生辰賀同〕 | × | | 1751(영조 27) |
| 2 王世子聽政後受常參儀 | × | | 1749(영조 25) |
| 3 正至百官賀王世孫儀〔生辰賀同〕 | × | 의주명 아래[81] | 1751(영조 27) |
| 4 王世孫冠儀 | × | 與王世子冠儀同 왕세자 관례 의식과 같다. | 1760(영조 36) 정조9세 |
| 5 册王世孫儀 | × | 與册王世子儀同 왕세자 책봉 의식과 같다. | 1751(영조 27) 의소세손2세/1752(영조 28) 정조1세 |
| 6 册王世孫嬪儀 | × | 與册王世子嬪儀同 왕세자 빈 책봉 의식과 같다. | 1762(영조 38) 정조11세 |
| 7 王世孫納嬪儀 | × | 납채·납징·고기·책빈[82] | |
| 8 王世孫與師傅相見儀 | × | 與王世子與師傅相見儀同 왕세자가 사부와 상견하는 의식과 같다. | 1757(영조 33) 정조 6세 |
| 9 王世孫書筵會講儀 | × | 與王世子書筵會講儀同 왕세자가 서연에서 회강하는 의식과 같다. | 1759(영조 35) 정조8세 |
| 10 王世孫入學儀 | × | 與王世子入學儀同 왕세자 입학에 관한 의식과 같다. | 1761(영조 37) 정조10세 |

81 生辰賀同 ○與原編百官賀王世子儀同惟弼善相禮之贊白翊善奉禮行之而於王世子稱內嚴外備
故於王世孫稱備外整諸儀倣此皆出聖裁: 생신의 하례의식도 같다. ○原編의 '백관이 왕
세자에게 하례하는 의식'과 같다. 다만, 弼善과 相禮의 찬과 백을 翊善과 奉禮가 행하
는데, 왕세자에게 內嚴·外備라 말하는 까닭에 왕세손에게 비엄·외정이라 말한다. 모든
의식도 이에 따라 하는데 모두 聖敎의 裁決에서 나온 것이다.

82 〔모두 왕세자가 빈을 맞아들이는 의식과 같다.並同王子納嬪儀〕 ○임헌초계 ○친영.
동뢰. 빈의 조현. 전하의 백관 회례〔모두 왕세자가 빈을 맞아들이는 의식과 같다. 並同

《속오례의보》 가례 의주도 연혁에는 시행 시기에 대한 정보가 없다. 1왕세자청정후정지백관하의王世子聽政後正至百官賀儀〔생신하동生辰賀同〕 1751년(영조 27) 1월 17일 오시, 극수재克綏齋(창덕궁의 건물)에 거둥하여, 좌의정 김약로金若魯, 행사직 김성응金聖應, 행부사직 구성임具聖任, 예조판서 신만申晩, 이조판서 이천보李天輔, 병조판서 홍계희洪啓禧, 예조참판 정익하鄭益河, 행부사직 홍봉한洪鳳漢, 도승지 조명리趙明履, 좌부승지 윤광의尹光毅, 가주서 정술조鄭述祚, 기사관 남용진南龍震, 기사관 박정원朴正源 등과 《속오례의》에 빠진 의례에 관하여 의논하였다. 조명리에게 《속오례의보》를 살펴, 곤전坤殿의 예복의 상식裳飾과 대帶·석舃을 추가하도록 하였다. 신만이 《속오례의보》에 빠진 부분이 있음을 아뢰니, 세자와 세손·세손빈에 대한 의절을 추가하도록 하였다. 이때 친림서계시親臨誓戒時 왕세자당아헌王世子當亞獻 의례, 세자섭행시世子攝行時 시생지의視牲之儀, 왕세손 및 왕세손빈의 알종묘·영녕전 의주, 왕세손 알문선왕묘 및 입학의, 정지백관하왕세손지의 및 책봉왕세손급세손빈지의, 왕세손서연회강지의를 함께 기록하게 하였다. 왕세손초례의절은 초례 때, 세자가 시좌侍座하듯이 한다고 하였다. 그리고 《속오례의보》를 간행하면 간인 뒤에 3건은 내입內入하고, 동궁 1건, 원손궁 1건, 승정원·홍문관·시강원·춘추관·성균관 다섯 곳과 사고에 각 1건씩을 보관하게 하였다《승정원일기》 1751년(영조 27) 1월 17일).

2왕세자청정후수상참의王世子聽政後受常參儀가 어떻게 만들어졌는지를 알기 위해서는 세자가 청정(聽政: 정사에 관하여 신하가 아뢰는 말을 임금이 듣고 처리함)한 때가 언제인지를 알아야 한다. 1749년(영조 25) 1월 27일 왕세자의 대리 청정을 태묘에 고하고 팔도에 전교를 반포하였

王世子納嬪儀)/왕세자납빈의는 《세종실록》에 나옴(《세종실록》 1427년(세종 9) 4월 26일)

고(《영조실록》 1749년(영조 25) 1월 27일), 다음 날 동궁의 상참의절常參儀節을 의정하였다.

대신과 예관을 불러 동궁의 상참의절을 의정하였다. 임금이 묻기를, "사부와 대신은 당堂에 올라 절을 해야 하는가?" 하니, 예조참판 홍봉한洪鳳漢이 말하기를, "당에 올라 절을 하면 동궁께서 답배해야 합니다." 하였다. 임금이 말하기를, "승지는 한 사람만 입참하는가?" 하니, 대답하기를, "그렇습니다." 하였다. 임금이 말하기를, "한성부의 당상堂上도 입참하는가?" 하니, 대답하기를, "당상은 입참하지만 낭청(郎廳: 조선 후기에, 실록청·도감 등의 임시 기구에서 실무를 맡아보던 당하관 벼슬. 각 관서에서 차출되었다)은 입참하는 예가 없습니다." 하였다. 임금이 말하기를, "상참 뒤에는 기무(機務: 근본이 되는 중요한 사건)를 상의하며 확정해야 하니, 의정부에서는 참찬(參贊: 의정부에 속한 정2품 관직)이 입참해야 한다. 세자가 하례를 받을 때에는 승지承旨와 사관史官이 입참하는 예가 없었으나, 대리代理하게 된 뒤로는 승지와 사관이 입참해야 한다." 하고, 이어서 하교하기를, "세자가 상참할 때에는 춘방春坊(세자시강원世子侍講院)에서 필선·겸사兼史 등 으레 입참해야 할 자 이외에 입직할 두 사람이 더 참여하고 계방桂坊(세자익위사世子翊衛司)에서는 익위翊衛·사어司禦 등 으레 입참하는 자 이외에 입직할 두 사람이 기둥 밖에서 배위陪衛하며, 의정부 참찬과 압반(押班: 문무백관이 조회할 때나 중요 행사에서 벼슬아치의 서열에 따라 자리할 위치를 정돈하고, 위계질서를 감찰하는 일 또는 그 임무를 맡은 사람) 감찰監察은 예문에 의하여 그대로 둔다. 무릇 먼저 사배할 때에 시위侍衛는 절을 하지 않고 먼저 시위하는 것은 의미가 있는 일이니, 익위와 사어도 시위의 예대로 절을 하지 말고 먼저 배위하게 하라. 익위사의 다른 관원이 칼을 차는 것은 옛 규례에 어긋난 것이니, 이제부터는 없애도록 하라. 무릇 수하受賀와 회강(會講: 조선시대에 매달 세자나 세손이 교육받은 정도를 평가받는 것, 또는 과거의 초시 합격자를 대상으로 보던 강경 시험) 때에 익위·사어가 절을 하지 않은 경우에 조참(朝參: 문무백관들이 조정에 나가 왕에게 문안을 하던 조회)과 수하대례受賀大禮 이외에는 모두 이 규례를 쓰도록 하라." 하였다.《영조실록》 1750년(영조 26) 1월 28일.

3정지백관하왕세손의正至百官賀王世孫儀〔생신하동生辰賀同〕도 앞서 있었던 1751년(영조 27) 1월 17일 《속오례의보》 제정 논의 때 함께 언급되었다(《승정원일기》 58책, 1751년(영조 27) 1월 17일). 의주명 아래에 "생신의 하례의식도 같다. 원편(《오례의》)의 '백관이 왕세자에게 하례하는 의식' 과 같다. 다만 필선(弼善: 조선시대 왕세자의 교육을 담당하던 세자시강원 소속의 정4품 관직)과 상례(相禮: 국가 의례를 관장하던 통례원 소속의 종3품 관직)의 찬贊과 백白을 익선(翊善: 조선 후기 세손의 교육을 담당하던 세손강서원 소속의 종4품 관원)과 봉례(奉禮: 국가 의례를 담당하던 통례원의 정4품 관직)가 행하는데, 왕세자에게 내엄內嚴·외비外備라 말하는 까닭에 왕세손에게 비엄備嚴·외정外整이라 말한다. 모든 의식도 이에 따라 하는데 모두 성교聖敎의 재결(裁決: 옳고 그름을 판단함)에서 나온 것이다."라고 하였다.[83]

4왕세손관의王世孫冠儀 연혁의 '왕세자 관례 의식과 같다.'(《속오례의보》 왕세손관의 연혁, "여왕세자관의동.")는 기록을 근거로 자료를 검토해 보면, 세손뿐만 아니라 세자의 관례조차 참고할 만한 문서가 없을 정도로 '관례는 조종조祖宗朝에서 시행하지 않던 일'이었다. 1520년(중종 15) 3월 8일 예조판서 신상申鏛이 세자 책봉 전에 관례하는 일에 관해 아뢰었고(《중종실록》 1520년(중종 15) 3월 8일), 1703년(숙종 29) 11월 19일 왕자의 관례에 대해 참고할 만한 문서가 없으므로 절목을 써서 들일 수가

---

[83] 《속오례의보》 正至百官賀王世孫儀〔生辰賀同〕 의주명 아래: 生辰賀同 ○與原編百官賀王世子儀同惟弼善相禮之贊白翊善奉禮行之而於王世子稱內嚴外備故於王世孫稱備嚴外整諸儀倣此皆出聖裁

없다는 예조의 계가 있었다(《승정원일기》 1703년(숙종 29) 11월 19일).

예조판서 신상이 아뢰기를, "세자 책봉 전에 관례하는 일은 신이 이미 의정부 당상과 같이 의논해서 아뢰었습니다만, 지금 다시 생각한즉 관례란 예 중에서도 큰일이기 때문에 옛사람들이 중하게 여겼습니다. 그런데 지금 옛사람의 바른 예를 거행하려 하면서 어린 나이에 시행한다면 어떻게 성인成人을 책려責勵하는 예라고 할 수 있겠습니까? 지난 역사를 고찰해 보아도 태자를 책봉한 뒤에 관례한 자가 매우 많은데, 이는 어찌 책봉은 일찍 하지 않을 수 없으나 관례는 구차스럽게 행해서는 안 된다는 것이 아니겠습니까? 두씨杜氏의 《통전通典》 및 《대명회전》에 모두 책봉하고 즉위하는 예가 실려 있는데, 쌍동계(雙童髻: 머리를 양쪽으로 갈라 틀어 올린 두 개의 상투)라고만 일컬었고 그 제도는 말하지 않았기 때문에 지금 고증할 수는 없으나, 신의 뜻으로 헤아리건대 이는 반드시 동자童子의 의구儀具로서 오늘날의 편발(編髮: 관례를 하기 전에 머리를 땋아 늘이던 일. 또는 그 머리)과 같은 것일 것입니다. 또 전날의 사서史書에 2~3세로 책봉받은 자가 있는데, 이는 필시 책봉받을 때에 다른 사람이 안고서 면복을 앞에 진열해 놓고 거행했음이 틀림없을 것입니다. 더구나 《오례의》를 고찰한즉 왕세자관의王世子冠儀에 '관례를 마치고 조알朝謁할 때에 돕는 사람이 인印을 지고 있다.'하였으니, 책봉받기 전에 관례를 거행하지 않았음이 또한 분명합니다. 이제 책봉받을 때에 면복으로 하는 것이 어렵다고 해서 급박하게 관례를 행한다면 곧 다시는 동자의 의식을 할 수 없을 것이니 선왕先王의 성례盛禮에 합당하지 않습니다. 임시 편의를 따라 면복으로 책봉을 하고 10세가 되기를 기다려 뒷날 관례를 행하는 것이 어떠하겠습니까? 또 책봉하는 일은 중국에 주청(奏請: 임금에게 상주하여 재가를 받음)해야 하는 일이니, 사신使臣이 고사를 보고 듣고 올 것인즉 천천히 예문을 상고해서 반드시 정례正禮에 부합한 뒤에 행하는 것이 가합니다."하니, 상이 이르기를, "관례는 조종조에서 시행하지 않던 일이나 선왕의 정례는 행하지 않을 수 없으니, 의정부·예조·정승을 지낸 이들로 하여금 아울러 의논하여 가부를 아뢰게 하라.”하였다.《중종실록》 1520년(중종 15) 3월 8일.

1760년(영조 36) 12월 25일 세손의 나이 9세 때 이익정李益炡이 왕세손의 자字를 정하는 일을 아뢰니, “왕세자의 자를 정하는 것과는 차등이 있어야 마땅하니 관각당상館閣堂上과 예조 판서가 이를 거행하고 관례는 숭문당(崇文堂: 창경궁의 명정전 서쪽에 두어 학문을 숭상하고 글을 배우고 닦도록 한 곳)에서 하라.” 명하였다(《영조실록》 1760년(영조 36) 12월 25일).

5책왕세손의冊王世孫儀는 왕세자 책봉 의식과 같다(《속오례의보》〈소지〉). 1751년(영조 27) 4월 15일 왕세손의 책봉을 명하고 하교하기를, “이미 책봉도감冊封都監을 설치하였으니, 강서원(講書院: 세손강서원. 조선시대 왕세손의 교육을 위해 설치한 기관)과 위종사(衛從司: 세손위종사. 세손의 호위를 맡았던 종6품의 서반 관청)의 관원을 해조로 하여금 차출差出하게 하라.”하였다(《영조실록》 1751년(영조 27) 4월 15일). 1750년(영조 26) 8월 27일 원손이 태어나자(《영조실록》 1750년(영조 26) 8월 27일) 다음 해인 1751년(영조 27) 《속오례의보》를 편찬하였으며(《속오례의보》〈소지〉), 1751년 5월 13일 2세가 된 원손을 세손에 책봉하였다(《영조실록》 1751년(영조 27) 5월 13일).

6책왕세손빈의冊王世孫嬪儀는 왕세자빈 책봉 의식과 같다(《속오례의보》 책왕세손빈의 연혁). 1761년(영조 37) 10월 23일 임금이 경현당景賢堂에 나아가 대신과 비국 당상을 인견引見하였는데, 입시한 여러 신하에게 왕세손빈을 간택하는 의식을 강정하도록 명하였다. 이때 세손은 10세였는데 나중 정조가 되는 인물이며, 왕세손빈은 김시묵金時默의 딸이다.

하지만 1762년(영조 38)에 가서야 실제로 행해질 수 있었던 책왕세손
빈의는 1750년(영조 26)에 논의를 거쳐 1751년에 《속오례의보》에 실린
의식이다. 1762년(영조 38) 2월 3일 왕세손빈이 조현례朝見禮를 행하였
다. 이날 영조는 전국에 반교頒敎하였는데 반교문은 홍문관제학弘文館提
學 이정보李鼎輔가 지어 바쳤다(《영조실록》 1761년(영조 37) 10월 23일: 12월
22일: 1750년(영조 26) 12월 24일: 1762년(영조 38) 2월 3일).

7왕세손납빈의王世孫納嬪儀 연혁에 따르면, 납채納采·납징納徵·고기告期·
책빈册嬪 등은 모두 왕세자가 빈을 맞아들이는 의식과 같다.

임헌초계臨軒醮戒, 친영親迎·동뢰同牢·빈의 조현朝見·전하의 백관회례
百官會禮 등도 모두 왕세자가 빈을 맞아들이는 의식과 같다(《속오례의보》
왕세손납빈의 연혁).

8왕세손여사부상견의王世孫與師傅相見儀는 왕세자가 사부와 상견하는
의식과 같다. 이 의식은 이미 《속오례의》 왕세자여사부상견의와 함께
검토하였다.

9왕세손서연회강의王世孫書筵會講儀는 왕세자가 서연(書筵: 조선시대에 왕
세자를 위한 교육제도)에서 회강하는 의식과 같다. 이 의식도 1751년(영
조 27) 1월 17일 《속오례의보》를 편찬하기 위한 의논이 있을 때 만들
어졌지만(《승정원일기》 1751년(영조 27) 1월 17일) 세손이 8세 되던 해인
1759년(영조 35)에 관련 기사가 보인다. 희정당熙政堂에서 주강晝講을
열 때 세손부世孫傅 홍상한洪象漢이 왕세손의 강의 규범에 대해 묻는 내
용이다.

임금이 희정당에 나아가 주강하여 《대학》을 강하였는데, 세손부 홍상

한이 말하기를, "왕세손의 강하는 규칙과 범절은 춘방의 예를 모방하여 행하는 것은 불가합니다. 춘방에서는 한 달에 두 차례 회강하는 규칙이 있는데, 강서원의 경우에는 어떻게 하여야 하겠습니까?" 하니, 임금이 말하기를, "양사兩司를 제외하고는 전례에 의거하여 행하도록 하라." 하였다.《영조실록》 1759년(영조 35) 7월 1일.

그리고 세손의 의식은 아니지만 서연회강에 대한 기록은 《선조실록》에서도 찾아볼 수 있다. 1594년(선조 27) 10월 25일 시강원에서 서연에 대하여 아뢰었다.

시강원이 아뢰기를, "근래에 서연의 권강(勸講: 임금을 모시고 경전을 강의함)하는 일이 매우 소략하여 보양輔養하고 계도啓導하는 의미가 별로 없으므로 매우 미안합니다. 그러나 난리를 겪은 뒤로 모든 규모 등에 관한 일을 상고해 볼 만한 문적文籍이 남아 있지 않아 전일에 시강侍講을 맡았던 사람을 방문하여 물어보니 '초하루와 보름에는 사부師傅 이하가 모두 들어가 사師가 진강進講하는데 이것을 서연회강이라 하고, 보통 때에는 빈객賓客 1원과 상上·하번下番이 입시하여 빈객이 진강하는데 이것을 조서연朝書筵이라 하며, 빈객이 만일 일이 있어 입시하지 못하게 되는 경우에는 상·하번 관원이 입시하여 진강하는데 이것을 접견이라 하는데 일정한 때가 없다. 강이 파한 뒤에는 하번이 그날 강론했던 말들을 기록하여 입계入啓하면 위에서 보신 뒤 다시 동궁東宮으로 내린다.'고 하였습니다. 이제 이 규칙에 따라 시행해야 하겠으나 기록하여 입계하는 일은 회강과 조서연만 하는 것이 합당할 듯합니다." 하니, 아뢴 대로 하라고 전교하였다.《선조실록》 1594년(선조 27) 10월 25일.

1594년(선조 27) 12월 25일 동궁이 칙서를 맞이할 때 입을 복제에 대한 전교와 예조의 복계(覆啓: 왕에게 보고된 어떤 사안에 대해 왕이 바로 처리하지 않고 담당 관사의 의견을 듣고자 사안을 내려보내면, 담당 관사에서 의견을 정하여 왕에게 직접 또는 초기 등으로 아뢰는 행위)[84]가 있었다. 이때 "동궁은 서연회강 때 익선관에 곤룡포를 입었는데 그 빛깔은 역시 붉었다."라고 하였다. 1704년(숙종 30) 9월 29일 태자의 사부 가운데 1원이라도 무고하면 서연회강을 날마다 일차日次에 따라 설행設行할 것을 청하는 윤헌주尹憲柱 등의 상소가 있었다(《선조실록》 1594년(선조 27) 12월 25일; 《승정원일기》 1704년(숙종 30) 9월 29일).

10왕세손입학의王世孫入學儀(《승정원일기》 1761년(영조 37) 1월 2일)는 왕세자 입학에 관한 의식과 같다. 《속오례의보》가 1751년(영조 27)에 만들어진 것을 생각하면 실록이나 《승정원일기》에서 이 책이 편찬된 지 10년이나 지난 1761년에 가서야 왕세손입학의기 등장하는 것은 의아스럽다. 하지만 《속오례의보》가 의소세손을 위해 만들어진 의례서이며 이 세손이 3세에 요절하는 바람에 뒤에 태어난 왕손(훗날 정조)[85]을 위해 사용될 수밖에 없었던 사정이 있었다. 이 때문에 세손이 10세가 되는 1761년(영조 37) 3월 10일(《승정원일기》 1760년(영조 36) 12월 12일)에 비로소 이 의례가 실행되었던 것이다.

정조의 세손 시절 입학례 절차 과정을 보면 1760년(영조 36) 12월 12일 왕세손입학의 길일 선택을 여쭙는 예조의 초기에 대해 '초10일 거행'으로 정해지는 것(《승정원일기》 1760년(영조 36) 12월 12일)이 이 의례 준비의 시작이다. 그리고 1761년(영조 37) 1월 2일 유선(諭善: 세손강서원 소속의 정3품 관직) 서지수徐志修가 왕세손의 입학에 관하여 아뢰었다.

유선 서지수가 아뢰기를, "왕세손의 입학에 박사는 제학提學으로 〈임명

---

84 《일성록범례》의 각주, 한국고전번역원, 김경희(역), 2015
85 훗날 정조가 되는 왕손이 태어난 날은 1752년(영조 28) 9월 22일.

하여〉 거행하라는 명이 있었습니다. 그런데 대제학大提學 또한 박사의 직임입니다. 그래서 옛날에는 박사가 천하의 유사儒士를 가르쳤으며 세자의 입학은 유생들과 동렬에 서게 하는 것이니, 세손의 입학 때의 박사도 역시 다름이 없어야 할 듯합니다." 하니, 임금이 말하기를, "아뢰는 바가 의견이 있으니, 대제학으로 거행하도록 하라." 하였다.《영조실록》1761년(영조 37) 1월 2일.

1761년(영조 37) 1월 24일 조명정이 "왕세손의 입학이 가까워졌는데 장의(掌議: 조선시대 성균관유생들의 자치기구인 재회의 임원 가운데 으뜸자리)를 차출하여 서로 대면하도록 성상께서 엄중히 하교를 한 연후에야 치우치게 얽매이는 염려가 없어질 것입니다." 하니, 영조가 그 아룀을 옳게 여겼다. 2월 25일 영조는 경현당景賢堂에 나아가 예조판서를 인견할 때에, 왕세손 입학 때의 복색은 구례舊例대로 두건頭巾을 쓰고 청삼(靑衫: 나라의 제향 때에 입던 남색 도포)을 입고서 행례하도록 하는 일을 하교하였다. 2월 26일 왕세손의 입학과 관련하여 나이를 들어 사양한 대사성 조명정, 장의 임면주任冕周 등을 파직하고, 서명응을 대사성으로 임명하여 즉시 사은謝恩하게 하였다. 그리고 입학은 18일로 물러서 행하도록 하였지만, 예조판서 한익모韓翼謨가 "입학 날짜를 이미 팔방에다 반포하였습니다. 그런데 어제 비상한 하교를 들었기에 감히 이렇게 우러러 진달합니다." 하고 대신大臣과 여러 신하들이 또 극력 주청하니, 영조는 그제야 세손의 입학을 물려서 행하라는 전교傳敎를 도로 거두었다. 2월 29일에는 대사성 서명응이 왕세손의 입학과 관련한 처벌의 용서를 청하였다. "전 대사성이 아뢴 바는 그 분경(紛競: 말썽을 일으키어 시끄럽고 복잡하게 다툼)하는 폐단을 막으려고 한 것인데, 많은 선비들이 이것을 가지고 인혐(引嫌: 벼슬아치가 어떤 일에 대한 책임을 지고 사퇴하는 일)하며 모두가 우물쭈물 망설이는 생각을 품었습니다. 비록 그 고집한 바가 너무 지나쳤다 하더라도 이미 의義로써 조처한다고 말씀하셨으니, 이렇게 유관儒冠을 예의로 대우하는 때를 당하여 처음부터 조심하는 도리가 없을 수 없습니다. 그러니 덕음德音을 널리 공표하여 진출하는 길을 열도록 한다면 실로 선비를 대우하는 도리에 빛이 날 것입니다."하니, 영조는 개석(開釋: 잘못이 없음을 밝혀서 마음을 풀어 줌)하도록 하교하고 이어서 전후의 집사執事를 융통하여 차출해서 채우도록 하였으며, 왕세손의 입학 때의 산선시위繖扇侍衛는 모두 전문殿門 밖에서는 중지하도록 하는 일을 신칙하였다. 3월 10일 왕세손의 입학례를 행하였다(《영조실록》 1761년(영조 37) 1월 24일; 2월 25일; 2월 26일; 2월 27일; 3월 10일; 《승정원일기》 1761년(영조 37) 2월 27일; 2월 29일).


### 2) 《상례보편》 의주

1750년(영조 26) 8월 27일에 태어난 의소세손이 1752년(영조 28) 3월 4일에 죽었다. 그해 5월 12일에 장사를 치렀다(《영조실록》 1752년(영조 28) 5월 12일). 다음은 그로부터 2년 뒤인 1754년(영조 30) 윤4월 7일 의소세손이 입묘入廟할 때의 의주에 관한 내용이다.

임금이 의소세손이 입묘할 때의 의주儀註를 보고 연신筵臣에게 이르기를, "무릇 정문을 출입할 때에 세자가 동협문東夾門을 거친다면 세손은 서협문西夾門을 거쳐야 할 것이다."하자, 판부사 김상로가 말하기를, "세손은 감히 세자와 같은 문을 쓰지 않아야 할 것입니다."하고, 지사知事 원경하元景夏 등이 말하기를, "그렇다면 《오례의》를 고쳐야 할 것입니다."하니, 임금이 처음에는 고치라고 명하였는데, 이조참판 조명리趙明履가 아뢰기를, "무릇 전례典禮는 대조大朝·소조小朝에는 본디 강등降等이 있으나 세자와 세손에는 구별하여 꺼리는 의리가 없고 신하들과는 등급이 매우 다르므로 동협문을 거치고 서협문을 거치지 않습니다.《속오례의》를 지을 때에《대명회전》을 상고해서 만들었습니다.”하니, 임금이 말하기를, “내가 잊었다.《대명회전》에 황태자·황태손이 같이 동협문을 거치게 되어 있으니, 고치지 말라.”하였다.《영조실록》1754년(영조 30) 윤4월 7일.

1754년(영조 30) 윤4월 8일 영조는 의소혼궁懿昭魂宮에 거둥하여 판부사 김상로, 구사부 박문수·원경하·신만, 예조판서 홍봉한, 병조판서 이창의李昌誼, 우승지 한광회韓光會, 가주서 이휘중李徽中, 기사관 홍수전洪受甸·신응현申應顯과 혼궁출입魂宮出入에 관한 내용을 주제로,《오례보편五禮補編》과《속오례의》에 의주를 이정釐正하고 첨보添補하는 문제, 왕세손납빈의는 왕세자납빈의 소주小註 아래에 주를 다는 등의 문제를 의논하였다(《승정원일기》1754년(영조 30) 윤4월 8일). 그 뒤에 태어난 원손이 세손에 책봉된 것은 8세인 1759년(영조 35)이다(《영조실록》1759년(영조 35). 2월 12일). 1759년 2월 12일 영조는 함안각咸安閣에서 예조판서·병조판서 등을 만나 원손의 책봉에 대해 말하였다(《영조실록》1759년(영조 35) 2월 12일). 책봉이 늦어진 것은 ‘왕년往年을 추사追思한 것’ 때문이었다.

세손빈 책봉은 세손이 11세가 되는 1762년(영조 38)에 가서야 이루어지므로, 1754년(영조 30) 윤4월 8일 논의를 보면 왕세손납빈의는《상례보편》을 개정하고《속오례의보》도 함께 수정하면서 논의되는, 말단에 해당하는 사항이었다. 그리고 담사禫事가 지났으니 원손을 책봉해야 한다는 일로 원경하가 아뢴 바 있었다. 세손 책봉에 대해 영조는 부례祔禮를 행하기 전에 전정殿庭에 전알展謁시키고자 하여 먼저 정호定號하고 책례를 행하여 부묘를 기다렸다. 1759년(영조 35) 5월 4일 영조가 효소전孝昭殿에 나가 전중殿中에서 부복하고 아뢴 구주口奏에서 그 내용을 알 수 있다. 이때 부묘란 1757년(영조 33) 2월 15일에 왕비(영조비 정성왕후 서씨, 66세), 3월 26일에 대왕대비(숙종비 인원왕후 김씨, 71세)가 돌아갔는데, 이로부터 3년이 지나 부묘한 것을 말한다(《승정원일기》 1754년(영조 30) 윤4월 8일; 《영조실록》 1759년(영조 35) 5월 4일; 5월 6일). 1758년(영조 34)에 《상례보편》이 만들어진 것도 이 두 분이 승하하였기 때문이다.

　임금이 효소전에 나아가 전중에서 부복하고 구두로 아뢰면서 예당禮堂에게 자세히 들으라고 명하고, 또 주서로 하여금 구주口奏를 상세히 기록케하고 이르기를, "… 오늘 전殿에 배알하고자 하여 옷을 입을 즈음에 문득 깨닫게 되었습니다마는 천경天經과 지의地義를 어찌 감히 인사로써 참착參錯케 하겠습니까? 그러나 종사는 소중하고 차마 하지 못하는 마음은 곧 인사인데, 어찌 감히 차마 하지 못하는 작은 일로써 소중한 일을 빠뜨리겠습니까? 하물며 영모당永慕堂의 자교慈敎를 추상追想하매, 적의翟衣 한 벌을 얻었을 때에 하교하기를, '반드시 그 입을 사람이 있기에 그런 것이다.' 라고 하였으니, 그 입을 사람이란 곧 곤위를 가리키는 것입니다. 자성의 하교가 여기에 미치셨는데 지금에 이르러 생각하니 마음이 찢어질 지경입니다. 지금 만약 승안承顔한다면 또한 어찌 감히 차마 하지 못하는 마음만을 지킨다고 하겠습니까? 세손책봉도 신이 어찌 차마 하겠습니까마는 부례를 행하기 전에 전정에 전알시키고자 하여 먼저 정호定號하고 책례를 행하여 부묘를 기다린 것입니다. 오직 우리 자성께서는 이 곤위를 바루는 뜻을 가지고 제1위에 아뢰시면 조종祖宗의 영혼이 반드시 흔희欣喜할 것으로 생각됩니다." 하였다. 임금이 말하기를, "이 일은 어찌 예관禮官의 청하는 바에 의하겠는가? 대신大臣이 직접 청하는 것이 마땅한데 지금 그렇게 하지 않으니, 좌우상의 일이 진실로 개연慨然스럽다." 하고 이어 하교하기를, "이미 효소전에 아뢰었으니 그 아뢴 말을 마땅히 써서 내리어 반포하게 하고 무릇 모든 일들은 담사를 지낸 뒤에 거행토록 하라." 하였다.《영조실록》 1759년(영조 35) 5월 4일.

하지만 위 1759년(영조 35) 5월 4일의 '왕세손 책봉례를 행하고 부묘를 기다렸다'는 기사와는 달리 부묘례가 이루어진 뒤에 왕세손 책봉의식이 있었다. 1759년 5월 7일에 '효소전기이부묘孝昭殿旣已祔廟'라 하였으며, 윤6월 14일 "전하의 다함이 없는 효사孝思로써 부묘례를 마쳤다."는 기록이 있는데, 왕세손 책봉이 거행된 것은 1759년 윤6월 22일 진시辰時이다(《승정원일기》 1759년(영조 35) 5월 7일, 윤6월 22일; 《영조실록》 1759년 윤6월 14일).

## 3. 《속오례의》: 화려한 꽃인가, 위엄 서린 칼날인가

《속오례의》의 의주를 분석해 보면 다음과 같이 눈에 띄는 몇 가지 특징이 있다.

첫째, 영역 문제가 혼용되어 있다(謁宗廟永寧殿儀(친영례의 묘현례, 왕세자의 입학례와 책봉례), 행릉의, 친잠례, 사위례祠位禮(흉례 속의 사위례),[86] 어진봉안장녕전의[87] 등).

둘째, 개정이 아닌 증보 의례이다. 앞서 예로 든 기로 의례뿐만 아니라 군례의 경우에도 《오례의》의 사우사단의射于射壇儀가 《속오례의》에서 대사의大射儀로 표현된 것은 의례의 개정처럼 보인다. 하지만 나중 편찬되는 《오례통편》에 전·후 의례가 모두 실리므로 새로운 의례가 추가된 것이다. 이처럼 《속오례의》는 《오례의》의 증보 의례라는 개념으로

---

86 안희재, 앞의 논문(2009), 52쪽.
87 4장 1절에서 검토한 내용으로, '御眞奉安長寧殿儀[續]'가 《속오례의》에는 길례 영역, 《오례통편》에는 가례 영역에 포함됨.

이해해야 한다.

셋째, 영조는 선조가 시행했던 의례를 따르고 있다. 《속오례의》에 실린 대부분의 의례는 숙종이 시행했거나(어진봉안장녕전의, 기로 의례), 시도하다가 이루지 못한 일들(친경의, 행릉의, 온릉복위의)이다. 또는 더 위의 선대왕들이 의례 시행을 추진해 왔던 것들(배대원군사우의, 작헌영희전의)이다. 의례를 창안하는 데 영조는 반드시 선왕이 시행했던 의례에 그 근거를 두고 있다. 영조가 왕실의 위상을 세우고 중흥의 군주로 거듭나기 위하여 그 권위를 선대왕들에게서 가져왔다.

여기서 창안이란 사전에서 '처음으로 생각하여 냄', 또는 '그런 생각이나 방안'으로 정의되는 단어로서 선왕들의 의례를 따랐다고 한다면 새로운 것이 아니기 때문에 적절하지 못한 단어일지도 모른다. 하지만 《속오례의》의 의주는 《오례의》의 개정이 아닌 증보 의례(둘째 특징)이므로 선왕의 뜻을 이어 새롭게 시행한 의례라는 뜻으로 사용해 보았다. 그리고 이 연구에서는 '창안'에 '국가중흥의 군주라는 이미지 창안'의 뜻을 담아 보았다.

《속오례의》에 실려 있는 의례는 반드시 선대에 행해진 의례에 그 근거를 두고 있음을 특징으로 꼽았다(셋째 특징). 예컨대, 장녕전의는 숙종 당대에 용안龍顔을 다시 그려 모시자는 건의에 따라 1713년(숙종 39) 5월 5일 어진을 장녕전에 봉안한 뒤 매년 사맹삭四孟朔에 봉심하라는 어명에 따라 행해진 의식이다(《숙종실록》 1713년(숙종 39) 3월 30일: 5월 5일). 기로연의 경우, 왕으로서는 태조 이후 숙종이 두 번째로 기로소에 들어갔고 그다음이 영조였다. 친경의의 경우는 아버지 숙종이 모든 준비를 마치고도 거행하지 못했던 의식이었다.[88] 행릉의의 경우 《오례의》에 있었지만 한 번도 시행하지 않은 의례인데(《승정원일기》 1724년(영조

---

88 김지영, 앞의 논문(2002), 63쪽.

*즉위) 11월 28일)* 이를 영조가 처음 시행하였다. 온릉복위의 경우는 단종과 함께 복위하지 못한 것을 숙종이 애석하게 여겼음을 거론하며 영조가 선왕의 뜻을 이어받아 시행한 의례이다(*《영조실록》 1739년(영조 15) 3월 13일; 1771년(영조 47) 10월 5일).*

이와 같은 표면적 특징 외에도 지금까지의 검토를 바탕으로 《속오례의》의 의주를 크게 정치적·사상적 특징으로 나눌 수 있다. 다음과 같이 내용별로 분류하여 그 의미를 구체화해 볼까 한다. 《속오례의보》와 《상례보편의》의 의미도 함께 언급해 보기로 한다.

### 1) 계술사업과 왕실의 위상 강화

《속오례의》 의주의 시행 시기 분석 결과에 따르면 왕실 위상 강화의 측면에서 이해되는 의례들이 많이 보인다. 4장 1절 길례 의주에서 (1) 종묘와 영녕전 의례(C. 가.-③3춘추알종묘영녕전의, 가.-②4왕세자알종묘영녕전의, 가.-③5왕비알종묘영녕전의, 가.-④6왕세자빈알종묘영녕전의)를 살펴본 결과 1702년(숙종 28)에 춘추행례가 특명으로 행해지는가 하면, 1695년(숙종 21) 경종의 입학례를 위해 왕세자 의례가 시행되었고, 1696년(숙종 22)에 세자빈(경종비 단의빈)의 책봉과 가례를 맞아 왕비와 왕세자빈의 태묘의 예가 행해졌으며, 1702년(숙종 28) 인원왕후의 책봉과 가례에 맞추어 왕비와 왕세자빈의 영녕전의가 행해졌다. 그리고 숙종 21년의 왕세자 의례는 영조 18년, 사도세자의 입학례를 준비하면서 참고가 된 선행 사례였을 뿐만 아니라 숙종 22년 왕비와 왕세자빈의 종묘 의례를 만들 때도 참고가 되었다.

(6) 종묘이봉宗廟移奉 의례(C. 나.-③7종묘각실이봉우경덕궁의, 나.-④8종묘이봉시지영수가의宗廟移奉時祗迎隨駕儀)에서는 다음과 같은 특징을 보

인다. 1726년(영조 2) 경종 부묘를 위한 태묘증수가 이루어졌는데, 신주를 환안還安하고 지영수가하면서, 영조는 영녕전 의례를 애써 시행하였다. 이를 종묘 의례에서 영녕전 의례가 증보된 것과 관련지어 영조가 영녕전 의례를 중요시한 이유를 찾아볼까 한다. 종묘 의례에 영녕전 의례가 함께 시행되는 것은 현종대 기사에서도 확인되지만(《승정원일기》 1669년(현종 10) 1월 4일과 1월 15일), 여기서는 영조가 굳이 의주항목으로 만들면서까지 이 의례를 부각시킨 이유를 찾아야 한다. 이를 위해 종묘 이봉 의례와 종묘·영녕전 의례를 함께 살펴볼 것이다.

1702년(숙종 28), 영녕전 의례를 행하라는 특명은 왜 내려졌을까? 숙종은 '태묘의 예만 행하고 가까이 있는 영녕전을 찾지 않는 것은 미안한 일'이라 하여 영녕전을 춘추로 찾아뵙기로 한다(《숙종실록》 1702년(숙종 28) 8월 29일). 이를 연혁으로 삼아 의례를 시행하고 있는 영조의 의중이 무엇인지를 파악하는 것으로써 영녕전 의례의 증가 이유를 찾아 봐야겠다.

우선 1698년(숙종 24)에 이뤄진 단종복위 의례에서 그 이유를 찾아보면 어떨까 한다. 이를 위해 단종의 신주가 종묘에 모셔지는 경위를 짚어 보면, 숙종 24년 10월에 단종의 복위가 결정되면서 신주는 종묘에 부묘되는 절차 없이 곧바로 영녕전에 모셔졌다(《숙종실록》 1698년(숙종 24) 10월 24일; 10월 20일). 하지만 이때는 춘추영녕전의 시행 특명이 내려지기 4년 전이다. 시기로 봐서는 단종복위에서 이 의례의 시행이유를 찾는 것은 설득력이 부족해 보인다. 단종복위의는 춘추의례뿐만 아니라 세자·왕비·세자빈의 의례(숙종 21년 세자 입학, 숙종 28년 인원왕후와 단의빈의 가례)와도 시행 시기가 합치되지 않는다.

그래서 다른 측면에서 영녕전 의례를 해석해 보려고 한다. 숙종 28년의 일 가운데, 사현사四賢祠 창설에 대한 것이 있었다(3장 2절 길례).

그 뜻과 의의 위주로 다시 언급해 보면 1702년(숙종 28) 8월 19일 지
사知事 이현석李玄錫이 다음의 일로 상소하였다. 숙종이 계해년(1683, 숙
종 9)에 당나라 태학생의 사우(祠宇: 서원의 중심 건물인 제향 공간)를
세워 태학생들의 사기를 격려할 것을 하교하였지만 이것이 지연되고 있
음을 아뢰는 내용이었다(《숙종실록》 1702년(숙종 28) 8월 19일). 1725년(영
조 1) 4월 11일 예조참의 김조택金祖澤의 상소와 영조의 비답에 따르면
사현사 설립은 특별히 충의를 세우고 정절을 표창하는 방도를 생각한
조치였으며, 절의節義를 권장하는 뜻을 보이기 위한 일이었다(《영조실록》
1725년(영조 1). 3월 26일; 4월 11일). 이 일은 숙종의 뜻을 이어 영조가
마무리하였다.

 그럼 숙종이 참배했던 일을 전거로 삼아 의례서에 실은 영녕전 의례
는 숙종의 뜻을 잇고자 한 영조의 계술사업이었을까? 그리고 같은 해
에 이루어지고 숙종의 뜻을 이어 시행했다는 이유만으로 사현사 창설
을 영녕전 증가 이유와 함께 언급할 필요가 있을까? 하지만 이들 의례
의 시행시점과 시행의의에서 중요한 이야기를 이끌어낼 수 있다.

 왕비와 왕세자빈의 묘현례(1696년, 숙종 22), 왕비와 왕세자빈의 영
녕전 의례(1702년, 숙종 28)는 비록 숙종대에 행해진 의례이지만 이 의
례를 《속오례의》에 명문화한 것은 영조이다. 영조는 《오례의》에도 없는
왕세자와 왕비의 영녕전 의례를 의례서에 새롭게 추가하였다. 그리고
종묘이봉 의례에서도 영녕전 의례는 중요시되었다. 영녕전 의례의 증가
이유를 찾기 위한 지금까지의 고민들은 숙종 22년에서 28년까지 이뤄
진 묘현례 시행, 사현사 설립, 단종복위 의례 등과 관련을 가진다. 중
요하게 거론하고자 하는 이들 의미에 대해서는 제2항에서 다루기로 하
고 다음 의례들을 살펴보자.

(3) 사친추숭 의례(F. 가.-㉑13배대원군사우의拜大院君祠宇儀, 나.-㉑14배
육상묘의拜毓祥廟儀, 나.-⑧15배소령묘의拜昭寧墓儀)부터 살펴보겠다. 영조
는 사친추숭을 위한 사전작업으로 배대원군사우의를 만들었다. 필자는
이 의례를 영조가 숙빈淑嬪 추숭사업을 준비해 나가는 과정에서 만든
선례로 이해하였다. 1734년(영조 10) 2월 사친의 아버지에 대한 추증을
인빈仁嬪의 예에 따라 시행하였고(《영조실록》 1734년(영조 10) 2월 18일),
1743년(영조 19) 왕자들과 함께 봉안된 인빈의 사우를 따로 세워 봉사
자는 관직을 세습케 하였고(《영조실록》 1743년(영조 19) 6월 13일), 영조 20
년에는 배대원군사우의를 《속오례의》에 실었다. 영조의 사친추숭 사업
의 목적이 자신의 정통성 확립에 있었던 만큼 군주의 정통성 확립과
혈통상의 존엄성 확보[89]라는 측면에서 이 의례를 이해하였다. 이 의례
는 어진을 모시는 의례(D. 작헌영희전의, 친향영희전의, 어진봉안장녕전의
)인 (2) 장녕전 의례, (7) 영희전 의례와 함께 더 논의해 보려고 한다.

(4) 기우의례: 조선 전기에 전국의 산천을 재편하면서(《태종실록》 1414
년(태종 14) 8월 21일) 이들의 제사를 중앙에서 파견한 관리나 지방 수령
으로 하여금 거행하도록 하였다(《태종실록》 1416년(태종 16) 9월 3일). 이와
같은 정비는 이전의 지방제도를 중앙정부 중심의 일원적 체제로 바꾸
는 것이었으며, 수령권 중심으로 향촌질서가 변하는 가운데 악해독嶽海
瀆·산천山川에 대한 제관祭官의 통제를 제도화한 것이었다.[90]

그리고 국가 기우제와 산천 연구에 따르면 하늘에 대한 제사가 천자
의 고유한 권한이라면 산천에 대한 제사는 제후의 권한이며 의무이므

---

89 정만조, 〈英祖代 私親追崇의 정치적 의미〉, 《숙빈최씨자료집》 3, 한국학중앙연구원
  장서각, 2010, 37~38쪽.
90 이범직, 《韓國中世禮思想研究》, 일조각, 1996, 249~250쪽.

로, 산천의 제사는 그와 연관된 지방세력의 정치력을 인정해 주는 것이었다. 그런가 하면 수도 한양에서 거행하는 북교北郊 망제望祭(시한북교망기악해독급제산천의時旱北郊望祈嶽海瀆及諸山川儀)는 직접 산천에 나아가지 않고 북교에 단을 만들어 악해독 및 명산대천의 신위를 각 방위별로 진설하고 지내는 제사이다. 국왕을 중심으로 한 산천제의 개편을 상징적으로 보여 주는 것으로서, 신 중심의 제단 설정을 주제자 중심으로 전환시킨 것이다. 또 조선 후기에 선농기우의가 추가되었지만 이는 기우 대상의 확장보다는 국왕 친행의 증가라는 데 의의가 있는 것으로, 천자가 교외에서 비를 빌던 고사를 모방한 것이며 의례에서 국왕의 역할을 강조한 것이다.[91]

이러한 관점을 종합하여 조선 후기 《속오례의》에 투영해 보면 기우 관련 의례를 만든 영조의 의도를 추정해 낼 수 있다. 《속오례의서례》 변사辨祀의 대사에 추가된 기곡사직의祈穀社稷儀, 그리고 《속오례의》의 주에 실린 친행 기우의례(친향선농기우의親享先農祈雨儀, 친제악해독기우의親祭嶽海瀆祈雨儀[諸山川時], 친향우사단기우의親享雩祀壇祈雨儀)는 천자만이 행할 수 있는 의례였다. 영조가 기곡의祈穀儀를 추가하고 기우의祈雨儀를 국왕 친제와 친향으로 치른 것은 지방산천의 영험성과 지방세력의 정치력을 인정해 줌과 동시에 이들을 국가의 통제권 안에 둠으로써 국왕의 역할을 강조하는 것이었다. 이를 위해 영조는 기존 의례(우사단雩祀壇과 악해독급제산천嶽海瀆及諸山川 의례)를 《속오례의》에 적극 활용하였으며 여기에 친향선농기우의까지 추가하였다. 한편 천자만이 행할 수 있는 의례로서, 영조가 시행한 의례 중에는 군례의 바.-① 대사의大射儀도 있다. 이 의례의 습사習射는 친경의례에 의거해 시행하였다. 천자의 예를 시행한 데는 명나라 대신 청나라가 들어선 국제적 상황도 작용하

---

91 이욱, 앞의 논문(2000), 174~177쪽.

였다. 조선은 그동안 대명의리를 지켜오면서 주자성리학을 계승한 나라
는 조선뿐이라는 인식을 가지고 있었다. 조선중화사상[92]으로써 조선만
이 천자의 예를 시행할 수 있는 천하의 중심국가라 자부할 수 있게 된
것이다.

(5) 친림서계親臨誓戒와 전향축傳香祝 의례의 전향축은 아래 가례의 (1)
책보册寶 의례와 함께 친림서계(나.-①1친림서계의)는 2항의 온릉복위
(온릉복위의)와 함께 언급할 것이고, (6) 종묘이봉宗廟移奉 의례는 이미
앞의 종묘·영녕전 의례와 함께 살펴보았다.

(7) 영희전 의례(D. 작헌영희전의酌獻永禧殿儀, 친향영희선의親享永禧殿儀,
어진봉안장녕전의御眞奉安長寧殿儀)는 어진을 모시는 의례이다. (2) 장녕전
長寧殿 의례와 (3) 사친추숭 의례 가.-⑦13배대원군사우의拜大院君祠宇儀
와도 연관이 있다. 영희전에 처음 영정이 모셔진 것은 광해군대에 태조
어진과 세조어진의 임시 봉안처로 사용되면서부터이다(《광해군일기》 1618년
(광해 10) 7월 18일; 1619년(광해 11) 9월 4일). 광해군 생모의 사당으로 봉
자전奉慈殿이란 전호를 가졌던 전각은 영정이 모셔지는 때부터 남별전
南別殿이라 불리게 되었다. 광해군 말에서 인조 초년 사이에 두 어진은
강화도에 있는 진전으로 옮겨졌고(《인조실록》 1624년(인조 2) 2월 12일; 3월
22일; 8월 24일; 1627년(인조 5) 3월 29일), 비어 있던 진전에는 인조가 자
신의 생부인 정원군을 원종으로 추숭하면서 그 영정을 봉안하였다(《인
조실록》 1632년(인조 10) 2월 29일; 3월 9일). 이때 전호도 남별전에서 숭은
전崇恩殿으로 개칭되었다. 그러나 강화도 진전이 전란으로 전소되자 그
곳에 있던 세조어진을 가져와 다시 원종과 합봉하였고, 전호도 남별전

---

92  정옥자, 《조선후기 조선중화사상 연구》, 일지사, 1998.

으로 회복하였다(《인조실록》 1637년(인조 15) 9월 2일).

　그렇다면 여기서 영희전에 모셔진 원종의 추숭논의를 인조의 정통성 확립과 관련하여 살펴볼까 한다. 인조대 원종추숭논의는 선조와 정원군, 그리고 인조의 위치정립이 문제가 되어 발생하였다. 반정이 이루어진 1623년부터 정원군을 원종으로 추숭(1632년)하고 부묘하는 1635년(인조 13)까지 종법질서 아래에서 왕통과 사가의 관계를 정립하려는 치열한 예론이 펼쳐졌다. 인조는 반정의 명분을 합리화하기 위해 왕권의 정통성을 무엇보다 중요한 문제로 삼았다. 이에 따라 이귀李貴와 최명길崔鳴吉은 반정의 일등공신으로서 인조의 생부인 원종을 추숭하여 종통과 적통을 일치시킴으로써 이 문제를 해결하고자 하였으며, 박지계는 남인 예학의 거두인 정구가 천자제후례와 사대부례를 다르게 인식한 점을 받아들여 가례家禮와 종법제도에 어긋남에도 불구하고 이들 추숭론자들의 이론을 주장의 근거로 제시하였다. 인조도 그 정권의 정당성을 추구하기 위해 원종추숭을 적극 추진하였다.[93]

　그리고 원종추숭과 함께 짝을 이루어 거론할 수 있는 계운궁의 상복 문제가 있다. 1626년(인조 4) 인조의 생모 계운궁 구씨가 사망함으로써 돌아가신 아버지, 정원대군에 대한 호칭문제와 같은 사친과의 관계정립 문제가 원종추숭문제보다 먼저 발생하였다. 적장자 왕위계승이 아닌 입승대통으로 왕위에 오른 인조가 생모의 상에 입어야 할 상복의 종류가 논쟁의 핵심이었다. 대개 아들이 어머니를 위해 3년 상복을 입는 것이 상례였다. 하지만 인조의 경우는 선조의 뒤를 이어 왕통을 이은 특수한 상황이었기 때문에 사가의 친부모를 위한 상복은 삼년복에서 강복(降服: 오복의 복제에 따라 본래 입어야 할 상복보다 등급을 내려서 입음)한 기년복이 마땅한 예였다. 인조의 경우는 선조의 대통을 이은 상태이기

---

93 이현진, 〈仁祖代 元宗追崇論의 推移와 性格〉, 《북악사론》 7, 2000, 52~54쪽.

때문에 대종에 압존되어 사친을 위해 정리를 펼 수 없는 것이 천지의
상경이요 고금의 통의라는 논리였지만, 인조는 친모를 높이려는 인정에
끌려 삼년복을 입어야겠다고 고집하였다.[94] 이러한 논란은 효종과 현종
대에도 그대로 이어져 17세기 기해·갑인예송으로 불리는 복제논쟁의
시초가 되었다.

영희전에 원종의 영정이 모셔진 이유를 찾기 위해 인조가 반정을 통
해 왕위의 정당성을 회복하거나 왕의 정통성을 확립하려 한 상황을 검
토해 보았다. 필자의 의도는 엄밀히 원종의 영정이 모셔진 이유가 아니
라 영조가 굳이 세조나 원종이 모셔진 영희전을 '친림'까지 해가며 중
요한 의례로 부각시킨 이유를 찾는 데 있다.

영조는 인조의 원종·계운궁 추숭을 모델로 하여 숙빈 최씨의 추숭을
시도한 것은 아닐까? 물론 인조의 아버지는 왕이 아니었고 어머니는
정비여서 영조의 경우와는 입장이 같다고 할 수 없지만 영희전 의례가
인조나 영조의 정통성 확립과 결코 무관해 보이지 않는다. 더구나 영정
에 대한 의례를 강조하는 것이 왕의 위상을 높일 수 있는 방안이라고
한 기존의 연구들은 그 이유를 찾는 데 좋은 본보기가 된다. 진전을
복구하고 태조 영정을 환봉하거나 새로 모사하여 봉안하고자 한 목적
이 중흥을 이끈 광해군의 위상을 가시적으로 드러내는 데 있다고 본
연구가 있는가 하면,[95] 전란으로 훼손된 어진을 수복하면서 만든 전각
이 남별전(영희전의 옛 이름)인데,[96] 인조반정 후 정통성을 확립해야 했

---

94 우인수, 〈인조대 산림 장현광의 정치적 활동과 위상〉,《한국학논집》 52, 계명대학교
   한국학연구원, 2013, 48쪽.
95 윤정, 앞의 논문(2013), 67~68쪽.
96 임금이 세자를 거느리고 永禧殿에 나아가 展拜禮를 행하였다. … 승지 洪象漢이 말하
   기를, "지금 이 殿의 칭호를 奉慈殿이라 일컫기도 하고 南別殿이라 일컫기도 하고 영
   희전이라 일컫기도 합니다. 당초 건립했을 때의 칭호와 열조의 영정을 봉안하게 된 시
   말에 대한 연 월 일을 사실대로 기록한 문가가 없으니, 예관으로 하여금 사실을 조사

던 정치적 요구에 의해 이 전각이 운영된 것으로 본 연구도 있다.[97] 그리고 1748년(영조 24)의 영희전 증설을 영조가 선왕 숙종을 높이고 그를 계승한 영조 자신의 권위를 확장시킨 것으로 해석하기도 하므로[98] 영조가 영희전을 의례화한 이유도 이들 연구 성과에 의지할 수 있다.

영조는 《속오례의》에 영희전의례를 추가하여 자신의 왕권 정통성을 가시적으로 드러내었다. 비록 세조나 원종의 영정은 국가전란 속에 살아남았을 뿐이고 영조가 특별히 태조·세조·원종·숙종의 영정만을 선택하여 모시려던 의도가 있었다고는 할 수 없다. 하지만 광해군이 태조영정을 이용하여 자신을 중흥의 군주로 형상화하려한 것과 같이 영조도 남아 있는 영정을 통해 왕권의 위상을 드러내는 방안으로 삼았다고한다면, 이것이 영희전의례의 증가 이유가 될 수 있을 것 같다. 특히 세조는 형제 계승이라는 측면에서 영조와 입장이 같았고[99] 원종은 추숭왕으로서 그 정통성과 정당성이 부족했던 만큼, 아무리 명목상으로는 전란 중에 남겨져 있던 영정을 모신 것이라 하더라도, 남겨져 있는 영정을 모시는 일을 의례화함으로써 왕실의 권위를 높일 수 있었다. 무엇보다 이미 《오례의》에 속절향진전의俗節享眞殿儀가 있으므로 이를 정비한 것에 불과하다고 하기에는 '친향' 의례(친향영희전의)까지 만든 이유

해 내어 한 통의 책자로 엮게 하여 睿覽에 대비하게 하소서." 하니, 임금이 허락하였다. 《영조실록》1744년(영조 20) 2월 4일.

97 유재빈, 〈조선후기 어진 관계 의례 연구〉, 《미술사와 시각문화》10, 2011, 77쪽.

98 김세은, 앞의 논문, 15쪽.

99 영조가 세조의 영정을 모셨던 이유에 형제 계승이라는 같은 처지의 입장뿐만 아니라 세조의 추진력 있는 카리스마를 따르고자 했던 점도 있지 않았을까 추정해 본다. 그 근거로 1742년(영조 18)에 작성된 〈御製兵將圖說後序〉를 들 수 있다. 이 〈後序〉에 따르면 《兵將圖說》은 세조가 수양대군시절 만든 《五衛陣法》을 1742년에 다시 간행한 것이다. 《병장도설》의 저본이 된 《오위진법》은 조선전기 중앙군 조직인 오위의 부대 편성과 군사 훈련의 기본을 밝힌 병서이다. 이 책은 1451년(문종 1)에 처음 편찬된 이후 세조대에 두 차례나 더 간행되었다가 1492년(성종 23)에 또다시 개정·간행되었다(정해은, 《한국 전통병서의 이해》, 국방부 군사편찬연구소, 2004, 179~180쪽).

를 설명할 수 없다. 자신에게 취약했던 왕의 정통성과 정당성 면에서 그 처지가 크게 다르지 않다고 이해되는 세조와 원종의 영정이 마침 남아 있었기에 이를 의례로써 표현하는 데 힘을 기울인 것은 아닐까.

의례서에 실린 의례의 차례대로라면 앞에서 살폈어야 할 (5) 전향축傳香祝 의례(나.-②2친림전향축의)는 아래 가례의 (1) 책보 의례와도 관련이 있으므로 여기서 살펴보겠다. 영조 47세, 훗날 사도세자인 왕세자의 나이 겨우 6세밖에 안 된 시점에 벌어진 경신년(1740년, 영조 16) 사건은 친림전향축의를 통해 그 성격을 추정해 볼 수 있다. 경신년 5월 21일 '임금이 모든 공사(公事: 관청의 일. 또는 공공에 관계되는 일)를 정원政院에 머물러 두고 입계하지 말라고 명'한 것이 친림전향축의가 행해진 계기이다. 5월 26일에 친정親政할 것을 명하고, 또 20일 이후에 내린 지나친 분부는 모두 거두라고 명하였다. 1740년(영조 16) 5월 20일 영조가 공사를 보지 않겠다고 하였다가 곧 방명邦命을 다시 정한 이 사건은 석위(釋位: 왕위를 내어 놓음)한다는 명을 도로 거둔 일(《영조실록》 1740년(영조 16) 6월 25일)이다.

영조는 이보다 한 해 전인 1739년(영조 15), 왕세자의 나이 5세 되던 시점에도 전위(傳位: 임금 자리를 후계자에게 전하여 줌)를 하교한 일이 있었다. 1월 11일 정원에 선위에 대한 비망기를 내렸다가 송인명, 이광좌, 조현명이 명을 거두기를 청하니 마지못해 따랐다. 이광좌가 예판禮判 윤순尹淳 등과 함께 선조先朝 을유년의 전례(1705년, 숙종 31년에 숙종이 45세로 선위禪位하려 하였다가 거둠)(《숙종실록》 1705년(숙종 31) 10월 29일)에 따라 경사를 칭하고 진하하기를 청하니, 임금이 윤허하였다(《영조실록》 1739년(영조 15) 1월 11일).

영조가 1739년부터 계속해서 일으키는 선위파동을 '왕위 계승의 정통성 천명'으로 해석하기도 한다.[100] 필자는 경신년 사건의 해결을 뜻하는 친정의 의의를 영조 스스로 인조반정 때의 친정에 비유하고 있음[101]

에 주목해 보았다. 앞서, 이와 같은 퍼포먼스를 나라를 중흥하겠다는
뜻을 담은 영조의 정치적 행위로 해석하였지만(4장 1절 길례 의주) 좀
더 구체적인 영조의 의도가 궁금하다. 다음 존호책보의식과도 관련이
있으므로 함께 살펴보자.

**가례 (1) 책보 의례 다.-①1상존호책보의**

1740년(영조 16) 7월 20일 좌의정 김재로가 백관을 인솔하고 존호를
올렸다(《영조실록》 1740년(영조 16) 7월 20일). 옛 의례가 전하지 않아 숙종
계사년(1713, 숙종 39)의 의절을 따라 준행한 것이다. 숙종은 즉위 40
년을 기념하여 재위 39년(1713) 3월 9일 숭정전에 나가서 존호를 받았
다. 하지만 영조는 재위 16년, 나이 47세에 왜 이 의식을 준행하고
《속오례의》에 의절로 남겨둔 것일까? 이때 대왕대비(인원왕후)와 왕비
(정성왕후)의 존호도 함께 올렸다. 경신처분이 같은 해에 이루어졌으므
로 이 정치적 사건과 관련하여 존호의례의 시행 이유를 해명해 보고자
한다.

위 나.-②2친림전향축의와 연계하여 이 사건의 발단부터 찾아보자.
1740년(영조 16) 5월 19일 다음과 같은 일이 있었다. 삼사三司가 합계
(合啓: 조선시대 사간원, 사헌부, 홍문관 가운데 두 군데나 세 군데에서 연

---

100 이경구, 〈1740년(영조 16) 이후 영조의 정치 운영〉, 《역사와 현실》 53, 한국역사연구
　　회, 2004, 29쪽.

101 제4장 1절 나.-②2親臨傳香祝儀 ㉡-b에 출처 밝힘. 《영조실록》 1740년(영조 16) 5월
　　25일. 親政할 것을 명하고 말하기를, "仁廟께서 反正한 뒤에는 西宮에서 친정하셨으니,
　　이제 이를 이어서 하겠다."; 필자는 이때 親政의 의미를 임금이 친히 정사를 본다는
　　의미로 보았는데, '仁廟께서 反正한 뒤에는 西宮에서 친정한 것'은 임금이 吏判 閔應
　　洙·兵判 趙顯命을 불러놓고 직접 人事관계를 처리한다는 의미이다. 《영조실록》 1740년
　　(영조 16) 5월 26일 開政 기록에 자세함.

〈자료 15〉 유척기. 당색은 노론이었으나 온
건파에 속하며 사도세자의 보호에도 앞장
섰다. 우의정으로 있을 때 신임사화로 죽은
김창집과 이이명을 복관시켰다. 영정 출처
는 《선현영정첩》이다.

명하여 올리는 계사)하여 소론을 역으로 몰기 위해 유봉희·조태구·이광
좌 등 임인옥 당시 치옥治獄을 책임졌던 소론대신의 관작추탈을 요구하
였다. 그리고 이때 이광좌가 그 아비의 무덤을 왕자산맥王字山脈에 썼다
는 공주인 박동준朴東俊의 고발이 충청감사의 장계를 통하여 왕에게 이
문以聞되었다. 그러자 앞서부터 노론 측의 임인사 해결방식에 불만을
갖고 있던 왕은 삼사와 박동준이 내외 화응하여 이광좌를 모함하며, 유
척기가 배후에서 이를 조종한 것으로 단정하여 삼사제신을 모두 파직하
고 유척기의 우의정직을 체차(遞差: 관리의 임기가 차거나 부적당할 때 다
른 사람으로 갈아서 임명함)하였다(《영조실록》 1740년(영조 16) 5월 19일).102

이날(5월 19일) 밤 김재로 등이 말하기를, "유척기를 정승 벼슬에서
파면한 것은 지나칩니다. 대신을 예우하는 도리가 아니니 그 명을 도로
거두소서." 하였으나 임금이 따르지 않았다. 이어서 명하여 전교(傳敎:

---

102 정만조, 〈英祖代 中半의 政局과 蕩平策의 再定立: 小論蕩平에서 老論蕩平으로의 轉
換〉, 《역사학보》 111, 역사학회, 1986a, 86~87쪽.

임금이 내리는 명령) 쓰게 하기를, "면대하여 일렀을 때에도 오히려 시원히 깨닫지 못하고 성城을 나간 뒤에는 도리어 당론을 격동하여 일을 만드니, 대신이 이러한데 나머지 당습(黨習: 파당을 지어 다른 패를 배척하는 습속)에 빠진 자는 어찌 말할 만하겠는가? 당습이 제 임금보다 중하다는 것을 비로소 알았으니, 신하들은 덕이 없는 임금을 돌보지 말고 각각 스스로 하고 싶은 대로 하라." 하였다. 영조는 "당습을 고치지 않고 앞장선 자는 이태중李台重이니 갑산부甲山府에 귀양보내고 권적權禴·이성룡李聖龍은 그 벼슬을 삭탈하라." 하였다. 승지 홍용조洪龍祚는 유척기의 정승 벼슬을 파면하라는 명을 하달하지 않고 도로 바쳤다 하여 그 또한 체차하였다(《영조실록》 1740년(영조 16) 5월 19일).

5월 20일 헌납 서명신徐命臣·수찬 윤득경尹得敬이 상소하여 대신大臣의 정승 벼슬을 파면하고 삼사를 삭직·파직하고 이태중을 투비(投畀: 죄인을 지정한 곳에 귀양을 보냄)하라는 명을 도로 거두기를 청하였으나 그 글을 도로 주고 살피지 않았다. 5월 24일 시임·원임 대신들이 여러 번 아뢰어 '감히 들을 수 없는 하교'를 도로 거두기를 청하였으나, 임금이 끝내 윤허하지 않자 대신들이 함께 돈화문 밖에서 대명待命하니 임금이 들어오라고 명하였다. 대신들이 모두 명을 따랐다. 5월 25일 영조는 석위釋位한다는 분부를 내렸다가 곧 도로 거두었다(《영조실록》 1740년(영조 16) 5월 20일; 5월 24일; 5월 25일).

6월 3일 《속오례의》를 만들게 하였다(《영조실록》 1740년(영조 16) 6월 3일). 6월 13일 임인년(1722, 경종 2년) 옥안獄案의 이름과 계묘년(1723, 경종 3년) 정시(庭試: 나라에 경사가 있을 때 대궐 안에서 행하는 과거)의 과명科名을 고치게 하고(《영조실록》 1740년(영조 16) 6월 13일) 국안(鞫案: 죄인을 국문한 사실을 기록한 문서)을 바로잡게 하였다(《영조실록》 1740년(영조 16) 6월 13일). 이것이 바로 경신처분이라 불리는 사건으로 그 핵심은 신임사를 비역(非逆: 역이 아님)이요, 무옥(誣獄: 아무런 죄 없는 사

람을 관가에 무고하여 일으킨 옥사)으로 판정한 데 있다.[103] 6월 22일 대
제학 오원吳瑗이 조정이 성대한 예를 치른 뒤의 반교문을 지어 바치고,
6월 25일 좌의정 김재로 등이 빈청에 모여서 존호를 올리기를 청하였
다. 그러나 윤허하지 않다가 김재로·송인명 등이 여러 번 아뢴 끝에
윤6월 4일에 존호 올리는 것을 윤허하였다(《영조실록》 1740년(영조 16) 6
월 22일; 6월 25일; 윤6월 4일). 7월 20일 마침내 존호 올리는 의식이 거
행하였다. 《속오례의》 연혁에는 숙종의 즉위 40주년을 기념하는 존호의
식을 따른 것으로 기록되어 있지만, 영조가 이 의식을 시행한 것은 방
명을 다시 정한 사건인 경신처분,[104] 곧 석위한다는 명을 도로 거둔 일
때문이다. 영조 스스로 경신처분의 인사 문제를 인조반정 때의 정사에
비견하여 처리하고 있으므로[105] 이를 통해 나라를 중흥하겠다는 의지를
표명하고 자신이 그런 중흥의 군주임을 드러내었다.[106] 이때 행해진 의
식이 바로 친림전향축의와 책보 의례이다.

　왕의 즉위 30주년을 축하하는 존호의식이 단순한 경축이 아니었듯이
왕비와 왕대비, 대왕대비에 대한 존호책보의식(다.-②2대왕대비상존호책
보의, 마.-①3왕비상존호책보의, 다.-③4왕대비책보친전의)도 단순히 탄신
을 축하하는 일이 아니었다.

---

103 정만조, 앞의 논문(1986a), 90쪽.

104 영조가 노론 준론세력을 축출하고, 소론의 동의를 받아 임인사를 무옥으로 판정받기
　　까지의 정치적 노정은 정만조, 위의 논문(1986a), 86~90쪽의 〈경신처분〉을 참고.

105 "오늘의 친정은 계해년(1623, 인조 원년)에 反正한 뒤의 古例를 따르니, 공정하도록 힘
　　써야 한다."라고 하여 이때의 親政이 人事관계를 처리한다는 의미로 쓰였음을 확인하였
　　지만 여기서 경신처분을 인정반정에 비유할 수 있는 빌미를 찾을 수 있지 않을까 한다.

106 이때(4장 1절 나.-②2親臨傳香祝儀 ⓒ) 영조 스스로가 중흥의 군주임을 드러낸 것이
　　아니라 김재로 등이 왕을 찬양하면서 사용한 용어이지만 왕의 뜻에 부합하는 언사였
　　을 것으로 본다.

다.-②2대왕대비상존호책보의 연혁에 따르면 숙종조에 처음 이 의절이 있었다고 하여 숙종 당시 대왕대비였던 장렬왕후의 예를 따른 것으로 볼 수 있지만 장렬왕후는 1686년(숙종 12)에 회갑연을 치렀다. 숙종조의 의절을 준행하여 의식을 치른 1726년(영조 2)은 대왕대비(인원왕후)의 나이가 겨우 40세였고 대왕대비에게 존호 '헌열獻烈'을 올렸던 이해 7월 2일은 경종과 단의왕후를 부묘하였다.

마.-①3왕비상존호책보의는 왕비(정성왕후)에게 존호 올리는 의식이다. 이전부터 있었던 의식으로 정비가 되지 않아서 이 의례를 시행한다고 그 연혁을 밝히고 있지만 이 의식이 치러진 1740년(영조 16)은 영조에게 큰 정치적 사건이 있었던 해이다. 바로 경종의 시해혐의에서 벗어났음을 천명했던 경신처분이 내려진 해로서 이 의례는 왕의 책보 의례와 함께 행해졌다.

다.-③ 4왕대비책보친전의는 왕대비에게 책보를 올리는 의식이다. 연혁에 따르면 경종 임인년에 동조東朝(인원왕후)에게 존호 올리는 의식이 처음 있었다. 영조대의 왕대비는 선의왕후이므로 이 의례는 경종 계비 어씨에게 '경순왕대비敬純王大妃'라는 존호 올릴 때의 의식이다. 1726년(영조 2) 경순왕대비라는 존호를 받은 선의왕후는 1730년(영조 6)에 돌아갔다. 여기서 중요한 것은 이 의식의 전거가 된 임인년의 의례가 영조에게 어떤 의미를 가지는지이다.

이 의식이 왜 치러졌는지를 앞의 검토(4장 1절의 가례 의주)를 바탕으로 확인해 보자. 임인년(1722, 경종 2) 당시 왕대비는 숙종비 인원왕후로서 5월 6일 왕대비의 존호를 '자경慈敬'이라고 하였다. 9월 1일 경종이 인정전에 나아가 대비전에 존호를 올렸는데 교문敎文에 따르면 부왕의 3년 거상(居喪: 부모의 상을 당하고 있음)을 마치고 왕대비에게 올리는 존호였다(《경종실록》 1722년(경종 2) 9월 1일). 경종 2년의 왕대비에게 존호 올리는 의식 때 영조도 세제로서 전箋을 올렸다. 숙종의 3년상을 마친 해이며, 경신처분의 발단이라고 하는 임인사가 있었던 이해는 정치적으로 중요한 해이다. 이 때문에 '임인년'에 존호 의례가 있었고, 영조가 이를 연혁으로 명시하여 당대에도 활용하였다.

(2) 기로 의례는 앞 절에서 논한 바 있지만 그 의미에 대해서는 3절 2항에서 다시 언급하겠다.

(3) 진연 의례의 다.-⑧11진연의는 1743년(영조 19) 임금의 나이 오순을 축하하는 자리였지만 57세 된 대왕대비의 육순을 하례하는 연회도 함께 치러졌다. 그동안은 겸양하고 조심하며 연회를 치르지 않으려 했던 영조였다. 아직 육순에 이르지도 않은 대왕대비의 잔치를 구실삼아 자신의 연회를 허락한 것인데, 이 시점에 그동안 누리지 않았던 축하의 자리를 마련하고 이를 의례서에 담고 있는 것은 1740년의 경신처분, 1741년의 임인옥안의 소각, 신유대훈 등을 기념하기 위한 것으로 보려 한다.

(4) 진하 의례의 라.-②8대왕대비정조진하친전치사표리의大王大妃正朝陳賀親傳致詞表裏儀 역시 해마다 있는 정조正朝이고, 해마다 대왕대비의 탄일이었지만 영조는 1743년(영조 19) 1월 1일 대왕대비전에 처음 진하하였고, 임시로 정지하거나 안부를 묻는 정도로 대신 해오던 탄일진하의 예를 1744년(영조 20) 처음 시행하였다.

그리고 영조는 호학군주[107]였던 만큼 (5) 왕세자훈서王世子訓書나 (6) 유생전강儒生殿講 의례와 같이 왕세자 교육과 인재 양성에도 마음을 쏟음

---

107 권오영, 앞의 논문(2012), 292쪽.

으로써 뒷날 왕실의 권위와 안위를 굳건히 다지는 데 힘쓰기도 하였다.

(7) 왕세자 입궐 의례는 연잉군이 세제로 책봉되었을 때 잠저에서 입궐하면서 행한 의례이다.

(8) 왕자군사부상견의는 영조가 연잉군 시절, 잠저에 있을 때 강정한 의절이므로 잠저로 나가는 모습에서부터 입궐까지 연계해서 살펴보았다(4장 1절 가례 의주). 이 의례는 왕자 연잉군이 잠저에 있을 때 숙종이 특별히 강정한 것이다. 왕세자가 아닌 왕자를 위한 의례인데도 영조가 이를 의례서에 추가한 이유를 다음과 같이 이해하였다. 자신이 부왕의 특별한 총애를 받았음을 회상하면서, 동시에 부왕 숙종의 혈통을 이은 군주의 정당성을 이 의례로써 드러내고자 하였다. 훗날, 자신과 같은 처지에 놓일지도 모를 후계자를 위한 배려일 가능성도 생각해 보았지만, 《속오례의보》에 왕세손을 위한 의례가 따로 마련되므로 영조 재위기간에 계승자를 위해 이 의례를 활용하는 경우는 발생하지 않는다.

이와 같은 정치적 의식들을 치르기까지 영조의 치밀한 작업은 재위 초반부터 시작되었다. (8) 행릉幸陵 의례도 그중 하나이다. 이 의례는 《오례의》에 있지만 한 번도 시행된 적이 없었다. 이 행릉의를 《속오례의》에 다시 부각시킨 것은 경종의 발인 날 능행하기 위한 것이었다. 하지만 신하들의 만류로 우제虞祭와 졸곡卒哭을 마치고 해가 바뀐 1725(영조 1)년 1월 13일 능행이 결정되었다. 그러다가 또 날짜를 바꿔 1월 16일에 의릉懿陵에 행행하였다. 왕위 계승 초기, 경종을 위한 의례에 집착할 수밖에 없었던 영조의 절박한 처지에서 이 의례의 시행 이유를 찾고 싶다.

(9) 친경의와 관예·노주勞酒 의례에서 친경 관련 의례는 종주의식과 관련이 있다. 정전井田의 제도는 고대 하·은·주에서 실시한 토지제도이다. 영조는 이 제도에 따라 친경의식을 거행하였다(《영조실록》 1746년(영

조 22) 11월 30일). 늘 종주를 언급하며(《영조실록》 1767년(영조 43) 5월 23일) 주나라 제도를 따르려 하였던 영조에게 친경·친잠 의례는 주나라 이후 자신이 처음 시행한다는 자부심의 표출이었다. 영조는 이를 통해 요순의 뒤를 잇는 군주를 자처하였다.

  그렇다면 다음과 같은 의문이 든다. 영조는 주나라를 따르고자 했으므로 《주례》가 의례서 편찬의 저본이 되지 않았을까? 그래서 《속오례의》에서 《주례》 이념의 반영 여부를 살펴보고자 하였지만 친경의와 관례·노주 의례의 분석 결과, 친경은 《대학연의》를 보고 한 것이고 관례는 의리를 상기시켜 한 것이었다(《영조실록》 1747년(영조 23) 5월 18일). 말로는 '종주'를 외쳤지만 의례의 실제 시행은 《주례》를 따른 것이 아니었다. 영조가 《주례》를 빌미로 종주를 외치며 사신이 요순의 뒤를 잇는 군주임을 자처한 것은 왕권을 성인군주의 지위에 두려는 것이었다.


  지금까지의 검토를 바탕으로 정치적 의도를 담아 의례서를 편찬할 수밖에 없었던 상황을 정리해 보겠다. 영조는 1740년 경신처분으로 신임사辛壬事의 혐의를 벗고 1741년 신유대훈을 반포하였다. 이를 통해 자신의 정치적 정통성을 확보하여 1744년 《속오례의》를 편찬하였다. 이 《속오례의》 편찬은 단순한 의례서 편찬이 아니었다. 부당하게 왕위에 올랐다는 혐의를 벗을 때까지, 그리고 자신의 신분적 열등감을 회복할 수 있을 때까지 영조는 은인자중했다. 정당한 왕으로서 그리고 삼종혈맥三宗血脈을 이어받은 당당한 군주로서의 행보를 시작하게 되었을 때, 이제 자신이 위엄 있는 군주임을 알렸다. 그 기획행사에 이 의례서가 준비되어 있었다. 이와 같은 의례를 마련하기 위해서는 신하들의 도움이 필요했다. 노론에 의해 왕위에 올랐던 임금은 그들의 명분과 의리를 받아들이고 지켜 주면서, 그리고 정권에서 노론에 밀려 있던 소론들을 편찬자로 구성하여 1744년에 《속오례의》를 완성해냈다.

이로부터 7년 뒤 《속오례의보》가 편찬되었다. 이때는 세자가 17세의 나이로 대리청정을 맡은 시기이다. 《속오례의보》는 영조가 의소세손의 탄생을 기뻐하며 세자와 세손을 위해 만든 의례서이고, 《상례보편》은 의소세손과 효장세자빈의 죽음 때문에 만들어졌으므로 이 의례서들의 특징 또한 왕실의 위상 강화에 있다.

《속오례의》와 《속오례의보》를 비교해 보면, 그 편찬자들의 당색 구성은 정치적 해석을 필요로 한다. 영조는 노소 양측의 도움을 받아 의례서를 완성하였지만 《속오례의》의 실무자는 대부분 소론이고 이후 편찬된 《속오례의보》와 《상례보편》의 실무자는 노론이다. 숙종은 최석정을 비롯한 소론 위주의 관료들을 중용하여 문물정비 사업을 진행해 왔다. 영조 또한 기존의 경향을 유지하여 소론에게 실무의 직임을 맡겨 《속오례의》를 완성하였다. 숙종 후반기 왕의 뜻을 받은 실무자, 곧 주로 소론계의 유산을 영조 초반기에 정리한 것이 《속오례의》이다. 그러므로 이 의례서의 편찬 의의는 계술에 있다고 할 수 있다.

1744년(영조 20) 12월 1일 '오사필의吾事畢矣'(《영조실록》 1744년(영조 20) 12월 1일)[108]라는 말로써 영조는 부왕의 과업을 마친 것으로 생각하였고 이후로는 자신 주도의 정국을 운영해 나가기 위해 의례서의 편찬자들을 노론들로 구성하였다. 그래서 탕평파인 김상로와 홍계희 등이 《속오례의보》와 《상례보편》의 편찬자로 참여하였다. 이때의 의례서들은 영조 이후에 시행된 사례들로 의절을 구성하여 창시의 의미가 크다고 할 수 있는데, 이미 《속오례의》 편찬에서부터 영조는 자신의 시대를 열어 나갈 준비를 하고 있었다. 그것은 《속오례의》의 의절 절반은 선대

---

108 정만조, 〈영조대의 정국추이와 탕평책〉, 《영조의 국가정책과 정치이념》, 한국학중앙연구원, 2012b, 68쪽.

왕들이 시행했던 의례로써 계술사업에 해당되지만, 나머지 절반은 당대에 새로 창안된 의례이기 때문이다.

지금까지의 의주 분석에 따르면 영조대의 의례서는 《주례》나 《의례》의 이념에 따른 예학적·철학적 이론서가 아니라 철저하게 영조의 정치적 목적을 의례로 표현해 낸 결과물이다. 그러므로 이 의례서가 편찬되기까지의 중요한 정치적 상황도 의례 내용으로 확인할 수 있다. 하지만 숙종대 시작된 문물정비 사업의 전말, 영조가 계술로써 잇고자 했던 선대 과업의 의미, 그리고 왕과 신하들이 공유했던 학문적 예학적 인식을 이야기 하지 않고서는 편찬자들의 성격을 제대로 규정할 수 없다. 당색으로만 이야기할 수 없는 편찬자들의 학문관에 대해서는 그 중요성이 커 보이지만 다음 논의까지 종합하여 결론에서 다시 언급하겠다.

그런데 제1항에서 다루려 했던 주제 가운데 숙종의 뜻을 이어받아 영조가 시행한 계술사업에 대해 미처 논하지 못한 부분이 있다. 이는 다음 주제와도 밀접하게 관련되므로 제2항에서 그 논의를 이어가 보겠다.

### 2) 노론의리와 주자가례의 반영

16~17세기 사림들의 성장과 활동을 통해 성리학적 가치가 18세기 예학에 큰 영향을 끼쳤다. 정계의 전란과도 같았던 예송 논쟁을 겪으며 왕실의 권위는 사대부의 예로 추락했다. 하지만 이와는 달리 주자가례의 적용을 받은 왕실의례를 성리학의 발전적 측면에서 이해하는 시각도 있다.[109] 왕조례와 사대부례는 각각 《오례의》와 주자가례의 적용을 받다가 17세기로 가면서 주자가례의 보편화와 더불어 사례를 왕례에

---

109 최완수 외, 《우리 문화의 황금기 진경시대》 1·2, 돌베개, 1998.

적용시키는 단계에까지 이르게 되었다.[110]

이를 사대부의 예로 추락한 왕실례로 이해해야 하는지, 주자가례의 적용을 받은 왕조례의 발전으로 봐야 하는지에 대한 해답을 찾기 위해서라도 《속오례의》를 사상적 측면에서 검토할 필요가 있다. 《오례의》 편찬 이후 《속오례의》가 만들어지기까지 그동안의 변화된 이념과 사상은 영조 시대에 어떠한 특징의 의례적 결과물을 내놓았는지 살펴보자.

이때 반드시 거론되어야 할 것이 있다. 이 항(제4장 3절 2항)의 핵심이 되는 '의리와 명분', '노론의리'가 무엇인가에 관한 것이다. 제1항에서 언급했던 단종의례(영녕전의, 장릉복위의)도 사상적 측면에서 접근해 볼까 한다. 이 문제는 주자가례의 실천, 노론의 의리를 설명할 수 있는 단서인데다가 이것이 바로 영조대 국가이념의 실체와 연결되기 때문이다.

이를 위해 숙종이 '군사君師'의 지위를 확립하는 과정을 이해해 볼 필요가 있다. 다음의 연구를 통해 그 윤곽을 이해해 보자. 인조반정 후 사림정치의 방향은 점차 의리명분 위주로 흘러가면서 세도의 주재자로서 산림山林의 정치적 존재가 크게 부상하였다. 본래 초야에서 명리利利를 멀리하고 학문과 덕성을 함양하던 처사나 학자를 의미하던 산림은 선조 이후 정국을 주도하면서 도학道學의 상징이요, 의리義理의 주인으로서 모든 사람의 존경을 한몸에 받는 인물로 일컬어진다. 사림의 종사宗師로 여겨졌던 송시열(1607~1689) 사후, 숙종은 산림이 가졌던 세도권을 군권 속에 귀속시키고자 하였다. 이 때문에 사림이 수백 년 동안 요구해 온 사육신의 복관신원을 임금 스스로 발의해 실현에 옮겼으며 만동묘가 건립되자 이 역시 임금의 발의로 대궐 안에 대보단을 세워 명에 대한 존모尊慕의 의리(존명대의尊明大義)를 드러내었다. 이러한 조

---

110 이현진, 〈7세기 전반 啓運宮 服制論: 金長生, 朴知誡의 禮論을 中心으로〉, 《한국사론》 49, 2003, 111쪽.

처는 임금이 존주대의尊周大義와 세도권을 행사하는 주체임을 천명하는
것이었다. 숙종은 의리명분까지 행사하면서 세도世道의 대행자인 산림
을 겸하는 '군사君師'의 지위를 확립하였다.[111]

숙종의 뜻이 '군사'로서 도학과 의리를 추구하는 데 있었다면, 영조
가 《속오례의》에 드러내고 싶었던 의리명분 또한 여기에 근원하는 것
으로 볼 수 있다. 이에 따르면 숙종은 '군사'로서 사육신을 신원해 주
었고 단종을 복위하였다. 숙종은 사림이 내세웠던 도학과 의리를 실현
할 수 있는 주체임을 자처하였다. 그러므로 계술이라는 명목 아래, 영
조가 시행한 단종의례는 사림에서 비롯된 '노론의리'를 실천한 것이다.

그럼 사림에서 비롯된 의리가 '노론의리'라는 근거는 무엇인가?
1669년(현종 10) 1월 5일 임금이 《심경心經》을 강하는 자리에서 송시
열과 송준길이 조광조가 생전 추진하려 했던 정책들을 일일이 열거하
였다. 중종반정 때 폐비된 신씨를 복위하는 일, 김자점이 강빈의 옥사
를 빚어낸 일, 소릉昭陵(문종비 현덕왕후의 능) 복구를 본으로 삼아 정
릉貞陵(태조비 신덕왕후 능)을 보수하자는 일, 노산군魯山君의 일 등을
아뢰었다(《현종실록》 1669년(현종 10) 1월 5일: 1월 5일). 이때 논의된 일들
대부분이 영조가 의례화하는 항목들과 일치한다. 온릉복위의, 친림서계
의親臨誓戒儀(단경왕후 복위제향 때 행함), 천릉의, 장릉복위의 등이 《속
오례의》 항목으로 들어간 것이다.

장릉 천릉의례는 역적으로 낙인찍힌 김자점의 일을 의리와 명분에
맞도록 처리한 상징적 작업이며, 1513년(중종 8)의 소릉복위는 세조대
부당하게 모셔진 현덕왕후가 제자리를 찾았다는 의미에서 종묘정통론
의 확립으로 평가받는다.[112] 소릉복위는 중종의 원비인 신비의 복위의례

---

111 정만조, 앞의 논문(2011a), 8쪽, 24~25쪽.
112 세조가 자신의 왕위정통을 문종과 단종이 아닌 세종과 연결시키려 한 점이 종묘에서

인 온릉복위의의 발단이 되기 때문에 온릉복위 역시 정통론 확립이라는 측면에서 성리학적 명분이 바로 세워진 일이라 할 수 있다. 그리고 소릉복위는 온릉복위의뿐 아니라 장릉복위의, 천릉의의 전례前例이기도 하다.

이 의례들이 만들어진 것은 중종대 신진사림들의 지속적 청원의 결실이며, 중종대 조광조로부터 제기되었던 의리와 명분에 어긋난 일들이 사림의 종장이었던 송시열과 송준길에게서 재론된 결과물이다. 그리고 청원하고 재론했던 이들의 당색은 노론으로 연결된다. 이로써 숙종이 가져오고자 했던 권한에는 도학과 의리, 정통론의 확립을 내용으로 하는 사림들의 학문적 명분이 포함되어 있으며, 이 일들은 성리학의 기준에서 의리와 명분에 어긋난 일[113]을 바로잡는 일이기도 했다. 사림의리는 노론의리로 연결되며 영조는 이를 계승하였다.

그런데 이는 영녕전 의례와도 밀접한 관련을 가진다. 자신의 처지와 다르지 않은 왕들에게까지 정통성을 인정받기 위해 영녕전 의례를 강조한 것으로도 생각해 보았지만, 과연 영녕전 의례를 강조한다고 해서 정통성을 인정받을 수 있을까? 앞서 살펴본 바와 같이 충의와 절의를 현양하기 위해 사현사를 설립한 것 외에도 이 시기 숙종이 벌인 대부분의 일들은 성리학적 명분을 바로 세우는 일, 도학과 의리의 실천으로 점철되어 있다. 명나라의 예를 고증하여 왕비와 세자빈이 묘현례를 시행하도록 한 것, 그리고 영녕전에 참배한 것도 왕의 정통성을 인정받기 위한 것이 아니라 군사로서의 권위를 과시하기 위한 것이었다. 이러한 숙종의 사업을 영조는 주자가례에 입각하여 의례서에 담아냈다. 이것이 부왕의 군사의 지위를 이어받은 영조의 계술사업이면서 노론의리의 실

---

문종을 제대로 대우하지 않았던 이유로 봄(이현진, 앞의 논문(2002), 68~76쪽).
113 이현진, 앞의 책(2008), 114~115쪽.

천이었다.

그리고 앞서 영조의 정통성 확립의 관점에서 사친추숭 문제를 다루었지만 이번에는 종법의 발전적 측면에서 이 사친추숭 의례를 이해해 보고자 한다. 1610년(광해군 2)에 시작된 공빈恭嬪의 추숭사례에서부터 이를 논할 수 있다. 광해군이 생모를 왕비(공성왕후恭聖王后)의 지위에 올려놓았던 것은[114] 성리학의 기준에서 벗어나 종법을 어긴 일이다. 그리고 1626년 인조의 생모인 계운궁의 상복 문제와 1632년 인조의 생부인 원종에 대한 추숭 문제에 관한 서인과 남인의 예학적 갈등[115]은 종법 문제에 대한 혼란 때문이었다. 이는 1·2차 예송논쟁으로까지 확대되었지만 영조는 사친을 육상궁毓祥宮으로 높임으로써 효심도 거스르지 않고 광해군과 같이 사친을 왕비로 추존하는 데까지도 이르지 않았다. 즉 영조의 사친추숭 사업은 종법의 원칙에 벗어나지 않으면서도 효의 실천을 이룬 것이다.[116] 이것이 조선의 이념으로 자리 잡은 성리학의 실체이지 않을까?

다음 가례 의례를 차례로 살펴보겠다.

(1) 책보 의례는 앞서, 길례 (5) 나.-②2친림전향축의와 함께 살펴보았다. 그리고 다음의 진연의례도 지금까지는 정치적 측면에서만 접근하였지만 이번에는 이 의례에 담겨 있는 사상적 측면을 살펴볼까 한다.

(2) 양로연과 기로연 의례는 지금까지의 검토를 통해 이해해 보면 다음과 같다. 영조는 태조와 부왕인 숙종을 따라 기로소에 들어가면서 양

---

114 공빈 추숭의 모든 과정이 완료된 것은 1613년(광해군 5) 9월이다. 1610년(광해군 2) 부터 추진하여 恭聖王后로 추숭하였고, 명나라로부터 책봉을 받아 종묘에 부묘하였다.

115 대표적 예학자인 김장생과 정구의 대립을 들 수 있지만 정구 사후에는 그의 예론을 이어받은 박지계를 남인의 예학자로 들 수 있음.

116 지두환, 〈조선조의 효와 정치와 교육〉, 《한국인의 효사상》, 수덕문화사, 2009.

로연과 차별되는 이름으로 기로 관련 의주를 만들었다. 이 역시 숙종의 뜻을 이어 만든 의례이다. 그리고《속오례의》의 특성 가운데 하나로 언급한 것이기도 한데, 이 의례는 양로연에서 이름이 바뀐 것이 아니라 기로의례가 새로 추가된 것이다. 하지만 이 의례의 연혁에는 양로연에 준하여 시행한다는 문구가 있고 내용상 양로연 의례와 별 차이가 없으므로 굳이 증보 의례라는 점을 강조할 필요는 없다.

이렇게 의례절차에는 큰 차이가 없지만 중요한 변화라고 한다면 왕과 2품의 실직을 지닌 문관 관료만 참석할 수 있었던 자리에 70세 이상의 관원을 모두 참석하게 하고, 80세 이상의 서민에게까지 미곡과 고기를 내렸다. 이로써 양로연과 기로연의 통합된 형태로서 서민의 참여가 확대되었다. 비록 의주명은 기로연이라 하여 왕의 권위를 표현하였지만 그 내용만큼은 서민들과 함께하는 의례로 변하였다. 1743년(영조 19) 7월 27일 어연御宴을 양로연으로 고치라고 하였다가(라.-④15어연의) 신하들의 만류로 명을 거둔 일도 같은 의미로 해석할 수 있다.

(3) 진연 의례는 시행의의 가운데 정치적 측면은 앞에서 살펴보았지만 이 의례의 사상적 측면에 대해서는 기존의 연구를 참고하고자 한다. 조선 전기 연회 의례는 회례연會禮宴·양로연·풍정豐呈이 있고 성종대부터 시작된 조선 후기 의례는 진연進宴(다.-⑨12왕비진연의, 라.-③삼전진연의)과 어연(라.-④15어연의)이 있다.

조선 전기 법전인《경국대전》은 '회례연은 동지 또는 정초에 베풀고 양로연은 가을에 베풀며 진연은 명절과 생신 및 행행幸行 뒤에 베푼다'고 규정하고 있다. 그러나 조선 후기에 이르면 한 해에 한 차례씩 정기적으로 베풀던 회례연은 사라지고 한 해에 여러 차례 베풀던 진연은 특별히 경축할 일이 있는 경우에만 행하였다. 양로연 또한 정기적으로 베풀지 않고 경사가 있을 때만 특별히 행하였는데 그 횟수가 진연보다 더 드물었다. 따라서 조선 후기에는 거의 진연만 베풀었다고 할 수 있는 정도였다.[117] 이렇게 조선시대 연회의례는 매년 생일, 명절 등 수시로 행하던 풍정·회례연 중심에서 규모가 축소된 진연 중심으로 변하고, 조선 후기에는 사대부처럼 회갑, 탄신 50·30주년 등과 같은 특별한 날에만 행하는 진연으로 변하였다. 조선 전기의 전제군주와 같은 임금의 권위는 사라졌다.[118]

(4) 진하 의례에 대해서는 앞의 검토에서, 《속오례의》가 편찬되는 시점 이전까지는 진하와 같은 의례도 삼가며 처신을 조심하는 영조의 정치적 모습을 확인할 수 있었다. 그런데 위에서 참고한 기존의 연구는 조선성리학적 입장에서 진연·진하 의례에 접근하였다. 이에 따르면 조선 전기 주자성리학을 수용한 단계에서는 의례를 왕실의례인 《오례의》와 사대부례인 주자가례로 이원화하여 운영하다가 조선 후기 조선성리학이 확립되어서는 임금과 사대부 의례를 동일시하였다.

《속오례의》에 대한 지금까지의 연구를 노론의리와 주자가례의 시행이라는 관점에서 정리해 보겠다. 중종대 사림에서부터 이어진 노론들의 숙원사업이 해결되었다. 이는 '군사君師'를 자처하며 사림의 도학과 의리를 내세운 숙종의 뜻을 영조가 계승하여 실천한 것이기도 했다. 온릉복위의는 1739년(영조 15) 단경왕후의 위호를 추복하면서 시행하였는데, 이 의례가 선조의 유지를 계술하여 영조가 마무리한 일 가운데 하나이다. 영조는 이를 포함하여 '의리와 정통의 측면에 하자가 있는 사건들', '성리학적 명분에 어긋난 일들'(단종복위의, 천릉의)을 바로잡아 나

117 김종수, 앞의 논문(2002), 149~150쪽.
118 문화재관리국, 《朝鮮時代 養老宴儀禮와 御宴儀禮의 研究》, 국민대학교 한국학연구소, 1977; 지두환, 〈조선후기 진연 의례의 변천: 인조대에서 고종대까지〉, 《조선후기 궁중연향문화》 권2, 민속원, 2005, 30~31쪽.

갔다. 그러면서 이러한 일들을 의례화하고 구체화하였으며 종법의 이해에 따른 성리학의 모습을 구현하였다(사친추숭). 절대적 권위를 내려놓고 근검절약하는 왕의 모습으로, 서민참여의 확대라는 모습(기로 의례, 진연 의례, 진하 의례)으로 성리학의 명분과 의리를 실천해 나갔다.

《속오례의》 편찬 논의를 불러일으킨 숙종대의 군신복제 논의는 임금에 대한 신하의 복이 어버이에 대한 자식의 복과 동일하게 제정되어 (《숙종실록》 1720년(숙종 46) 6월 8일) 결국 참최복으로서 《속오례의》에 실리게 된다. 사대부례가 왕실례에 적용된 사례는 친영례에서도 확인할수 있는데, 사대부들이 시행하고 있던 이 의례를 왕의 의례로서 의례서에 실은 것은 영조대의 일이다.

그렇다면 같은 의례(사친추숭, 존호의례, 진연의례)를 두고서도 왕의 절대성을 드러내기 위해 시행된 의례라는 해석과, 왕이 권위의 절대성을 내려놓고 서민의 참여가 확대된 것으로 보아 성리학의 발전된 모습이 반영된 의례라는 해석 사이의 괴리는 어떻게 보아야 할까? 과연 이를 상충된 것이라고 보아야 할까?

그동안 필자가 논의한 내용은 《속오례의》가 《오례의》 편찬 이후의 모든 변화를 담은 개정서가 아니라는 점에 착안하여 이 의례서의 편찬목적을 여러 각도로 추정하고 이 관점들을 논증해 보고자 한 것이다. 이 의례서에 《오례의》 편찬 이후의 변화된 이념과 성리학의 발전된 사상이 담겨 있다고 한다면, 조선시대 문화의 화려한 면을 드러낼 수 있다는 점에서 긍정적인 해석이 될 수 있다. 하지만 이것만으로는 영조의 《속오례의》 편찬 의도가 충분히 드러나지 않는다. 이에 왕의 위엄과 권위라는 왕권의 절대성을 부각하여, 《속오례의》의 편찬 목적에 정치적의도가 있음을 상정하고 이를 추적해 보았다. 이러한 과정에서 《속오례의》를 정치와 사상의 결합물로 해석하게 되면 양자 사이의 괴리는 사라지게 된다.

이와 같은 해석을 위해, 다음과 같은 반문도 고려해 보지 않을 수 없다. 주자가례의 적용을 받은 왕조례를 의례의 발전으로 볼 수도 있지만 '왕조례가 사대부례와 같아짐으로써 도리어 왕권의 실추로 이어진 것은 아닌지?', 그리고 '왕의 절대성을 인정할 수 없는 사대부들과 권위를 지키려는 왕의 대결구도에서 이 의례서가 만들어진 것은 아닌지?'와 같은 의문들이다. 이와 같은 측면에서 보면 국제國制의 개정은 세종·성종대의 성리학적 이상에 의해 제정된 국가의 권위를 부정하는 것이며, 노론들의 예론 반영 요구 또한 왕의 권위에 대한 도전이 될 수 있는 문제였다. 1·2차 예송과 같은 의례 논쟁을 겪으며 왕조례에 큰 훼손을 입은 왕실 처지에서도 새로운 의례 제정을 추진해야 했다고 볼 수 있다. 《오례의》에 수록되어 있지 않은 복제의 규정, 곧 조문의 한계 때문에 왕조례가 사대부례를 따를 수밖에 없는 상황에 놓이면서 의례 논쟁이 발생했다면 이는 왕조례가 사대부례로 격하된 것이다. 이에 따라 왕실에서는 조문의 한계에 따른 방어적 형태의 의례서가 필요하게 되어 이것이 《속오례의》 편찬으로 이어졌다고 해석할 여지도 있는 것이다.

그렇게 본다면 실추된 왕조례의 회복은 왕위 정통성 회복과 관련하여 영조에게도 절박한 사안이 아닐 수 없었을 것이다. 이와 관련하여 필자는 편찬 목적을 밝히는 데, 영조가 《속오례의》에 적용한 노론의 의리명분이 자신의 정통성 확립에 동조를 구하는 방책이었음을 고려하였다. 즉 왕실의 권위에 도전하는 노론의 반발을 무마하기 위해 그들의 주장과 명분을 받아들인 것은 아니었을까를 고민해 본 것이다.

결국 지금까지 가져왔던 여러 관점들을 기반으로 《속오례의》를 분석해 보면 영조가 지향했던 왕실 위상 강화론은 주자예학과 동떨어진 것이 아니라는 결론에 이른다.[119] 왕으로서 확보해야 했던 왕실의 위엄과 권위가 성리학의 이해에 따른 통치이념의 변화와 결합하여 영조대 의례서가 탄생하였다. 이미 성리학이 350년 동안 조선의 이념으로 자리 잡으면서 이에 상응하는 사상과 예론의 변화가 의례서에 반영되지 않을 수 없었으므로 《속오례의》는 성리학과 주자가례의 이해와 실천으로 이뤄진 조선시대 이념의 결과물이다. 이 의례서가 정치와 사상의 결합물이라는 더 구체적인 해석에 대해서는 앞의 논의를 종합하고 정리하면서 결론에서 제시하기로 한다.

---

119 필자의 견해를 정립하는 데 다음 논고를 참고하였다. 정경희, 〈英祖의 禮學〉, 《규장 각》 25(2002, 208쪽, 204쪽). 하지만 "주자예학과 영조가 지향하고 있는 왕실 위상 강화론은 동궤에 있지 않다."는 의견과는 다른 결론에 이르렀다.

제 5장

갈무리

크게 다음 세 가지 내용으로 이 연구를 마무리하고자 한다. (1) 지금
까지 이루어진 논의의 집약, (2) 이 글에서 미처 다루지 못한 향후의
과제, (3) 후속 연구를 위한 조망과 기획에 관한 것이다.

(1)

1744년(영조 20)에 완성된 《속오례의》는 그 편찬의 발단을 숙종대
논의였던 군신 간 복제문제에서 찾을 수 있다. 군신 간 복제가 부자
간 복제와 동일하게 제정되어 《속오례의》에 참최복으로 실리게 되면서
이원적으로 운영되어 오던 왕실과 사대부의 예는 일원화되었다. 그런데
군신 간 복제문제가 의례서 편찬의 발단은 되었지만 이것만으로는 편
찬 의도까지 이야기할 수 없다.

그러므로 이를 밝히는 것을 연구의 관건으로 삼았는데 의례서의 개정
또한 편찬 목적이 될 수 없다. 선왕이 지은 책을 감히 손댈 수 없다는
명목에도 불구하고 시의성에 따른 명칭 개정이라든가 부분적 수정은
각주로 처리되기도 하고 〈고이考異〉에서 그 변화를 고증하여 밝히고 있
어 수정이 이루어지긴 했지만 《속오례의》에 실린 의주 개수는 《오례
의》 항목의 1/4 수준으로 그 분량이 소략하다. 이 때문에라도 《속오례
의》는 문물정비에 따른 의례 개정서가 아니라 새로운 항목으로 구성된
증보 의례서라 할 수 있다. 그리고 군신 간 복제문제의 해결을 통해
영조가 의례서에 의도하여 담은 내용이 무엇인지는 다음 의주 56개의
분석결과에 의지하였다.

《속오례의》에는 왕실의 위상을 높일 수 있는 의례인 A. 친림의례 13
개*친림서계의· 친림전향축의· 친향영희전의· 친제악해독기우의· 친향선농기우의· 친향우*

*사단기우의· 친경의· 친경후노주의· 친림관예의· 친림유생전강의· 친림기로연의· 영수각어
첩친제의· 친림반교진하의*가 있다. 늘 종주를 언급하며 주나라제도를 따르
려 했던 영조에게 친경·친잠과 같은 의례는 주나라 이후 자신이 처음
시행하는 의례로서, 요순의 뒤를 잇는 성인군주를 자처하는 데 있었다.
이것이 곧 왕으로서의 권위를 높이는 방안이었다. 친림의례 외에도 천
자만이 행할 수 있다고 하는 기곡사직의祈穀社稷儀, 대사례大射禮 등을
조선에서는 영조가 처음 시행하였다.

이는 왕 자신에게 그치지 않았다. 후계자인 세자뿐만 아니라 내명부
에 해당하는 대왕대비, 왕대비, 왕비, 왕세자빈의 의례까지 추가하였다.
그래서 《속오례의》에는 B.왕비, 왕세자, 왕세자빈, 대왕대비, 왕대비의
의례가 14개*왕비알종묘영녕전의· 왕세자빈알종묘영녕전의· 대왕대비상존호책보의· 왕
비상존호책보의· 왕대비책보친전의· 대왕대비정조진하친전치사표리의· 왕비진연의· 대왕
대비진연의· 삼전진연의· 왕세자알종묘영녕전의· 왕세자수조참의· 왕세자입궐의· 왕세자
지수훈서의· 왕자군사부상견의*나 있다.

왕위 정당성과 정통성 확립의 측면에서 설명되는 의례로는 C.종묘·
영녕전 의례 4개*춘추알종묘영녕전의· 왕세자알종묘영녕전의· 왕비알종묘영녕전의· 왕
세자빈알종묘영녕전의*, D.어진을 모시는 의례 2개*작헌영희전의· 어진봉안장녕전
의*가 있다. 또 E.천릉*천릉의·* 장릉복위*장릉복위의·* 온릉복위*친림서계의· 온릉복
위의* 의례의 경우는 성리학적 의리와 명분에 어긋난 일을 바로잡는 일
로서, 비록 노론들의 숙원사업을 해결해 주는 일이기도 했지만 이는 왕
이 군사君師의 지위로서 과시하고자 했던 왕권확립과 연관된다. F.사친
추승 의례 4개*배대원군사우의· 육상묘의· 소령묘의· 행릉의*는 왕위 정통성과 직
접적인 관련을 가지면서 영조가 그 무엇보다 마음을 쏟았던 의례이다.

임진전쟁과 병자호란 등 전란 뒤의 혼란을 극복하고 국가재건을 위
해 숙종은 국가체제 정비사업을 벌였다. 부왕이 추진했던 국가중흥 사
업의 완수와 민생의 안정을 위해 영조는 '자식으로서 부모의 뜻을 잘

잇고 하시던 일을 잘 발전시키는 것이란 뜻'의 계술을 표방하였지만 계술이라는 명목과 선왕의 권위에 힘입어 영조가 추구하고자 했던 것은 왕권의 확립이었다.

이렇게 영조가 의례서에 담고자 했던 내용에는 왕권 확립을 위한 왕위의 정당성 확보가 있었다. 영조는 왕위에 올랐지만 임인사와 같은 일로 정당성을 의심받았고 신분에 대한 열등감까지 있었다. 그런데다가 재위 초반 무신난(1728년, 영조 4)과 같은 일이 벌어지면서 불안한 정치적 상황에 놓여 있었다. 이와 같은 문제들을 해결하기 위해 영조는 자신의 정치적 위엄을 알리는 기획행사를 준비하였다. 《속오례의》는 이 행사를 위해 준비한 왕의 위상과 권위의 표현물이었다.

그럼 지금까지의 논의를 바탕으로 영조가 《속오례의》 편찬을 도구 삼아 왕권을 과시하는 과정을 정리해 보겠다. 이를 통해 영조가 정치적 의도를 담아 의례서를 편찬해야 했던 상황을 이해할 수 있으며, 의례 내용에 그 시대의 사상이 어떻게 결합되는지도 드러난다.

《속오례의》를 구성하는 의례 하나하나가 왕위의 정당성, 정통성을 내세우는 작업이었다. 영희전 의례*작헌영희전의· 친향영희전의· 친향영희전시왕세자아헌의· 향영희전왕세자섭사의* 및 어진 봉안 의례*어진봉안장녕전의*를 부각시킨 것은 왕위 계승의 명분이 부족했던 왕들에 대한 예우를 강조함으로써 영조가 자신의 신분에 대한 열등감을 극복하는 방안이었다. 예컨대 원종추숭사업을 벌인 인조 대신 영조를 대입해 봐도 어색하지 않을 정도로 영조는 원종을 추숭하는 일에 적극적이었다. 원종의 어진 봉안을 의례화하는 데 힘을 기울인 것을 그 근거로 삼을 수 있다. 인조가 반정 후 정통성 확립을 위해 추진했던 원종추숭사업은 영조가 왕위 정통

---

1 정만조, 〈영조시대의 이해방향: 繼述과 변화〉, 《영조와 영조시대》, 한국학중앙연구원 장서각 왕실문화강좌, 2016, 10쪽.

성을 가시적으로 드러내려는 사업과도 부합했다. 그런 면에서 마침, 영희전에 남아 있던 몇 안 되는 어진 가운데 원종의 영정은 영조의 정통성 확립을 위해 활용도가 높은 것이었다. 그러므로 경신처분이 이뤄지는 때에 영조는 자신의 친정을 인조반정 때의 친정에 비유*친림전향축의*하기도 하였던 것이다.

그리고 인조 때 발생한 계운궁에 대한 상복 문제 또한 영조가 숙빈 최씨를 위한 추숭사업을 벌이기 전에 충분히 학습하고 대비할 수 있는 사건이었다. 이러한 전례가 있었기 때문에 영조는 추숭작업을 서두르지 않았다. 사전작업으로서 덕흥대원군과 인빈 김씨의 사우의*배대원군사우의*를 만들고 영희전 의례를 만들면서 사친을 위한 일을 차근차근 준비해 나갔다. 이렇게 왕은 경종 시해혐의에서 벗어나고 자신이 숙종의 혈통을 이은 정당한 군주임을 내세우게 되었을 때 이 의례서를 마련하였다.

그러나 왕위 정통성과 권위를 확립하는 일은 쉽지 않았다. 왕권의 안정이 이루어지면 왕세자와 왕세손이 이를 잘 계승하여 지속되기를 바랐다.*왕세자지수훈서의·왕세자수조참의* 이를 위해 영조는 《속오례의》 편찬자 구성은 소론, 《속오례의보》와 《상례보편》의 편찬자는 노론으로 하여 의례서 편찬을 지휘하였다. 의례서는 국정운영 과정에서 이루어지는 결과물이기에 편찬자의 당색 또한 영조의 탕평정책 아래에서 구성되었음은 당연하다고 할 수 있다.

그렇지만 한편으로는 절대적인 왕권의 확립이라는 측면에서 볼 때 편찬자들의 당색 구성이 과연 영조가 의도한 목적에 부합하는 것인지 의문이 든다. 왜냐하면 왕권강화의 측면에서 이해되는 정치적 의례들은 왕실과 사대부의 예를 구분하지 않으려는 노론들의 의리론 수용 및 주자가례의 실천과 상치되는 것처럼 보이기 때문이다. 하지만 영조가 왕위에 오를 수 있었던 배경에는 노론의 지지가 큰 역할을 하였기에, 논공행상의 측면에서 영조는 그들을 외면할 수가 없었다. 그러므로 영조는 나름의 절충안으로서 노론의 요구를 받아들이되 소론에게 실권을 주면서 자신의 기획물을 만들어 낼 필요가 있었고, 그리하여 얻어낸 결과물이 《속오례의》라는 것이 필자가 해석한 영조대 《속오례의》의 편찬 목적이다.

이와 같은 정치적 시각과 더불어 또 다른 관점에서 다음과 같은 풀이도 가능하다. 왕권에 도전하는 신권에 맞서 새로운 왕실 의례서를 만들었다고 생각할 수도 있지만, 왕권과 신권의 다툼이나 군신 간의 타협보다는 다음과 같은 사상적 측면에서 왕실 의례서의 편찬 의의를 이해해 볼 수도 있다. 즉 우리의 실정에 맞는 이념과 예학을 반영한 왕실 의례서가 따로 만들어지지 않은 상황에서 의례 조문의 부재라는 한계에 부딪히게 되었고, 성리학이 아직 우리의 토양에 맞는 사상과 이념으로 발현되지 못한 데 따른 왕실 권위의 실추 문제를 타개하기 위하여 왕실 의례서를 증보 편찬하게 된 것이다. 다시 말하면, 숙종대의 왕권 확립을 위한 시도에 그동안의 사상·예학의 변화와 성장이 반영되어 영조대 《속오례의》가 만들어진 것이다.

영조는 실추된 왕실의 위상을 회복하고 국가중흥의 군주 *영희전· 장녕전 의례· 친림전향축의, 책보 의례*로 거듭나기 위하여 그 권위를 선대에서 가져왔다. 그 본보기가 된 숙종은 '군사君師'를 자처하였는데 그 지위는 사림의 권위를 겸하고 있었다. 사림들의 학문적 명분이었던 도학과 의리, 성리학적 명분은 노론의 의리, 주자가례의 실천으로 이어지며 숙종은 의례*사현사 설립, 영녕전 참배, 단종· 온릉 복위, 묘현례*로써 그 권위를 과시하였고 이는 영조의 계술사업에 포함되었다. 그러므로 사림에서 이어진 노론의리는 왕권확립의 방안과 어긋난 것이 아니었다.

숙종의 뜻을 이어 이와 같은 의례를 마련하기 위해서는 신하들의 도움이 필요했다. 노론에 의해 왕위에 올랐던 영조는 그들의 명분과 의리를 수용해 주었고, 노론에 밀려 정계에서 열세였던 소론에게 편찬자의 직임을 맡겨 정계에 참여할 수 있는 권한과 명분을 주었다. 그렇다고 그들이 철학도 사상도 없이 왕의 뜻대로 움직인 것은 아니었다. 그 실상은 노소탕평정책을 추진해 가던 영조가 편찬의 실무자를 능력 있는 학자들로 구성하였던 것이고 노소 양측의 지지를 받으며 의례서를 편찬해낸 것이다.

영조는 숙종의 과업을 《속대전》과 《속오례의》로 마무리 지었다. '오사필의吾事畢矣'로 표현된 사업의 마무리란 숙종의 뜻을 이어받은 계술사업을 일단락 지은 것을 말하며, 이후부터 영조는 《속오례의보》와 《상례보편》의 편찬자를 노론으로 구성하여 이제는 자신의 정치를 펼쳐 나가겠다는 의지를 표명하였다.

영조는 '군사'의 지위를 계술하였을 뿐만 아니라 존주대의尊周大義를 행사하는 주체로서 요순을 자처하였고, 조선중화의 주인으로서 황제의 권위(기곡제, 대사례, 친경·친잠의, 친행의례, 기로연)를 드러내었다. 요컨대 《속오례의》 의례의 시행 목적과 성격에는 왕의 절대성과 왕권 확립이라는 정치적 의도가 있으면서도 여민동락與民同樂을 행함(가례 의주인 기로연 의례 4개: 어첩봉안기사의·친림기로연의·영수각어첩친제의·친림기로연의, 진연 의례 5개: 진연의·왕비진연의·대왕대비진연의·삼전진연의·어연의, 납비친영의 등)에서는 자신의 권위를 내세우지 않았다. 그러한 이념 아래 《속오례의》가 만들어졌다. 이 의례서는 계술사업의 결과물이면서, 왕실의 위상을 높이기 위해 만들어진 정치적 반영물이다. 그러면서도 영조는 사상의 시대적 흐름을 거스르지 않았다.

⑵

이 책의 연구 범위로 한정한 《속오례의》는 마땅히 《속대전》과의 관련성 안에서 다뤄져야 한다. 애초 박사학위논문에서 《속대전》을 함께 다루지 못한 이유를 장황하게 제시하였지만, 기실 법과 예의 구분이라는 것은 21세기의 개념이지 당시의 관념으로는 분리해서 생각할 수 있는 문제가 아니었다. 《대전》과 《오례의》를 편찬하여 형刑과 예禮를 이정釐正하였고 《경국대전》에서 차지하는 〈예전〉의 중요성과 분량 때문에 《오례의》로 분리된 것이므로 법전과 예전의 상하개념이나 위상의 구분은 무의미하다. 하지만 그 무의미함을 밝히는 것조차도 설득력을 갖춰 논증을 거쳐야 하므로 여기서는 의례 연구로만 한정하였다. 법전과 예전을 유기적으로 봐야 한다는 관점으로 진행할 논의는 추후 연구의 몫으로 남겨 두겠다. 그리고 오례 가운데 흉례 부분도 《속오례의》에서 분리되어 《상례보편》이라는 별도의 책으로 편찬될 만큼 그 중요성이 큰데도 이 책에서는 《상례보편》을 비중 있게 다루지 못하였다. 이 또한 추후 연구에서 면밀히 검토할 것을 기약한다.

⑶

이 책에서 구분한 의주의 시행 시기는 《속오례의》의 의주명이나 의주 끝부분의 연혁에 따른 것인데 이를 통해 의미 있는 결과를 도출해 내고자 하였다. 연혁에 제시된 시행 시기에 따라 그 사례를 검토해 보면 영조 이전에 행해졌던 의례와 영조 당대에 처음 시행된 의례의 비율은 비슷하다. 영조 이전에 시행된 의례는 선대왕의 뜻을 이은 계술사업에 의의가 있고, 나머지 절반은 영조가 창안해낸 새로운 의례로서 그 시행 의의가 왕실의 위상 강화에 있다. 하지만 지금까지와는 다른 차원에서, 논의의 대상이 되는 시기를 확대해 볼 필요가 있다.

문물정비에 따른 의례 연구라는 측면에서 논의 대상 시기를 확대해 봐야 한다는 의미인데, 문물정비 차원의 의례 연구는 이 책 작성의 시작 단계에서 잠정 보류해 왔던 관점이다. 필자의 판단으로는, 의례라는 학문적 영역에 대한 선입견 때문에 《속오례의》에 대한 학계의 성과와 지금까지의 인식이 문물정비의 차원에만 한정되는 경향을 띠는 듯했다. 그래서 의례 연구에 정치사가 개입되는 것은 적절하지 않다는 우려의 목소리가 있는가 하면, 의례의 변화란 그 기저에 여러 정치적 의미와 변화 내용이 이미 전제된 것이므로 ㅗ 둘은 굳이 엄격하게 분리해서 생각할 필요가 없다고도 하면서, 의례의 정치사적 접근을 외면해 온 것으로 보였다.

그러한 우려와 외면에 동의하지 않은 필자는 의례의 정치적 측면을 부각시켜 지금까지의 연구를 진행해 왔다. 그럼에도 이제 와서 논의의 대상이 되는 시기를 재고해 볼 필요가 있다고 하는 것은, 영조대의 《속오례의》가 숙종대부터 시작된 국가와 문물의 재정비 차원으로만 국한되어 이뤄진 편찬물이라는 인식에 대한 의혹이 여전히 남아 있기 때문이다.

결론부터 얘기하자면, 정조에 의해 편찬명이 내려졌던 《대전통편》과 《오례통편》(《승정원일기》 1788년(정조 12) 2월 9일)이야말로 문물정비 사업의 결과물이라 할 수 있다. 체제와 구성면에서도 《오례의》와 《속오례의》·《속오례의보》·《상례보편》을 하나의 의례서로 통합한 《오례통편》 정도가 되어야 문물정비 작업으로 편찬된 의례서로 거론해 볼 수 있다. 그사이 편찬된 《속오례의》는 체제와 분량 면에서의 소략함도 그렇고, 본론 속

에서 필자가 제시한 여러 분석 결과에서도 볼 수 있듯이, 문물정비 차
원을 확연히 넘어서는 별도의 목적으로 제작된 의례서임을 말해 주고
있다. 하지만 특별한 목적으로 만들어진 의례서임에도 불구하고, 이 의
례서는 외면적으로 문물정비 과정에서 이루어진 편찬물임을 부인할 수
없다. 이에 따라서 논의 대상 시기를 문물정비 관점을 포함한 더욱 넓
은 안목으로 확대해서 《속오례의》 편찬을 조망할 필요가 있는 것이다.

　숙종은 말년에 《경국대전》과 《오례의》를 수정하고 변천 과정을 반영
하여 문물을 새롭게 정비하고자 하였다. 그러한 노력으로 《수교집록》 등
을 정리하고 1706년(숙종 32) 《전록통고》라는 법전을 편찬해 냈다. 최
석정, 이세백, 신완이 책임을 맡아 편찬한 《전록통고》는 《속대전》에 영
향을 미쳤고, 1693년(숙종 19) 최석정이 간행한 《예기유편》(구성: 가례· 방
국례· 학례· 길례· 흉례· 가례· 빈례)은 《속오례의》에 영향을 주었다. 그리고 《오
례의》를 수정하여 간행하는 자리에서, 영조는 "옛날에 '선기옥형(璇璣玉
衡: 고대의 천체의 운행과 위치를 관측하던 기계)에 대한 일 또한 고 상
신 최석정에게 전적으로 맡겼다(《승정원일기》 1741년(영조 17년) 5월 1일)."
라고까지 하였으므로 최석정이라는 인물을 책임자로 하는 문물정비 사
업을 숙종대부터 영조대까지 연계하여 살펴볼 수 있다.[2]

　즉 숙종이 기획한 문물정비 사업이라는 큰 틀에서 《속오례의》 편찬
의 의미를 찾아야 하지만 지금까지의 분석을 통해 본 《속오례의》 편찬
의의는 문물정비 사업에 있지 않았고 그 마무리는 정조가 편찬명을 지
시한 《오례통편》에서 확인할 수 있었다. 그러므로 영조가 '마친 일'은
자신의 정통성 회복과 왕권확립에 대한 기반을 이제 막 다져 놓았다는
안도감과 자신감의 표현으로 봐야 한다. 이보다 더 합리적인 해석을 해
보면 영조가 부왕의 뜻을 이은 계술사업을 마무리하고 이제부터는 자

---

2 이 문단의 내용은 학위논문 심사 때 정만조 교수님의 의견을 참고한 것이다.

신의 사업을 시작하겠다는 포부를 밝힌 것이다. 그렇다면 문물정비 과정 중에 편찬된 의례서《속오례의》는 국왕 주도의 탕평정치 전개와 함께 이해해야 하며 이 문화의 산물은 정치적 의미 안에서 위치 설정이 이루어져야 한다.

이를 위해 역사적 사건과 왕들의 정치성까지 연계하여 다음과 같은 의례 연구의 기준과 틀을 마련해 두고자 한다.[3] 숙종 말년, 왕권확립의 시도가 있었다. 환국換局과 탕평의 정치로써 왕은 군사의 지위를 갖고자 하였고 이를 통해 덕위德位와 덕권德權을 추구하며 궁궐 안에 대보단을 설치하기도 하였다. 숙종은 이때 명분은 송시열계에 주었지만 실무는 최석정과 박세채朴世采(1631~1695)계에 맡겨《전록통고》와《예기유편》을 편찬하였다. 즉위하면서부터 왕권의 회복, 징통성 확립, 윙실의 권위를 추구했던 영조는 기유처분(1729, 영조 5), 경신처분(1740, 영조 16), 을해옥사乙亥獄事(1755, 영조 31)와 같은 사건을 겪으며,《주례》를 통한 의식 행사를 마련하였다. 영조는 우암계 낙론에게 명분을 주었고, 실무는 이종성·조명리·홍계희 등에게 맡김으로써《속대전》과《속오례의》·《속오례의보》·《상례보편》을 편찬하였다. 정조 역시 국가의 안정을 위해 계술사업을 이어 나갔고 정통성 확립을 위해 추숭사업을 벌이며 조선중화의식을 가지고 성리학을 이념으로 하는 국가를 운영해 나갔다. 정조는 명분은 벽파에게 주었고 실무는 소론·시파·남인에게 맡겨《대전통편》과《오례통편》을 완성해 냈다.

그리고 숙종부터 정조에 이르는 국가 운영의 큰 구도 안에 남겨진 다음 사안은 임금과 신하들의 학문관과 경세론에 관한 것이다.《속오례의》의 편찬자는 주로 소론,《속오례의보》·《상례보편》의 편찬자는 주로

---

3 이 내용은 학위논문 심사위원 선생님들 가운데 특히 두 분 선생님의 의견에 동조하는 관점에서 정리된 것이다. 다수가 정만조 교수님과 김학수 교수님의 의견을 반영한 것이다.

노론이라는 당색을 띠고 있지만 이들은 학문적 동질성을 가진 하나의 집단으로 볼 필요가 있다. 의례서 편찬에 참여했던 인물 가운데 이덕수는 박세당朴世堂(1629~1703)의 대표적 문인이며 편찬자 이종성은 이세필의 손자이다. 박세당과 이세필은 소론 내에서도 실용적 학문을 한 사람으로 정평이 나 있었으며 이세필은 그의 문집인 《구천유고龜川遺稿》를 통해 실리적 인물로 평가받는다. 영조는 조선 후기 《가례원류家禮源流》로 말미암은 병신처분 이후 정치명분에서 불리해진 소론의 지위를 실무로써 보장해 주고자 하였다. 왕실 의례의 정리 작업이 그러한 업무에 해당된다. 경종과 영조 초반 중의 이러한 노력은 영조 16년 《속대전》과 《속오례의》에 활용되어 소론의 이종성, 이덕수, 윤광소와 같은 이들이 편찬자로 참여하였다. 이종성은 《오천집梧川集》, 이덕수는 《서당집西堂集》·《서당사재西堂私載》, 윤광소는 《소곡유고素谷遺稿》를 남겼는데, 이 문집을 통해 그들의 학문적 성향을 파악할 수 있을 것으로 본다.

그리고 《속오례의보》·《상례보편》의 편찬자들인 조명리, 홍계희 등 노론들은 영조의 필요에 의해 구성된 인물들이지만 이들은 《속오례의》 편차자들과 공통의 경세관을 가지고 있었다. 그러므로 의례서 편찬자들을 당색의 분류보다는 왕실의 위엄을 드높이려는 존왕적·친왕적 존재이며, 실사적이고 실용적인 이념을 가진 구성원들로 보는 것이 합당하다. 소론 중에서도 그러한 학문적 소양을 갖춘 인물들이 《속오례의》의 편찬자로 뽑혔으며 이를 계승한 노론 인사들이 《속오례의보》·《상례보편》을 편찬하였다.

숙종이 구상하고 착수한 문물제도의 정비사업은 《전록통고》와 《예기유편》에서 시작되어 정조가 집대성한 《대전통편》과 《오례통편》으로 마무리되었으며, 그러한 과정 중에 만들어진 《속대전》과 《속오례의》는 그 편찬을 진두지휘한 영조가 그의 정치 감각으로 이끌어낸 성과물이다.

하지만 노론과 소론을 아우르며 이 의례서를 편찬해낸 것은 왕과 신하들 사이에 학문적 공감대가 있었기 때문에 가능한 일이었다.

왕은 평소 이들의 학문적·예학적·사상적 경향을 파악하고 있었다. 편찬자 선발에는 그들의 가문과 정치적 성향도 고려되었다. 이와 같은 왕의 고심을 이해하기 위해서는 보좌진들이 가지고 있는 사상의 어떠한 점이 등용의 의미가 되었는지를 파악해야 한다. 그리고 그들이 정말 예에 밝고 현실적이며 실용과 실사의 철학을 가진 실무형 관료들이었다면, 의례 내용에 그러한 학문관이 실제로 반영되었는지를 입증하는 일이 과제로 남는다. 이는 필자가 풀어야 할 몫이다.

# 【부록】오례의 항목 비교

〈표 15〉길례 서례 항목 비교

| 《국조오례의 서례》 | 《국조속오례의 서례》 | 《국조오례의 서례고이》 | 《국조속오례의보 서례》 | 《국조오례통편 서례》 |
|---|---|---|---|---|
| 卷之一 〈吉禮序例〉 | 〈古禮序例〉 | 〈序例考異 吉禮〉 | 卷之一 〈吉禮序例〉 | 序例 卷之一 〈吉禮〉 |
| 辨祀 | 辨祀 | 辨祀條 | | 辨祀〔原〕 |
| 時日 | 時日 | 時日條 | | 時日〔原〕 |
| 祝版 | 祝板 | | | 祝版〔原〕 |
| 雅部樂章 | | | | 雅部樂章〔原〕 |
| 俗部樂章 | 俗部樂章 | | | 俗部樂章〔原〕 |
| 齊戒←*《세종오례》와 순서 다름. | 齊戒 | 齊戒條 | | 齊戒〔原〕 |
| 齊官←*《세종오례》에서는 獻官. | 齊官 | 齊官條 | 四儀齊官 | 齊官〔原〕 |
| | | | | 親臨誓戒〔續〕 |
| 傳香祝 | | 傳香祝條 | | 傳香祝〔原附續〕 |
| 省牲器←*《세종오례》의 牲牢. | | | | 省牲器〔原〕 |
| 車駕出宮 | | 車駕出宮條 | | 車駕出宮〔原〕 |
| 車駕還宮 | | 車駕還宮條 | | 車駕還宮〔原〕(12항) |
| | | | | 序例 卷之二 〈吉禮〉 |
| 壇廟圖說←*《세종오례》에서는 壇壝. | 廟祠圖說─宗廟·永寧殿·永禧殿·山陵〔附世子墓〕·文宣王廟 | 宗廟條/永寧殿條 | | 壇廟圖說〔原〕 |
| 祭器圖說 | | | | 祭器圖說〔原〕 |
| 饌實尊罍圖說 | 饌實尊罍圖說〔諸祀禮幣附〕 | | | 饌實尊罍圖說〔原〕(3항) |
| | | | | 序例 卷之三 〈吉禮〉 |
| 雅部樂器圖說 | | | | 雅部樂器圖說〔原〕 |
| 雅部樂懸圖說 | | | | 雅部樂懸圖說〔原〕 |
| 俗部樂器圖說 | | | | 俗節樂器圖說〔原〕 |
| 俗部樂懸圖說 | | | | 俗節樂懸圖說〔原〕 |
| | | 眞殿條 | 眞殿圖說 | |
| 祭服圖說←*《세종오례》에서는 冠冕. | | 王妃禮服制度 | 祭服圖說〔原〕 | |
| 度圖說 | | 王世子·嬪禮服制度 | 度圖說〔原〕(6항) | |
| | | 王世孫冕服圖說 | | |
| | | 王世孫嬪禮服制度(6항) | | |

| | 親耕圖說－耕根車·<br>御耒耜·畚·靑箱·<br>親耕藉田之圖 | | | |
|---|---|---|---|---|
| | 觀刈圖說－鎌·竹<br>箱·親臨觀刈之圖<br>(10항) | | | |
| 20항<br>《국조오례의 서례》 | 10항<br>《국조속오례의 서례》 | 10항<br>《국조오례의 서례고이》 | 6항<br>《국조속오례의보 서례》 | 21항<br>《국조오례통편 서례》 |

〈표 16〉 가례 서례 항목 비교

| 《국조오례의 서례》 | 《국조속오례의 서례》 | 《국조오례의<br>서례고이》 | 《국조속오례의보<br>서례》 | 《국조오례통편 서례》 |
|---|---|---|---|---|
| 卷之二〈嘉禮序例〉 | 〈嘉禮序例〉 | 〈序例考異 嘉禮〉 | 卷之二〈嘉禮序例〉 | 序例 卷之四〈嘉禮〉 |
| 鹵簿 | 鹵簿 | 鹵簿條 | | 鹵簿〔原〕 |
| 執事官←*《세종오<br>례》와 순서 다름. | 執事官 | 執事官條 | 六儀執事官←*《오례<br>통편》에서는 執事官. | 執事官〔原〕 |
| 冠服圖說←*《세종<br>오례》에서는 冠冕. | | | 殿下視事服圖說←*<br>《오례통편》에서는<br>冠服圖說. | 冠服圖說〔原〕 |
| | 玉圭圖說－殿下圭·<br>王世子圭² | | 王世子遠遊冠服圖說<br>←*《속오례의서례》<br>에서는 玉圭圖說. | |
| | | | 王世子書筵服制度←<br>*《속오례의서례》에<br>서는 玉圭圖說. | |
| 鹵簿圖說←*위에 鹵簿<br>항목이 따로 있음. | | | | 鹵簿圖說〔原〕 |
| 樂器圖說←*《세종<br>오례》에서는 樂器. | | | | |
| | 几杖圖說－几·綈綿·杖 | | | 几杖圖說〔原〕 |
| 尊爵圖說←*《세종<br>오례》에서는 尊爵. | | | | |

---

1  社稷祈穀·啟聖祠春秋·關王廟春秋·關王廟告由·宣武祠春秋·永禧殿俗節·山陵忌晨·世子墓俗
   節·諸祀禮幣

| 《국조오례의서례》 | 《국조속오례의서례》 | 《국조오례의서례고이》 | 《국조속오례의보서례》 | 《국조오례통편 서례》 |
|---|---|---|---|---|
| 殿庭軒架圖說←* 《세종오례》에서는 殿庭鼓吹. | | | | 殿庭軒架圖說〔原附增圖說〕 |
| 鼓吹圖說←*《세종오례》에서는 殿庭鼓吹·門外鼓吹. | | | | 鼓吹圖說〔續〕 |
| | | | | 殿庭鼓樂圖說〔增〕 |
| 排班圖 | 排班圖－城內動駕排班之圖·城外動駕排班之圖 | 排班圖條 | | 排班圖〔原〕 |
| | 仁政殿正至誕日朝賀之圖 | | | |
| | 仁政門朝參之圖 | | | |
| | 仁政殿進宴之圖 | | | |
| | 納妃親迎之圖(9항) | | | 納妃親迎之圖〔續〕 |
| | | | | 親耕圖說〔續〕 |
| | | | | 觀刈圖說〔續〕 |
| | | | | 親蠶器械圖說〔增〕 (13항) |
| | | | 王世子冠禮前賫服制度 | |
| | | | 王世孫講書服制度 | |
| | | | 王世子嬪輦制度 | |
| | | | 王世孫輦制度 | |
| | | | 王世孫儀仗 | |
| | | | 王世孫嬪輦制度 | |
| | | | 王世孫嬪儀仗(11항) | |
| 9항 《국조오례의서례》 | 9항 《국조속오례의서례》 | 3항 《국조오례의서례고이》 | 11항 《국조속오례의보서례》 | 13항 《국조오례통편 서례》 |

〈표 17〉 흉례 서례 항목 비교

| 《국조오례의 서례》 | 《국조속오례의 서례》 | 《국조오례의 서례고이》 | 《국조오례통편 서례》 |
|---|---|---|---|
| 卷之五 〈凶禮序例〉 | 〈凶禮序例〉 | 〈序例考異 凶禮〉 | 序例 卷之六 〈凶禮〉 |
| 齊戒 | | | 享魂殿齊戒〔原〕 |
| 執事官 | | | 執事官〔原〕 |
| 斂殯圖說 | | | 圖說〔補〕 |
| | | 國恤初終條 | |
| | | 沐浴條 | |

2 *《속오례의보서례》에서는 王世子遠遊冠服圖說, 王世子書筵服制度.

| | | 襲條←＊《오례통편》과 순서 다름. | |
|---|---|---|---|
| 喪服圖說 | 喪服圖說－大袖·長裙·蓋頭·頭㡇·百官斬衰冠·衰服·布帽·布角帶(1항) | 服制 | |
| | | | 復〔補〕 |
| | | | 襲〔補〕←＊《서례고이》와 순서 다름. |
| | | | 襲奠〔原〕 |
| | | | 奠饌圖〔補〕 |
| | | | 小喪奠饌圖〔補〕 |
| | | | 設永〔補〕 |
| | | | 靈座〔補〕 |
| | | | 小歛〔原〕 |
| | | | 治椑〔補〕 |
| | | | 大歛〔原〕 |
| | | | 成殯〔補〕 |
| | | | 成服〔原〕 |
| | | 治葬條 | 治葬〔補〕 |
| | | | 請諡宗廟〔補〕 |
| | | | 發引〔補〕 |
| 明器圖說 | | | |
| 服玩圖說 | | | 服玩圖說〔原〕 |
| 儀仗圖說 | | | 吉儀仗〔原〕 |
| | | | 凶儀仗圖說〔原〕 |
| 車轝圖說 | | | |
| | | 遷奠儀 | 遷奠〔補〕 |
| 神主圖說 | | | 神主圖說〔原〕 |
| | | | 返虞〔補〕 |
| 禮饌酒尊圖說 | | | |
| | | | 虞祭饌圖〔補〕 |
| | | | 祭器〔補〕 |
| | | | 魂殿朔望祭〔原〕 |
| | | | 魂殿俗節朔望祭饌圖〔補〕 |
| | | | 小喪祭饌圖〔補〕 |
| | | | 山陵四時及俗節〔原〕 |
| | | | 祭后土〔原〕 |
| | | | 山陵四時及俗節祭饌圖〔補〕 |
| | | | 墓所祭饌圖〔補〕 |
| | | | 〔附〕諸尺〔補〕 |
| 大夫士庶人葬壙口長杠上去橫杠下棺之形 | | | 大夫士庶人葬〔原〕(35항) |

| 壙內槨上去橫杠下棺<br>之形 | | | |
|---|---|---|---|
| 大夫士庶人栗主 | | | |
| | | 祔太廟儀(7항) | |
| 13항<br>《국조오례의서례》 | 1항<br>《국조속오례의서례》 | 7항<br>《국조오례의서례고이》 | 35항<br>《국조오례통편서례》 |

〈표 18〉 빈·군례 서례 항목 비교

| 《국조오례의 서례》 | 《국조속오례의 서례》 | 《국조오례의 서례고이》 | 《국조오례통편 서례》 |
|---|---|---|---|
| 卷之三 〈賓禮〉 | | | 序例 卷之四 〈賓禮〉 |
| 執事官 | | | 執事官〔原〕 |
| 尊爵圖說 | | | 迎勅書儀〔添入次〕 |
| 樂器圖說 | | | 尊爵圖說〔原〕 |
| | | | 樂器圖說〔原〕(4항) |
| 3항<br>《국조오례의서례》 | 《국조속오례의서례》 | 《국조오례의서례고이》 | 4항<br>《국조오례통편서례》 |
| | | | |
| 卷之四 〈軍禮序例〉 | 〈軍禮序例〉 | 〈序例考異 軍禮〉 | 序例 卷之五 〈軍禮〉 |
| 執事官 | 執事官 | 軍禮執事官條 | 執事官〔原〕 |
| 兵器圖說 | | | 兵器圖說〔原〕 |
| 形名圖說 | | | 形名圖說〔原〕 |
| 射器圖說 | | | 形名圖說〔續〕 |
| | | | 射器圖說〔原〕 |
| | 大射圖說-熊侯·麋侯·<br>大射圖 | | 大射圖說〔原〕 |
| | | | 大射圖〔續〕 |
| | 露布圖說 | | 露布圖說〔續〕(8항) |
| | 形名圖說-交龍旗·蠹·<br>令旗·標旗(4항) | | |
| 4항<br>《국조오례의 서례》 | 4항<br>《국조속오례의 서례》 | 1항<br>《국조오례의 서례고이》 | 8항<br>《국조오례통편 서례》 |

〈표 19〉 길례 의주 항목 비교

| 《국조오례의》 | 《국조속오례의》 | 《국조속오례의보》 | 《국조오례통편》 |
|---|---|---|---|
| 卷之一 〈吉禮〉 | 卷之一 〈吉禮〉 | 卷之一 〈吉禮〉 | 卷之一 〈吉禮〉 |
| | | 親享宗廟時省牲器儀 | |
| | 親臨誓戒儀 | | 〈-*《오례통편》에서는 〈서례〉<br>(親臨誓戒〔續〕)로 이동함. |
| | | 親臨誓戒時王世子入參儀 | |

| | | | |
|---|---|---|---|
| | 親臨傳香祝儀 | | 〈-*《오례통편》에서는 〈서례〉(傳香祝)로 이동함. |
| 春秋及臘祭祀稷儀 | | | 春秋及臘祭社稷儀〔原〕 |
| | | 親享永禧殿時王世子亞獻儀 〈-*순서를 아래로 옮겨 살핌. | |
| | | | 親祭社稷王世子亞憲王世孫終獻儀〔增〕 |
| | | 酌獻文宣王文武試取時王世子入參儀 〈-*순서를 아래로 옮겨 살핌. | |
| | | | 親祭社稷祈穀儀〔增〕 |
| 春秋及臘祭社稷攝事儀 | | | 春秋及臘祭社稷攝事儀〔原〕 |
| 祈告社稷儀 | | | 祈告社稷儀〔報祀同原〕 |
| 州縣春秋祭社稷儀 | | | 州縣春秋祭社稷儀〔原〕 |
| | | 祭社稷王世子攝事儀 〈-*순서가 아래에 있던 의식임. | |
| 四時及臘享宗廟儀 | | | 四時及臘享宗廟儀〔原〕 |
| | | | 親享宗廟王世子亞獻王世孫終獻儀〔增〕 |
| | | 享宗廟王世子攝事時省牲器儀 | |
| | | 享宗廟王世子攝事儀 | |
| | | | 祈告宗廟親享儀〔增〕 |
| | | | 王世子祈告宗廟攝行儀〔增〕 |
| 四時及臘享宗廟攝事儀 | | | 四時及臘享宗廟攝事儀〔原〕 |
| 俗節及朔望享宗廟儀 | | | 俗節及朔望享宗廟儀〔原〕 |
| 祈告宗廟儀 | | | 祈告宗廟儀〔原〕 |
| 薦新宗廟儀 | | | 薦新宗廟儀〔原〕 |
| 祭中霤儀 | | | 祭中霤儀〔原〕 |
| 春秋享永寧殿儀 | | | 春秋享永寧殿儀〔原〕(16항) |
| | | 祭社稷王世子攝事儀 〈-*순서를 위로 옮겨 살핌. | |
| | | 享永禧殿王世子攝事儀 〈-*永禧殿儀는 卷之三 아래 있으므로 순서를 아래로 옮겨 살필 것임. | 卷之二 〈吉禮〉 |
| | 春秋謁宗廟永寧殿儀 | | 春秋謁宗廟永寧殿儀〔續〕1 |
| | 王世子謁宗廟永寧殿儀 | | 〈-*《오례통편》에서는 순서가 왕비 아래로 이동함. |
| | 王妃謁宗廟永寧殿儀 | | 王妃謁宗廟永寧殿儀〔續〕2 |

| | | | |
|---|---|---|---|
| | *《속오례의》에서는 순서가 왕비 위에 있음.-〉 | | 王世子謁宗廟永寧殿儀〔續〕3 |
| | 王世子嬪謁宗廟永寧殿儀 | | 王世子嬪謁宗廟永寧殿儀〔續〕4 |
| | | 王世孫謁宗廟永寧殿儀 | 王世孫謁宗廟永寧殿儀〔增〕 |
| | | 王世孫嬪謁宗廟永寧殿儀 | 王世孫嬪謁宗廟永寧殿儀〔增〕 |
| | 宗廟各室移奉于慶德宮儀 | | 宗廟各室移奉于慶德宮儀〔續〕5 |
| | 宗廟移奉時祇迎隨駕儀 | | |
| | | | 宗廟追上尊號親上册寶儀〔增〕 |
| | | | 宗廟永寧展親上國朝寶鑑儀〔增〕 |
| 四時及俗節享文昭殿儀 | 〈吉禮考異〉【四時俗節享文昭殿儀】今罷〔攝事儀同〕 | | 四時及俗節享文昭殿儀〔原〕 |
| 四時及俗節享文昭殿攝事儀 | | | 四時及俗節享文昭殿攝事儀〔原〕 |
| 文昭殿忌晨儀 | 【文昭殿忌晨儀】今罷 | | 文昭殿忌晨儀〔原〕 |
| 朔望享文昭殿儀 | 【朔望享文昭殿儀】今罷 | | 朔望享文昭殿儀〔原〕 |
| 親享懿廟儀 | 【親享懿廟儀】今罷 | | 親享懿廟儀〔原〕 |
| 四時及俗節享懿廟攝事儀 | 【四時俗節享懿廟攝事儀】今罷 | | 四時及俗節享懿廟攝事儀〔原〕 |
| 朔望享懿廟儀 | 【朔望享懿廟儀】今罷 | | 朔望享懿廟儀〔原〕(16항) |
| | | | 卷之三〈吉禮〉 |
| | | | 四時及臘享景慕宮儀〔增〕 |
| | | | 四時及臘享景慕宮攝事儀 |
| | | | 酌獻景慕宮儀〔增〕 |
| | | | 拜景慕宮儀〔增〕 |
| | | | 王世子拜景慕宮儀〔增〕 |
| | | | 王世孫拜景慕宮儀〔增〕 |
| | | | 俗節及朔望享景慕宮儀〔告由移安祭同增〕 |
| | | | 薦新景慕宮儀〔增〕 |
| | | | 景慕宮親上册印儀〔增〕 |
| 拜陵儀 | | | 拜陵儀〔原〕 |
| | | | 拜陵時王世子隨駕亞獻儀〔增〕 |
| 四時及俗節朔望享諸陵儀 | | | 四時及俗節朔望享諸陵儀〔先告事由移還安同原〕 |
| | | | 忌晨享陵儀〔增〕 |
| | | | 拜顯隆園儀〔增〕 |
| | | | 拜顯隆園時王世子亞獻儀〔增〕 |
| | | | 忌晨享顯隆園儀〔增〕 |

| | | | |
|---|---|---|---|
| | | | 俗節享顯隆園儀〔增〕 |
| 俗節享眞殿儀 | | | 俗節享眞殿儀〔原〕 |
| | 酌獻永禧殿儀 | | 親享永禧殿儀〔續〕6 |
| | | 親享永禧殿時王世子亞獻儀 〈-*순서가 위에 있던 의식임. | |
| | | | 親享永禧殿王世子亞獻王世孫終獻儀〔增〕 |
| | 親享永禧殿儀 | | 酌獻永禧殿儀〔續〕7 |
| | | 享永禧殿王世子攝事儀 〈-*순서가 위에 있던 의식임. | |
| | | | 永禧殿影幀奉安儀〔增〕 |
| | 御眞奉安長寧殿儀 *〈-길례(속)에서 가례영역으로(통) 옮겨감. | | |
| | | | 俗節享慶基殿儀〔增〕 |
| | | | 春秋享肇慶廟儀〔增〕 |
| | 幸陵儀 | | |
| | 拜大院君祠宇儀 | | 拜大院君祠宇儀〔續〕8 |
| | | | 拜宮廟儀〔增〕 |
| | | | 時享宮廟儀〔增〕 |
| | 拜毓祥廟儀 | | |
| | | | 拜園墓儀〔續〕9 |
| | | | 忌晨享園墓儀〔增〕(29항) |
| | 拜昭寧墓儀 | | |
| | | | 卷之四　〈吉禮〉 |
| 祀風雲雷雨儀 | | | 祀風雲雷雨儀〔山川城隍附原〕 |
| 風雲雷雨壇祈雨儀 | | | 風雲雷雨壇祈雨儀〔原〕 |
| | | | 親祀風雲雷雨壇祈雨儀〔山川城隍附增〕 |
| 祭嶽海瀆儀 | | | 祭嶽海瀆儀〔原〕 |
| | 親祭嶽海瀆祈雨儀 | | 親祭嶽海瀆祈雨儀〔諸山川附續〕10 |
| 祭三角山儀 | | | 祭三角山儀〔白岳山附原〕 |
| 祭漢江儀 | | | 祭漢江儀〔原〕 |
| 祭州縣名山大川儀 | | | 祭州縣名山大川儀〔原〕 |
| *祭木覓儀 ←*《세종실록》과 순서 다름. | | | 祭木覓儀〔原〕 |
| 時旱北郊望祈嶽海瀆及諸山川儀 | | | 時旱北郊望祈嶽海瀆及諸山川儀〔報祀同原〕 |
| 時旱就祈嶽海瀆及諸山川儀(30항) | | | 時旱就祈嶽海瀆及諸山川儀〔得雨報祀同原〕 |

| | | | |
|---|---|---|---|
| | | | 祭楮子島祈雨儀〔增〕(12항) |
| 卷之二〈吉禮〉 | | | 卷之五〈吉禮〉 |
| 享先農儀 | | | 享先農儀〔原附芳酒儀續親受刈穀儀增〕 |
| 享先農攝事儀 | | | 享先農攝事儀〔原〕 |
| | 親享先農祈雨儀 | | 親享先農祈雨儀〔續〕11 |
| | | | 親臨觀刈儀〔附芳酒儀續親受刈穀儀增〕 |
| | | | 王妃獻種儀〔藏種儀附增〕 |
| 享先蠶儀 | | | 享先蠶儀〔原〕 |
| | | | 親蠶儀〔增〕 |
| 雩祀儀 | | | 雩祀儀〔原〕 |
| 雩祀壇祈雨儀 | | | 雩祀壇祈雨儀〔原〕 |
| | 親享雩祀壇祈雨儀 | | 親享雩祀壇祈雨儀〔續〕12(10항) |
| | | | 卷之六〈吉禮〉 |
| 享文宣王視學儀 | | | 享文宣王視學儀〔原〕 |
| 酌獻文宣王視學儀 | | | 酌獻文宣王視學儀〔原〕 |
| | | 酌獻文宣王文武試取時王世子入參儀〈←*순서가 위에 있던 의식임. | |
| 王世子酌獻文宣王入學儀 | | | 王世子酌獻文宣王入學儀〔原〕 |
| | | 王世孫酌獻文宣王入學儀(11항) | 王世孫酌獻文宣王入學儀〔增〕 |
| 王世子釋奠文宣王儀 | | | 王世子釋奠文宣王儀〔原〕 |
| | 【文宣王朔望奠儀】今罷 | | 王世孫釋奠文宣王儀〔增〕 |
| 有司釋奠文宣王儀 | | | 有司釋奠文宣王儀〔原〕 |
| 文宣王朔望奠儀 | | | 文宣王朔望奠儀〔原〕 |
| 文宣王先告事由及移還安祭儀 | | | 文宣王先告事由及移還安祭儀〔原〕 |
| 州縣釋奠文宣王儀 | | | 州縣釋奠文宣王儀〔原〕 |
| 州縣文宣王先告事由及移還安祭儀 | | | 州縣文宣王先告事由及移還安祭儀〔原〕(11항) |
| | | | 卷之七〈吉禮〉 |
| 享歷代始祖儀 | | | 享歷代始祖儀〔原〕 |
| *祀靈星儀 | 【祀靈星儀】今罷〔老人星馬祖同〕 | | 祀靈星儀〔老人星馬祖同原〕 |
| 享先牧儀 | 【享先牧儀】今罷〔馬社馬步禡祭同〕 | | 享先牧儀〔馬社馬步禡祭禴祭附原〕 |
| 州縣禡祭儀 | | | 州縣禡祭儀〔原〕 |
| * 久雨禜祭國門儀 ←*《세종오례》와 순서 다름. | | | 久雨禜祭國門儀〔報祀同原〕 |

| 《국조오례의》 | 《국조속오례의》 | 《국조속오례의보》 | 《국조오례통편》 |
|---|---|---|---|
| 久雨州縣禜祭城門儀 | | | 久雨州縣禜祭城門儀〔報祀同上原〕 |
| 享司寒儀 | | | 享司寒儀〔原〕 |
| | | | 幸關王廟奠酌儀 |
| 纛祭儀 | | | |
| 纛祭先告事由及移還安祭儀 | | | 纛祭先告事由及移還安祭儀〔原〕 |
| 厲祭儀 | | | 厲祭儀〔原〕 |
| 州縣厲祭儀 | | | 州縣厲祭儀〔原〕 |
| | | | 會盟祭儀〔增〕 |
| | | | 幸關王廟奠酌儀〔增〕 |
| | | | 春秋享關王廟儀〔增〕 |
| | | | 致祭儀〔增〕 |
| 大夫士庶人四仲月時享儀(26항)56항 | | | 大夫士庶人四仲月時享儀〔原〕(16항) |
| | 親耕儀 | | |
| | 親耕後勞酒儀 | | |
| | 親臨觀刈儀 | | |
| | 觀刈後勞酒儀 | | |
| 56항 《국조오례의》 | 22항 《국조속오례의》(《길례고이》: 9항) | 11항 《국조속오례의보》 | 110항 《국조오례통편》 |

〈표 20〉 가례 의주 항목 비교

| 《국조오례의》 | 《국조속오례의》 | 《국조속오례의보》 | 《국조오례통편》 |
|---|---|---|---|
| 卷之三 〈嘉禮〉 | 卷之二 〈嘉禮〉 | 卷之二 〈嘉禮〉 | 卷之八 〈嘉禮〉 |
| 正至及聖節望闕行禮儀 | 〈嘉禮考異〉[3] | | 正至及聖節望闕行禮儀〔原〕 |
| 皇太子千秋節望宮行禮儀 | | | 皇太子千秋節望宮行禮儀〔原〕 |
| 迎詔書儀 | 【迎詔書儀】有司立紅門 今有迎恩門故不立〔後倣此〕○太平館今爲南別宮〔後倣此〕 | | 迎詔書儀〔原〕 |
| 迎勅書儀 | 【迎勅書儀】迎勅及殿庭行禮時 左右通禮前導 今仁政殿 迎勅時 有左右贊禮 以正二品重臣爲之 殿下陞降行禮時 左右贊禮前導 | | 迎勅書儀〔原〕 |
| 拜表儀 | | | 拜表儀〔拜箋附原〕 |
| 正至王世子百官朝賀儀 | | | 正至王世子百官朝賀儀〔誕日賀附原〕 |
| | | | 正至王世孫百官朝賀儀〔誕日賀附原〕 |

| | | | |
|---|---|---|---|
| 正至王世子嬪朝賀儀 | | | 正至王世子嬪朝賀儀〔誕日賀附原〕 |
| 正至會儀 | | | 正至會儀〔原〕 |
| 中宮正至命婦朝賀儀 | | | 中宮正至命婦朝賀儀〔誕日賀附原〕 |
| 中宮正至會命婦儀 | | | 中宮正至會命婦儀〔原〕 |
| 中宮正至王世子朝賀儀 | | | 中宮正至王世子朝賀儀〔誕日賀附原〕 |
| 中宮正至王世子嬪朝賀儀 | | | 中宮正至王世子嬪朝賀儀〔誕日賀附原〕 |
| 中宮正至百官朝賀儀 | | | 中宮正至百官朝賀儀〔誕日賀附原〕 |
| 正至百官賀王世子儀 | | | 正至百官賀王世子儀〔誕日賀附原〕 |
| | | | 正至賀王世孫儀〔續〕 |
| 朔望王世子百官朝賀儀 | | | 朔望王世子百官朝賀儀〔原〕 |
| 朝參儀 | | | 朝參儀〔原〕 |
| 常參朝啓儀 | 【常參朝啓儀】4 | | 常參朝啓儀〔原〕 |
| | | 王世子聽政後正至百官賀儀〔生辰賀同〕 | 王世子聽政後百官正至賀儀〔稟定次〕 |
| | | 王世子聽政後受常參儀 | 王世子聽政後受常參儀〔稟定次〕(21항) |
| | | 正至百官賀王世孫儀〔生辰賀同〕 | |
| | | | 卷之九〈嘉禮〉 |
| 王世子冠儀 | | | 王世子冠儀〔原〕 |
| | | 王世孫冠儀 | 王世孫冠儀〔原〕 |
| 文武官冠儀 | | | 文武官冠儀〔原〕 |
| 納妃儀 | 納妃親迎儀 〈-*순서를 위로 옮겨 살핌. 【納妃儀】命使奉迎一節今行親迎儀〔詳見續儀嘉禮〕 | | 納妃儀〔原親迎儀附續〕 |
| 册妃儀(21항) | | | 册妃儀〔原〕 |
| | | | 王妃受册後朝謁王大妃殿儀(6항) |
| 卷之四〈嘉禮〉 | | | 卷之十〈嘉禮〉 |
| 册王世子儀 | | | 册王世子儀〔原〕 |
| 册王世子嬪儀 | | | 册王世子嬪儀〔原〕 |
| 王世子納嬪儀 | | | 王世子納嬪儀〔原〕 |
| | | 册王世孫儀 | 册王世孫儀〔增〕 |
| | | 册王世孫嬪儀 | 册王世孫嬪儀〔增〕 |
| | | 王世孫納嬪儀 | 王世孫納嬪儀〔增〕 |
| 王子婚禮儀 | | | 王子昏禮儀〔原〕 |
| 王女下嫁儀 | | | 王女下嫁儀〔原〕 |

| | | |
|---|---|---|
| 宗親文武官一品以下婚禮儀 | | 宗親文武官一品以下婚禮儀〔原〕(9항) |
| | | 卷之十一 〈嘉禮〉 |
| 賀儀 | | 賀儀〔原〕 |
| 敎書頒降儀 | | 敎書頒降儀〔原〕 |
| | 上尊號冊寶儀 | 上尊號冊寶儀〔續〕 |
| | 大王大妃上尊號冊寶儀 | 大王大妃上尊號冊寶儀〔續〕 |
| | 王妃上尊號冊寶儀 | 王妃上尊號冊寶儀〔續〕 |
| | 王大妃冊寶親傳儀 | |
| | | 親授王世孫銀印儀〔增〕 |
| | 御帖奉安耆社儀 | 御帖奉安耆社儀〔續〕 |
| | 親臨耆老宴儀 | 親臨耆老宴儀〔續〕 |
| | | 御眞奉安長寧殿儀〔續〕 |
| | 靈壽閣御帖親題儀 | |
| | | 御眞奉安宙合樓儀〔增〕 |
| | 大王大妃正朝陳賀親傳致詞表裏儀 | |
| | 親臨頒敎陳賀儀 | |
| | 納妃親迎儀 | ←*《오례의》와 순서 다름. |
| | 進宴儀 | ←*《오례의》와 순서 다름. |
| | 王妃進宴儀 | ←*《오례의》와 순서 다름. |
| | 大王大妃進宴儀 | ←*《오례의》와 순서 다름. |
| | 三殿進宴儀 | ←*《오례의》와 순서 다름. |
| | 御宴儀(15항) | ←*《오례의》와 순서 다름. |
| 文科殿試儀 | | 文科殿試儀〔原〕 |
| 武科殿試儀 | | 武科殿試儀〔原〕 |
| 文武科放榜儀 | | 文武科放榜儀〔原〕 |
| 生員進士放榜儀 | | 生員進士放榜儀〔原〕 |
| | 卷之三 〈嘉禮〉 | |
| | 親臨儒生殿講儀 | 親臨儒生殿講儀〔續〕 |
| | | 謁聖後文武科試取儀〔增〕 |
| | 王世子受朝參儀 | |
| | 王世子入闕儀 | |
| 養老宴儀 | | 養老宴儀〔原〕 |
| 中宮養老宴儀 | | 中宮養老宴儀〔原〕 |
| 飮福宴儀 | | 飮福宴儀〔原〕 |
| | 進宴儀 〈-*순서가 위에 있던 의식임. | 進宴儀〔續〕 ←*《오례통편》과 《속오례의》 순서 다름. |
| | 王妃進宴儀 〈-*순서가 위에 있던 의식임. | |
| | 大王大妃進宴儀 〈-*순서가 위에 있던 의식임. | |
| | 三殿進宴儀 〈-*순서가 위에 있던 의식임. | 三殿進宴儀〔續〕←*《오례통편》과 《속오례의》 순서 다름.(21항) |

| | 御宴儀〈一*순서가 위에 있던 의식임. | | 卷之十二〈嘉禮〉 |
|---|---|---|---|
| | | | 親臨會講儀〔增〕 |
| *《오례의》와 순서 다름.→ | | | 書筵會講儀〔原〕 |
| 王世子與師傅賓客相見儀 | | | 王世子與師傅賓客相見儀〔原〕 |
| | | 王世孫與師傅相見儀 | 王世孫與師傅賓客相見儀〔增〕 |
| 書筵會講儀 | | | 一*《오례통편》과 순서 다름. |
| | | 王世孫書筵會講儀 | |
| 王世子入學儀 | | | 王世子入學儀〔原〕 |
| | | 王世孫入學儀(10항) | 王世孫入學儀〔增〕 |
| | 王世子祗受訓書儀 | | 王世子祗受訓書儀〔續〕 |
| | 王子君師傅相見儀(5항) | | |
| | | | 進書儀〔增〕 |
| | | | 進箋儀〔增〕 |
| | | | 親臨宣麻儀〔增〕 |
| 使臣及外官正至誕日遙賀儀 | | | 使臣及外官正至誕日遙賀儀〔原〕 |
| 使臣及外官朔望遙賀儀 | | | 使臣及外官朔望遙賀儀〔原〕 |
| 使臣及外官拜箋儀 | | | 使臣及外官拜箋儀〔原〕 |
| 使臣及外官受宣勞儀 | | | 使臣及外官受宣勞儀〔原〕 |
| 使臣及外官迎內香儀 | | | 使臣及外官迎內香儀〔原〕 |
| 使臣及外官迎敎書儀 | | | 使臣及外官迎敎書儀〔原〕 |
| 外官迎觀察使儀 | | | 外官迎觀察使儀〔原〕 |
| 使臣及外官受諭書儀 | | | 使臣及外官受諭書儀〔原〕 |
| 開城府及州縣養老宴儀 | | | 開城府及州縣養老宴儀〔原〕 |
| 鄕飮酒儀 | | | 鄕飮酒義〔原〕 |
| 文武科榮親儀 | | | 文武科榮親儀〔原〕(21항) |
| 50항《국조오례의》 | 20항《국조속오례의》(《가례고이》: 5항) | 10항《국조속오례의보》 | 78항《국조오례통편》 |

3 【正至聖節望闕行禮儀】設百官門外位於永濟橋 今設昌德宮仁政門外 慶德宮崇政門外 昌慶宮 明政門外〔後凡言設外位於永濟橋者皆倣此〕

4 常參官拜位於殿庭東西 註史官一在西 一在東 今史官隨承旨入先行四拜就位 ○三品以下註 承旨於前楹間 當中東上史官於楹外東西 今承旨史官御座下分左右俯伏列侍 ○列軍士於殿階 上及庭之東西今列於殿門外

〈표 21〉 흉례 의주 항목 비교

| 《국조오례의》 | 《국조속오례의》 | 《국조오례통편》 | 《상례보편》<br>(1752년본)<br>奎1339-v.1-4 | 《상례보편》<br>(1758년본)<br>奎3940 |
|---|---|---|---|---|
| 卷之七〈凶禮〉 | 卷之五〈凶禮〉 | 卷之十五〈凶禮〉 | 卷之一〈凶禮〉 | 卷之一〈凶禮〉 |
| 爲皇帝擧哀儀 | | 爲皇帝擧哀儀〔原〕 | | |
| 成服儀 | | 成服儀〔原〕 | | |
| 擧臨儀 | | 擧臨儀〔原〕 | | |
| 除服儀 | | 除服儀〔原〕 | | |
| 國恤顧命 | | 國恤顧命〔原〕 | 顧命〔見原書〕 | 顧命 |
| 初終 | 〈凶禮考異〉5 | 初終〔原〕 | 初終 | 初終 |
| 復 | | 復〔原〕 | 復 | 復 |
| 〔復後奠〕:《상례보편》 | | 奠〔補〕 | | 奠 |
| 易服不食 | | 易服不食〔原〕 | 易服不食 | 易服不食 |
| 戒令 | | 戒令〔原〕 | 戒令 | 戒令 |
| 沐浴 | 【沐浴條】舊只用內侍<br>今宗戚及朝臣入侍 | 沐浴〔原〕 | 沐浴 | 沐浴 |
| 襲 | 【襲條】6 | 襲〔原〕 | 襲 | 襲 |
| 奠 | | 奠〔原〕 | 奠 | 奠 |
| 爲位哭 | | 爲泣哭〔原〕 | 爲位哭 | 爲位哭 |
| 擧臨 | | 擧臨〔原〕 | 擧臨 | 擧臨 |
| 含 | | 含〔原〕 | 含 | 含 |
| 設氷 | | 設氷〔原〕 | 設氷 | 設氷 |
| 靈座 | | 靈座〔原〕 | 靈座 | 靈座 |
| 銘旌 | | 銘旌〔原〕 | 銘旌 | 銘旌 |
| 告社廟 | | 告社廟〔原〕 | 告社廟 | 告社廟 |
| 小斂 | | 小斂〔原〕 | 小斂 | 小斂 |
| 奠 | | 奠〔原〕 | 奠 | 奠 |
| 治椑 | | 治椑〔原〕 | 治椑 | 治椑 |
| 大斂 | | 大斂〔原〕 | 大斂 | 大斂 |
| 奠 | | 奠〔原〕 | 奠 | 奠 |
| 成殯 | | 成殯〔原〕 | 成殯 | 成殯 |
| 奠 | | 奠〔原〕 | 奠 | 奠 |
| 廬次 | | 廬次〔原〕 | 廬次 | 廬次 |
| 成服 | 【服制】7 | 成服〔原〕 | 成服 | 成服 |
| 服制 | 國恤服制 | 服制〔原〕 | 服制 | 服制 |
| | 王妃爲父母喪服制 | 續服制〔附王妃爲父母喪服制〕 | | |
| | | 補服制(32항) | | |
| | | 卷之十六〈凶禮〉 | | |
| 嗣位 | | 嗣位〔原〕 | 嗣位 | 嗣位 |
| 頒敎書 | | 頒敎書〔原〕 | 頒敎書 | 頒敎書 |
| 告訃請諡請承襲 | | 告訃請諡請承襲〔原〕 | 告訃請諡請承襲 | 告訃請諡請承襲 |
| 朝夕哭奠及上食 | | 朝夕哭奠及上食儀 | 朝夕哭奠及上食 | 朝夕哭奠及上食 |

| | | | | |
|---|---|---|---|---|
| 儀 | | 〔原〕 | 儀 | |
| 朔望奠 | | 朔望奠〔原〕 | 朔望奠 | 朔望奠 |
| 議政府率百官進香儀 | | 議政府率百官進香儀〔原〕 | 議政府率百官進香儀 | 議政府率百官進香儀 |
| | | | 卷之二 | |
| 治葬 | 【治葬條】[8] | 治葬〔原〕 | 治葬 | 治葬 |
| | | 補治葬 | | |
| | 梓宮加漆時哭臨儀（國恤初喪儀大節原書不載今補入） | 梓宮加漆儀〔續〕 | 梓宮加漆時哭臨儀（《續儀》） | 梓宮加漆儀 |
| | 梓宮上字書寫時哭臨儀（梓宮結裹時哭臨儀倣此） | 梓宮書上字儀〔續〕 | 梓宮上字書寫時哭臨儀（《續儀》） | 梓宮書上字儀 |
| | | 梓宮結裹儀〔補〕 | 梓宮結裹時哭臨儀（《續儀》） | 梓宮結裹儀 |
| 請諡宗廟儀 | | 請諡宗廟儀〔原〕 | 請諡宗廟儀 | 請諡宗廟儀 |
| 上諡冊寶儀 | | 上諡冊寶儀〔原〕（13항） | 上諡冊寶儀 | 上諡冊寶儀 |
| 內喪請諡宗廟儀 | | | 內喪請諡儀 | |
| 上諡冊寶儀 | | 卷之十七 〈凶禮〉 | 上諡冊寶儀 | 卷之二 |
| 啟殯儀 | | 啟殯儀〔原〕 | 啓殯儀 | 啓殯 |
| | | 朝祖儀〔補〕 | | 朝祖儀 |
| 祖奠儀 | | 祖奠儀〔原〕 | 祖奠儀 | 祖奠 |
| 遣奠儀 | | 遣奠儀〔原〕 | 遣奠儀 | 遣奠 |
| 發引班次 | | 發引班次〔原〕 | 發引班次 | 發引班次 |
| 發引儀 | | | 發引儀 | 發引儀 |
| | 發引時奉辭儀 | 發引奉辭儀〔續〕 | 發引時奉辭儀（《續儀》） | 發引奉辭儀 |
| 路祭儀 | | 路祭儀〔原〕 | 路祭儀 | 路祭 |
| | 靈駕至陵所奉安儀 | | | |
| 遷奠儀 | 【遷奠儀】[9] | 遷奠儀〔原〕 | 遷奠儀 | 遷奠儀 |
| | 下玄宮時望哭儀（山陵虞祭時望哭儀同） | | 下玄宮時望哭儀（《續儀》） | 下玄宮時望哭儀 |
| 立主奠儀 | | 立主奠儀〔原〕 | 立主奠儀 | 立主奠 |
| | | | 卷之三 | |
| 返虞班次 | | 返虞班次〔原〕 | 返虞班次 | 返虞班次 |
| 返虞儀 | | 返虞儀〔原〕 | 返虞儀 | 返虞儀 |
| | 返虞時祇迎哭拜儀 | 返虞祇迎儀〔續〕（12항） | 返虞時祇迎哭拜儀（《續儀》） | 返虞祇迎儀 |
| | | 卷之十八 〈凶禮〉 | | |
| 安陵奠儀 | | 安陵奠儀〔原〕 | 安陵奠儀 | 安陵奠 |
| 山陵朝夕上食儀 | | 山陵朝夕上食儀〔原〕 | 山陵朝夕上食儀 | 山陵朝夕哭及上食 |
| 魂殿虞祭儀 | | 魂殿虞祭儀〔原〕 | 魂殿虞祭儀 | 虞祭 |
| 卒哭祭儀 | | 卒哭祭儀〔原〕 | 卒哭祭儀 | 卒哭祭 |

| | | | | |
|---|---|---|---|---|
| | §梓宮加漆儀〔上字書寫結裹儀同並見上〕 | §梓宮加漆儀〔續〕 | 告廟社 | 告廟社 |
| | §啓殯儀〔見原書凶禮〕 | §啓殯儀〔續〕 | | 小斂 |
| | §遣奠儀〔無祖奠見原書凶禮〕 | §遣奠儀〔續〕 | 治椑 | 治椑 |
| | §發引儀〔見原書凶禮〕 | §發引儀〔續〕 | 斂 | 大斂 |
| | §路祭儀〔見原書凶禮〕 | §路祭儀〔續丁字閣成殯奠儀以下並見上編〕 | 成殯 | 成殯 |
| | §晝停設奠儀 | §晝停設奠儀〔續〕 | | 成服 |
| | §新陵丁字閣成殯儀 | §新陵丁字閣成殯奠儀〔續〕 | 服制 | 服制 |
| | §遷奠儀 | §遷奠儀〔續〕 | 朝夕哭奠上食 | 朝夕哭奠及上食 |
| | §虞祭儀 | §虞祭儀〔續〕 | | 朔望奠 |
| | | (§:《오례통편》卷之二十의 20항목 가운데 19항목은 《속오례의》의 하위항목임, 그러므로 실제로는 1항목으로 볼 수 있음) | 進香 | 進香 |
| | 莊陵復位儀 | | 治葬 | 治葬 |
| | §神主移奉時敏堂儀 | | 加漆 | 梓宮加漆 |
| | §諡册寶內入儀 | | | 梓宮書上字 |
| | §請諡宗廟儀 | | 結裹 | 梓宮結裹 |
| | §上諡册寶儀 | | 上諡 | 上諡册寶 |
| | §立主奠儀 | | | |
| | §新主奉安明政殿儀 | | | 卷之五 |
| | §祔廟儀 | | | 〔受敎分類〕下 |
| | 溫陵復位儀 | | 啓殯 | 啓殯 |
| | §神主移奉爲善堂儀(倣莊陵復位儀) … | | | 祖奠 遣奠 |
| | §資政殿親行奉安祭儀 | | | 發引班次 |
| | §諡册寶內入儀(倣莊陵復位儀下皆同) | | 發引 | 發引 |
| | §上諡寶儀 | | | 發引奉辭 |
| | §立主奠儀 | | 遷奠 | 遷奠 |
| | §資政殿新主奉安儀 | | 立主 | 立主奠 |
| | §祔廟儀 | 卷之二十〈凶禮〉 | | 返虞 |
| 爲外祖父母舉哀儀 | | 爲外祖父母哀〔原〕 | | 山陵朝夕上食 |
| 爲王妃父母舉哀儀 | | 爲王妃父母舉哀〔原〕 | | 虞祭 |
| 爲王世子及夫人公主翁主舉哀儀 | | 爲王子及夫人公主翁主舉哀〔原〕 | | 卒哭祭 |
| 爲內命婦及宗戚舉哀儀 | | 爲內命婦及宗戚舉哀〔原〕 | | 魂殿四時及臘親享 |
| 爲貴臣舉哀儀 | | 爲貴臣舉哀〔原〕 | | 魂殿俗節及朔望祭 |
| 臨王子及夫人公主翁主喪儀 | | 臨王子及夫人公主翁主喪〔原〕 | | 練祭 |
| 遣使弔王子及夫人公主翁主喪儀 | | 遣使弔王子及夫人公主翁主喪〔原〕 | | 禫祭 |
| 遣使榮贈王子儀 | | 遣使榮贈王子〔原〕 | | 祔廟 |

| | | | | |
|---|---|---|---|---|
| 遣使致奠王子及夫人公主翁主喪儀 | | 遣使致奠王子及夫人公主翁主喪〔原〕 | | 祭需獻官及望燎 |
| 王妃爲父母祖父母擧哀儀 | | 王妃爲父母擧哀〔原〕 | | 〔諸條外受教〕 |
| 成服 | | 成服〔原〕 | | 編輯始末 |
| 除服 | | 除服〔原〕 | | |
| 王世子爲外祖父母擧哀儀 | | 王世子爲外祖父母擧哀〔原〕 | 祭奠 | 卷之六 |
| 臨師傅貳師喪儀 | | 臨師傅貳師喪〔原〕 | 卷之五〔懿昭世孫喪受教〕 | 〔附撥卿郿卲世系喪受敎〕 |
| 遣使致奠外祖父母嬪父母師傅貳師喪儀 | | 遣使致奠外祖父母嬪父母師傅貳師喪〔原〕 | | |
| 王世子嬪爲父母祖父母擧哀儀 | | 王世子嬪爲父母擧哀〔原〕 | | |
| 成服 | | 成服〔原〕 | | |
| 除服 | | 除服〔原〕 | | |
| 大夫士庶人喪儀 | | 大夫士庶人喪〔原〕(39항) | | |
| 91항《國朝五禮儀》 | 11항《國朝續五禮儀》《凶禮攷異》: 7항) | 119항《국조오례통편》(19항목(§)은 《속오례의》의 하위항목임, 그러므로  실제로는 100항목임) | 5권 4책(본문1~3권:72항)(1752년본)《國朝喪禮補編》 | 6권 6책(본문1~3권:73항)(1758년본)《國朝喪禮補編》 |

5 【國恤初終條】內侍以新綿置口鼻之上爲候  今用宗戚之臣行屬纊禮〔孝宗己亥國恤駙馬行屬纊顯宗甲寅國恤戚臣行屬纊後以爲式〕

6 舊只用內侍  今宗戚及朝臣入侍  執事小斂大斂入梓宮同  ○〔孝宗己亥國恤襲時附馬戚臣執事時原任大臣勳臣儒臣禮曹判書兩司長官承旨六員史官五員玉堂一員春坊二員入侍小斂大斂入梓宮同是後永爲定禮〕

7 王世子  王妃  王世子嬪  群臣命婦服制  一從古禮〔詳見續儀凶禮〕  ○百官  卒哭後  白衣  烏紗帽  黑角帶  今自初喪  以布裹  帽布  裹角帶  布圓領衣  爲公服  ○國恤葬前舊無入直官朝晡哭儀  今承旨史官各司入直郞及殯殿都監堂上各具衰經詣殯殿門外行朝晡哭

8 石室之制今不用  ○屛風石之制今不用〔肅宗特敎永除以爲後式〕  ○設石羊石虎石馬曁石望柱長明燈文武石俱有尺數高大今從減殺制度〔肅宗辛巳明陵石物命遵厚陵之制以從儉約今上乙巳懿陵石物亦從其制〕  ○明器木奴婢五十今罷〔今上甲子以木奴婢恐啓後日用殉之弊特今革罷〕  ○其東建碑舊立神道碑今只豎表石或未豎〔文宗朝以列聖功德載在國乘不必立碑廢之〕

9 按庭署設殿下位於靈帳殿  今用攝行禮無此儀〔至返虞前凡言殿下處皆倣此〕  ○領議政以哀册跪奠於梓宮之西次以贈玉贈帛函跪奠於哀册之南今哀册玉帛函皆移奠於退壙之西○都監提調奉明器服玩入玄宮今各以次逐便陳列於退壙  ○文武百官班首進名奉慰今用攝行禮故不行

10 還宮註 義禁府軍器寺 進儺禮耆老儒生及敎坊各進歌謠 又於歌謠廳及街巷結綵闢門外 左右
   結綵棚後停而不行 今罷
〔今上甲子特命永罷〕 ○還宮有飲福宴 後停而不行 今罷〔今上甲子特命永罷〕

# 참고문헌


- 사료(사전, 해제, 의궤, 등록)

《조선왕조실록》(http://sillok.history.go.kr)

《승정원일기》(http://sjw.history.go.kr)

《明齋遺稿》(http://db.itkc.or.kr), 한국고전번역원.

《조선왕조실록사전》(http://encysillok.aks.ac.kr), 한국학중앙연구원.

《한국민속대백과사전》(http://folkency.nfm.go.kr), 국립민속박물관.

《한국고전용어사전》, 세종대왕기념사업회, 2001.

《萬家譜》(http://www.kostma.net/FamilyTree/), 한국학자료센터.

《역사용어사전》, 서울대학교 역사연구소 편, 서울대학교출판문화원, 2015.

《高麗史》, 《經國大典》, 《史記》, 《通鑑節要》, 《동아일보》

《國朝五禮儀》(《國朝續五禮儀》·《國朝續五禮儀補》 합본), 景文社, 1979.

《國朝喪禮補編》(1752년본, 규장각 奎1339-v.1-4)

《國朝喪禮補編》(1758년본, 규장각 奎3940)

《國朝五禮通編》(규장각·장서각·이화여대도서관 소장 합본)

《春官通考》(上·中·下), 성균관대학교 대동문화연구원, 1975.

《王子嘉禮謄錄(연잉군)》(장서각 K2-2661)

《의주등록》, 《제례등록》, 《사직서등록》, 《종묘등록》, 《종묘의궤》

- 해제집, 번역서

《규장각 소장 왕실자료 해제·해설집》 4, 서울대학교 규장각, 2005.

《藏書閣圖書韓國本解題》 政書類1, 한국학중앙연구원 장서각, 2008.

《藏書閣韓國本解題》 史部9, 한국학중앙연구원 장서각, 2014.

국립문화재연구소, 《(國譯)國朝喪禮補編》, 민속원, 2008.

김용흠, 원재린, 김정신, 정두영, 최성환 역주, 《사도세자의 죽음과 그 후의 기억 『현고
기(玄皐記)』 번역(飜譯)과 주해(註解)》, 서울대학교출판문화원, 2015.

김용흠, 원재린, 김정신, 정두영 역주, 《충역의 시비를 정하다 『정변록(定辨錄)』 역주》,

서울대학교출판문화원, 2016.

- 학위논문

김지원, 〈조선 왕실의 喪·葬禮 절차: 殯殿과 魂殿을 중심으로〉, 건국대학교 석사논문,
    2009.
金澈雄, 〈高麗時代 〈雜祀〉研究: 醮祀, 山川·城隍祭祀를 중심으로〉, 고려대학교 박사논문,
    2001.
金忠鉉, 〈孝宗 寧陵의 조성과 陵制의 변화〉, 한국학대학원 석사논문, 2012.
金鶴洙, 〈17세기 嶺南學派 연구〉, 한국학대학원 박사논문, 2008.
金海榮, 〈朝鮮初期 祀典에 관한 研究〉, 한국학대학원 박사논문, 1994.
羅榮勳, 〈조선시대 都監의 성립과 변천〉, 한국학대학원 박사논문, 2017.
朴光用, 〈朝鮮後記 '蕩平' 研究〉, 서울대학교 박사논문, 1994.
박례경, 〈《禮記》의 體制와 禮論 연구〉, 연세대학교 박사논문, 2004.
安星稀, 〈朝鮮時代 陶瓷祭器 研究〉, 이화여자대학교 석사논문, 2005.
安晞材, 〈朝鮮時代 國喪儀禮 研究: 國王國葬을 중심으로〉, 국민대 박사논문, 2009.
吳世炫, 〈조선중기의 '斯文'과 文章 四大家〉, 서울대 박사논문, 2013.
李根浩, 〈英祖代 蕩平派의 國政運營論 研究〉, 국민대학교 박사논문, 2001.
이화영, 〈15世紀 朝鮮과 交隣國의 賓禮 研究〉, 한국교원대학교 교육대학원 석사논문,
    2009.
장필구, 〈복원연구를 통한 永禧殿의 고찰〉, 서울대학교(건축학과) 석사논문, 2004.
정소라, 〈朝鮮時代 陶磁祭器 研究: 忠孝洞出土 粉靑祭器를 中心으로〉, 홍익대학교 석사논
    문, 1997.
鄭鍾秀, 〈朝鮮初期 喪葬儀禮 研究〉, 중앙대학교 박사논문, 1994.
諸松姬, 〈조선시대 儀禮 班次圖 연구〉, 한국학대학원 박사논문, 2013.
崔誠桓, 〈정조대 탕평정국의 군신의리 연구〉, 서울대학교 박사논문, 2009.
卓信希, 〈《國朝續五禮儀》의 編纂과 왕권의 位相〉, 서울시립대학교 대학원 석사논문,
    2009.
河恩美, 〈宗廟祭器와 朝鮮時代祭器圖說研究〉, 고려대학교 석사논문, 2009.


- 단행본

강제훈 외 지음, 《조선 왕실의 가례》 2, 한국학중앙연구원, 2010.

고영진, 《조선중기 예학사상사》, 한길사, 1995.

권오영 외 지음, 《조선 왕실의 가례》 1, 한국학중앙연구원, 2008.

권오영, 《조선 성리학의 의미와 양상》, 일지사, 2011.

권용란, 《조선시대 왕실 조상신에 대한 연구》, 민속원, 2015.

김문식, 신병주, 《조선 왕실 기록 문화의 꽃 의궤》, 돌베개, 2005.

김백철, 《조선후기 영조의 탕평정치: 《속대전》의 편찬과 백성의 재인식》, 태학사, 2010.

김 범, 《사화와 반정의 시대: 성종·연산군·중종대의 왕권과 정치》, 역사의아침, 2015.

金成潤, 《朝鮮後期 蕩平政治 研究》, 지식산업사, 1997.

김철웅, 《한국중세의 吉禮와 雜祀》, 경인문화사, 2007.

김해영, 《朝鮮初期 祭祀典禮研究》, 집문당, 2003.

김해영, 《조선왕조의 의궤와 왕실 행사》, 현암사, 2018.

문화재관리국, 《朝鮮時代 養老宴儀禮와 御宴儀禮의 研究》, 국민대학교 한국학연구소, 1977.

박광용, 《영조 시대를 만든 사람들》, 한국학중앙연구원출판부, 2014.

신병주, 《남명학파와 화담학파 연구》, 일지사, 2000.

신병주, 《조선 왕실의 혼례 이야기》, 서울특별시사편찬위원회, 2011.

양웅열, 《조선의 왕비가문》, 역사문화, 2014.

연세대학교 국학연구원 편, 《한국 중세의 정치사상과 周禮》, 혜안, 2005.

이경구, 《조선후기 安東 金門 연구》, 일지사, 2007.

이근호, 《조선후기 탕평파와 국정운영》, 민속원, 2016.

李範稷, 《韓國中世禮思想研究: 五禮를 中心으로》, 일조각, 1996.

이성무, 《조선왕조실록 어떤 책인가》, 동방미디어, 1999.

이재룡, 《조선, 예의 사상에서 법의 통치까지》, 예문서원, 1995.

이재정 외 지음, 《외규장각 의궤 흥례》, 국립중앙박물관, 2015.

이현진, 《조선후기 종묘 전례 연구》, 일지사, 2008.

이현진, 《왕의 죽음, 정조의 국장》, 글항아리, 2015.

장경희, 《조선 왕실의 궁릉 의물》, 민속원, 2013.

정옥자, 《조선후기 조선중화사상 연구》, 일지사, 1998.

정재훈, 《조선전기 유교 정치사상 연구》, 태학사, 2005.

정재훈, 《조선시대의 학파와 사상》, 신구문화사, 2008.

정해은, 《한국 전통병서의 이해》, 국방부 군사편찬연구소, 2004.

조성산, 《조선후기 낙론계 학풍의 형성과 전개》, 지식산업사, 2008.

池斗煥, 《朝鮮前期 儀禮研究: 性理學 正統論을 中心으로》, 서울대출판부, 1996.

지두환, 《조선시대 사상사의 재조명》, 역사문화, 1998.

지두환, 《영조대왕과 친인척》(1·2·3), 역사문화, 2009.

지두환, 《청음 김상헌》, 역사문화, 2016.

채미하, 《신라의 오례와 왕권》, 혜안, 2015.

최완수 외 지음, 《우리 문화의 황금기 진경시대》 1·2, 돌베개, 1998.

한영우, 《정조의 화성행차 그 8일》, 효형출판, 1998.

한영우, 《조선왕조 의궤: 국가의례와 그 기록》, 일지사, 2005.

韓亨周, 《朝鮮初期 國家祭禮 研究》, 일조각, 2002.

- 학술논문

姜文植, 〈태종~세종대 許稱의 禮制 정비와 禮 인식〉, 《진단학보》 105, 진단학회, 2008.

高英津, 〈15·16世紀 朱子家禮의 施行과 그 意義〉, 《한국사론》 21, 서울대학교 국사학과, 1989.

고영진, 〈16세기 후반~17세기 전반 서울 枕流臺學士의 활동과 그 의의〉, 《서울학연구》 3, 서울시립대학교 서울학연구소, 1994.

高英津, 〈조선 중기 鄕禮에 대한 인식의 변화〉, 《國史館論叢》 81, 국사편찬위원회, 1998.

권오영, 〈조선 왕실 冠禮의 역사적 추이와 그 의미〉, 《조선 왕실의 가례》 1, 한국학중앙연구원, 2008.

권오영, 〈18세기 洛論의 學風과 思想의 계승양상〉, 《진단학보》 108, 2009.

권오영, 〈정치 이데올로기, 주자학〉, 《조선사회 이렇게 본다》, 조선사회연구회, 2010.

권오영, 〈조선조 왕실 주관 양로연의 역사적 추이와 의미〉, 《조선 왕실의 가례》 2, 한국학중앙연구원, 2010.

권오영, 〈영조의 제왕학 학습과 정치이념〉, 《영조의 국가정책과 정치이념》, 한국학중앙연구원출판부, 2012.

김문식, 〈국조오례통편(國朝五禮通編)의 자료적 특징〉, 《한국문화연구》 12, 이화여자대학교 한국문화연구소, 2007.

김문식, 〈조선시대 國家典禮書의 편찬 양상〉, 《장서각》 21, 한국학중앙연구원, 2009.

金伯哲, 〈朝鮮後期 肅宗代 國法체계와 《典錄通考》의 편찬〉, 《규장각》 32, 서울대학교 규장각 한국학연구원, 2008a.

김백철, 〈조선후기 영조대 법전정비와 《속대전》의 편찬〉, 《역사와 현실》 68, 2008b.

金成奎, 〈宋代 東아시아에서 賓禮의 成立과 그 性格〉, 《동양사학연구》 72, 동양사학회, 2000.

金成奎, 〈《大唐開元禮》所載 外國使 관련 諸儀禮의 재검토〉, 《중국고중세사연구》 27, 중국고중세사학회, 2012.

김성규, 〈고려 외교에서 의례(儀禮)와 국왕의 자세〉, 《역사와현실》 94, 한국역사연구회, 2014.

金世恩, 〈조선시대 眞殿 의례의 변화〉, 《진단학보》 118, 2013.

김종수, 〈외연(外宴)과 내연(內宴)의 의례구성과 특징(1)·(2): 19세기~20세기 초 의궤를 중심으로〉, 《한국음악사학보》 29, 한국음악사학회, 2002·2003.

김종수, 〈《東國文獻備考》〈兵考〉분석〉, 《진단학보》 106, 2008.

金芝英, 〈英祖代 親耕儀式의 거행과 《親耕儀軌》〉, 《한국학보》 107, 일지사, 2002.

김지영, 〈肅宗·英祖代 御眞圖寫와 奉安處所 확대에 대한 고찰〉, 《규장각》 27, 2004.

김지영, 〈18세기 후반 國家典禮의 정비와 《春官通考》〉, 《한국학보》 114, 2004.

김지영, 〈19세기 眞殿 및 御眞奉安處 운영에 대한 연구〉, 《장서각》 26, 2011.

김지영, 〈조선시대 嗣位儀禮에 대한 연구〉, 《조선시대사학보》 61, 조선시대사학회, 2012.

김충현, 〈효종 영릉의 조성과 능제의 변화〉, 《역사문화논총》 7, 역사문화연구소, 2012.

김학수, 〈'寒岡(鄭逑)神道碑銘'의 改定論議와 그 의미〉, 《조선시대사학보》 42, 2007.

김학수, 〈月沙 李廷龜(1564~1635)의 학문적 계통과 사림에서의 역할〉, 《한국인물사연구》 16, 한국인물사연구회, 2011.

김학수, 〈18세기 한 鄕班 출신 功臣의 정치·사회적 존재 양상: 영조대 奮武功臣 朴東亨(1695~1739)을 중심으로〉, 《조선시대사학보》 77, 2016.

김해영, 〈조선 초기 禮制 연구와 國朝五禮儀의 편찬〉, 《조선시대사학보》 55, 2010.

金勳埴, 〈16세기 《二倫行實圖》 보급의 社會史的 考察〉, 《역사학보》 107, 역사학회, 1985.

박봉주, 〈조선시대 국가 祭禮와 尊·罍의 사용〉, 《조선시대사학보》 58, 2011.

박봉주, 〈조선시대 국가 祭禮와 籩豆의 사용〉, 《동방학지》 159, 연세대학교 국학연구원, 2012.

박수정, 〈조선초기 儀禮 제정과 犧尊·象尊의 역사적 의미〉, 《조선시대사학보》 60, 2012.

박수정, 〈《국조오례의》 의례 시행과 개정 논의〉, 《정신문화연구》 147, 한국학중앙연구원, 2017.

박수정, 〈영조대 《國朝續五禮儀》 편찬 과정과 편찬자들〉, 《조선시대사학보》 82, 2017.

박수정, 〈영조대 《국조속오례의보》·《국조상례보편》의 편찬 배경과 편찬자들〉, 《규장각》 53, 2018.

박수정, 〈정조대 《국조오례통편》 편찬의 정치적 배경〉, 《한국학》 160, 2020.

朴定子, 〈國朝五禮儀와 그 續補編〉, 《숙대사론》 8, 숙명여자대학교사학회, 1974.

송지원, 〈영조대 국가전례정책의 제 양상〉, 《공연문화연구》 17, 한국공연문화학회, 2008.

송지원, 〈국왕 영조의 국장절차와 《國朝喪禮補編》〉, 《조선시대사학보》 51, 2009.

송지원, 〈영조대 儀禮 정비와 《國朝續五禮儀》 편찬〉, 《한국문화》 50, 서울대학교 규장각 한국학연구원, 2010.

송지원, 〈정조대 의례 정비와 《春官通考》 편찬〉, 《규장각》 38, 2011.

송지원, 〈儀禮 기록의 방식: 《國朝續五禮儀序例》 읽기〉, 《한국실학연구》 23, 2012.

신대철 외 지음, 《조선의 국가 제사》, 한국학중앙연구원, 2009.

신병주, 〈1762년 世孫 正祖의 혼례식과 《(正祖孝懿后)嘉禮都監儀軌》〉, 《규장각》 30, 2007.

辛承云, 〈《弘齊全書》와 《羣書標記》의 編纂과 刊行에 關한 硏究〉, 《서지학연구》 22, 2001.

신재훈, 〈조선 전기 遷陵의 과정과 정치적 성격〉, 《조선시대사학보》 58, 2011.

신진혜, 〈英祖代 凱旋 儀禮의 整備와 그 意義: 《國朝續五禮儀》〈宣露布·獻馘〉儀禮를 중심으로〉, 《泰東古典硏究》 34, 한림대학교 태동고전연구소, 2015.

심승구, 〈조선시대 왕실혼례의 추이와 특성: 숙종, 인형왕후 嘉禮를 중심으로〉, 《조선시대사학보》 41, 2007.

安琉鏡, 〈《국조오례의(國朝五禮儀)》와 그 속보(續補)편의 편찬과정 및 내용〉, 《유교문화연구》 16, 성균관대학교 유교문화연구소, 2010.

안희재, 〈조선후기 發靷班次의 변화와 의미〉, 《한국학논총》 34, 국민대학교 한국학연구소, 2010.

吳世炫, 〈月沙 李廷龜(1564~1635)의 文翰活動과 學統 意識〉, 《한국사론》 51, 2005.

우인수, 〈인조대 산림 장현광의 정치적 활동과 위상〉, 《한국학논집》 52, 계명대학교 한국학연구원, 2013.

유영옥, 〈조선시대 國喪의 '告祠' 생략에 대한 一考〉, 《한국민족문화》 45, 부산대학교 한국민족문화연구소, 2012.

劉幸賓, 〈조선후기 어진 관계 의례 연구: 의례를 통해 본 어진의 기능〉, 《미술사와 시각문화》 10, 미술사와 시각문화학회, 2011.

윤 정, 〈광해군의 太祖 影幀 모사와 漢陽 眞殿(南別殿) 수립: 永禧殿의 역사적 연원에 대한 고찰〉, 《향토서울》 85, 서울역사편찬원, 2013.

이강근, 〈조선후기 璿源殿의 기능과 변천에 관한 연구〉, 《강좌미술사》 35, 한국미술사연구소, 2010.

이경구, 〈1740(영조 16)이후 영조의 정치 운영〉, 《역사와 현실》 53, 한국역사연구회, 2004.

이근호, 〈英祖代 孝章世子의 정치적 위상〉, 《한국학논총》 40, 2013.

李範稷, 〈高麗史 禮志 〈軍禮·賓禮〉의 검토〉, 《명지사론》 1, 명지사학회, 1983.

李範稷, 〈朝鮮前期의 五禮와 家禮〉, 《한국사연구》 71, 한국사연구회, 1990.

이상식, 〈숙종 초기의 왕권안정책과 경신환국〉, 《조선시대사학보》 33, 2005.

이상식, 〈조선 肅宗代 君師父一體論의 전개와 왕권강화〉, 《한국사학보》 20, 고려사학회, 2005.

李成茂, 〈17世紀의 禮論과 黨爭〉, 《朝鮮後期 黨爭의 綜合的 檢討》, 한국정신문화연구원, 1992.

李迎春, 〈第一次禮訟과 尹善道의 禮論〉, 《청계사학》 6, 한국정신문화연구원 청계사학회, 1989.

李迎春, 〈潛冶 朴知誡의 禮學과 元宗追崇論〉, 《청계사학》 7, 1990.

李迎春, 〈服制禮訟과 政局變動: 第二次禮訟을 中心으로〉, 《국사관논총》 22, 국사편찬위원회, 1991.

李迎春, 〈朝鮮後期의 祀典의 再編과 國家祭祀〉, 《한국사연구》 118, 2002.

이영춘, 〈영조대 법전과 예제의 재정비〉, 《영조의 국가정책과 정치이념》, 한국학중앙연구원출판부, 2012.

이왕무, 〈1802년 순조의 嘉禮에 나타난 국왕의 幸行 연구〉, 《장서각》 14, 2005.

이왕무, 〈1906년 순종의 嘉禮班次 연구〉, 《장서각》 25, 2011.

이 욱, 〈조선전기 국가 기우제와 산천〉, 《Journal of Korean Culture》 1, 한국어문학국제학술포럼, 2000.

이 욱, 〈조선후기 後宮 嘉禮의 절차와 변천: 慶嬪 金氏 嘉禮를 중심으로〉, 《장서각》 19, 2008.

이 욱, 〈《덕온공주가례등록》을 통해 본 덕온공주 가례 절차〉, 《한국복식》 30, 단국대학교 석주선기념박물관, 2012.

李賢珍, 〈仁祖代 元宗追崇論의 推移와 性格〉, 《북악사론》 7, 북악사학회, 2000.

李賢珍, 〈조선전기 昭陵復位論의 추이와 그 의미〉, 《조선시대사학보》 23, 2002.

李賢珍, 〈17세기 전반 啓運宮 服制論: 金長生, 朴知誡의 禮論을 中心으로〉, 《한국사론》 49, 2003.

이현진, 〈《國朝五禮儀》와 《國朝續五禮儀》의 편찬과 의의〉, 《규장각 소장 왕실자료 해제·해설집》 4, 서울대학교 규장각, 2005.

이현진, 〈《國朝喪禮補編》의 편찬과 의의〉, 《규장각 소장 왕실자료 해제·해설집》 4, 서울대학교 규장각, 2005.

이현진, 〈영조대 왕실 喪葬禮의 정비와 《國朝喪禮補編》〉, 《한국사상사학》 37, 한국사상사학회, 2011.

이현진, 〈정조대 국가전례서의 편찬과 그 성격: 《국조오례통편》과 《춘관통고》의 〈흉례〉를 중심으로〉, 《영정조대 문예중흥기의 학술과 사상》, 한국학중앙연구원출판부, 2014.

임민혁, 〈조선후기 영조의 孝悌 논리와 私親追崇〉, 《조선시대사학보》 39, 2006.

임민혁, 〈조선 초기 국가의례와 왕권: 《국조오례의》를 중심으로〉, 《역사와실학》 43, 2010.

임민혁, 〈조선시대 《謄錄》을 통해 본 왕비의 親迎과 권위〉, 《한국사학사학보》 25, 한국사학사학회, 2012.

임민혁, 〈조선초기 《國朝五禮儀》 흉례의 구조와 의례적 성격〉, 《역사와실학》 50, 2013.

鄭景姫, 〈英祖의 禮學〉, 《규장각》 25, 2002.

정구복, 〈《문헌비고》의 자료적 성격과 가치〉, 《《增訂·增補 東國文獻備考》의 종합적 검토》, 제36회 韓國古典研究 심포지엄, 진단학회, 2008.

鄭萬祚, 〈英祖代 初半의 蕩平策과 蕩平派의 活動: 蕩平基盤의 成立에 이르기까지〉, 《진단학보》 56, 1983.

鄭萬祚, 〈英祖代 中半의 政局과 蕩平策의 再定立: 小論蕩平에서 老論蕩平으로의 轉換〉, 《역사학보》 111, 1986a.

鄭萬祚, 〈歸鹿 趙顯命 研究: 그의 蕩平論을 中心으로〉, 《한국학논총》 8, 1986b.

鄭萬祚, 〈朝鮮 顯宗朝의 私義·公義 論爭〉, 《한국학논총》 14, 1992a.

鄭萬祚, 〈17世紀 中葉 山林勢力(山黨)의 國政運營論〉, 《한국사학논총》(擇窩許善道先生停年紀念), 일조각, 1992b.

鄭萬祚, 〈英祖代 御宴의 設行論議 관한 一考察〉, 《한국학논총》 20, 1997.

鄭萬祚, 〈17세기 중반 漢黨의 정치활동과 國政運營論〉, 《한국문화》 23, 1999.

鄭萬祚, 〈朝鮮中期 儒學의 系譜와 朋黨政治의 展開(Ⅰ)〉, 《조선시대사학보》 17, 2001.

鄭萬祚, 〈澹窩 洪啓禧의 정치적 生涯〉, 《인하사학》 10, 인하역사학회, 2003.

정만조, 〈담와(澹窩) 홍계희(洪啓禧)의 가계(家系) 분석〉, 《조선시대의 정치와 제도》, 집문당, 2003.

정만조, 〈英祖代 私親追崇의 정치적 의미〉, 《숙빈최씨자료집》 3, 한국학중앙연구원 장서각, 2010.

정만조, 〈조선후기 政局動向과 葛庵 李玄逸의 정치적 位相〉, 《퇴계학》 20, 안동대학교 퇴계학연구소, 2011a.

鄭萬祚, 〈朝鮮後期 延安李氏 三陟公派의 근거지 확산과 坡州정착〉, 《한국학논총》 35, 2011b.

정만조, 〈조선의 예치와 《국조오례의》 편찬〉, 《조선왕조의 五禮》, 장서각 아카데미 제1회 전문과정, 한국학중앙연구원 장서각, 2012a.

정만조, 〈영조대의 정국추이와 탕평책〉, 《영조의 국가정책과 정치이념》, 한국학중앙연구원, 2012b.

정만조, 〈聾庵의 생애와 정치개혁론〉, 《농암 유수원 연구》, 실시학사, 2014.

정만조, 〈영조시대의 이해방향: 繼述과 변화〉, 《영조와 영조시대》, 한국학중앙연구원 장서각 왕실문화강좌, 2016.

鄭玉子, 〈17세기 思想界의 再編과 禮論〉, 《한국문화》 10, 1989.

정옥자, 〈大報壇 創設에 관한 연구〉, 《사학논총》(邊太燮博士華甲紀念), 삼영사, 1985.

정재훈, 〈영조의 제왕학과 국정운영〉, 《한국사상과 문화》 77, 한국사상문화학회, 2015.

정호훈, 〈17세기 체제개혁론의 전개와 《주례》〉, 《한국실학연구》 10, 2005.

池斗煥, 〈國朝五禮儀 編纂過程(I): 吉禮 宗廟·社稷 祭儀를 中心으로〉, 《부산사학》 9, 부산사학회, 1985.

池斗煥, 〈朝鮮前期 黑笠·白笠 論議: 國喪의 3년상제 확립과정을 중심으로〉, 《부산사학》 16, 1989.

池斗煥, 〈朝鮮後期 英祖代 經筵科目의 變遷: 朝鮮性理學 확립과 관련하여〉, 《진단학보》 81, 1996.

지두환, 〈조선후기 진연 의례의 변천: 인조대에서 고종대까지〉, 《조선후기 궁중연향문화》 2, 민속원, 2005.

지두환, 〈조선조의 효와 정치와 교육〉, 《한국인의 효사상》, 수덕문화사, 2009.

채미하, 〈신라 중대 오례와 왕권: 오례 수용을 중심으로〉, 《한국사상사학》 27, 2006.

채미하, 〈신라의 軍禮 수용과 王權〉, 《한국사연구》 149, 2010.

千惠鳳, 〈春官通考 解題〉, 《春官通考》, 성균관대학교 대동문화연구원, 1975.

최성환, 〈영조대 후반의 탕평정국과 노론 청론의 분화〉, 《역사와 현실》 53, 한국역사연구회, 2004.

최희준, 〈신라 中代의 唐 사신 영접 절차와 운용〉, 《한국사연구》 153, 2011.

韓明基, 〈'再造之恩'과 조선후기 정치사: 임진왜란~정조대 시기를 중심으로〉, 《대동문화연구》 59, 성균관대학교 대동문화연구원, 2007.

韓亨周, 〈15세기 祀典體制의 성립과 그 추이〉, 《역사교육》 89, 역사교육연구회, 2004.

한형주, 〈조선초기 왕릉제사의 정비와 운영〉, 《역사민속학》 33, 민속원, 2010.

한형주, 〈조선시대의 先蠶祭와 親蠶의식〉, 《한국사학보》 58, 2015.

함재학, 〈경국대전이 조선의 헌법인가?〉, 《법철학연구》 7(2), 한국법철학회, 2004.

홍근혜, 〈조선 성종대 貞熹王后 國喪 의례와 그 특징〉, 《조선시대사학보》 80, 2017.

黃元九, 〈朱子家禮의 形成過程: 王法과 家禮의 連繫性을 中心으로〉, 《인문과학》 45, 연세대학교 인문학연구원, 1981.


高 明, 《高明經學論叢》, 黎明文化事業公司, 1978.

楊志剛, 〈中國禮學史發凡〉, 《復旦學報》, 1995.

柳肅 지음, 홍희 옮김, 《예의 정신》(《禮的精神》, 1990년의 번역본), 동문선, 2002.

제임스 류 지음, 이범학 옮김, 《왕안석과 개혁정책》, 지식산업사, 1991.

캐서린 벨 지음, 류성민 옮김, 《의례의 이해: 의례를 보는 관점들과 의례의 차원들》, 한
    신대학교 출판부, 2007.

馮友蘭 지음, 박성규 옮김, 《中國哲學史》(상·하), 까치, 1999.

皮錫瑞 지음, 이홍진 옮김, 《中國經學史》(1907년의 번역본), 형설출판사, 1995.

侯家駒, 《周禮研究》, 聯經出版事業公司, 臺北, 1987.

# 찾아보기

ㄱ

**ㅅ**

## ㅇ